Inhaltsübersicht

Die deliktische Außenhaftung von Leitungsorganen in der Kapitalgesellschaft

Europäische Hochschulschriften

European University Studies

Publications Universitaires Européennes

Reihe II   **Rechtswissenschaft**

Series II   Law

Série II   Droit

Band/Volume **5917**

Geesa de Vries

Die deliktische Außenhaftung von Leitungsorganen in der Kapitalgesellschaft

Bibliografische Information der Deutschen Nationalbibliothek
Die Deutsche Nationalbibliothek verzeichnet diese Publikation in der Deutschen
Nationalbibliografie; detaillierte bibliografische Daten sind im Internet über
http://dnb.d-nb.de abrufbar.

Zugl.: Düsseldorf, Univ., Diss., 2016

Dissertation der Juristischen Fakultät der Heinrich-Heine-Universität Düsseldorf
Gutachter: Christian Kersting und Dirk Looschelders
Mündliche Prüfung: 2016

D 61
ISSN 0531-7312
ISBN 978-3-631-71907-7 (Print)
E-ISBN 978-3-631-71913-8 (E-PDF)
E-ISBN 978-3-631-71914-5 (EPUB)
E-ISBN 978-3-631-71915-2 (MOBI)
DOI 10.3726/b10909

© Peter Lang GmbH
Internationaler Verlag der Wissenschaften
Frankfurt am Main 2017

www.peterlang.com

Inhaltsverzeichnis

Abkürzungsverzeichnis

§	Paragraph
&	Kaufmännisches Und
aaO	am angegebenen Ort
a.E.	am Ende
a.F.	alte Fassung
ABl.	Amtsblatt
AcP	Archiv für die civilistische Praxis
AG	Aktiengesellschaft
Anm.	Anmerkung
Art.	Artikel
Aufl.	Auflage
BaFin	Bundesanstalt für Finanzdienstleistungsaufsicht
Bd.	Band
BeckOK	Beck'scher Onlinekommentar
BeckRS	Beck-Rechtsprechung
BGB	Bürgerliches Gesetzbuch
BGBl.	Bundesgesetzblatt
BGH	Bundesgerichtshof
BGHZ	Entscheidungen des BGH in Zivilsachen
BTDrS	Bundestagsdrucksache
BVerfG	Bundesverfassungsgericht
BVerfGE	Entscheidungssammlung des BVerfG
BvR	Aktenzeichen einer Verfassungsbeschwerde zum Bundesverfassungsgericht
bzw.	beziehungsweise
C. Cass.	Cour de Cassation
Com.	Chambre Commerçiale
ders.	derselbe
DZWiR	Deutsche Zeitschrift für Wirtschaftsrecht
e.G.	eingetragene Genossenschaft
EGBGB	Einführungsgesetz zum Bürgerlichen Gesetzbuch
Einf	Einführung
Einl	Einleitung
EU	Europäische Union
EuGH	Europäischer Gerichtshof
f.	folgende Seiten
ff.	fortfolgende Seiten
FS	Festschrift
Fn.	Fußnote
GmbH	Gesellschaft mit beschränkter Haftung

GmbHR	Die GmbH-Rundschau
GRUR	Gewerblicher Rechtsschutz und Urheberrecht
h.M.	herrschende Meinung
Hrsg.	Herausgeber
i.S.d.	im Sinne des
i.V.m.	in Verbindung mit
JA	Juristische Ausbildung
JuS	Juristische Schulung
JZ	Juristenzeitung
KG	Kommanditgesellschaft
LG	Landgericht
m. Anm.	mit Anmerkung
MoMiG	Gesetz zur Modernisierung des GmbH-Rechts und zur Bekämpfung von Missbräuchen vom 23. Oktober 2008
MüKo	Münchener Kommentar
m.w.N.	mit weiteren Nachweisen
m.W.v.	mit Wirkung vom
NJW	Neue Juristische Wochenschrift
NJW-RR	NJW-Rechtsprechungsreport
Nr.	Nummer
NZG	Neue Zeitschrift für Gesellschaftsrecht
OHG	Offene Handelsgesellschaft
OLG	Oberlandesgericht
Rn.	Randnummer
S.	Seite
SA	Société Anonyme [Aktiengesellschaft]
SARL	Société à responsabilité limitée [Gesellschaft mit begrenzter Haftung, Frankreich, Luxemburg und Schweiz]
Soc.	Chambre commcerçiale
u.a.	unter anderem
Urt.	Urteil
u.U.	Unter Umständen
vgl.	vergleiche
VO	Verordnung
Vorbem.	Vorbemerkung
WM	Wertpapiermitteilungen
z.B.	zum Beispiel
ZEuP	Zeitschrift für Europäisches Privatrecht
ZGR	Zeitschrift für Unternehmens- und Gesellschaftsrecht
ZHR	Zeitschrift für das gesamte Handels- und Wirtschaftsrecht
ZPO	Zivilprozessordnung

1. Teil. Einleitung

Die Haftung der Organe einer Kapitalgesellschaft gegenüber Dritten gehört zu den wesentlichen Fragestellungen des Gesellschaftsrechts. Dass eine Haftung der Organe gegenüber außenstehenden Dritten nur ausnahmsweise in Betracht kommt, ist Teil der gesellschaftsrechtlichen Risikoallokation.[1] Dennoch hat die Frage der persönlichen Haftung von Vorständen, Aufsichtsräten und Geschäftsführern im letzten Jahrzehnt zunehmend an Bedeutung gewonnen.[2] Immobilien-, Staatsschulden- und Finanzkrise und die damit einhergehenden Schuldnerausfälle führten dazu, dass Gläubiger verstärkt nach weiteren Schuldnern Ausschau hielten. Innerhalb der Gesellschaft führte die ARAG-Garmenbeck-Rechtsprechung[3] zu einem erhöhten Aufkommen von Klagen des Aufsichtsrats gegen den Vorstand.[4] Aber auch die Zahl der Schadensersatzklagen Dritter gegen das Management vervielfältigte sich.[5] Üblicherweise schließen Gesellschaften für ihre Leitungsorgane zwar eine Haftpflichtversicherung ab, die sowohl Innen-, als auch Außenhaftung abdeckt (sog. Directors & Officers-Versicherung). Hierbei ist allerdings zu beachten, dass § 93 Abs. 2 S. 3 AktG in der Aktiengesellschaft einen Selbstbehalt für Vorstandsmitglieder vorschreibt.

---

1 *Mertens,* FS Fischer, S. 461, 466 („bestimmendes Strukturmerkmal des deutschen Kapitalgesellschaftsrechts").
2 *Bachmann,* Reform Organhaftung, S. E9 – E20 (mit empirischen Erhebungen); *v. Schenck,* NZG 2015, 494, 494; *Spindler,* in: MüKo AktG, § 93 Rn. 3; *ders.,* in: Fleischer Handbuch des Vorstandsrechts, § 13 Rn. 1; *Stein,* DStR 1998, 1055, 1055; *Wilsing,* BB 2013, 2257, 2261.
3 BGH, II ZR 175/95 vom 21.04.1997, NJW 1997, 1926.
4 BGH, VI ZR 341/10 vom 10.07.2012, BeckRS 2012, 16295 = NJW-Spezial 2012, 592 (zur Legalitätspflicht des Geschäftsführers); OLG Stuttgart, 5 W 9/08 vom 29.04.2008, NJW 2008, 2514 (zur Haftung des Organs der Betreibergesellschaft bei Nichterfüllung der Verkehrssicherungspflicht); OLG Schleswig, 3 U 89/10 vom 29.06.2011, BeckRS 2011, 24219 (zur Haftung des Geschäftsführers aufgrund Verletzung von Organisationspflichten); LG Wiesbaden, 6 KLs – 1160 Js26113/05 vom 12.05.2009, BeckRS 2012, 17860 (zur Loyalitätspflicht des Geschäftsführers); vgl. auch *Dietz-Vellmer,* NZG 2011, 248–254 (zu den Anforderungen für einen Vergleich oder einen Verzicht); *Loritz/ Wagner,* DStR 2012, 2189, 2189; *Ott,* Thyssen-Krupp verklagt Ex-Manager auf 100 Millionen Euro, Süddeutsche.de, 10.12.2012, http://www.sueddeutsche.de/wirtschaft/ korruptionsaffaere-bei-stahlkonzern-thyssen-verklagt-ex-manager-auf-millionen-euro-1.1546105 (zuletzt aufgerufen am 31.08.2015); *Rieder/Holzmann,* AG 2012, 265, 265; vgl. auch den Bericht von *Fleischer,* NJW 2009, 2337 sowie die zitierten Urteile bei *Wagner,* ZHR 2014, 227, 244 ff.
5 Exemplarisch: BGH, XI ZR 384/03 vom 24.01.2006, NJW 2006, 830, 842 (Kirch gegen Deutsche Bank AG und Breuer); weitere Nachweise aus der Rechtsprechung siehe 3. Teil. B. II. Aus der Literatur äußert sich zum Anstieg der Schadensersatzklagen Dritter *v. Schenck,* NZG 2015, 494, 494.

Zudem bleibt das Leitungsorgan jenseits der Deckungsgrenze der D&O-Versicherung persönlich verantwortlich und setzt sich damit einem wirtschaftlichen Ruin aus.[6] Hinzu kommt, dass die zivil- und strafrechtliche Verantwortlichkeit von Leitungsorganen durch den Gesetzgeber verschärft wurde. Eingeführt bzw. reformiert wurden u.a. die Insolvenzantragspflicht bei Zahlungsunfähigkeit oder Überschuldung nach § 15a InsO und das Zahlungsverbot nach § 64 S. 1 GmbHG bzw. §§ 92 Abs. 2 S. 1, 93 Abs. 3 Nr. 6 AktG (und §§ 64 S. 3 GmbHG, 92 Abs. 2 S. 3 AktG).[7] Als Reaktion auf die Finanzmarktkrise sieht der neue § 54a KWG neue Strafbarkeitstatbestände für Geschäftsleiter im Risikomanagement vor.[8]

In den vergangenen zwei Jahren ist dagegen ein Richtungswechsel in Literatur und Rechtsprechung zu verzeichnen. Nachdem die Finanzkrise zunächst ein „allgemeines Misstrauen gegen die Integrität von Managern"[9] geschürt hatte, wird nunmehr vielmehr betont, dass die Organtätigkeit in großen Unternehmen nicht zu einer existenzbedrohenden Haftungsgefahr führen darf.[10] Der 70. Deutsche Juristentag hat sich im September 2014 der Organhaftung und der Frage der Reformperspektiven gewidmet.[11] Auch auf internationaler Ebene wurde von der London

---

6   *Schall*, JZ 2015, 455, 456 (konstatiert, dass „gerade die extremen Schadensspitzen" nicht mehr abdeckbar sind). Vgl. hierzu auch die Ausführungen von *Wagner* zum Fall Kirch gegen Deutsche Bank AG und Breuer, ZHR 2014, 227, 235/236, wonach der Vorstandsvorsitzende der Deutschen Bank AG in Höhe von 500 Millionen EUR versichert war und im Fall Kirch gegen Deutsche Bank und Breuer letztlich ein Vergleich über 900 Millionen EUR geschlossen wurde.

7   Durch Art. 9 MoMiG v. 23.10.2008, BGBl. I S. 2026, m.W.v. 01.11.2008.

8   Der neue § 54a KWG, eingeführt m.W.v. 02.01.2014, durch Gesetz vom 07.08.2013, lautet:
„§ 54a Strafvorschriften
(1) Mit Freiheitsstrafe bis zu fünf Jahren oder mit Geldstrafe wird bestraft, wer entgegen § 25c Absatz 4a oder § 25c Absatz 4b Satz 2 nicht dafür Sorge trägt, dass ein Institut oder eine dort genannte Gruppe über eine dort genannte Strategie, einen dort genannten Prozess, ein dort genanntes Verfahren, eine dort genannte Funktion oder ein dort genanntes Konzept verfügt, und hierdurch eine Bestandsgefährdung des Instituts, des übergeordneten Unternehmens oder eines gruppenangehörigen Instituts herbeiführt.
(2) Wer in den Fällen des Absatzes 1 die Gefahr fahrlässig herbeiführt, wird mit Freiheitsstrafe bis zu zwei Jahren oder mit Geldstrafe bestraft.
(3) Die Tat ist nur strafbar, wenn die Bundesanstalt dem Täter durch Anordnung nach § 25c Absatz 4c die Beseitigung des Verstoßes gegen § 25c Absatz 4a oder § 25c Absatz 4b Satz 2 aufgegeben hat, der Täter dieser vollziehbaren Anordnung zuwiderhandelt und hierdurch die Bestandsgefährdung herbeigeführt hat."

9   *Lackhoff/Schulz*, CCZ 2010, 81, 83; *Wagner*, ZHR 2014, 227, 228.

10 *Hemeling*, ZHR 2014, 221, 221.

11 Vgl. hierzu das Gutachten von *Bachmann*, in: Verhandlungen des 70. DJT, Bd. I, S. E 1 ff.; kommentierend zu diesem Gutachten *Vetter*, AnwBl 2014, 582–587.

School of Economics im Auftrag der EU-Kommission eine rechtsvergleichende Studie über die Organhaftung erarbeitet.[12]

Diese Entwicklung wirft die Frage der Eingrenzbarkeit der Organaußenhaftung auf, um unkalkulierbare Haftungsrisiken für Leitungsorgane und ergebnisorientierte Einzelfallentscheidungen zu vermeiden. Die Übernahme von Leitungsverantwortung führt bereits aus rein tatsächlichen Gründen zu einer Haftungsgefahr: Nur derjenige, der handelt und etwas verbindlich entscheiden kann, kann sich falsch entscheiden und hierfür haften.[13] Auch eine Haftung wegen Unterlassen kommt nur für den in Betracht, der überhaupt eine Handlungsmöglichkeit hat.[14] Um den Grundsatz der Haftungsbeschränkung in der Kapitalgesellschaft aufrecht zu erhalten, müssen der Außenhaftung strenge bzw. vorhersehbare Grenzen gesetzt werden. Dies gilt insbesondere für die deliktische Außenhaftung, die bei zu weitgehender Anwendung zu einer völligen Aufhebung des Prinzips der Haftungsbeschränkung führen kann. Seit über zwei Jahrzehnten wird dabei immer wieder die sogenannte Baustoffentscheidung des VI. Senats aus dem Jahr 1989 diskutiert, in der eine Außenhaftung des Geschäftsführers einer Gesellschaft mit beschränkter Haftung wegen Verletzung von Organisationspflichten bejaht wurde.[15] In der diesbezüglich oftmals kritischen Literatur wurden verschiedene Lösungsansätze entwickelt, von denen sich bislang aber keiner durchsetzen konnte.[16] Die neuere Rechtsprechung, die Anlass zu dieser Arbeit gab,[17] scheint sich von dem bisherigen Ansatz zu lösen,[18] lässt genauere Eingrenzungskriterien aber immer noch vermissen. Insbesondere fehlt es derzeit an einem einheitlichen Konzept für die deliktische Haftung insgesamt. Traditionell orientiert sich der VI. Senat in dieser Hinsicht an der Entscheidungspraxis des I. Senats zum Wettbewerbsrecht, was Ende der 1980er Jahre in der Baustoff-Entscheidung kulminierte. 2012 ließen allerdings mehrere Entscheidungen auf Oberlandesgerichtsebene[19] sowie ein Urteil des VI. Senats[20]

---

12 *Gerner-Beuerle/Paech/Schuster*, Study on Directors' Duties and Liability, abrufbar unter http://ec.europa.eu/internal_market/company/docs/board/2013-study-analy sis_en.pdf (zuletzt aufgerufen am 31.08.2015); hierzu *Bachmann*, ZIP 2013, 1946–1952.

13 *Schlechtriem*, in: Kreuzer, Haftung, S. 9, 54.

14 *Jung*, Unternehmergesellschafter, S. 346; zur Haftung wegen Unterlassens allgemein vgl. *Sprau*, in: Palandt, § 823 Rn. 2.

15 BGH, VI ZR 335/88 vom 05.12.1989, BGHZ 109, 297–306 = NJW 1990, 976–978. Hierzu im Überblick *Wagner*, in: MüKo BGB, § 823 Rn. 414–416 (mit weiteren Nachweisen).

16 Siehe hierzu 5. Teil. B. IV. 1.

17 BGH, VI ZR 341/10 vom 10.07.2012, BeckRS 2012, 16295 = NJW-Spezial 2012, 592; OLG Schleswig, 3 U 89/10 vom 29.06.2011, BeckRS 2011, 24219; OLG Stuttgart, 5 W 9/08 vom 29.04.2008, NJW 2008, 2514; BGH, I ZR 242/12 vom 18.06.2014, BeckRS 2014, 14705 (Rn. 20) = NJW-RR 2014, 1382; bestätigt durch BGH, I ZR 124/11 vom 27.11.2014, BeckRS 2014, 22154 = NJOZ 2015, 1033 (Videospiel-Konsolen II).

18 In diesem Sinne *Schirmer*, NJW 2012, 3398, 3398, unter Bezugnahme auf BGH, VI ZR 341/10 vom 10.07.2012, BeckRS 2012, 16295.

19 U.a. OLG Schleswig, 3 U 89/10 vom 29.06.2011, NJW-RR 2012, 368.

20 BGH, VI ZR 341/10 vom 10.07.2012, NZI 2012, 941.

Zweifel aufkommen, ob die haftungsfreundliche Auffassung des VI. Senats von 1989 so aufrechterhalten bleiben wird. Der I. Senat wiederum hat nunmehr auch seine vorherige Auffassung zur Haftung wegen Organisationspflichtverletzungen reformiert und eingeschränkt.[21] Auch eine Rechtsprechungsänderung durch den VI. Senat wäre infolgedessen denkbar. Im Bereich der Kapitalmarktinformationshaftung nach § 826 BGB haben sich seit den bekannten Infomatec-, ComROAD- und EM.TV-Urteilen kaum relevante Neuerungen ergeben. Wichtig für diese Arbeit ist dagegen eine aktuelle Entscheidung des Oberlandesgerichts Düsseldorf zur Teilnehmerhaftung gem. § 830 Abs. 2 BGB, da sie die Geschäftsführerhaftung potentiell stark ausweiten könnte. Auch zur Haftung wegen Verletzung eines Schutzgesetzes gem. § 823 Abs. 2 BGB haben sich neue Problemstellungen ergeben, da die Ausweitung der strafrechtlichen Garantenpflichten, etwa auf dem Gebiet des Unternehmensmanagements (Compliance), parallel hierzu die Frage der zivilrechtlichen Haftung auslöst.

Ziel dieser Arbeit ist es, vor dem Hintergrund dieser Rechtsprechung Kriterien für die Außenhaftung von Organen einer Kapitalgesellschaft, insbesondere hinsichtlich der Haftung für Organisations-pflichtverletzungen, herauszuarbeiten. Dafür sollen zunächst der Grundsatz der unbeschränkten Haftung für unternehmerisches Handeln sowie das Konzept der Haftungskonzentration in der Kapitalgesellschaft dargestellt werden. Zudem sollen die rechtsdogmatischen, rechtsethischen, wirtschaftspolitischen sowie ökonomischen Aspekte der Haftungskonzentration analysiert werden. Die ökonomische Analyse des Rechts wird insbesondere in Bezug auf die Frage der Verhaltenssteuerung angesprochen, da dieser Punkt als besonders wichtig für die Frage der Organaußenhaftung zu erachten ist. Es soll aber auch beachtet werden, dass in der deutschen Rechtsordnung die ökonomischen Ergebnisse nur ein Faktor unter vielen sind und daher nicht monokausal berücksichtigt werden können.[22] Hiernach soll anhand der vorhandenen Judikatur, insbesondere unter Berücksichtigung der Entscheidungspraxis des I., II. und VI. Senats, versucht werden, konsolidierte Rechtsprechungslinien auszuarbeiten und immer wiederkehrende Fallgruppen zu benennen. Gewinnbringend erscheint zudem ein Vergleich mit der Haftung anderer Interessenvertreter, da ein Seitenblick auf andere zivilrechtliche Haftungsregime erforderlich erscheint, um eine Lösung zu finden, die sich stimmig in das haftungsrechtliche Gesamtgefüge einfügt. Abschließend soll versucht werden, konkrete Kriterien zu finden, die eine Durchbrechung der Haftungskonzentration rechtfertigen und auf die Rechtsfolge der gemeinsamen Haftung von Gesellschaft und Leitungsorganen eingegangen werden.

---

21 BGH, I ZR 242/12 vom 18.06.2014, BeckRS 2014, 14705 = GRUR 2014, 883.
22 *Deutsch*, Haftungsrecht, S. 4.

2. Teil. Grundlagen und Problemaufriss

Abweichend vom allgemeinen Grundsatz der unbeschränkten Haftung für unternehmerisches Handeln gilt in der Kapitalgesellschaft das Strukturprinzip der Haftungskanalisierung auf den Unternehmensträger. In diesem zweiten Teil soll zunächst auf den Grundsatz der unbeschränkten Haftung für unternehmerisches Handeln eingegangen werden (A.), bevor auf das Konzept der juristischen Person und ihrer Organe sowie die gesetzlichen Regelungen zur Organaußenhaftung eingegangen wird (B.). Zudem sollen die rechtsdogmatischen, rechtsethischen und wirtschaftspolitischen Prinzipien, die dem Gedanken der Haftungskonzentration zu Grunde liegen, in Erinnerung gerufen werden sowie in Ansätzen die ökonomischen Hintergründe analysiert werden (C.). Abschließend werden der Untersuchungsbedarf sowie die praktische Relevanz der Arbeit sowie die konkrete Fragestellung dargestellt, bevor der Gang der Darstellung erläutert wird (D.).

A. Der zivilrechtliche Grundsatz der unbeschränkten Haftung für unternehmerisches Handeln

Grundsätzlich haftet jede natürliche Person in mehrfacher Hinsicht unbeschränkt.[23] Erstens gilt der Grundsatz der unbeschränkten Haftung für die Haftung der Höhe nach. Der Haftung ist keine Obergrenze gesetzt, unabhängig von der Leistungsfähigkeit des Schuldners. Zweitens haftet jedermann auch für sämtliche eingegangenen Verbindlichkeiten. Wer geschäftsfähig ist, ist in der Lage, vollwirksam Rechtsgeschäfte vorzunehmen; einen Schutz vor unvorteilhaften Geschäften gibt es außerhalb des Minderjährigenrechts nicht. Drittens haftet der Schuldner für diese Verbindlichkeiten mit seinem gesamten Vermögen. Im französischen Recht wurde dieser Grundsatz kodifiziert in Art. 2284 des Code Civil:

> *„Quiconque s'est obligé personnellement, est tenu de remplir son engagement sur tous ses biens mobiliers et immobiliers, présents et à venir."*[24]

---

23 Teilweise wird nur zwischen persönlicher (summenmäßiger) und gegenständlicher (Bildung eines Sondervermögens) Haftungsbeschränkung unterschieden, so zuerst *Ehrenberg*, See- und Handelsrecht, S. 1–7; so auch *Dubarry/Flume*, ZEuP 2012, 128, 129.

24 Code Civil, konsolidierte Fassung vom 1. Januar 2013, Buch V: Kreditsicherheiten (Livre V: Des sûretés). Eine vergleichbare Regelung findet sich in Artikel 2740 des italienischen Codice Civile („Der Schuldner haftet für die Erfüllung seiner Verpflichtungen mit seinem gegenwärtigen und zukünftigen Vermögen. Haftungsbeschränkungen sind außer in den gesetzlich vorgeschriebenen Fällen nicht zulässig."). Eine Ausnahme im französischen Recht findet sich im Einzelkaufmann mit beschränkter Haftung in Artikel L526–6 Code de Commerce, eingeführt durch das

Im deutschen Rechtssystem ist der Grundsatz der unbeschränkten Haftung des Schuldners nicht explizit geregelt, ergibt sich aber aus den Grundrechten, insbesondere dem Individualrecht auf Eigentum gemäß Art. 14 GG. Nach ständiger Rechtsprechung des Bundesverfassungsgerichts fallen privatrechtliche Positionen wie Forderungen aus Verträgen ebenso wie das Eigentum an beweglichen Sachen unter den Schutz von Art. 14 GG.[25] Ist eine Forderung dem Berechtigten als vermögenswertes Recht zugeordnet, steht ihm grundsätzlich auch der unbeschränkte Zugriff auf das gesamte Vermögen des Schuldners in dieser Höhe zu. Ein einseitiger Haftungsausschluss durch eine Privatperson auf einen Teil ihres Vermögens kann dem Gläubiger nicht entgegengehalten werden.[26] Dementsprechend wird auch die Vollstreckung in das gesamte Vermögen als Ausfluss der Rechtsschutzgewährleistung als – in Grenzen – gewährleistet angesehen, die eine staatliche Durchsetzung des jeweils betroffenen Grundrechts garantiert und letztlich auf das Rechtsstaatsprinzip nach Art. 20 Abs. 3 GG zurückgeht.[27] Diese Grundsätze gelten uneingeschränkt auch für die Leitungsorgane von Kapitalgesellschaften, da die gesetzlichen Grundlagen von einer uneingeschränkten Organhaftung ausgehen.[28] Insbesondere existiert auch kein allgemeines Gerechtigkeitsprinzip, nach dem eine existenzbedrohende Haftung wegen Art. 1 Abs. 1, 2 Abs. 1 GG vermieden werden müsste. Begeht ein Vorstandsmitglied eines großen Konzerns einen gravierenden Fehler, muss es für die gesamten Schäden persönlich aufkommen, auch wenn hieraus u.U. eine existenzbedrohende Haftung folgt. Eine Haftungsbegrenzung wegen besonders hoher Haftsummen in Millionen- oder gar Milliardenhöhe kennt das deutsche Recht nicht.[29]

Von diesem Grundsatz weichen nur vereinzelte Ausnahmeregelungen ab. Der Erbe hat die Möglichkeit zur Beschränkung der Haftung für Nachlassverbindlichkeiten auf den Nachlass.[30] § 1629a BGB beschränkt die Haftung für Verbindlichkeiten, die die Eltern im Rahmen ihrer gesetzlichen Vertretungsmacht für das Kind begründet haben, auf den Bestand des bei Eintritt der Volljährigkeit vorhandenen Vermögens des Kindes. Einzelne Regelungen im besonderen

---

„LOI n° 2010–658 du 15 juin 2010 relative à l'entrepreneur individuel à responsabilité limitée", JORF n°0137 du 16 juin 2010 page 10984, texte n° 1: „Tout entrepreneur individuel peut affecter à son activité professionnelle un patrimoine séparé de son patrimoine personnel, sans création d'une personne morale nouvelle", siehe hierzu *Dubarry/Flume*, ZEuP 2012, 128–148; *Peifer*, GmbHR 2010, 972–977.

25 So z.B. BVerfG, 1 BvR 1306/02 vom 24.11.2004, NJW 2005, 589, 589.

26 BGH, II ZR 371/98 vom 27.09.1999, NJW 1999, 3483 (zur Möglichkeit der GbR mbH).

27 *Bruns*, Haftungsbeschränkung, S. 159.

28 *Fleischer*, ZIP 2014, 1305, 1306 (m.w.N.).

29 So auch *Wagner*, ZHR 2014, 227, 276; a.A. *Canaris*, der vor Einführung der Insolvenzordnung für eine Begrenzung der Haftung für außerordentlich hohe Schäden gem. Art. 1 Abs. 1, 2 Abs. 1 GG plädierte, JZ 1987, 993, 1001 ff.

30 *Marotzke*, in: Staudinger, § 1967 Rn. 12–13.

Handelsrecht sehen Haftungshöchstgrenzen vor.[31] Das Produkthaftungsgesetz nennt einen Haftungshöchstbetrag von 85 Millionen Euro.[32] Vergleichbare Regelungen existieren im Gentechnikgesetz und im Straßenverkehrsgesetz.[33] Eine weitere Grenze der Privatautonomie sind die Vorschriften zur Sittenwidrigkeit von Verträgen (§ 138 BGB)[34] sowie die Möglichkeit des Insolvenzverfahrens, an dessen Ende die Restschuldbefreiung nach den §§ 287 ff. InsO steht.[35] Mit Ausnahme des Insolvenzverfahrens ist diesen Fällen der Haftungsbeschränkung und -höchstbeträge gemein, dass sie in der Praxis selten in Anspruch genommen werden. Im Gegensatz hierzu steht die Möglichkeit der institutionellen Haftungsbeschränkung, also die Begrenzung der persönlichen Haftung durch Gründung einer juristischen Person.[36] Diese Form der Haftungsbeschränkung stellt nicht nur eines der zentralen Instrumente des Gesellschaftsrechts dar,[37] sondern ist auch von wesentlicher Bedeutung für die moderne Wirtschaftsordnung.[38] Dies lässt sich auch zahlenmäßig darstellen. So waren am 1.1.2015 insgesamt 1.156.434 Gesellschaften mit beschränkter Haftung, 15.716 Aktiengesellschaften, 294 Kommanditgesellschaften auf Aktien sowie 330 Europäische Aktiengesellschaften (SE) in den amtlichen Geschäftsberichten der deutschen Handelsregister registriert. Die UG liegt mit 105.341 Registrierungen mittlerweile weit vor der englischen Limited mit 9.703 Registrierungen.[39]

---

31 Etwa §§ 431, 434, 435, 451e HGB (Haftungshöchstbetrage des Frachtführers), § 4 ff. Binnenschifffahrtsgesetz (Haftungsbeschränkungsmöglichkeiten des Schiffseigners).
32 § 10 Abs. 1 ProdHaftG.
33 § 33 GenTG; § 12 StVG. Vgl. auch noch die §§ 702 BGB, 9 ff. HaftPflG, 31 Abs. 1 S. 2 AtomG und 15 S. 2 UmweltHG. Eine Übersicht zu einzelnen summenmäßigen Haftungsbeschränkungen findet sich bei *Bruns*, Haftungsbeschränkung, S. 9.
34 Vgl. hierzu die Bürgschaftsentscheidung des Bundesverfassungsgerichts, BVerfG, 1 BvR 567/89 u.a. vom 19.10.1993, BVerfGE 89, 214, 232.
35 Beachtlich sind in diesem Zusammenhang auch die Schuldnerschutzvorschriften der §§ 850c ff. ZPO, die durch Einschränkung der Vollstreckbarkeit von Geldforderungen letztlich auch eine Form der Haftungsbeschränkung darstellen; siehe hierzu *Bruns*, Haftungsbeschränkung, S. 160.
36 So zutreffend *Bruns*, Haftungsbeschränkung, S. 184 ff. Nach *Dubarry/Flume*, ZEuP 2012, 128, 134, stellt die Gründung einer Kapitalgesellschaft keine Form einer Haftungsbeschränkung dar, sondern schirmt lediglich „im wirtschaftlichen Ergebnis" das Privat- vom Geschäftsvermögen ab.
37 *Easterbrook/Fischel*, Corporate Law, S. 40 ("a distinguishing feature of corporate law"); *Meyer*, Haftungsbeschränkung, S. 1.
38 *Bruns*, Haftungsbeschränkung, S. 2; *Lehmann*, Aktiengesellschaften, S. 219 (die Haftungsbeschränkung als „magna carta" des Aktionärs bezeichnend); ebenso *Möslein*, NZG 2011, 174; 174; *Schön*, FS Hommelhoff 2012, 1037, 1037.
39 *Kornblum*, GmbHR 2015, 687, 696.

B. Das Konzept der Haftungskonzentration auf die Kapitalgesellschaft

Abweichend vom Grundsatz der unbeschränkten Haftung werden die Leitungsorgane in der Kapitalgesellschaft zwar unternehmerisch tätig, haften hierfür im Grundsatz aber nur gegenüber der Gesellschaft. Die Gesellschaft selbst dagegen haftet den Gläubigern der Gesellschaft mit ihrem gesamten Vermögen in unbeschränkter Höhe. Die Haftung der Leitungsorgane lässt sich daher in eine Innenhaftung gegenüber der Gesellschaft und eine Außenhaftung gegenüber den Gläubigern und Gesellschaftern einteilen. Die Kanalisierung aller Ansprüche auf die Gesellschaft führt dann zu einer Haftungskonzentration auf die juristische Person. Dabei handelt es sich bei der Haftung der Leitungsorgane fast immer um eine eigenständige Primärhaftung und nicht etwa um eine Ausfallhaftung für die Schulden der Gesellschaft.[40] Eine Erfüllungshaftung, die auf Erfüllung des vertraglichen Anspruchs gerichtet ist, ist für Leitungsorgane außerhalb des § 179 Abs. 1 BGB nicht vorgesehen.[41]

Im Folgenden soll zunächst das Phänomen der juristischen Person betrachtet werden (I.), bevor auf die Haftung der Leitungsorgane der juristischen Person eingegangen wird (II.).

I. Das Phänomen der juristischen Person

Die juristische Person wird an verschiedenen Stellen im BGB erwähnt und vorausgesetzt,[42] aber nicht definiert. Nach herrschender Meinung ist sie eine zweckgebundene Organisation, der die Rechtsordnung Rechtsfähigkeit verliehen hat und die Träger eigener Rechte und Pflichten ist.[43] Was die Grundlage dieser „zweckgebundenen Organisation" darstellt, also letztlich, was das Wesen der juristischen Person ausmacht, ist angesichts der fehlenden bzw. unklaren gesetzlichen Regelungen nicht abschließend geklärt und wird in der Literatur auch nach über 100 Jahren seit Einführung des BGB noch diskutiert.[44] Der Gesetzgeber von 1900 wollte diese Fragen,

---

40 Zur Existenzvernichtungshaftung siehe unten Fn. 377.
41 Zur Haftung des Stellvertreters vgl. unten 4. Teil. A. II.
42 Etwa im 2. Titel des 1. Buches des BGB (Allgemeiner Teil) „Juristische Person", § 14 Abs. 1 BGB oder § 1059a BGB.
43 BGH, II ZR 318/55 vom 11.07.1957, NJW 1957, 1433, 1434; *Ellenberger*, in: Palandt, Einf § 21 Rn. 1; *Hadding*, in: Soergel Vor § 21 Rn. 6; *Raiser*, AcP 1999, 104, 105 (unter Bezugnahme auf *Reuter*, in: MüKo BGB, Vor § 21 Rn. 2); *Raiser*, in: FS Lutter, S. 637, 639; *Schöpflin*, in: BeckOK BGB, § 21 Rn. 1. In anderen Rechtsordnungen ist die juristische Person nicht gleichbedeutend mit beschränkter Haftung: Im französischen Recht ist die juristische Person nahezu gleichbedeutend mit der Rechtsfähigkeit; alle rechtsfähigen Gesellschaftsformen sind gleichzeitig auch juristische Person. Die juristische Persönlichkeit steht allerdings nicht der persönlichen unbeschränkten Haftung der Gesellschafter entgegen.
44 Vgl. die Nachweise in Fn. 43.

soweit keine gesetzlichen Regelungen dazu existieren, bewusst der Wissenschaft und Rechtsprechung überlassen.[45]

Im Theorienstreit des 19. Jahrhunderts standen sich im Wesentlichen drei Ausgangspositionen gegenüber.[46] Nach der auf *Savigny* zurückgehenden Fiktionstheorie ist die juristische Person nur eine fiktive Persönlichkeit,[47] nach der Theorie der realen Verbandspersönlichkeit (u.a. vertreten von *Gierke*) besteht dagegen eine wirkliche Verbandsperson.[48] Für die Theorie der realen Verbandspersönlichkeit haben sich beispielsweise die französischen Gerichte entschieden.[49] Eine dritte Meinung sieht die juristische Person eher als personifiziertes Zweckvermögen bzw. als Zurechnungsobjekt.[50] Wie die juristische Person zu behandeln ist, welche Rechtsnormen auf sie anwendbar sind und welche Grenzen ihr gesetzt sind, wird von keiner der Theorien geklärt. Der Streit erscheint daher auf den ersten Blick als reine Klärung von Begrifflichkeiten und soll an dieser Stelle auch nicht vertieft werden. Da er allerdings im Bereich des Deliktsrechts durchaus Relevanz hat, soll er im weiteren Verlauf der Arbeit dann angesprochen werden, wenn eine Bedeutung für die Fragestellung der Organaußenhaftung gegeben ist.[51]

II. Die Haftung der Leitungsorgane der juristischen Person

In diesem Abschnitt wird zunächst der Begriff des Leitungsorgans definiert (1.), bevor die Grundlagen der Zurechnung von Organhandeln erläutert und die Konsequenzen für die deliktische Organhaftung erörtert werden (2.). Zudem soll auf die zentrale Zurechnungsnorm des § 31 BGB eingegangen werden (3.) und die Organaußenhaftung vom Konzept des Haftungsdurchgriffs auf die Gesellschafter abgegrenzt werden (4.).

---

45 *Mugdan*, Materialien I, S. 395 [517] („Den Begriff [der juristischen Persönlichkeit] zu konstruieren und zu rechtfertigen ist Aufgabe der Wissenschaft").

46 Einen Überblick hierzu gibt *Weick*, in: Staudinger, Einl zu §§ 21 ff. Rn. 3 (m.w.N.).

47 *Savigny*, System des römischen Rechts II, S. 236 („künstliche, durch bloße Fiktion angenommene Subjekte").

48 *Gierke*, Verbände, S. 10 („Dass das Recht, indem es die organisirten [sic] Gemeinschaften als Personen behandelt, durchaus nicht in einen Widerspruch zur Wirklichkeit tritt, sondern der Wirklichkeit adequaten Ausdruck verleiht? Sind vielleicht die menschlichen Verbände reale Einheiten, die mit der Anerkennung ihrer Rechtspersönlichkeit durch das Recht nur das empfangen, was ihrer wirklichen Beschaffenheit entspricht? Mit Vielen antworte ich: Ja!").

49 *Vinckel*, Bull. Joly 2002, 177, 192; vgl. *Cozian/Viandier/Deboissy*, Droit des sociétés, Rn. 172 (mit Rechtsprechungsübersicht zu Fällen, in denen die persönliche Außenhaftung bejaht wurde).

50 *Wolff*, Organschaft I, S. 52 ff. (m.w.N.), S. 229–230.

51 Siehe unten 3. Teil. B.

1. Der Begriff des Leitungsorgans

Der Begriff des Organs wird wie der Begriff der juristischen Person nicht legal-definiert; ebenfalls nicht vorhanden ist eine einheitliche präzise Definition in Rechtsprechung oder Literatur.[52] Nach Ansicht des Bundesgerichtshofs setzt die Organstellung vor allem die organisatorische Eingliederung des Organs über die Verbandsverfassung in die Gesellschaft voraus.[53] In der Literatur wurden für die Organstellung verschiedene Definitionsansätze gefunden.[54] Etwa nach *Flume* ist Organ der juristischen Person jede Person oder Mehrzahl von Personen, welche nach der Verfassung der juristischen Person die Handlungsfähigkeit für die juristische Person begründet.[55]

Die Geschäftsleitung oder Unternehmensleitung wird als ein herausgehobener Teil der Geschäftsführung angesehen.[56] Leitungsaufgaben darf der Vorstand nicht auf tiefere Führungsebenen übertragen.[57] In Abgrenzung zur Geschäftsführung, die jedes Handeln der Leitungsorgane für die Gesellschaft umfasst, geht es bei der Leitung vor allem um die strategische Ausrichtung und die Festlegung der Unternehmensziele.[58] Zu den Leitungsaufgaben zählt etwa die Pflicht zur Einberufung der Hauptversammlung, die Finanz-, Investitions- und Personalplanung, die Unternehmenskontrolle (Überwachung delegierter Aufgaben) und die Unternehmensorganisation und -koordinierung.[59]

Leitungsorgane der Kapitalgesellschaft sind demnach der Vorstand der Aktiengesellschaft (§§ 76 ff. AktG), der Geschäftsführer der GmbH (§§ 35 ff. GmbHG), der persönlich haftende Gesellschafter in der Kommanditgesellschaft auf Aktien (§ 278 Abs. 1 AktG) und das Leitungsorgan bzw. der Verwaltungsrat in der SE (Art. 38 SE-VO, §§ 15 ff. SEAG). Notwendige Organe, d.h. solche, ohne die die

---

52 *Ulmer*, in: FS Wiedemann, S. 1297, 1305; *ders./Schäfer*, in: MüKo BGB, § 705 Rn. 256.

53 BGH, II ZR 287/63 vom 25.02.1965, NJW 1965, 1378 (Leitsatz 1), = BGHZ 43, 261; hierzu *Schürnbrand*, Organschaft, S. 37.

54 *K. Schmidt* betont vor allem die Bedeutung der Willensbildung und Leitung des Verbandes als charakteristisches Merkmal der Organe, *K. Schmidt*, Gesellschaftsrecht, S. 408 (differenzierend zwischen Willensbildungs-, Leitungs- und Aufsichtsorganen), in diese Richtung auch *Ulmer*, in: FS Wiedemann, S. 1297, 1306. *Schürnbrand* geht von einem institutionell-funktionellen Organbegriff aus. Danach sind Organe aus institutioneller Sicht organisatorisch, im Außenverhältnis aber nicht rechtlich verselbstständigte Teile der Verbandsverfassung, *Schürnbrand*, Organschaft, S. 30 ff. Nach *Wiedemann* liegt ein Organ vor, wenn über die Wirkungen der gesetzlichen Stellvertretung hinaus eine „weitgehende Identifizierung" der Repräsentanten mit der juristischen Person vorliegt, *Wiedemann*, Gesellschaftsrecht I, S. 212.

55 *Flume*, Allgemeiner Teil, Band I/2, S. 377.

56 *Dauner-Lieb*, in: Henssler/Strohn AktG, § 77 Rn. 2; *Koch*, in: Hüffer AktG, § 77 Rn. 3; *Weber*, in: Hölters AktG, § 77 Rn. 3.

57 *Möllers*, in: Ad-hoc-Publizität, § 69 Rn. 6.

58 *Dauner-Lieb*, in: Henssler/Strohn AktG, § 76 Rn. 5, 7.

59 *Pauker*, Unternehmen, S. 133.

Gesellschaft nicht bestehen kann, sind in der Aktiengesellschaft der Vorstand (vgl. § 39 Abs. 1 AktG) und der Aufsichtsrat[60] sowie der oder die Geschäftsführer in der GmbH (vgl. § 8 Abs. 1 Nr. 2 GmbHG). In der SE übernehmen die Geschäftsleitung entweder einzelne Mitglieder des Aufsichtsorgans (dualistisches System, Art. 39 SE-VO, § 15 SEAG) oder der Verwaltungsrat (monistisches System, Art. 43 SE-VO, § 22 Abs. 1 SEAG).

2. Grundlagen der Zurechnung von Organhandeln

Im nächsten Schritt soll dargestellt werden, wie der Gesellschaft das Verhalten der Organe zugerechnet werden kann und welche Konsequenzen die Anwendung der jeweiligen Theorien für die deliktische Organaußenhaftung hat.

a) Organ- und Vertretertheorie

Vor dem Hintergrund des Theorienstreits um das Wesen der juristischen Person[61] wird auch die Frage der Zurechnung des Verhaltens der Organe diskutiert. Eine Regelung hierzu findet sich in § 26 Abs. 1 S.1 HS 2 BGB:

> *„Der Vorstand (...) hat die Stellung eines gesetzlichen Vertreters.“*

Zumindest der Wortlaut von § 26 BGB scheint anzudeuten, dass die Organe den gesetzlichen Vertretern nur gleichgestellt sind. Andererseits sprechen die §§ 78 Abs. 1 AktG, 35 Abs. 1 GmbHG davon, dass die Aktiengesellschaft vom Vorstand und die Gesellschaft mit beschränkter Haftung vom Geschäftsführer vertreten werden. Ähnliche Formulierungen finden sich an einer Vielzahl von Stellen, insbesondere in neueren Gesetzen.[62] Die Unterscheidung zwischen Organ- und Vertretertheorie wird im Deliktsrecht relevant, wenn es um die Frage geht, ob eine Haftung des Organs gem. §§ 823 ff. BGB in Betracht kommt, wenn es selbst alle Tatbestandsmerkmale verwirklicht hat, oder nur die der juristischen Person. Der Gesetzgeber von 1900 wollte dieses Problem durch die Einführung von § 31 BGB nicht klären, sondern Rechtsprechung und Lehre überlassen.[63]

Nach der Organtheorie, die auf *v. Gierke* und seine Theorie von der realen Verbandspersönlichkeit zurückgeht, ist die juristische Person nicht nur rechts-, sondern auch selbst handlungsfähig und handelt durch ihre Organe (Organtheorie[64]).

---

60 *Habersack*, in: MüKo AktG, § 95 Rn. 5.
61 Siehe 2. Teil. B. I.
62 Etwa § 43a Abs. 2 S. 2 GenG (gesetzlicher Vertreter der juristischen Person). Aber vgl. den Wortlaut von § 15a InsO, der von einem „organschaftlichen Vertreter" spricht. Zur sog. gesetzlichen Vertretung im Gesellschaftsrecht kritisch *Beuthien*, in: FS Canaris, S. 41, 46.
63 *Mugdan*, Materialien I, S. 609 [731].
64 *Gierke*, Verbände, S. 26 („Der Rechtsbegriff des Organs ist von spezifischer Art und darf nicht mit dem individualrechtlichen Begriff des Stellvertreters zusammengeworfen werden."); aktuell ebenso *Beuthien*, FS Zöllner, 1998, S. 87, 100; *ders.*, NJW 1999,

Das Handeln der Organe wird also nicht wie das eines Stellvertreters zugerechnet, sondern ist ohne weiteren Zwischenschritt Eigenhandeln der juristischen Person. Zum Teil wird hier auch von „Anrechnung"[65] oder „Zuschreibung"[66] gesprochen, im Gegensatz zum Begriff der Zurechnung. *Savigny* dagegen führt den Gedanken seiner Fiktionslehre weiter und sieht die Organe als gesetzliche Stellvertreter der Körperschaft, da eine pure rechtliche Fiktion selbst nicht handlungsfähig ist (Vertretertheorie[67]). Die Zurechnung des Verhaltens der Organe wird also so wie die zwischen zwei selbstständigen Rechtsobjekten, etwa zwei natürlichen Personen, behandelt.

b) Stellungnahme und Konsequenzen für die deliktische Organhaftung

Es spricht einiges dafür, die Zurechnung zwischen Organ und juristischer Person nach spezifischen verbandsrechtlichen Sonderregeln zu regeln und sie nicht mit der Zurechnung zwischen zwei selbstständigen Rechtsträgern gleichzustellen. Zwar hat die Unterscheidung im rechtsgeschäftlichen Bereich kaum Folgen, da es letztlich keine Auswirkungen hat, ob § 164 BGB unmittelbar angewendet wird, oder nur, weil das Organ einem gesetzlichen Vertreter „gleichgestellt" ist.[68] Über die Frage der Begrifflichkeit hinaus hat die Fragestellung aber auch rechtliche Relevanz. Etwa die Rechtsfigur des Organbesitzes ist zu unterscheiden von der des mittelbaren Besitzers oder Besitzdieners. Rechtlich macht es einen Unterschied, ob ein Organ als unmittelbarer Besitzer eingestuft wird und die juristische Person als mittelbarer Besitzer, oder ob nur die juristische Person Besitzer ist. Relevanz hat diese Frage etwa für die Anwendbarkeit des Deliktsrechts neben den §§ 985 ff. BGB.[69] Nach heute einhelliger Meinung wird angenommen, dass das Organ selbst überhaupt nicht Besitzer ist und die juristische Person alleiniger Besitzer in Form des Organbesitzes ist.[70] Ebenso ist die Anwendung spezifisch verbandsrechtlicher Zurechnungsregeln im Deliktsrecht denkbar. Folgt man der Organtheorie, wäre die Verletzungshandlung im Sinne des § 823 Abs. 1 BGB eine Handlung der juristischen Person selbst, ausgeführt

---

1142, 1143; *Habersack/Foerster*, in: GK AktG, § 78 Rn. 3; *Koch*, in: Hüffer AktG, § 78 Rn. 3; *Spindler*, in: MüKo AktG, § 78 Rn. 5; nicht ganz eindeutig Stellung beziehend: *Richter*, in: Semler/Peltzer Arbeitshandbuch, § 4 Rn. 36.

65 *Savigny*, System des römischen Rechts II, S. 312.

66 *Kelsen*, Rechtslehre, S. 154, dort Fn. „*").

67 *Savigny*, System des römischen Rechts II, S. 312 („Ihr reales Dasein beruht auf dem vertretenden Willen bestimmter einzelner Menschen, der ihr, in Folge einer Fiktion, als ihr eigener Wille zugerechnet wird."). So heute auch *Flume*, Allgemeiner Teil, Band I/2, S. 379; *Mertens/Cahn*, in: KöKo AktG, § 78 Rn. 7 (die bewusst vom Vorstand als gesetzlichen Vertreter im Gegensatz zum Vorstand in der Stellung eines gesetzlichen Vertreters sprechen).

68 So *Schürnbrand*, Organschaft, S. 22.

69 Hierzu BGH, VIII ZR 256/69 vom 31. 03.1971, NJW 1971, 1358, 1358; *Schürnbrand*, Organschaft, S. 23/24.

70 *Eckardt*, KTS 1997, 411, 423 (dort Fn. 40).

durch ein Organ.[71] Die Handlung wäre dann nur eine Handlung der juristischen Person und nicht des Organs. Dieses käme dann nicht als Anspruchsgegner eines Anspruchs nach § 823 Abs. 1 BGB nicht Betracht. Eine solch scharfe Anwendung der Organtheorie ist zwar mit der aktuellen Rechtsprechung kaum vereinbar, die eine Haftung des Organs neben der juristischen Person bejaht, wenn auch das Organ selbst alle Tatbestandsmerkmale verwirklicht hat.[72] Dennoch erscheint es vorzugswürdig, eine solche Verdoppelung der Anspruchsgegner nur in begrenzten Ausnahmefällen zuzulassen, und zwar dann, wenn eine Verletzungshandlung des Organwalters, also der natürlichen Person vorliegt. Es spricht zwar grundsätzlich nichts dagegen, trotz einer Zu- oder Anrechnung den direkt Handelnden selbst auch haften zu lassen. Dies sollte jedoch nur dann der Fall sein, wenn dies auch systemisch gerechtfertigt ist.

3. Die deliktische Haftung des Unternehmensträgers nach § 31 BGB

§ 31 BGB ist die zentrale Zurechnungsnorm für die deliktische Haftung der Kapitalgesellschaft. Hinsichtlich der Tatbestandsvoraussetzungen ist insbesondere streitig, ob eine Eigenhaftung des Organs notwendige Voraussetzung ist.

a) Problemstellung

Die deliktische Haftung von Unternehmensträgern wird über § 31 BGB möglich gemacht, der über seinen Wortlaut hinaus („der Verein") auf alle juristischen Personen und auch die offene Handelsgesellschaft und die Kommanditgesellschaft anwendbar ist.[73] Im Rahmen dieser Norm werden in neuerer Zeit vor allem zwei Auslegungsfragen diskutiert. Insbesondere wird gefragt, ob § 31 BGB ein eigenes Delikt des Organs voraussetzt.[74] Aus dem Wortlaut des § 31 BGB (und auch des § 831 BGB) könnte man schließen, dass die Haftung der Gesellschaft sich grundsätzlich von einem Eigendelikt des Organs ableitet und diese auch voraussetzt:

---

71 In diesem Sinne *Le Cannu/Dondero*, Droit des sociétés, S. 312, Rn. 477; *Viandier*, Urteilsanmerkung zu C. Cass., Com., 4.10.1988, Rev. Soc. 1989, 213, 214. *Landwehr* dagegen vertritt die Auffassung, dass rechtswidrige Handlungen der Organe nicht der juristischen Person zuzurechnen sind, da eine juristische Person nicht rechtswidrig zu handeln vermag und § 31 BGB die Haftung für ein fremdes Verschulden begründet, AcP 1964, 482, 504 ff.

72 BGH, VI ZR 90/95 vom 12.03.1996, NJW 1996, 1535, 1536 (mit weiteren Nachweisen); BGH, VI ZR 335/88 vom 05.12.1989, NJW-RR 1990, 446 ; OLG Köln, 6 U 72/91 vom 26.06.1992, NJW-RR 1993, 865, 866; vgl. hierzu auch *Landwehr*, AcP 1964, 482, 504 ff.; *Medicus*, ZGR 1998, 570, 571; *Rehbinder*, Konzernaußenrecht, S. 251; *Verse*, ZHR 2006, 401 (dort Fn. 9).

73 Ganz h.M., statt aller: *Ellenberger*, in: Palandt, § 31 Rn. 3 (m.w.N.).

74 Die zweite Auslegungsfrage betrifft die Rechtsfolge von § 31 BGB, auf die allerdings erst am Ende dieser Arbeit eingegangen werden soll, siehe 6. Teil. A. II.

„*Der Verein ist für den Schaden verantwortlich, den der Vorstand, ein Mitglied des Vorstands oder ein anderer verfassungsmäßig berufener Vertreter durch eine in Ausführung der ihm zustehenden Verrichtungen begangene, zum Schadensersatz verpflichtende Handlung einem Dritten zufügt.*"

„Eine zum Schadensersatz verpflichtende Handlung" scheint eine Eigenhaftung des Organs vorauszusetzen. Insbesondere im Zusammenhang mit der Verletzung von Verkehrspflichten wird hier diskutiert, ob es ausreicht, dass sich diese an den Unternehmensträger richten, oder ob eine eigene Verkehrspflicht des Organwalters verletzt sein muss.[75]

b) Eigenhaftung des Organs als Tatbestandsmerkmal von § 31 BGB

Für eine Eigenhaftung des Organs als Tatbestandsmerkmal von § 31 BGB haben sich insbesondere *Altmeppen* und *Haas/Ziemons* ausgesprochen.[76] Danach ist die Haftung des Unternehmens notwendigerweise nur eine kumulative neben der Haftung des Organs. Nach Ansicht von *Foerste*, der ebenfalls dieser Auffassung ist, spricht für eine Eigenhaftung des Organs als Tatbestandsmerkmal vor allem eine historisch-teleologische Auslegung. Die Gesetzesmaterialien sollen mehrfach darauf hinweisen, dass die juristische Person über § 31 BGB haften soll, ohne den Gläubiger auf „auf den häufig unergiebigen Weg der Belangung des Vertreters" verweisen zu müssen.[77] Zudem soll nach der Rechtsprechung des 19. Jahrhunderts eine Tätigkeit in fremdem Interesse eine deliktische Eigenhaftung nicht ausschließen.[78]

c) Haftung des Unternehmens nach § 31 BGB ohne Eigenhaftung des Organs

Eine neuere Auffassung setzt für § 31 BGB kein Eigendelikt des Organwalters voraus, sondern lässt es ausreichen, dass sich die Verkehrssicherungspflicht an den Unternehmensträger richtet.[79] Nach dieser Ansicht ist § 31 BGB kein bloßer Schuldbeitritt, sondern begründet eine Haftung des Unternehmens auch ohne Eigenhaftung des Handelnden. Es handelt sich danach also nicht um eine akzessorische oder kumulative Haftung. Gemeinsames Argument der Vertreter dieser Ansicht ist vor allem, dass die persönliche Haftung der Leitungsorgane als notwendige Voraussetzung für eine Haftung des Unternehmens die Organhaftung zu stark ausweiten würde.[80]

---

75 *Arnold*, in: MüKo BGB, § 31 Rn. 31.

76 *Altmeppen*, ZIP 1995, 281, 287 f.; *Haas/Ziemons*, in: Michalski GmbHG, § 43 Rn. 341 ff.

77 *Foerste*, VersR 2002, 1, 3.

78 *Foerste*, VersR 2002, 1, 3 unter Verweis auf RG, III 42/93 vom 05.05.1893, RGZ 31, 246 (Norderney-Entscheidung).

79 OLG Rostock, 8 U 54/06 vom 16.02.2007, BeckRS 2007, 04321 (Nr. 3) = GmbHR 2007, 762; *Eckardt*, in: Jahrbuch Zivilrechtswissenschaftler 1996, S. 61, 68 f.; *Gottschalk*, GmbHR 2015, 8, 9; grundlegend *Kleindiek*, Deliktshaftung, S. 238 ff.; *Medicus*, GmbHR 2002, 809, 810; *Spindler*, in: Handbuch Vorstandsrecht, § 13 Rn. 22.

80 *Arnold*, in: MüKo BGB, § 31 Rn. 31 („nur um den Preis einer übersteigerten Außenhaftung").

d) Stellungnahme

§ 31 BGB kann richtigerweise nicht eine Eigenhaftung des Organs voraussetzen. Schließlich würde nach dieser Ansicht eine deliktische Haftung des Unternehmens ausschließlich bei einer Eigenhaftung der Organe in Betracht kommen. Hinzu kommt, dass für diese Konstruktion die Verkehrspflichten des Unternehmens in einem ersten Schritt auf die Organwalter abgeleitet werden und in einem zweiten Schritt die Haftung des Unternehmens von der Eigenhaftung der Organwalter abgeleitet würde. Statt dieses Zwischenschrittes erscheint es überzeugender, die deliktische Haftung des Unternehmens originär und ohne persönliche Verkehrspflichtverletzung des Handelnden zu begründen.[81] Letztlich spricht für diese Auslegung, dass die juristische Person auch im vertraglichen Bereich ohne Zwischenschaltung der Führungspersonen gem. §§ 280 ff. BGB, 276 BGB haftet, obwohl auch diese eine Pflichtverletzung und ein Verschulden voraussetzen.[82]

Im weiteren Verlauf der Arbeit wird daher davon ausgegangen, dass § 31 BGB eine Eigenhaftung der Organe nicht voraussetzt, sondern auch originär ohne persönliche Haftung der Leitungsorgane eingreift.

4. Abgrenzung der Organaußenhaftung zum Haftungsdurchgriff

Nach dem Vorgenannten haftet den Gläubigern der Gesellschaft grundsätzlich nur das Gesellschaftsvermögen und nicht das Vermögen der Leitungsorgane. Letzteres kommt nur ausnahmsweise in Betracht. Dieser Gedankengang lässt zunächst an das Trennungsprinzip, die hieraus resultierende Haftungsbeschränkung und die Durchgriffshaftung auf die Gesellschafter denken.[83] Daher soll zunächst das Trennungsprinzip erläutert werden und auf den Ursprung der Haftungsbeschränkung eingegangen werden, bevor die Organaußenhaftung von der Durchgriffshaftung abgegrenzt wird. In diesem Zusammenhang soll auch die Möglichkeit einer Privilegierung des Gesellschafter-Geschäftsführers in der Einpersonen-GmbH erörtert werden.

a) Trennungsprinzip

Kennzeichnend für das Trennungsprinzip ist, dass den Gläubigern gemäß § 13 Abs. 2 GmbHG, § 1 Abs. 1 S. 2 AktG nur das Gesellschaftsvermögen haftet. In Verbindung mit § 13 Abs. 1 GmbHG, § 1 Abs. 1 S. 1 AktG ergibt sich hieraus, dass die Gesellschaft als juristische Person haftungsrechtlich verselbstständigt ist. Sie ist als juristische Person nicht nur rechts- und geschäftsfähig, sondern hat auch ein eigenes

---

81 So auch *Eckardt*, in: Jahrbuch Zivilrechtswissenschaftler 1996, S. 61, 69; *Gottschalk*, GmbHR 2015, 8, 9.
82 *Medicus*, GmbHR 2002, 809, 810.
83 § 13 Abs. 2 GmbHG zitieren in diesem Zusammenhang beispielsweise *Lutter*, ZHR 1993, 464, 473/474 sowie *Rowedder*, in: FS Semler, S. 311, 311.

Vermögen, das vom Vermögen der Gesellschafter und Organe getrennt ist.[84] Beim Haftungsdurchgriff wird dieses Prinzip durchbrochen und ausnahmsweise auf das Vermögen der Gesellschafter zugegriffen. Nach dem Bundesgerichtshof darf über die Rechtsform der juristischen Person „nicht leichtfertig und schrankenlos hinweggegangen werden"[85]. Andererseits soll der Richter aber auch „die Wirklichkeit des Lebens, die wirtschaftlichen Befugnisse und die Macht der Tatsachen"[86] berücksichtigen, und die Konstruktion der juristischen Person hintenansetzen, wenn Treu und Glauben dies gebieten.

b) Ursprung der Haftungsbeschränkung

Ursprung der Haftungsbeschränkung ist die Existenz der juristischen Persönlichkeit und nicht erst die gesetzliche Anordnung.[87] Die von diesem Gedanken abweichende Regelung zur Kommanditgesellschaft auf Aktien (KGaA) in § 278 Abs. 1 AktG ist daher als Ausnahmeregelung zu werten. Die KGaA ist nämlich ebenfalls juristische Person, in der es dennoch persönlich haftende Gesellschafter gibt, § 278 Abs. 1 AktG. Diese Struktur folgt allerdings aus dem hybriden Charakter der KGaA als Mischform zwischen Aktien- und Kommanditgesellschaft[88] und ist nicht als gesetzgeberische Wertung zu den Rechtsfolgen der juristischen Person zu werten. Schließlich ist die Mithaftung eines zweiten oder mehrerer Schuldner nicht die Regel, sondern die Ausnahme.[89] Wird ein Vertrag zwischen zwei Personen geschlossen, muss die Haftung eines Dritten positiv begründet werden, etwa über den Abschluss eines Bürgschaftsvertrags oder einen Schuldbeitritt. Insbesondere beim Handeln einer Person für eine andere, etwa bei der Stellvertretung, haftet grundsätzlich nur der Vertretene und nicht der Vertreter. Anders mag dies sein, wenn mehrere gleichberechtigte Personen zusammenwirken, etwa im Fall einer BGB-Gesellschaft oder einer Bruchteilsgemeinschaft. Ein solcher Fall liegt aber nicht vor, wenn ein (angestelltes) Leitungsorgan für eine juristische Person handelt. Dann liegt vielmehr

---

84 *Merkt*, in: MüKo GmbHG, § 13 Rn. 3.

85 BGH, II ZR 168/55 vom 30.01.1956, BGHZ 20, 4, 11.

86 So zuerst RG, III 68/20 vom 02.06.1920, RGZ 99, 232, 234; BGH, VIII ZR 28/69 vom 08.07.1960, BGHZ 54, 222, 224; BGH, VIII ZR 230/79 vom 05.11.1980, BGHZ 78, 318, 333.

87 So auch *Laband*, ZHR 1885, 469, 500; *Wilhelm*, Rechtsform, S. 287; a.A. *Jung*, Unternehmergesellschafter, S. 341; *Merkt*, in: MüKo GmbHG, § 13 Rn. 328; *Raiser*, AcP 1999, 104, 135; *ders.*, FS Lutter, 2000, S. 637–650; *ders.*, in: Ulmer/Habersack/Löbbe GmbHG, § 13 Rn. 47; *Wiedemann*, in: Dölle/von Caemmerer, Haftung, S. 16.

88 *Koch*, in: Hüffer AktG, § 278 Rn. 3.

89 Anderer Ansicht ist *Raiser*, FS Lutter, 200, 637 („Die Haftungsbeschränkung ist kein Wesensmerkmal der juristischen Person"), der meint, beim Zusammenwirken mehrerer im Rechtsverkehr sei die gemeinsame Haftung die Regel, etwa bei Ehegatten nach § 1357 BGB oder mehreren Teilnehmern einer unerlaubten Handlung nach § 840 Abs. 1 BGB.

ein Handeln für eine andere Person vor, bei der die persönliche (Mit-)Haftung des Vertreters positiv begründet werden müsste.

c) Abgrenzung von Organaußenhaftung zur Durchgriffshaftung

Die Frage der persönlichen Haftung der Leitungsorgane neben der Gesellschaft ist vom Problemkomplex der Durchgriffshaftung abzugrenzen.[90] Zwar geht es in beiden Fällen darum, inwiefern ein zweites Vermögen neben dem der Gesellschaft nach außen haftet und die Haftungsmasse zu Gunsten der Gläubiger erweitert wird. Beim Trennungsprinzip und der ausnahmsweisen Durchgriffshaftung geht es allerdings um die Haftung der Gesellschafter neben der Gesellschaft und nicht die der Leitungsorgane. Fast noch bedeutsamer ist die unterschiedliche Art der Erweiterung der Haftungsmasse: Beim Haftungsdurchgriff machen die Gläubiger einen Anspruch, der gegenüber der Gesellschaft besteht, ausnahmsweise gegenüber den Gesellschaftern geltend.[91] Bildlich gesprochen wird die dazwischengeschobene juristische Person hinweggedacht. Bei der Organhaftung hingegen wird zusätzlich zu dem Anspruch gegenüber der Gesellschaft auch noch ein selbstständiger Anspruch gegen die Leitungsorgane persönlich geltend gemacht. Die juristische Person wird also nicht „hinweggedacht", sondern die Haftung der Leitungsorgane tritt neben die der Gesellschaft. Annähernd vergleichbar mit der Durchgriffshaftung ist einzig der Fall des § 93 Abs. 5 AktG. Danach können die Gläubiger ausnahmsweise einen Ersatzanspruch der Gesellschaft nach § 93 Abs. 3 AktG selbst geltend machen, soweit sie von dieser keine Befriedigung erlangen können und damit über die Rechtsfigur der juristischen Person hinweggehen.

d) Privilegierung des Gesellschafter-Geschäftsführers?

Ist in einer Einpersonen-GmbH der Gesellschafter gleichzeitig auch Geschäftsführer, hat dies Auswirkungen auf die Innenhaftung. Nach herrschender Meinung liegt in Einpersonen-GmbHs immer die Situation der Weisung bzw. des Einverständnisses zwischen Geschäftsleiter und Gesellschafter vor, sodass eine Haftung des Geschäftsführers nach § 43 Abs. 2 GmbHG nicht in Betracht kommt.[92]

---

90 So auch *Brüggemeier*, Haftungsrecht, S. 162; *Groß*, ZGR 1998, 551, 552.

91 Der Begriff des Durchgriffs wird nicht einheitlich gehandhabt. Teilweise wird diskutiert, ob auch dann von einer Durchgriffshaftung gesprochen werden kann, wenn die Haftung der Gesellschafter auf einem eigenen Verpflichtungsgrund beruht, *Merkt*, in: MüKo GmbHG, § 13 Rn. 343, unter Verweis auf *Bitter*, in: Scholz GmbHG, § 13 Rn. 73, 90, der von einem „unechten Durchgriff" spricht. In dieser Arbeit wird der Begriff des Durchgriffs nur in Bezug auf die Haftung der Gesellschafter für Verbindlichkeiten der Gesellschaft ohne besonderen Verpflichtungsgrund verwendet.

92 *Altmeppen*, in: Roth/Altmeppen, § 43 Rn. 134. Die Haftung nach § 43 Abs. 3 GmbHG und wegen Vermögensvermischung bleibt allerdings auch in der Einpersonen-GmbH möglich.

Auswirkungen auf die Außenhaftung könnten sich aus folgender Erwägung ergeben: Wie gerade dargestellt, kommt das Trennungsprinzip und die daraus folgende Haftungsbeschränkung gem. § 13 Abs. 2 GmbHG primär den Gesellschaftern zu Gute und nicht den Leitungsorganen. Ist der Geschäftsführer aber gleichzeitig auch einziger Gesellschafter, könnte § 13 Abs. 2 GmbHG einer persönlichen Haftung des Geschäftsführers entgegenstehen. Der Gesellschafter-Geschäftsführer würde dann gegenüber anderen Geschäftsführern privilegiert.

Hiergegen spricht allerdings, dass zwischen der Durchgriffshaftung und der persönlichen Haftung der Leitungsorgane zu differenzieren ist. Anders als bei der Durchgriffshaftung handelt es sich bei den Ansprüchen gegen den Geschäftsführer um eigenständige deliktische Ansprüche. Ein „Dazwischentreten" der Gesellschaft kommt bei den deliktischen Ansprüchen schon gar nicht in Betracht. Die Haftungsbeschränkung kann daher an dieser Stelle keine Berücksichtigung finden. Eine Privilegierung des Gesellschafter-Geschäftsführers ist aus diesem Grunde abzulehnen.

III. Zusammenfassung

Für diese Arbeit sind insbesondere folgende Feststellungen von Relevanz:

– Eine juristische Person ist eine zweckgebundene Organisation, der die Rechtsordnung Rechtsfähigkeit verliehen hat und die Träger eigener Rechte und Pflichten ist. Ein Organ einer juristischen Person liegt vor, wenn die Person oder Mehrzahl von Personen organisatorisch in die Gesellschaft eingegliedert ist und die Willensbildung und -leitung der Gesellschaft herstellt. Zu den Leitungsaufgaben, die nicht auf eine tiefere Führungsebene übertragen werden können, zählt insbesondere die Unternehmenskontrolle (Koordinierung und Überwachung) sowie die Unternehmensorganisation. Leitungsorgane der Kapitalgesellschaft in diesem Sinne sind vor allem der Geschäftsführer der GmbH, der Vorstand der Aktiengesellschaft und der Verwaltungsrat der SE.
– Die Zurechnung von Verletzungshandlungen im Sinne des Deliktsrechts richtet sich nach spezifischen verbandsrechtlichen Sonderregeln. Eine Eigenhaftung des Organwalters sollte nur dann bejaht werden, wenn dies auch systemisch gerechtfertigt ist.
– § 31 BGB setzt für die Erfüllung des Tatbestands nicht voraus, dass ein Eigendelikt des Organs vorliegt. Es muss also nicht eine persönliche deliktische Haftung des Leitungsorgans gegeben sein, um zu einer Haftung des Unternehmens über § 31 BGB zu kommen. Vielmehr reicht es aus, dass das Leitungsorgan für die Gesellschaft handelt und eine Pflicht des Unternehmens verletzt wird.
– Die Frage der Organaußenhaftung ist abzugrenzen von dem Problemkreis der Durchgriffshaftung, da letzteres das Verhältnis der Gläubiger zu den Gesellschaftern betrifft. Dies bedeutet auch, dass eine Privilegierung des Gesellschafter-Geschäftsführers grundsätzlich abzulehnen ist.

C. Analyse des Systems der Haftungskonzentration

Die Pflichten nach §§ 43 Abs. 1 GmbHG, 93 Abs. 1 AktG treffen den Geschäftsführer bzw. den Vorstand im Verhältnis zur Gesellschaft. Gemäß §§ 43 Abs. 2 GmbHG, 93 Abs. 2 AktG haften Geschäftsführer gegenüber der GmbH und Vorstände gegenüber der Aktiengesellschaft für eine Verletzung ihrer Obliegenheiten bzw. ihrer Pflichten. Hierdurch kommt der wichtige Grundsatz der Haftungskonzentration[93] oder Haftungskanalisierung[94] auf die Gesellschaft zum Ausdruck, durch die ebenso die Haftungssituation der Leitungsorgane mitgeregelt wird. Die Gesetzgebungsmaterialien zum GmbHG und zum AktG lassen erkennen, dass der historische Gesetzgeber sich grundsätzlich für dieses Prinzip der Haftungskonzentration entschieden hat.[95] Begeht der Vorstandsvorsitzende einer Aktiengesellschaft bei der Ausübung seiner Pflichten einen Fehler, etwa indem er fahrlässig die Augen davor verschließt, dass in seinem Unternehmen eine „Schmiergeldkultur" vorliegt, ist er der Gesellschaft zum Ersatz des daraus entstehenden Schadens verpflichtet. Voraussetzung hierfür ist, dass der Gesellschaft ein gem. §§ 249 ff. BGB ersatzfähiger Schaden entsteht. Im Fall *Heinrich von Pierer*, in dem dem Unternehmen eine Geldbuße auferlegt wurde, wurde dies bejaht.[96]

Werden durch das fahrlässige Verhalten des Vorstands Dritte geschädigt, soll in aller Regel nicht der Vorstand, sondern die Gesellschaft für den Schaden haften. In tatsächlicher und rechtlicher Sicht spricht viel dafür, von diesem System der Haftungskonzentration nur in engen Grenzen Ausnahmen zuzulassen, was im

---

93 *Fleischer*, ZGR 2004, 437, 443 (mit rechtsökonomischen Überlegungen zur Binnenhaftung); *ders.*, NJW 2009, 2337, 2340; *Haas/Ziemons*, in: Michalski GmbHG, § 43 Rn. 283; *Medicus*, ZGR 1998, 570, 578; *Mertens*, FS Fischer, S. 461, 466 („bestimmendes Strukturmerkmal des deutschen Kapitalgesellschaftsrechts"); *Stein*, DStR 1998, 1055, 1056; *Verse*, ZHR 2006, 398, 407; *Wellhöfer*, in: Wellhöfer/Peltzer/Müller, Haftung, § 8 Rn. 39.
94 *Haas*, Geschäftsführerhaftung, S. 127.
95 Reichstagsprotokolle, 8. Legislaturperiode 1890/92, 12 (5. Anlagenband), Aktenstück Nr. 660, Gesetzentwurf betreffend die Gesellschaften mit beschränkter Haftung, S. 3715, 3750.
96 Vgl. zum Fall *Heinrich von Pierer* etwa Spiegel Online v. 03.03.2010, http://www.spiegel.de/wirtschaft/unternehmen/schmiergeldaffaere-ex-siemens-chef-pierer-muss-bussgeld-zahlen-a-681589.html (zuletzt abgerufen am 31.08.2015); Spiegel Online vom 15.12.2008, http://www.spiegel.de/wirtschaft/einigung-mit-behoerden-siemens-beendet-schmiergeldaffaere-mit-milliardenbusse-a-596598.html (zuletzt abgerufen am 31.08.2015). In einem aktuellen Fall der LAG Düsseldorf wurde dagegen entschieden, dass eine nach § 81 GWB gegen das Unternehmen verhängte Geldbuße nicht nach § 43 Abs. 2 GmbHG vom Geschäftsführer erstattet verlangt werden kann, da die gesetzgeberische Wertung, wonach Normadressat der Geldbuße das Unternehmen ist, nicht umgangen werden soll, LAG Düsseldorf, 16 Sa 459/14 vom 20.01.2015, BB 2015, 907 = WuW 2015, 829, n. rkr., Revision eingelegt, Az. BAG 99 AZR 189/15.

Folgenden dargestellt werden soll (I.). Über diese rein rechtstatsächlichen Gründe hinausgehend sollen im folgenden Abschnitt auch noch rechtsdogmatische (II.), rechtsethische (II.), wirtschaftspolitische (III.) sowie ökonomische Überlegungen (IV.) mit einbezogen werden.

I. Rechtliche Vor- und Nachteile des Systems der Haftungskonzentration

Aufgabe des Gesellschaftsrechts ist es u.a., die Interessen von Gesellschaft, Gesellschaftern, Leitungsorganen und Gläubigern zu berücksichtigen und in Ausgleich zu bringen. Durch ein Fehlverhalten der Leitungsorgane anlässlich der organschaftlichen Tätigkeit wird primär die Gesellschaft selbst geschädigt.[97] Dies spricht dafür, auch an dieser Stelle den Schaden auszugleichen und nicht auf Ebene der Gesellschafter oder der Gläubiger, da hierdurch zugleich der mittelbare Reflexschaden der Gesellschafter ausgeglichen wird. Die Gesellschaft ist zudem ein besserer Träger von Risiken als die Leitungsorgane, da den Eigentümern der Gesellschaft durch Diversifizierung ihres Portfolios ein Risikoausgleich möglich ist.[98] Schon dies spricht dafür, bei Fehlern der Unternehmensleitung die Gesellschaft in Anspruch zu nehmen und nicht die Leitungsorgane. Die Interessen von Gesellschaftern und Gläubigern werden hierdurch auch nicht wesentlich beeinträchtigt.

Selbst für den Fall, dass die Forderungen der Gläubiger gegen die Gesellschaft nicht mehr werthaltig sind, werden die Schäden am ehesten gerecht ausgeglichen, wenn die Gläubiger die Ansprüche der Gesellschaft gegen die Leitungsorgane geltend machen können. Dies kann zum einen durch Pfändung und Überweisung des Anspruchs aus § 93 Abs. 2 AktG gem. §§ 829, 835 ZPO geschehen. Zum anderen können sie, wenn sie von der Gesellschaft keine Befriedigung erlangen, den Ersatzanspruch der Gesellschaft über § 93 Abs. 5 AktG geltend machen.[99] Auf diese Weise kommt die Organhaftung Gesellschaftern und Gläubigern gleichmäßig zu Gute (sog. Gläubigergleichbehandlung[100]) und die Integrität des Betriebsvermögens[101] der Gesellschaft bleibt erhalten. Folgerichtig werden § 43 Abs. 1 GmbHG und § 93 Abs. 1 AktG auch nicht als Schutzgesetze im Sinne des § 823 Abs. 2 BGB behandelt,[102] sodass eine persönliche Haftung der Organe über diesen Weg nicht in Betracht kommt. Der Vorteil für den Geschädigten ist hierbei, dass er nicht nach einem individuellen Schuldner suchen muss, sondern unmittelbar Zugriff auf einen solventen Schuldner hat.[103] Wird die Gesellschaft vom Dritten in Anspruch genommen, kann sie intern

---

97 *Rüffler*, JB 2011, 69, 70.
98 *Wagner*, ZHR 2014, 227, 253.
99 Zur Rechtsnatur des „Verfolgungsrechts" nach § 93 Abs. 5 AktG vgl. *Spindler*, in: MüKo AktG, § 93 Rn. 221.
100 *Bachmann*, Reform Organhaftung, S. E114.
101 *Paefgen*, in: Ulmer/Habersack/Löbbe GmbHG, § 43 Rn. 166.
102 *Förster*, in: BeckOK BGB, § 823 Rn. 286b.
103 *Von Bar*, Verkehrspflichten, S. 110; *Hellgardt*, Kapitalmarktdeliktsrecht, S. 368.

Regress gegen ihren Vorstand nehmen, sofern die Haftung hier nicht vertraglich ausgeschlossen wurde oder aus anderen Gründen ausgeschlossen ist (etwa wegen der Business Judgement Rule nach § 93 Abs. 1 S. 2 AktG oder gesellschaftsinterner Treuepflichten).

Gegen den Vorteil der Gläubigergleichbehandlung wird z.T. eingewandt, dass dieses Argument nur den Fall der Insolvenz betreffe, da nur hier an eine Benachteiligung einzelner Gläubiger zu denken sei.[104] Zudem sei vor dem Hintergrund der Vielzahl masseloser Insolvenzen zu bedenken, dass eine gleichmäßige Durchsetzung der Haftung keine Vorteile bringe, wenn keine Masse zu verteilen sei.[105] Dem ist entgegenzuhalten, dass komplett masselose Insolvenzen im Falle von juristischen Personen seltener sind als im Verbraucherinsolvenzverfahren.[106] Zudem ist zu berücksichtigen, dass es auch ausreichend ist, wenn ein „Wettlauf" der Gläubiger konkret in nur wenigen Fällen vermieden wird, da das Wissen um eine gesetzlich geregelte und gleichmäßige Gläubigerbehandlung oftmals genügen wird, um diesen zu verhindern.

Zu berücksichtigen ist allerdings auch, dass für die Geltendmachung von Schadensersatzansprüchen gegen den Vorstand gem. § 111 AktG der Aufsichtsrat zuständig ist. Die nur zögerliche Verfolgung von Innenhaftungsansprüchen oder das Absehen hiervon kann nämlich für die Gläubiger im Falle einer nachfolgenden Insolvenz oder der Pfändung von Innenhaftungsansprüchen nachteilhaft sein. Der Aufsichtsrat ist zwar im Falle von durchsetzbaren Schadensersatzansprüchen dazu verpflichtet, den Vorstand in Anspruch zu nehmen und notfalls auch gerichtlich zu verfolgen.[107] Dennoch kann er von einer Verfolgung absehen, wenn „gewichtige Gründe des Gesellschaftswohls dagegen sprechen und diese Umstände die Gründe, die für eine Rechtsverfolgung sprechen, überwiegen oder ihnen zumindest gleichwertig sind"[108]. Dies ist u.U. bereits dann der Fall, wenn die Komplexität eines Rechtsstreits hohe Kosten verursacht und ein Rechtsstreit an sich einen so hohen Ansehensverlust verursacht, dass eine Klage zur Insolvenz der Gesellschaft führen könnte. Insbesondere in der Finanzbranche, in der das Vertrauen der Anleger von hoher Bedeutung ist, wird dieser Punkt oft eine Rolle spielen und zur Abwendung einer Klage führen. Hinzu kommt, dass der Aufsichtsrat aus rein tatsächlichen

---

104 *Schäfer*, NZG 2005, 985, 988.
105 *Schäfer*, NZG 2005, 985, 988.
106 Bei den Insolvenzverfahren mit den Eröffnungsjahrgängen 2002 bis 2007 im Land Nordrhein-Westfalen betrug bei etwa drei Vierteln der eröffneten Regelverfahren die verteilbare Masse Null. Bei den Verfahren, die formal mit einer Schlussverteilung endeten, betrug die durchschnittliche Befriedigungsquote 5,4 %, Institut für Mittelstandsforschung Bonn, IfM-Materialen Nr. 186, S. 34, verfügbar unter http://www.ifm-bonn.org//uploads/tx_ifmstudies/IfM-Materialien-186.pdf (zuletzt besucht am 31.08.2015).
107 BGH, II ZR 175/95 vom 21.04.1997 (ARAG-Garmenbeck), NJW 1997, 1926, Leitsatz 4.
108 BGH, a.a.O. (Fn. 107), Leitsatz 4.

Gründen möglicherweise weniger „enthusiastisch"[109] bei der Verfolgung von Schadensersatzansprüchen ist als ein Gläubiger. Es ist jedenfalls nicht abwegig, dass ein Leitungsorgan vom eigenen Aufsichtsrat mehr Schonung erwarten kann als gegenüber gesellschaftsexternen Dritten.[110] Dies mag zum einen an engen persönlichen Verbindungen zwischen Aufsichts- und Vorstandsmitgliedern liegen. Vielfach sind die Mitglieder des Aufsichtsrats zuvor auch Mitglieder des Vorstands gewesen (vgl. hierzu die Regelung in § 100 Abs. 2 Nr. 4 AktG) und schon aus diesem Grund eventuell weniger gewillt, u.U. von ihnen selbst oder engen Kollegen angestoßene Projekte zu kritisieren. Zum anderen besteht die ureigene Aufgabe des Aufsichtsrats darin, den Vorstand zu überwachen. Bei schweren Pflichtverletzungen des Vorstands wird sich regelmäßig die Frage der Mitverantwortlichkeit des Aufsichtsrats stellen, was eine Verfolgung durch den Aufsichtsrat nochmals unattraktiver macht.[111]

II. Rechtsdogmatische Einwände gegen die Haftungskonzentration

Neben den §§ 43 GmbHG, 93 AktG ist die persönliche Haftung der Geschäftsleiter nicht spezialgesetzlich geregelt. § 13 Abs. 2 GmbHG, § 1 Abs. 1 S. 2 AktG sehen vor, dass den Verbindlichkeiten der Gesellschaft nur das Gesellschaftsvermögen haftet. Die §§ 823 ff. BGB enthalten abgesehen von § 831 BGB und § 31 BGB, die grundsätzlich auf die Gesellschaft als Geschäftsherr abzielen, ebenfalls keine besonderen Regelungen. Rechtsdogmatisch lässt dieses System den Schluss zu, dass die Geschäftsleiter nach außen höchstens ausnahmsweise für ein Handeln im Namen der Gesellschaft haften sollen. Etwas anderes könnte sich allerdings aus dem Personengesellschaftsrecht und dem Konzernrecht ergeben, wo teilweise das Konzept eines Gleichlaufs von Herrschaft und Haftung anklingt. Dieser Gleichlauf von Herrschaft und Haftung bedeutet in erster Linie die Forderung nach einer persönlichen Haftung desjenigen, der für die Geschäftsführung verantwortlich ist.[112]

Im *Personengesellschaftsrecht* gilt der Grundsatz der Selbstorganschaft, der einer Drittorganschaft durch angestellte Nicht-Gesellschafter entgegensteht.[113] Danach soll nur derjenige Leitungsverantwortung haben, der auch persönlich haftet. Dass nur derjenige Leitungsverantwortung innehaben soll, der selbst persönlich als Gesellschafter haftet, kann aus den Regelungen zur Geschäftsführung und Vertretungsmacht geschlossen werden, etwa den §§ 709, 714 BGB und §§ 114, 115, 116, 117, 125 HGB.[114] Sinn und Zweck der Selbstorganschaft der persönlich Haftenden im

---

109 *Rüffler*, JB 2011, 69, 70.
110 *Bachmann*, Reform Organhaftung, S. E114.
111 Vgl. hierzu ausführlich *Wagner*, ZHR 2014, 227, 239 ff.
112 *Eucken*, Wirtschaftspolitik, S. 281; *Jung*, Unternehmergesellschafter, S. 342.
113 *Flume*, Allgemeiner Teil, Band I/1, S. 240/241; *K. Schmidt*, Gesellschaftsrecht, S. 416; *Schäfer*, in: MüKo BGB, § 709 Rn. 5; *Wiedemann*, Gesellschaftsrecht I, S. 343.
114 So auch BGH, II ZR 210/56 vom 06.02.1958, BGHZ 26, 330, 333 (für die KG); BGH; II ZR 260/59 vom 11.07.1960, BGHZ 33, 105, 108/109 (für die OHG); BGH, II ZR

Personengesellschaftsrecht ist das Schutzinteresse der unbeschränkt Haftenden und des Rechtsverkehrs vor vermeidbaren Fehlentscheidungen der Geschäftsleitung.[115] Zwingend ist hierbei allerdings nur die Bindung der Vertretungsbefugnis an den persönlich haftenden Gesellschafter. Wie sich aus §§ 114 Abs. 2, 163, 164 HGB ergibt, kann dem nur beschränkt haftenden Kommanditisten die Geschäftsführungsbefugnis übertragen werden.[116]

Im *Konzernrecht* sind Leitungsmacht und Verantwortlichkeit bei Bestehen eines Beherrschungsvertrags i.S.d. § 308 AktG parallel geregelt. Wenn das beherrschende Unternehmen berechtigt ist, dem Vorstand der beherrschten Gesellschaft hinsichtlich der Leitung der Gesellschaft Weisungen zu erteilen, korrespondiert damit eine Haftung nach § 309 Abs. 2 AktG. Nach *Wiedemann* schlägt sich hier ein Gerechtigkeitsprinzip nieder, wonach Leitung und Verantwortung korrespondieren.[117] Da seiner Ansicht nach hinsichtlich der Haftung von Leitungsorganen eine Lücke im deutschen Haftungssystem bestehe, rechtfertige dieser Grundsatz eine Schadensersatzhaftung für nachlässige Geschäftsführung. Nach dem Vorbild der französischen *action en comblement du passif*[118] sollen danach auch Leitungsorgane haften, die Fehler bei der Geschäftsleitung begangen haben, die zur Insolvenz der Gesellschaft geführt haben. Für die Schulden der Gesellschaft selbst sollen sie allerdings nicht haften, da sie ähnlich wie Arbeitnehmer dem Unternehmen nur ihre Arbeitskraft zur Verfügung stellen.[119]

Das Konzept eines Gleichlaufs von Herrschaft und Haftung wird heutzutage allerdings zu Recht als überholt angesehen.[120] Ein übergreifendes zivil- und handelsrechtliches Prinzip der unbeschränkten persönlichen Haftung für die Ausübung von Leitungsverantwortung lässt sich dem Prinzip der Selbstorganschaft jedenfalls nicht entnehmen.[121] Vielmehr ist der Grundsatz der Selbstorganschaft in der

---

42/62 vom 25.05.1964, BGHZ 41, 367, 369 (für die KG); BGH, II ZR 282/63 vom 17.03.1966, BGHZ 45, 204, 205; BGH, II ZR 33/67 vom 09.12.1968, BGHZ 51, 198, 201 (für die KG).

115 *K. Schmidt*, Gesellschaftsrecht, S. 419; *Teichmann*, Gestaltungsfreiheit, S. 119; *Wiedemann*, JZ 1969, 469, 471 („Der mitfliegende Pilot im Cockpit flößt uns die Zuversicht einer gefahrlosen Reise ein.").

116 BGH, II ZR 33/67 vom 09.12.1968, BGHZ 51, 198, 201/202.

117 *Wiedemann*, Gesellschaftsrecht I, S. 546.

118 Geregelt in Art. L.651-1 – L.651-4, R.651-1 – R.651-4 Code de Commerce; für einen Überblick siehe *Pérochon/Bonhomme*, S. 643–663, zur alten Rechtslage siehe *Wiedemann*, Gesellschaftsrecht I, S. 549–552.

119 *Wiedemann*, Gesellschaftsrecht I, S. 544.

120 *Jung*, Unternehmergesellschafter, S. 344; *Roth*, in: Roth/Altmeppen, Einl Rn. 17; *Wiedemann*, Gesellschaftsrecht I, S. 543.

121 BGH, II ZR 282/63 vom 17.03.1966, BGHZ 45, 204 (Leitsatz, zum Kommanditisten in der KGaA); *Immenga*, Kapitalgesellschaft, S. 120 („Man kann nun nicht so weit gehen, dass man die Verwalter fremden Vermögens einer Erfolgshaftung aussetzt.").

Kapitalgesellschaft eben gerade nicht anwendbar,[122] sodass die Leitungsorgane oftmals keine Gesellschafter sind und schon demzufolge nicht für die Verbindlichkeiten der Gesellschafter haften. Auch die Grundsätze aus dem Konzernrecht können schon allein vor dem Hintergrund der vielen wertneutralen Haftungsbeschränkungen außerhalb des Konzernrechts nicht ins Gesellschaftsrecht übertragen werden.[123] Hinzu kommt, dass der Zweck der §§ 308 ff. AktG eher darin liegt, Gläubiger und Aktionäre vor den Folgen einer Konzernierung zu schützen.[124] Ein übergreifendes Rechtsprinzip, das für das ganze Gesellschafts- oder sogar Zivilrecht gelten soll, liegt hier aber nicht vor. Letztlich lässt sich auch dem Grundgesetz und insbesondere dem Prinzip der sozialen Marktwirtschaft keine diesbezügliche Wertung entnehmen.[125]

III. Rechtsethische Einwände gegen die Haftungskonzentration

Im Falle einer Gesellschaft mit beschränkter Haftung fallen Leitung und Geschäftsführung und die persönliche Haftung auseinander. Hiergegen könnte eingewendet werden, dass Herrschaft und Haftung aus rechtsethischen Gründen zwingend miteinander verknüpft sein müssen. Die Anhänger des Prinzips der Einheit von Herrschaft und Haftung[126] sehen hierin zunächst ein materiell-rechtliches Ordnungsprinzip, nachdem demjenigen, der ein Geschäft führt, auch die Vor- und Nachteile hieraus zufließen sollten. Herrschaft ohne Haftung führt danach zu verantwortungslosem Verhalten, durch das Dritte geschädigt werden könnten.[127] In den Vorschriften zur Kapitalgesellschaft ist diese Verknüpfung nicht vorgesehen. Etwa der Vorstand in der Aktiengesellschaft führt gemäß §§ 76, 77 AktG die Geschäfte der Gesellschaft. Die Vor- und Nachteile entstehen jeweils zu Gunsten oder zu Lasten der Gesellschaft. Insofern fallen hier Geschäftsführung und die daraus entstehenden Vor- und Nachteile auseinander, sofern nicht eine vom Gewinn der Gesellschaft abhängige Vergütung vorliegt.[128] Das Unternehmensrisiko liegt also nicht bei den Geschäftsleitern, sondern bei den Gesellschaftern. Teile der Literatur sprechen sich in Hinblick auf die Senkung des Mindestkapitals bei der Unternehmergesellschaft[129] daher dafür aus, die Geschäftsleitung aus rechtsethischen Gründen mehr mit der

---

122 *Teichmann*, Gestaltungsfreiheit, S. 126.
123 *Jung*, Unternehmergesellschafter, S. 344; *Westermann*, Vertragsfreiheit, S. 276/277.
124 *Westermann*, Vertragsfreiheit, S. 277.
125 *Westermann*, Vertragsfreiheit, S. 274.
126 *Eucken*, Wirtschaftspolitik, S. 279–285; *Immenga*, Kapitalgesellschaft, S. 117 ff.; *Mestmäcker*, Konzerngewalt, S. 24–27; a.A. BGH, II ZR 282/63 vom 17.03.1966, BGHZ 45, 204, 204–209; *Flume*, Allgemeiner Teil, Band I/1, S. 244; *Westermann*, Vertragsfreiheit, 328 ff.; vgl. zum rechtsethischen Aspekt der Haftungsbeschränkung *Wüst*, JZ 1970, 710, 710.
127 *Immenga*, Kapitalgesellschaft, S. 119.
128 Für eine erfolgsabhängige Vergütung der Geschäftsleitung spricht sich *Beuthien*, JZ 2011, 124, 129 aus.
129 § 5a GmbHG.

persönlichen Haftung zu verknüpfen.[130] Ansonsten solle eine „unverantwortlich verantwortungslose Wirtschaftsordnung"[131] entstehen.

Dass die Leitungsorgane nicht persönlich gegenüber den Gläubigern und Gesellschaftern haften, heißt allerdings nicht, dass die Leitungsorgane sich in einem haftungsfreien Raum befinden und zu verantwortungslosen Verhalten angetrieben werden. Zum einen ist nämlich nicht zwingend gesagt, dass derjenige, der nicht (unmittelbar) für negative Folgen einstehen muss, sich verantwortungslos verhalten wird. Zum anderen müssen die Leitungsorgane sehr wohl persönlich für Fehlentscheidungen haften. Dass es sich hierbei um eine verschuldensabhängige Innenhaftung handelt, macht die fehlende Außenhaftung jedenfalls nicht unethisch.

IV. Wirtschaftspolitische Einwände gegen die Haftungskonzentration

Die Wirtschaftspolitik eines Landes soll die Spielregeln der Wirtschaftsakteure festlegen und Entscheidungsbefugnisse bei den ökonomischen Grundproblemen regeln.[132] Die Wirtschaftspolitik des 21. Jahrhunderts steht unter anderem vor der Aufgabe, die Folgen von Immobilien-, Banken- und Finanzkrise zu bewältigen und verarbeiten. Angesichts der Vielzahl der zu lösenden Problemkreise wird in neuerer Zeit auf wirtschaftspolitische Konzepte der Nachkriegszeit, nämlich den Ordoliberalismus, verwiesen.[133] Eines der konstituierenden Prinzipien des Ordoliberalimus ist, dass die einzelnen Wirtschaftssubjekte für ihr Handeln jeweils die volle Verantwortung tragen und auch dafür haften sollen.[134] Die Korrespondenz von Kontrolle und Haftung[135] soll sogenanntes „moral hazard"[136]-Verhalten vermeiden und bewirken,

---

130 *Beuthien*, JZ 2011, 124, 129.

131 *Beuthien*, JZ 2011, 124, 130.

132 *Engelkamp/Sell*, Volkswirtschaftslehre, S. 450.

133 *Beise/Schäfer*, Süddeutsche Zeitung vom 16./17.11.2013, S. 24; *Engelkamp/Sell*, Volkswirtschaftslehre, S. 456; *Spindler*, BB 2013, 1, 1 ff.; Sachverständigenrat zur Begutachtung der gesamtwirtschaftlichen Entwicklung, Jahresgutachten 2013/2014 „Gegen eine rückwärtsgewandte Wirtschaftspolitik", Kurzfassung, S. 1, abrufbar unter http://www.sachverstaendigenrat-wirtschaft.de/fileadmin/dateiablage/gut achten/jg201314/dokumente/JG13_kurz.pdf (zuletzt abgerufen am 31.08.2015); siehe hierzu *Feld/Wieland/Buch/Schmidt*, DIE ZEIT vom 21.11.2013, S. 29.

134 *Eucken*, Wirtschaftspolitik, S. 279; *Immenga*, Kapitalgesellschaft, S. 120 f.; vgl. auch *Beise/Schäfer*, Süddeutsche Zeitung v. 16./17.November 2013, S. 24; *Engelkamp/Sell*, Volkswirtschaftslehre, S. 458.

135 Sachverständigenrat zur Begutachtung der gesamtwirtschaftlichen Entwicklung, Jahresgutachten 2013/2014 „Gegen eine rückwärtsgewandte Wirtschaftspolitik", S. 166, abrufbar unter http://www.sachverstaenrat-wirtschaft.de/fileadmin/dateiablage/ gutachten/jg201314/dokumente/jg201314_IV.pdf (zuletzt aufgerufen am 31.08.2015).

136 Hierunter wird verstanden, dass Wirtschaftsakteure sich im Geschäftsleben bei Vorhandensein übergeordneter Institutionen wie etwa einer Haftungsbeschränkung riskanter verhalten, als sie es im persönlichen Bereich tun würden.

dass die Disposition des Kapitals vorsichtig erfolgt.[137] Haftungsbeschränkungen sollen dagegen nur zu Gunsten eines Kapitalgebers zulässig sein, der nicht oder nur begrenzt für die Geschäftsführung verantwortlich ist, wie etwa der Kommanditist in der Kommanditgesellschaft. Einer der Begründer des Ordoliberalismus, *Walter Eucken*, schlägt vor, in einer Aktiengesellschaft, in der der Aktienbesitz zersplittert und der Vorstand allmächtig ist, den Vorstand haften zu lassen. Auch in der neueren Literatur wird das Auseinanderfallen von Geschäftsleitung und Gewinn- und Verlustfolgen zum Teil kritisiert. *Beuthien* sieht die persönliche Haftung der Geschäftsleiter als ein mögliches Korrektiv, um eine „sorglose Unternehmensführung"[138] zu vermeiden. Das Unternehmensrisiko den Gläubigern aufzubürden, lasse eine verantwortungslose Wirtschaftsordnung entstehen. Insbesondere wenn die Gesellschafter hinter der juristischen Person zurücktreten und nicht persönlich haften, bestehe ein Bedarf für eine persönliche Haftung der Geschäftsleiter.

Die Forderung nach einem Gleichlauf von Leitungsverantwortung und Haftung wurde vom heutigen Gesetzgeber allerdings nicht berücksichtigt und wird zu Recht auch von einem Großteil der heutigen Literatur abgelehnt.[139] So ist das vom Ordoliberalismus abgelehnte Rechtsinstitut der Haftungsbeschränkung in der Vergangenheit zu einem der wichtigsten Instrumente des Gesellschaftsrechts geworden.[140] Ebenso ist nicht ersichtlich, dass Leitungsverantwortung automatisch aus wirtschaftspolitischen Gründen mit einer persönlichen Außenhaftung verknüpft sein muss.

V. Ökonomische Analyse des Prinzips der Haftungskonzentration

Mit diesen wirtschaftspolitischen Erwägungen eng verknüpft ist die Frage der ökonomischen Folgen der Haftungskonzentration. Ökonomische Gesichtspunkte in juristische Untersuchungen einzubeziehen wird in neuerer Zeit zunehmend eingefordert[141] und ist für die Frage der persönlichen Außenhaftung von besonderer Bedeutung. In der neueren juristischen Literatur finden sich einige

---

Zum Begriff des „moral hazard" im Geschäftsleiterbereich siehe *Hucke*, DB 1996, 2267, 2270.

137 *Eucken*, Wirtschaftspolitik, S. 281 (wonach eine Fehlleistung ihre „unerbittliche Sühne in Verlusten" und den Konkurs des Verantwortlichen bewirken soll). Dagegen in einer Gesellschaft mit einem Mehrheitsaktionär soll dieser haften, *Eucken*, Wirtschaftspolitik, S. 284.

138 *Beuthien*, JZ 2011, 124, 139; *Wiedemann*, Gesellschaftsrecht I, S. 543–549.

139 *Baur*, in: FS Dölle, S. 268; *Jung*, Unternehmergesellschafter, S. 343; *K. Schmidt*, OHG, S. 111; *Wilhelm*, Rechtsform, S. 338 f.

140 Vgl. Einleitung zu 2. Teil. B.

141 *Eden*, Managerhaftung, S. 39 ff. (zur Schadensersatzhaftung gegenüber Kartellgeschädigten); *Koch*, AG 2012, 429, 433; Kübler, in: ZHR-Beiheft Nr. 74, 99. Aber beachte auch *Larenz/Canaris*, Schuldrecht BT, Band II/2, S. 417, wonach die

Erklärungsansätze zu den ökonomischen Vor- und Nachteilen der Haftungskonzentration. Im deutschsprachigen Raum sind hierzu insbesondere die Beiträge von *Lehmann*[142], *Roth*[143] und *Fleischer*[144] zu nennen. Aus dem anglo-amerikanischen Sprachraum sind vor allem die verwandten Untersuchungen zur Haftungsbeschränkung von *Hansmann* und *Kraakmann*[145], *Easterbrook* und *Fischel*[146] sowie *Halpern, Trebilcock* und *Turnbull*[147] bekannt.

1. Überabschreckung oder Optimierung des Sorgfaltsniveaus?

Haftungsrechtlicher Normalfall ist, dass der jeweils Handelnde mit den vollen Kosten der von ihm verursachten Schäden konfrontiert wird.[148] Folge dieses Verhaltensanreizes soll sein, dass eine natürliche Person, die selbst für ihre Entscheidungen persönlich nach außen haftet, automatisch versuchen wird, die entstehenden Kosten zu minimieren und ein optimales Sorgfaltsniveau anwenden wird. Dieser Gleichlauf von Herrschaft und Haftung[149] soll zwangsläufig dazu führen, dass Entscheidungsträger nur Projekte durchführen, bei denen Eigenaufwand, Erfolgschance, Gewinn- und Verlustrisiko in einem angemessenen Verhältnis zueinander stehen.

Haftungsrechtlicher Normalfall ist weiterhin, dass der Handelnde auch an den von ihm verursachten Gewinnen in voller Höhe partizipiert. Bei Leitungsorganen kommt der Gewinn im Grundsatz ausschließlich der Gesellschaft zu Gute. Lässt man weitere Faktoren wie eine erfolgsabhängige Vergütung, etwa ein Bonus-System, oder andere Motive wie die Sorge um den guten Ruf außer Betracht, scheint also eine Asymmetrie zwischen Erträgen und Verlusten vorzuliegen, da Leitungsorgane zumindest gegenüber der Gesellschaft unbeschränkt für Pflichtverletzungen haften, an den Gewinnen aber nicht partizipieren.[150] Eine solche asymmetrische Anreizlage führt potentiell zunächst zu risikoaversem bzw. übervorsichtigem Verhalten der Geschäftsleiter.[151] Eine zu diesem System hinzutretende persönliche Außenhaftung der Leitungsorgane wird prinzipiell ein risikoaverses Verhalten fördern, da es diese

---

ökonomische Analyse zwar wichtig ist, aber nur ein Faktor unter vielen, da die deutsche Rechtsordnung jedenfalls nicht nur ökonomische Ziele hat.

142   *Lehmann*, ZGR 1986, 345, 370.

143   *Roth*, ZGR 1986, 371, 371 ff.; *ders.*, ZGR 1993, 170, 177 ff.

144   *Fleischer*, ZGR 2001, 1, 1 ff.

145   *Hansmann/Kraakman*, 110 Yale L.J. 387 (2000/2001); *Hansmann/Kraakman*, European Economic Review, 44 (2000) 807.

146   *Easterbrook/Fischel*, Corporate Law, S. 41 ff.; *Easterbrook/Fischel*, 52 U. Ch. L. Rev. 89 (1985).

147   *Halpern/Trebilcock/Turnbull*, 30 U.T.L.J. 117 (1980).

148   *Wagner*, ZHR 2014, 227, 256 (zur Präventionswirkung von Managerhaftung).

149   Siehe hierzu *Roth*, in: Roth/Altmeppen, Einl Rn. 17; *Wiedemann*, Gesellschaftsrecht I, S. 543.

150   *Wagner*, ZHR 2014, 227, 256 ff.

151   *Wagner* versucht in ZHR 2014, 227, 257/258 diese Lage anhand eines Zahlenbeispiels darzustellen.

bestehende Asymmetrie weiter verstärken wird: Tritt neben die Innen- auch noch eine Außenhaftung, potenziert sich das Risiko der Geschäftsleiter, für ihre Entscheidungen einen Verlust tragen zu müssen. Auf den ersten Blick scheint dies richtig zu sein, da dann nur Entscheidungen getroffen werden, die wenig Verlustrisiko bedeuten.

Aus unternehmerischer Sicht kann es allerdings durchaus sinnvoll sein, ein höheres Risiko einzugehen, wenn mit einer Entscheidung eine erheblich größere Gewinnchance verbunden ist.[152] Das Sorgfaltsniveau und die Risikobereitschaft eines Leitungsorgans sollte daher von der Tendenz her ein anderes sein als das eines Einzelunternehmers, da diejenigen, die die Verlustrisiken tragen (die Eigentümer der Gesellschaft) auch zur Risikodiversifizierung in der Lage sind. Im Zusammenhang mit diesem Gedanken wurde in § 93 Abs. 1 S. 2 AktG die Business Judgement Rule eingeführt, wonach ein Vorstandsmitglied nicht pflichtwidrig handelt, wenn es bei einer unternehmerischen Entscheidung vernünftigerweise annehmen durfte, auf der Grundlage angemessener Information zum Wohle der Gesellschaft zu handeln. Die Business Judgement Rule soll also bei unternehmerischen Entscheidungen das interne Haftungsrisiko begrenzen.[153] Gesellschaftsexterne Dritte haben regelmäßig anders gelagerte Interessen und partizipieren nicht an den aus der Business Judgement Rule resultierenden Vorteilen, weshalb § 93 Abs. 1 S. 2 AktG im Außenverhältnis keine Anwendung findet.[154] Dementsprechend ist dann aber die persönliche Außenhaftung auf eng eingegrenzte Fälle zu beschränken, da anderenfalls die beschriebene Asymmetrie zu sehr ausufern würde. Daher ist das Sorgfaltsniveau der Leitungsorgane im System der Haftungskonzentration nicht weniger optimiert als bei einem Einzelunternehmer, sondern vielmehr den Gegebenheiten besser angepasst. In einer ausführlichen Studie zur amerikanischen Rechtslage aus dem Jahr 1982 kommt auch *Kornhauser* zu dem Ergebnis, dass Leitungsorgane in einer Gesellschaftsform mit beschränkter Haftung, in der sie selbst nur gegenüber der Gesellschaft haften, vielmehr ein größeres Maß an Sorgfalt anwenden.[155] Dies erkläre sich u.a. durch die Tatsache, dass ein Unternehmen bessere Überwachungsmöglichkeiten habe als ein Richter und eher nachvollziehen könne, wo ein Fehler begangen wurde.[156] In einer Abhandlung aus dem Jahr 2014 skizziert *Wagner* die angeführte asymmetrische Haftungssituation und schlägt zur Wiederherstellung einer symmetrischen Beteiligung an Gewinnen und Verlusten eine Haftungsbegrenzung dem Umfang nach vor.[157]

---

152 *Eden*, Managerhaftung, S. 33 (zu der Haftung gegenüber Kartellgeschädigten); *Fleischer*, ZGR 2001, 1, 24; *Freitag/Korch*, GmbHR 2013, 1184, 1185; *Jungmann*, in: FS K. Schmidt, S. 831, 840.
153 *Eden*, Managerhaftung, S. 33; zur Übertragbarkeit der Regelung auf die GmbH *Fleischer*, ZGR 2011, 1, 25.
154 *Eden*, Managerhaftung, S. 36.
155 *Kornhauser*, 70 Cal. L. Rev. 1982, 1345, 1351.
156 *Kornhauser*, 70 Cal. L. Rev. 1982, 1345, 1351.
157 *Wagner*, ZHR 2014, 227 261.

2. Sonderfall Kapitalmarktinformationshaftung: Organaußenhaftung zur Vermeidung der Last Period-Problematik?

Aus dem Gebiet der Kapitalmarktinformationshaftung stammt ein nur in diesem Bereich anwendbares Argument, das für die Organaußenhaftung und gegen die Haftungskonzentration spricht. Nach einer vom amerikanischen Schrifttum entwickelten These sind Falschdarstellungen gegenüber dem Kapitalmarkt dann am wahrscheinlichsten, wenn sich das Unternehmen bereits in finanziellen Problemen befindet.[158] Danach sollen die Leitungsorgane oftmals in dieser Phase Informationspflichtverletzungen begehen, um durch Zeitgewinn die Insolvenz des Unternehmens abzuwenden.[159] Entweder ist in dieser Phase nämlich aufgrund der bevorstehenden Insolvenz „nichts zu verlieren", oder das Leitungsorgan rechnet zumindest nicht damit, im Zeitpunkt der eintretenden drohenden Verluste noch im Unternehmen zu sein.[160] Denkbar ist auch, dass das Leitungsorgan nach einer Reihe von Verlusten diese wieder ausgleichen will und hierfür höhere Risiken eingeht.[161]

Da die Organaußenhaftung im Vorfeld und in der Insolvenz des Unternehmens besonders relevant für die Gläubiger ist, scheint zumindest in diesem Bereich eine Ausnahme vom Grundsatz der Haftungskonzentration angebracht zu sein. Vor diesem Hintergrund wurde zeitweise die Einführung eines Kapitalmarktinformationshaftungsgesetzes[162] in Deutschland diskutiert, das eine persönliche Außenhaftung vorgesehen hätte.[163] Der Diskussionsentwurf sah eine Haftung für Vorsatz und grobe Fahrlässigkeit vor, wobei in letzterem Falle eine summenmäßige Haftungsbeschränkung, die sich nach der Höhe der Vergütung richtete, möglich war.[164] Der Diskussionsentwurf wurde vor allem wegen Widerstandes gegen die persönliche Außenhaftung letztlich nicht realisiert.[165] Heute richtet sich die persönliche Haftung der Leitungsorgane wegen fehlerhafter oder unterlassener Kapitalmarktinformation vor allem nach § 826 BGB bzw. im Vorfeld der Insolvenz nach den § 823 Abs. 2 i.V.m. § 15a InsO.

---

158 *Kraakmann*, Yale L. J. (93) 1984, 857, 866 (dort Fn. 25); *Langevoort*, Cal. L. R. (84) 1996, 627, 643. Im deutschsprachigen Raum hierzu *Casper*, BKR 2005, 83, 87/88; *Fleischer*, in: Verhandlungen des 64. DJT, Band I, S. F 102 f.

159 *Casper*, BKR 2005, 83, 87/88.

160 *Kraakmann*, Yale L. J. (93) 1984, 857, 866 (dort Fn. 25).

161 *Langevoort*, Cal. L. R. (84) 1996, 627, 643.

162 Diskussionsentwurf eines Gesetzes zur Verbesserung der Haftung für falsche Kapitalmarktinformationen (Kapitalmarktinformationshaftungsgesetz – DiskE KapInfHaG) des Bundesfinanzministeriums, abgedruckt in NZG 2004, 1042.

163 Danach sollten Vorstandsmitglieder und Aufsichtsratsmitglieder haften, wenn sie vorsätzlich oder grob fahrlässig fehlerhafte Informationen veröffentlichten oder relevante Informationen nicht veröffentlichten, § 37a Abs. 2, 5 des DiskE zum KapInfHaG.

164 § 37a Abs. 5 des DiskE zum KapInfHaG.

165 *Casper*, BKR 2005, 83, 83.

VI. Zwischenergebnis

Festhalten lässt sich also, dass die Haftungskonzentration auf die Gesellschaft grundsätzlich dazu führt, dass die Gläubiger der Gesellschaft deren Insolvenzrisiko (mit-) tragen. Zudem ist eine Verfolgung der Innenhaftungsansprüche insbesondere wegen der Zuständigkeit des Aufsichtsrats nicht in jedem Fall vorteilhaft für die Gläubiger. Beides ist allerdings vom Konzept des Gesellschaftsrechts her so angelegt und wird durch die Vorteile der Gläubigergleichbehandlung und der nur durch die Gesellschaft ermöglichte Risikodiversifizierung mehr als ausgeglichen. Auch in ökonomischer Hinsicht ist das Prinzip der Haftungskonzentration dem System einer Gesellschaft mit beschränkter Haftung besser angepasst, mit Ausnahme des Bereichs der Kapitalmarktinformationshaftung im Vorfeld der Insolvenz.

Im Allgemeinen würden die für die Gläubiger in Hinblick auf das Insolvenzrisiko nachteiligen Regelungen durch eine weitreichende deliktische Haftung der Leitungsorgane entschärft. Fraglich ist allerdings an dieser Stelle, ob eine Verschiebung der Risikoverteilung von den Gläubigern auf die Leitungsorgane der richtige Weg ist. Hiergegen spricht zum einen, dass der Gesetzgeber die Risikoverteilung zu Lasten der Gläubiger über die §§ 13 Abs. 2 GmbHG, 1 Abs. 1 S. 2 AktG festgelegt hat. Zum anderen stellt sich die Frage, ob mit den Leitungsorganen die richtigen Akteure avisiert werden. Für die Finanzierung der Gesellschaft und deren unternehmerisches Risiko sind die Gesellschafter verantwortlich. Solange eine Haftung nur diese Frage betrifft, sollte sie demzufolge eher auf die Gesellschafter als auf die Leitungsorgane abgewälzt werden.[166]

D. Einführung in die Problemstellung und Gang der Darstellung

I. Untersuchungsbedarf, praktische Relevanz und Fragestellung

Allein die Vielzahl der veröffentlichten Beiträge zur Geschäftsleiterhaftung[167] könnte bereits glauben machen, dass kein weiterer Untersuchungsbedarf in diesem Bereich besteht. Für die betroffenen Personengruppen dürften sich die Haftungsrisiken

---

166 So auch *Hellgardt*, Kapitalmarktdeliktsrecht, S. 369 (m.w.N. aus dem anglo-amerikanischen Rechtskreis); *Lutter*, ZHR 1993, 464, 473 („Es gerät die falsche Person in die Schusslinie", m.w.N.); *Medicus*, GmbHR 2002, 809, 814; *Westermann/Mutter*, DZWir 1995, 184, 184; *Zöllner/Noack*, in: Baumbach/Hueck GmbHG, § 43 Rn. 77.

167 Siehe nur *von Bar*, Verkehrspflichten; *Brüggemeier*, Organisationspflichten; *Grunewald*, ZHR 1993, 451–463; *Haas*, Geschäftsführerhaftung; *Kleindiek*, Deliktshaftung; *Medicus*, ZGR 1998, 570–585; *ders.*, in: FS Lorenz, S. 155–169; *Mertens*, in: FS Fischer, S. 461–475; *ders.*, JZ 1990, 488–490 (Urteilsanmerkung zu BGH, VI ZR 335/88 vom 5.12.1989); *Steffen*, in: Karlsruher Forum 1993, S. 27–28.

derzeit allerdings nicht viel besser beurteilen als in den 1980er Jahren.[168] Im Folgenden werden der Untersuchungsbedarf (1.), die praktische Relevanz (2.) sowie die konkrete Fragestellung dieser Arbeit (3.) dargelegt.

1. Untersuchungsbedarf

Die unklare Rechtslage ergibt sich insbesondere aus folgenden Gründen:

Das Zusammentreffen von Gesellschafts- und Deliktsrecht ist weder im BGB noch im Aktien- oder GmbH-Gesetz eindeutig geregelt. Es ist daher Rechtsprechung und Wissenschaft überlassen, Lösungsansätze zu entwickeln.

In Hinblick auf die Haftung wegen mittelbaren Verletzungshandlungen nach § 823 Abs. 1 BGB finden sich selbst innerhalb der einzelnen Senate des Bundesgerichtshofs unterschiedliche Meinungen. Hinzu kommt, dass ein geeignetes Kriterium für die Außenhaftung wegen mittelbarer Rechtsverletzungen bislang von keinem der Senate entwickelt wurde.[169] Nach dem II. Senat bestehen die Organisationspflichten der Organe ausschließlich gegenüber der Gesellschaft, wobei es im konkreten Fall auf diese Problematik nicht ankam.[170] Der VI. Senat dagegen erklärte 1989, den Geschäftsherrn träfen persönlich Pflichten gegenüber Dritten über seine Organstellung hinaus aus der persönlichen Einflussnahme auf die Gefahrenabwehr.[171] 2012 erklärte er dann allerdings wiederum, aus § 43 Abs. 2 GmbHG oder § 93 Abs. 2 AktG folge keine Garantenstellung der Leitungsorgane gegenüber Dritten. Voraussetzung für eine Außenhaftung sei aber eine „persönliche Betroffenheit"[172].

Insbesondere im Bereich der Organisation ist die Reichweite der Haftung der Leitungsorgane noch nicht abschließend geklärt.[173] Dies liegt daran, dass unklar ist, wann eine Verkehrssicherungspflicht bzw. eine Garantenstellung besteht. Die Rechtsprechung hat zwar mehrfach betont, dass betriebliche Organisationspflichten grundsätzlich allein die Gesellschaft treffen. Dennoch wird die persönliche Haftung von Geschäftsleitern vor Gericht immer wieder bejaht. Die Entscheidungsgründe enthalten zudem oftmals entweder keine Begründung für die persönliche Haftung oder nennen relativ verschwommene Voraussetzungen (etwa das Kriterium der „persönlichen Betroffenheit"[174]).[175]

---

168   Vgl. hierzu *Bachmann*, NJW-Beil. 2014, 43, 46 („Fanal exzessiver Organhaftung"); *Westermann/Mutter*, DZWir 1995, 184, 192 („Himmelfahrtskommando").

169   So auch *Mertens/Cahn*, in: KöKo AktG, § 93 Rn. 224; *Spindler*, in: Handbuch Vorstandrecht, § 13 Rn. 7.

170   BGH, II ZR 16/93 vom 13.04.1994, BGHZ 125, 366, 375/376.

171   Siehe unten 3. Teil. B. II. 2. b) dd) (Baustoff).

172   BGH, VI ZR 341/10 vom 10.07.2012, NJW Spezial 2012, 592, Rn. 26.

173   *Beuthien*, JZ 2011, 124, 130; *Jung*, Unternehmergesellschafter, S. 432; *Lackhoff/Schulz*, CCZ 2010, 81, 81; *Mertens/Cahn*, in: KöKo AktG, § 93 Rn. 224.

174   Siehe oben Fn. 172.

175   So auch *Dreher*, ZGR 1992, 22, 33.

Aber auch insgesamt fehlt es bislang an einer Systematisierung der (deliktischen) Außenhaftungstatbestände.[176] *Brüggemeier* stellte 1991 fest, dass die in den 1990er Jahren entwickelte Rechtsprechung zur Organhaftung „kaum noch von jemandem zu entwirren ist"[177]. *Beuthien* verlangte 2011, dass eine Haftung der Geschäftsleiter gegenüber Dritten für „verantwortungsloses Handeln" entwickelt wird.[178] Auch zur Haftung gem. § 823 Abs. 2 BGB wird konstatiert, dass bislang ein plausibles Garantenkonzept fehlt.[179] Ein Eingreifen des Gesetzgebers im Bereich der Organaußenhaftung ist derzeit allerdings nicht zu erwarten[180] und wird von der Literatur auch nicht gefordert,[181] da das bürgerlich-rechtliche Haftungsrecht über eine leistungsfähige Dogmatik verfügt, mit der sich auch Einzelfragen gut bewältigen lassen[182].

2. Praktische Relevanz

Die Frage der persönlichen Außenhaftung der Organe ist nicht nur von theoretischem Interesse.[183] Zwar kann auch ein Innenhaftungsanspruch der Gesellschaft gegenüber dem Leitungsorgan (nach § 43 Abs. 2 GmbHG oder § 93 Abs. 2 AktG) von den Gläubigern der Gesellschaft gemäß §§ 829, 835 ZPO gepfändet und überwiesen oder gemäß § 398 BGB abgetreten werden. Im Falle der Insolvenz der Gesellschaft entfällt diese Möglichkeit jedoch bzw. die Ansprüche der Gesellschaft fallen zwar in die Insolvenzmasse nach § 35 InsO, eine Befriedigung nicht absonderungs- bzw.

---

176   *Dreher*, ZGR 1992, 22, 62; *Rowedder*, in: FS Semler, S. 311, 326.
177   *Brüggemeier*, AcP 1991, 33, 68 (dort Fn. 149).
178   *Beuthien*, JZ 2011, 124, 130. Nach dem Vorbild des Gesellschaftsrechts des Vereinigten Königreichs komme eine Haftung wegen „unzureichender Rücksicht auf die Gläubigerinteressen"(director's duties for the benefits of creditors) oder wegen „unverantwortlichen Missmanagements"(wrongful trading) in Betracht. *Beuthien* verweist hier auf *Habersack/Verse*, ZHR 2004, 175, 182, 199; sowie *Schöpflin*, in: FS Beuthien, S. 245, 260. *Beuthien* schlägt vor, im deutschen Recht eine (Innen-) Haftung aus § 93 Abs. 2 AktG zu entwickeln. Wenn die Gläubiger von der Gesellschaft keine Befriedigung erlangen können, sollen subsidiär auch die Leitungsorgane (über § 93 Abs. 5 S. 2 AktG hinaus) einen Schadensersatzanspruch geltend machen können.
179   *Rieble*, CCZ 2010, 1, 4.
180   So *Ulrich Seibert*, Leiter des Referats für Gesellschaftsrecht im Bundesministerium der Justiz und für Verbraucherschutz in einem Vortrag zur aktuellen Gesetzgebung im Gesellschaftsrecht am 04.06.2014 im Rahmen der Vortragsreihe „Forum Unternehmensrecht" des Instituts für Unternehmensrechts der Heinrich-Heine-Universität Düsseldorf.
181   *Bachmann*, NJW-Beil. 2014, 43, 46. Auch im Bereich der Innenhaftung wird eine Änderung der Haftungstatbestände derzeit nicht verlangt, siehe hierzu *Wagner*, ZHR 2014, 227, 262 (m.w.N., dort Fn. 126).
182   *Fleischer*, ZIP 2014, 1305, 1310.
183   So auch *Verse*, ZHR 2006, 398, 400.

aussonderungsberechtigter Gläubiger erfolgt mangels Masse aber selten.[184] Die deliktischen Direktansprüche gegen die Leitungsorgane dagegen, die oftmals auch aufgrund der vorhandenen D&O-Versicherungen aussichtsreich sind,[185] unterliegen nicht diesen Beschränkungen.

Ein weiterer praktischer Aspekt ist die Frage der unterschiedlichen Verjährung von Ansprüchen gegen Gesellschaft und Leitungsorgan. Vor dem Inkrafttreten des Schuldrechtsmodernisierungsgesetzes[186] war bei unerlaubten Handlungen für den Fristbeginn die Kenntnis des Verletzten von der Person des Schädigers erforderlich, § 852 Abs. 1 BGB a.F. Erlangte der Geschädigte von der Person des Leitungsorgans erst später Kenntnis, setzte die Verjährung auch erst später ein.[187] Eine bekannte Entscheidung aus dem Komplex der Kindertee-Rechtsprechung aus dem Jahr 2000 betraf die Frage der unterschiedlichen Verjährung von Ansprüchen gegen das Unternehmen und gegen verschiedene leitende Mitarbeiter.[188] In diesem Fall führte ein Kinderteeprodukt beim im Jahre 1982 geborenen Kläger zur Zerstörung seines Milchzahngebisses. Seine Mutter erfuhr im Jahre 1985, dass Zahnschäden auf den Genuss von Kindertee zurückzuführen sein können. 1993 wurde sie auf eine mögliche Schadensersatzpflicht des Unternehmens hingewiesen. 1996 reichte sie Klage gegen das Unternehmen und sechs der leitendenden Mitarbeiter, hierunter auch Mitglieder des Vorstands, ein. Auf die von den Beklagten erhobene Einrede der Verjährung hin wurde die Klage gegen das Unternehmen als verjährt abgewiesen, da die dreijährige Verjährungsfrist des § 852 BGB a.F. spätestens am 31.12.1988 abgelaufen war. Der Klage gegen die Unternehmensleitung hingegen wurde stattgegeben. Nach Ansicht des VI. Senats setzte der Beginn der Verjährung nach alter Rechtslage gegen die Geschäftsleiter Kenntnis von deren Namen, Anschriften und Stellung voraus.[189] Der neue § 199 Abs. 1 Nr. 2 BGB setzt als Voraussetzung die Kenntnis oder ein Kennenmüssen („ohne grobe Fahrlässigkeit erlangen müsste") von der Person des Schuldners voraus. Insofern hat dieser Aspekt an Relevanz verloren, da der Gläubiger in der Regel bei Kenntnis von der Gesellschaft als Schuldner auch von den Leitungsorganen Kenntnis hat oder haben müsste. Insbesondere ist

---

184 Siehe Nachweise in Fn. 106.
185 Zur Außenhaftung und D&O-Versicherungen vgl. *Sieg*, in: Mü AnwaltsHB VersicherungsR, § 17 Rn. 11–14.
186 Gesetz zur Modernisierung des Schuldrechts vom 26. November 2001, BGBl. I S. 3138, FNA 400–2/10.
187 Hierzu auch *Verse*, ZHR 2006, 398, 400. Voraussetzung für eine Kenntnis von der Person des Ersatzpflichtigen ist die Kenntnis des Namens und der Anschrift, BGH, XI ZR 385/02 vom 01.04.2003, NJW-RR 2003, 923, 924 (noch zu § 852 BGB a.F.). Vgl. auch ähnlich gelagerten Fall aus dem Bereich des Arbeitsrechts: OLG Düsseldorf, 22 U 182/92 vom 05.05.1993, BauR 1993, 618.
188 BGH, VI ZR 345/99 v. 12.12.2000, ZIP 2001, 379, 379 (mit Anm. *Brüggemeier*), ausführlich hierzu *Wagner*, VersR 2001, 1057, 1058 f.; *ders.*, in: MüKo BGB, § 823 Rn. 125.
189 BGH, VI ZR 345/99 v. 12.12.2000, ZIP 2001, 379, 381.

eine Obliegenheit des Gläubigers denkbar, die Identität von Organmitgliedern von sich aus durch Anfrage beim Unternehmen zu erkunden.[190] Dennoch mag es Fälle geben, in denen der Anspruch gegen die Gesellschaft verjährt ist und der gegen das Leitungsorgan nicht. Denkbar ist etwa der Fall, dass ein Leitungsorgan nicht im Handelsregister eingetragen ist und der Gläubiger dementsprechend keine Kenntnis von ihm haben kann und muss.

Die Klage gegen ein Leitungsorgan kann auch aus prozessualen Gründen in den Mittelpunkt rücken. Ein aktuelles Beispiel hierfür ist die Klage eines russischen Investors, der sowohl von der RWE AG, als auch deren ehemaligem Vorstandsvorsitzenden Jürgen Grossmann Schadensersatz fordert.[191] Die Klage gegen die Gesellschaft wurde vom Landgericht als unzulässig abgewiesen, da die Parteien entsprechend einer von ihnen vereinbarten Schiedsklausel bereits ein privates Schiedsgericht angerufen hatten und der ausländische Schiedsspruch einem erneuten Verfahren entgegenstand. Der Vorstandsvorsitzende hatte im Schiedsverfahren lediglich als Zeuge ausgesagt, weshalb die persönliche Klage gegen ihn vom Landgericht zugelassen wurde. Gegenstand der Klage ist unter anderem die Frage, ob die Wirkungen des Schiedsspruchs und von Schiedsabreden sich auch auf ein für die Gesellschaft handelndes Organ erstrecken.[192]

3. Fragestellung

Nach dem gesellschaftsrechtlichen Konzept der Haftungskonzentration haftet das Leitungsorgan grundsätzlich nur gegenüber der Gesellschaft und nicht gegenüber Dritten. Wenn allerdings das Leitungsorgan alle Tatbestandsvoraussetzungen eines deliktischen Anspruchs erfüllt, wird dieser Grundsatz unter Umständen durchbrochen. Die Rechtsstellung des Leitungsorgans im Deliktsrecht wird zwar durch dessen Organeigenschaft und das Konzept der Binnenhaftung nach §§ 43 Abs. 2 GmbHG, 93 Abs. 2 AktG geprägt, sodass dies eine Außenhaftung ausschließen sollte. Dennoch ist klar, dass die Organwalter in Ausnahmefällen auch nach außen haften müssen. Aus Gläubigersicht ist eine Durchbrechung des Prinzips der Haftungskonzentration immer dann erforderlich und dringend, wenn das Insolvenzverfahren über das Vermögen der juristischen Person eröffnet wurde, da eine Pfändung des Innenanspruchs nach Insolvenzeröffnung selten zu einer Befriedigung führen

---

190 *Wagner*, VersR 2001, 1057, 1059.

191 LG Essen, 12 O 37/12 vom 24.03.2015, -juris (dort Rn. 69–72); vgl. auch Pressemitteilung des Landgerichts Essen, Zivilsache Rustenburg Co. Ltd. gegen RWE AG und Dr. Jürgen Großmann, http://www.lg-essen.nrw.de/behoerde/presse/Presseerklaerungen/Rustenburg-gegen-RWE/index.php (zuletzt aufgerufen am 31.08.2015). Da sich der konkrete Fall hinsichtlich des Prozessrechts nach englischem Recht und in materieller Hinsicht nach russischem Recht richtet, dürften die Erkenntnisse für das deutsche Recht allerdings gering bleiben.

192 LG Essen, 12 O 37/12 vom 24.03.2015, -juris (dort Rn. 70); dies wurde bereits bejaht von OLG München, 29 U 4891/96 vom 13.02.1997, NJW-RR 1998, 198.

wird.[193] Ein solches Bedürfnis nach einer Durchbrechung ist allerdings nicht schon dann gerechtfertigt, wenn sich lediglich das normale Insolvenzrisiko realisiert, das auch bei einer natürlichen Person besteht.[194] Als Ausnahmefall muss die Durchbrechung vielmehr positiv damit begründet werden, dass der Organwalter im Einzelfall besonders betroffen ist. Ist dies der Fall, ist eine Außenhaftung nicht nur erforderlich, sondern auch gerechtfertigt. Unabdingbar sind dabei allerdings eng umrissene, vorhersehbare Kriterien. Anderenfalls droht die gesetzlich angeordnete gesellschaftsrechtliche Risikoverteilung ausgehebelt zu werden.[195] Eine kasuistische Vorgehensweise anhand einzelner Normen und einzelner Fälle empfiehlt sich nicht, da dies zu einer unklaren Rechtslage für Organwalter und deren Versicherungen führt und die Organwalter zu Unrecht belastet.[196] Hieran anschließend soll im Folgenden der Versuch unternommen werden, anhand einer systematischen Untersuchung der einzelnen Tatbestände des Deliktsrechts verallgemeinerungsfähige Kriterien zu finden, die eine Durchbrechung der Haftungskonzentration rechtfertigen. Um auch jenseits der abgeurteilten Fälle Klarheit und Haftungsgerechtigkeit zu schaffen, soll insbesondere herausgearbeitet werden, wann eine Haftung des Organwalters, also der natürlichen Person, gerechtfertigt ist und wann eine Haftung nur der juristischen Person.

II. Eingrenzung des Untersuchungsgegenstands

Trotz bestehender Zusammenhänge kann eine Reihe von Fragestellungen nicht erörtert werden.

Als Rechtsformen sollen vor allem die Aktiengesellschaft und die Gesellschaft mit beschränkter Haftung untersucht werden. Soweit die erarbeiteten Grundsätze auch auf die Societas Europea (SE) und die Kommanditgesellschaft auf Aktien übertragbar sind, soll hierauf im Fazit kurz eingegangen werden. Wegen der Besonderheiten öffentlich-rechtlicher Unternehmen sollen diese insgesamt ausgeklammert werden.

Weiterhin nicht behandelt wird der gesamte Komplex des Haftungsdurchgriffs auf die Gesellschafter.[197] Eine Abgrenzung des Haftungsdurchgriffs zum Thema der Organaußenhaftung findet sich im Abschnitt 2. Teil. B. II. 4.

Ebenfalls nicht behandelt werden die Haftung der Organe vor Gründung der Gesellschaft, die Haftung der faktischen Geschäftsleiter sowie der vielschichtige Komplex der Innenhaftung der Leitungsorgane.

Im Rahmen der Kapitalmarkthaftung soll nur auf die Haftung gegenüber Neuanlegern eingegangen werden, deren Schäden nicht komplett deckungsgleich mit dem Schaden der Gesellschaft sind. Ein Beispiel hierfür sind (Neu-)Anlegerschäden, die infolge fehlerhafter Kapitalmarktinformationen entstehen und nicht

---

193 So auch *Biletzki*, NZG 1999, 286, 291.
194 *Freitag/Korch*, GmbHR 2013, 1184, 1185; *Verse*, ZHR 2006, 398, 413.
195 BGH, II ZR 16/93 vom 13.04.1994, BGHZ 125, 366, 373.
196 Ebenso KG, 5 U 30/12 vom 13.11.2012, GRUR-RR 2013, 172, 175.
197 Vgl. hierzu *Steffek*, JZ 2009, 77–85.

unter die spezialgesetzlichen Regelungen fallen. Ein solcher Schaden entsteht nur beim Anleger selbst und nicht bei der Gesellschaft.[198] Außer Betracht gelassen werden soll dagegen die Haftung gegenüber Altgesellschaftern, die bereits über Anteile an der Gesellschaft verfügen. Zwar erleiden die Gesellschafter bei einem Fehlverhalten der Leitungsorgane mittelbar einen Schaden durch den Wertverlust des Unternehmens und sinkende Dividenden („Doppel- oder Reflexschaden"[199]). Als Geschädigter ist in diesem Fall allerdings ausschließlich die Gesellschaft anzusehen, da ein und derselbe Schaden ansonsten mehrfach Berücksichtigung finden würde.

Auch wenn eine rechtsvergleichende Betrachtungsweise als vielversprechend erscheint, werden sämtliche ausländischen Rechtsordnungen außer Acht gelassen.[200]

III. Gang der Darstellung

Um einen Überblick über die konkrete Gefahrenlage der Geschäftsleiter zu schaffen, sollen im sich hieran anschließenden 3. Teil die Hauptfälle betrachtet werden, in denen von Rechtsprechung und Literatur eine Außenhaftung bejaht wurde und die kritischen Fallgruppen erarbeitet werden. Anschließend soll im 4. Teil in einem „Rechtsvergleich" die Haftung von anderen Interessenvertretern, die für einen Interessenträger agieren, betrachtet werden. Wichtige Stimmen in Literatur und Rechtsprechung haben zur Begründung ihrer jeweiligen Lösungsansätze nämlich auf verwandte Rechtsinstitute hingewiesen. So weist der ehemalige Vorsitzende des VI. Senats *Steffen* darauf hin, dass eine Leitlinie für die Baustoff-Entscheidung die „Idee von der Gleichbehandlung" war und es nicht von ungefähr komme, dass im gleichen Zeitraum auch die Außenhaftung der Arbeitnehmer bejaht wurde.[201] Auch *Brüggemeier* griff lange Zeit auf ein verwandtes Rechtsinstitut zurück. Er vertrat die These, dass ein Grundgedanke aus der Beamtenhaftung, nämlich die Subsidiarität der Beamtenhaftung nach § 839 Abs. 1 S. 2 BGB, bei der deliktischen Außenhaftung von Arbeitnehmern und auch bei Leitungsorganen fruchtbar zu machen sei.[202] Zusätzlich werden noch die Haftungstatbestände der Treuhandverhältnisse, insbesondere von Insolvenzverwalter und Testamentsvollstrecker, betrachtet. Des

---

198   So zur österreichischen Rechtslage *Rüffler*, JB 2011, 69, 70.

199   *Hölters*, in: Hölters AktG § 93 Rn. 358.

200   Siehe hierzu die Beiträge von *Buxbaum* (Vereinigte Staaten), *Drury* (Vereinigtes Königreich), *Dupichot* (Frankreich), *van Mourik* (Niederlande), *Kurita* (Japan), in: Kreuzer, Haftung, S. 79–208; sowie die Beiträge von *Wiedemann* (zum Vergleich von amerikanischem, deutschem und französischem Recht in der GmbH) und *Dabin* (Belgien), in: Dölle/von Caemmerer, Haftung, S. 5–143; *de Vries*, RiW 2014, S. 105–111 (Frankreich); zur europäischen Integration siehe *Benedettelli*, in: 3. Europäischer Juristentag, S. 481–502.

201   *Steffen*, in: Karlsruher Forum 1993, S. 27.

202   *Brüggemeier*, ZIP 2001, 379, 383.

Weiteren soll anknüpfend an die Ergebnisse dieses Rechtsvergleich im 5. Teil versucht werden, einheitliche Kriterien für eine Durchbrechung der Haftungskonzentration zu entwickeln. Abschließend soll im 6. Teil untersucht werden, wo die Grenzlinien der Außenhaftung zu ziehen sind. Zudem soll auf die Rechtsfolge der gemeinsamen Haftung von Gesellschaft und Leitungsorgan eingegangen werden, bevor im 7. Teil eine Zusammenfassung der wesentlichen Ergebnisse und ein Fazit folgen.

3. Teil. Zentrale Fallgruppen der deliktischen Haftung von juristischer Person und Leitungsorganen

Untersucht man die Verantwortlichkeit von Vorstandsmitgliedern in der Aktiengesellschaft und Geschäftsführern in der Gesellschaft mit beschränkter Haftung, wird man bei der Prüfung deliktsrechtlicher Ansprüche auf den ersten Blick oftmals alle Tatbestandsvoraussetzungen bejahen. Dennoch ist klar, dass die Außenhaftung von Geschäftsleitern nur im Ausnahmefall bejaht werden sollte. In diesem dritten Teil sollen die zentralen Fallgruppen der deliktischen Haftung von juristischer Person (A.) und den Leitungsorganen (B.) dargestellt werden und hierdurch die zentralen Gefahrentatbestände für Geschäftsleiter herausgearbeitet werden.

A. Grundsatz: Haftung der juristischen Person

Das Deliktsrecht soll neben dem Schadensausgleich beim Geschädigten auch eine Verhaltenssteuerung beim Anspruchsgegner bewirken (Präventionsfunktion).[203] Diese Verhaltensgebote verpflichten zunächst das Unternehmen bzw. den Unternehmensträger und nicht die Mitglieder der Leitungsorgane.[204] Grundsätzlich haftet auch nach den bereichsspezifischen Vorschriften und dem allgemeinem Deliktsrecht der Unternehmensträger und die Organaußenhaftung ist der Ausnahmefall. Im Folgenden sollen die zentralen Fallgruppen der deliktischen Haftung von juristischer Person und den Leitungsorganen herausgearbeitet werden. Begonnen wird mit dem Regelfall, nämlich der Haftung des Unternehmensträgers. Hierdurch soll zum einen negativ abgegrenzt werden, wann kein Fall der Organaußenhaftung eingreift. Zum anderen soll insbesondere auf den Problemkreis des Organisationsverschuldens eingegangen werden. Die Rechtsprechung hat sich in den vergangenen Jahrzehnten für die Haftung der Gesellschaft nämlich vermehrt von § 831 BGB als Anspruchsgrundlage ab- und § 823 Abs. 1 BGB zugewandt und dabei oftmals auf die Fallgruppe des Organisationsverschuldens abgestellt. Gleichzeitig wurden eben diese internen Organisationspflichten als Grundlage für eine persönliche Außenhaftung der Leitungsorgane gesehen, was den Bezug zu dieser Arbeit herstellt. Im Anschluss soll der Ausnahmefall, nämlich die persönliche Haftung der Leitungsorgane dargestellt werden. Nach den bereichsspezifischen Vorschriften (jeweils I.) werden die allgemeinen deliktischen Tatbestände §§ 831, 823 Abs. 1, 823 Abs. 2, 826 BGB (jeweils II.) behandelt.

---

203 *Looschelders*, Schuldrecht BT, Rn. 1167; zu der Frage, welches der entscheidendere Aspekt ist, siehe *Bachmann*, Reform Organhaftung, S. E21 (dort Fn. 39) sowie *Vetter*, AnwBl 2014, 582, 582 f.
204 *Medicus*, ZGR 1998, 570, 572; *Kleindiek*, Deliktshaftung, S. 127 ff., 214 ff., 284 ff.

I. Bereichsspezifische Vorschriften zur Haftung des Unternehmens

Viele bereichsspezifische Vorschriften geben die Gesellschaft als Schuldner selbst vor.

- Insbesondere im Bereich der Gefährdungshaftung ist Schuldner regelmäßig derjenige, der Einfluss auf die Gefahrenlage nehmen kann[205] und wird von der Norm bereits benannt. So sehen etwa § 7 Abs. 1 StVG und § 33 LuftVG den Halter, § 1 Abs. 1 S. 1 ProdHaftG den Hersteller und § 32 GenTG den Betreiber als Schuldner vor.[206] Halter, Hersteller bzw. Betreiber wird schon nach der jeweiligen Definition die Gesellschaft selbst sein, da diese die haftungsrelevante Gefahr geschaffen hat und Inhaberin der Verfügungsgewalt ist. Beispielsweise ist Halter i.S.d. § 7 StVG derjenige, der das Kraftfahrzeug im eigenen Namen für eigene Rechnung in Gebrauch hat und die Verfügungsgewalt über das Kfz ausübt.[207] Bei einer GmbH ist diese selbst wirtschaftlich verantwortlich für ihre Fahrzeuge und übt über ihre Organe im Wege des Organbesitzes[208] die Verfügungsgewalt aus. Halter ist daher die GmbH und nicht etwa der Geschäftsführer.
- Im Bereich der Kapitalmarktinformationshaftung adressieren die §§ 21 bis 25 WpPG auf dem Primärmarkt für die Prospekthaftung und die §§ 37b, c WpHG auf dem Sekundärmarkt für fehlerhafte ad-hoc-Mitteilungen das Unternehmen als Emittenten.[209]
- Im Wettbewerbsrecht richtet sich § 33 Abs. 1 S. 1 GWB wegen Verstößen gegen das deutsche Wettbewerbsrecht und den AEUV (nur) an das Unternehmen und nicht auch an die Geschäftsleiter.[210]

II. Haftung des Unternehmensträgers nach allgemeinem Deliktsrecht

Komplizierter stellt sich die Lage im allgemeinen Deliktsrecht dar, da das BGB keine spezifischen Vorschriften zur Haftung von Unternehmen vorsieht.[211] Auf den

---

205 *Deutsch*, FS Larenz, S. 899; *K. Schmidt*, in: Karlsruher Forum 1993, S. 6.
206 Vgl. auch §§ 1 UmweltHaftG (Inhaber der Anlage), 25 Abs. 1 AtG (i.V.m. Pariser Atomhaftungsübereinkommen) (Inhaber der Kernanlage), 84 AMG (der pharmazeutische Unternehmer), 1 HPflG (Betriebsunternehmer), 2 HPflG (Inhaber der Energieanlage), 3 HPflG („Wer ein Bergwerk, einen Steinbruch, eine Gräberei (Grube) oder eine Fabrik betreibt").
207 *Burmann*, in: Burmann/Heß/Jahnke/Janker StVR, § 7 Rn. 5.
208 Vgl. hierzu die Ausführungen zu 2. Teil. B. II. 2.
209 Zu einer möglichen Haftung der Leitungsorgane nach diesen Vorschriften vgl. die Ausführungen im 5. Teil. B. VII.
210 Zu einer Haftung der Leitungsorgane als Teilnehmer gem. § 830 Abs. 2 BGB vgl. 5. Teil. B. VII.
211 *Wagner*, in: MüKo BGB, § 823 Rn. 76.

ersten Blick scheint zwar § 831 BGB (Haftung für den Verrichtungsgehilfen) als Zurechnungsnorm auf Unternehmen zugeschnitten zu sein, in der Gerichtspraxis wurde dieser jedoch schon kurz nach Inkrafttreten des BGB von der Unternehmenshaftung nach § 823 Abs. 1 BGB zurückgedrängt.[212] Dies ist durch die Aufgabenteilung im Unternehmen zu erklären. Die Vorstandsmitglieder haften nämlich gem. § 93 Abs. 2 AktG nur für eigenes Verschulden. Eine Zurechnung des Fehlverhaltens von Unternehmensangehörigen über § 278 BGB scheidet aus, da diese nur Erfüllungsgehilfen der Gesellschaft sind. Das Unternehmen selbst kommt zwar als Haftungsadressat gem. § 831 BGB in Betracht, hier wird die Haftung aber über das Modell des dezentralisierten Entlastungsbeweises stark eingeschränkt (hierzu 1.). Infolgedessen konzentrierte sich die Rechtsprechung in den folgenden Jahren stark auf § 823 Abs. 1 BGB und die Haftung für Organisationsmängel (2.). Daneben tritt die Haftung nach § 823 Abs. 2 (3.) und § 826 BGB (4.).

1. Haftung nach § 831 BGB

Gemäß §§ 831, 31 BGB haftet die Gesellschaft für Schäden, die ihre Verrichtungsgehilfen in Ausführung der Verrichtung einem Dritten widerrechtlich zugefügt haben. Verrichtungsgehilfe ist, wem eine Tätigkeit von einem anderen übertragen worden ist, unter dessen Einfluss er allgemein oder im konkreten Fall handelt und zu dem er in einer gewissen Abhängigkeit steht und weisungsgebunden ist.[213] Höhere Angestellte wie Filialleiter, Chefärzte oder Ingenieure sind nicht weisungsgebunden und dementsprechend nicht umfasst.[214] Ein Verschulden des Verrichtungsgehilfen ist für eine Haftung der Gesellschaft nach § 831 BGB nicht erforderlich. Nach dem Wortlaut des § 831 Abs. 1 S. 2 BGB haftet die Gesellschaft weiterhin nur dann, wenn sie bei der Auswahl der bestellten Person nicht die im Verkehr erforderliche Sorgfalt beachtet hat. Die Norm setzt also zunächst ein eigenes Verschulden der Gesellschaft voraus, weshalb § 31 BGB als Zurechnungsnorm erforderlich ist.[215] Weiterhin muss sich nach dem Wortlaut von § 831 BGB das Verschulden nur auf die Auswahl des Verrichtungsgehilfen beziehen. Eine weitere Pflicht zur Leitung der Ausführung der Verrichtung (oder zur Beschaffung von Vorrichtungen oder Gerätschaften) nach § 831 Abs. 1 S. 1 a.E. BGB ergibt sich hieraus nicht unmittelbar, wird jedoch vorausgesetzt („sofern er (...) zu leiten hat"). Wann eine solche Leitungspflicht hinsichtlich bestimmter Verrichtungen besteht, richtet sich nach der Art der übertragenen Aufgabe. Je gefährlicher etwa eine Verrichtung ist, umso eher wird auch eine (An-) Leitungspflicht zu bejahen sein.[216] Eine generelle Haftung

---

212   *Wagner*, in: MüKo BGB, § 823 Rn. 78.
213   *Sprau*, in: Palandt, § 831 Rn. 5.
214   Zur Haftung für Filialleiter, Chefärzte und Ingenieure vgl. die Nachweise bei *Wagner*, in: MüKo BGB, § 823 Rn. 81 (dort Fn. 248).
215   *Schürnbrand*, Organschaft, S. 104.
216   *Sprau*, in: Palandt, § 831 Rn. 15.

für Überwachung oder Beaufsichtigung ist in § 831 BGB nicht erwähnt.[217] Da sich die „Auswahl" aber insbesondere bei einer langfristigen Tätigkeit sinnvollerweise nicht ausschließlich auf die erste Auswahlentscheidung beziehen kann und sich die weiteren Auswahlentscheidungen nicht eindeutig von einer Überwachung oder Beaufsichtigung trennen lassen, hat bereits das Reichsgericht und später auch der Bundesgerichtshof angenommen, dass der Geschäftsherr nach § 831 BGB nicht nur für Auswahl-, sondern auch für Überwachungs- und Beaufsichtigungsverschulden haftet.[218] Im Gegenzug wurde zu Gunsten des Geschäftsherrn von der Rechtsprechung der sog. dezentralisierte Entlastungsbeweis eingeführt. Danach muss sich der Nachweis der sorgfältigen Auswahl und Überwachung nicht auf alle Ebenen der Mitarbeiter eines Unternehmens beziehen, sondern es reicht aus, dass der „Zwischengehilfe" auf der obersten Ebene, der dann selbst weitere Mitarbeiter einstellt, sorgfältig ausgewählt ist.[219] Diese Möglichkeit der Entlastung des Unternehmens führte im Zuge der weiteren Entwicklung in der Rechtsprechung allerdings zu einer für Großbetriebe haftungsrechtlich sehr günstigen Situation, da die weitreichende Entlastungsmöglichkeit nach § 831 Abs. 1 S. 2 BGB zu unbilligen Ergebnissen führte.[220] Den Inhabern von größeren Betrieben sollte danach nicht zuzumuten sein, das gesamte Personal auszuwählen und zu beaufsichtigen, weshalb meist auf einer der Stufen der Aufsichts- und Überwachungsebenen der Entlastungsbeweis glückte.[221] Der eigentlich avisierte Haftungsadressat, nämlich der Inhaber des Unternehmens, war damit fast immer entlastet. In der Folge dieser Schwäche des § 831 BGB wurden die Organisationspflichten als Teil der allgemeinen Verkehrssicherungspflichten entwickelt und im Rahmen von § 823 Abs. 1 BGB angesiedelt[222] sowie der Anwendungsbereich von § 31 BGB ausgeweitet.[223]

2. Haftung nach § 823 Abs. 1 BGB

Nach § 823 Abs. 1 BGB haftet die Gesellschaft, wenn sie vorsätzlich oder fahrlässig ein absolut geschütztes Rechtsgut eines Dritten widerrechtlich verletzt. Im Gegensatz zu § 831 BGB ist § 823 Abs. 1 BGB daher nicht bei bloßen Vermögensschäden

---

217   So auch *von Bar*, Verkehrspflichten, S. 23, 242; *Belling*, in: Staudinger, § 831 Rn. 96; *Schlechtriem*, in: FS Heiermann, S. 281, 282.

218   RG, VI 268/02 vom 20.11.1902, RGZ 53, 53, 56; BGH, VI ZR 213/76 vom 01.03.1978, BGH NJW 1978, 1681, 1682.

219   Zuerst richtungsweisend RG, VI 75/11 vom 14.12.1911, RGZ 78, 107, 108; vgl. auch BGH, II ZR 68/50 vom 11.04.1951, BeckRS 1951, 31203995 = BGHZ 1, 383; BGH, III ZR 95/50 vom 25.10.1951, NJW 1952, 418 = BGHZ 4, 1, 2; zur Entwicklung in der Rechtsprechung siehe *Belling*, in: Staudinger, § 831 Rn. 175.

220   RG, III 128/37 vom 13.4.1939, RGZ 162, 129, 166.

221   Vgl. hierzu RG, VI 75/11 vom 14.11.1911, RGZ 78, 107; BGH, III ZR 95/50 vom 25.10.1951, NJW 1952, 418.

222   *Belling*, in: Staudinger, § 831 Rn. 11; vgl. hierzu unten 3. Teil. A. II. 2.

223   *Wagner*, in: MüKo BGB, § 823 Rn. 80; *Weick*, in: Staudinger, § 31 Rn. 27.

anwendbar. Liegt eine Rechtsgutsverletzung eines geschützten Rechts – etwa des Eigentums eines Dritten – vor, so muss diese auf ein zurechenbares Verhalten der Gesellschaft zurückzuführen sein, um den Anspruch nach § 823 Abs. 1 BGB zu bejahen. Dieses zurechenbare Verhalten kann ein positives Tun oder ein Unterlassen sein. Im Falle einer mittelbaren Verletzungshandlung durch positives Tun ist haftungsbegrenzend bzw. im Falle eines Unterlassens ist haftungsbegründend zusätzlich die Verletzung einer Verkehrssicherungspflicht erforderlich.[224]

a) Haftung für unmittelbare Verletzungshandlungen

Handelt jemand für einen anderen und begeht dabei eine unerlaubte Handlung, haftet zunächst der Handelnde selbst.[225] Der GmbH-Geschäftsführer, der auf einer Dienstreise fahrlässig einen Unfall auf der Autobahn verursacht, ist zunächst selbst Haftungsobjekt nach §§ 18 Abs. 1 StVG, 823 Abs. 1 BGB. Die Haftung der Kapitalgesellschaft richtet sich dann nach den §§ 823 Abs. 1, 31 BGB. Anders als im Rahmen von § 831 BGB haftet die Gesellschaft nach §§ 823 Abs. 1, 31 BGB nicht wegen eigenen (Auswahl-) Verschuldens, sondern ohne weitere Voraussetzungen, sofern eine zum Schadensersatz verpflichtende Handlung des Vertreters i.S.d. § 31 BGB vorliegt. Dieser „verfassungsmäßig berufene Vertreter" ist grundsätzlich in der Aktiengesellschaft der Vorstand (§ 78 Abs. 1 S. 1 AktG) bzw. in der GmbH der Geschäftsführer (§ 35 Abs. 1 GmbHG). Problematisch an dieser Voraussetzung ist, dass die Gesellschaft dementsprechend über ihre Verfassung bzw. Satzung selbst steuern kann, wessen Verhalten ihr nach § 31 BGB zugerechnet wird.[226] Abweichend vom Wortlaut wurde der Anwendungsbereich von § 31 BGB daher bereits vom Reichsgericht ausgedehnt auf jeden „Repräsentanten" der Körperschaft, der einen bestimmten Aufgaben- oder Funktionsbereich innerhalb der Organisation selbständig und eigenverantwortlich wahrnimmt.[227] Unabhängig von Vertretungsmacht oder Geschäftsführungsbefugnis soll hier das maßgebliche Kriterium der Verkehrsschutz im Außenverhältnis sein.[228] Von der Rechtsprechung wurden u.a. als Repräsentanten die Filialleiter von Banken oder Warenhäusern[229], Chefärzte[230]

---

224   *Sprau*, in: Palandt, § 823 Rn. 45.

225   *Deutsch*, Haftungsrecht, S. 352.

226   *Wagner*, in: MüKo BGB, § 823 Rn. 76.

227   RG, III 58/43 vom 25.10.1943, DR 1944, 287; BGH, VI ZR 122/70 vom 21.09.1971, NJW 1972, 334, 334.

228   BGH, VI ZR 159/75 vom 12.7.1977, NJW 1977, 2259, 2260.

229   BGH, VI ZR 60/82 vom 06.12.1983, NJW 1984, 921, 922 (Zweigstellenleiter einer Bank oder Sparkasse); OLG Frankfurt, 18 U 92/94 vom 16.09.1996, BeckRS 1996, 086565 = ZIP 1996, 1824 (Bankdirektor und Abteilungsleiter); vgl. auch die Nachweise bei *Arnold*, in: MüKo BGB § 31 Rn. 20.

230   BGH, VI ZR 122/70 vom 21.9.1971, NJW 1972, 334 (alleiniger Chefarzt eines städtischen Krankenhauses).

sowie die Leiter selbstständiger Abteilungen[231] anerkannt. *Arnold* schlägt vor, als Sammelbegriff für den umfassten Personenkreis den des leitenden Angestellten nach §§ 5 Abs. 3 BetrVG, 3 Abs. 1 Nr. 2 MitbestG zu verwenden.[232]

b) Haftung für mittelbare Verletzungshandlungen und Unterlassen

aa) Ansatzpunkt und Ursprung in der Rechtsprechung des Reichsgerichts

Im Falle von unmittelbaren Verletzungshandlungen ist die Beziehung zwischen dem gefährlichen Verhalten und dem Erfolg so eng, dass die Tatbestandsmäßigkeit und Pflichtwidrigkeit nicht mehr positiv begründet werden muss.[233] Bei der Haftung für mittelbare Verletzungshandlungen und Unterlassen dagegen ist nicht jedes Verhalten rechtlich missbilligt, sodass es für eine Haftung eines weiteren Faktors bedarf. Um die ansonsten „uferlose"[234] Haftung für mittelbare Verletzungshandlungen einzugrenzen und um die Haftung für ein Unterlassen zu begründen, wird daher auf die Verletzung einer Verkehrssicherungspflicht abgestellt. Eine Verkehrssicherungspflicht besteht immer dann, wenn der Pflichtige im Verkehr eine Gefahrenquelle hervorruft oder andauern lässt. Denn in einem solchen Fall hat er alle nach Lage der Dinge erforderlichen Sicherungsmaßnahmen zum Schutze anderer Personen zu treffen.[235]

Diese Grundsätze gehen zurück auf Rechtsprechung des Reichsgerichts, insbesondere auf zwei Urteile zur Haftung des Grundstückeigentümers.

Im ersten Fall aus dem Jahre 1903[236] ging es um die Haftung des Grundstückeigentümers wegen eines umgestürzten Baums aus § 823 Abs. 1 BGB. Der infolge natürlichen Verfalls umgestürzte Baum hatte ein Gebäude auf dem Nachbargrundstück beschädigt. Anlässlich dieses Falls erklärte das Reichsgericht § 836 BGB als Ausprägung des Grundsatzes, nach dem jeder auch für Beschädigung durch seine Sachen insoweit aufkommen soll, als er dieselbe bei billiger Rücksichtnahme auf die Interessen des anderen hätte verhüten können. Der Eigentümer eines Baumes sei verpflichtet, die im Verkehr erforderliche Sorgfalt darauf zu verwenden, dass nicht andere durch die mangelhafte Beschaffenheit des Baumes Schaden erleiden.[237]

Im zweiten Fall aus demselben Jahr[238] ging es um die Haftung einer Stadtgemeinde als Eigentümerin einer dem öffentlichen Verkehr dienenden steinernen Treppe. Der Kläger war auf dieser Treppe zu Fall gekommen, dabei verletzt worden und machte

---

231 BGH, VI ZR 210/61 vom 27.4.1962, VersR 1962, 664, 665 (Leiter des Transportwesens).

232 *Arnold*, in: MüKo BGB § 31 Rn. 20 (fälschlicherweise unter Verweis auf § 3 Abs. 3 Nr. 2 MitbestG, gemeint ist wohl § 3 Abs. 2 Nr. 2 MitbestG).

233 *Looschelders*, Schuldrecht BT, Rn. 1176.

234 *Deutsch*, Haftungsrecht, S. 356.

235 RGZ, VI 208/02 vom 30.10.1902, RGZ 52, 379.

236 RG, a.a.O. (Fn. 235).

237 RG, a.a.O. (Fn. 235).

238 RG, VI 349/02 vom 23.02.1903, RGZ 54, 53.

hierfür den verfallenen Zustand der Treppe, die mangelnde Beleuchtung sowie die Schneeglätte verantwortlich. Das Reichsgericht erklärte hierzu, dass derjenige, der sein Grundstück zum öffentlichen Verkehr bestimmt, verpflichtet ist, die Anforderungen der Verkehrssicherheit zu beachten und haftet, wenn jemand Schaden durch mangelhafte Instandhaltung oder Nichtbeseitigung von Verkehrshindernissen genommen hat.[239]

bb) Abgrenzung zwischen mittelbaren Verletzungshandlungen und Unterlassen

Die Verkehrssicherungspflicht ist in dogmatischer Hinsicht nur schwer trennscharf in das System von Tatbestand und Rechtswidrigkeit einzuordnen. Überzeugend ist es, sie als Voraussetzung für die Tatbestandsmäßigkeit zu sehen und als Indiz für die Rechtswidrigkeit.[240] Aber auch die Abgrenzung zwischen der Haftung für mittelbare Verletzungshandlungen und der Haftung für Unterlassen ist nicht immer leicht.[241] Wenn sich auf einer Baustelle ein Kind an einem scharfkantigen Gerät verletzt, könnte man hierin eine mittelbare Verletzungshandlung sehen. Verletzungshandlung ist dann das Aufstellen des Geräts, was mittelbar dazu geführt hat, dass sich das Kind selbst verletzt. Andererseits könnte der Fehler auch im Unterlassen der sorgfältigen Sicherung des Gerätes liegen (etwa das Aufstellen eines Zaunes). Die Abgrenzung – die für das Ergebnis selten von entscheidender Bedeutung ist[242] – wird nach der herrschenden Meinung anhand der unterschiedlichen Akzente vorgenommen. Bei der mittelbaren Verletzungshandlung steht im Vordergrund, dass der Pflichtige auf die Gefahr einwirken kann, beim Unterlassen die besondere Nähe zum beschädigten Rechtsgut.[243] Im genannten Beispiel würde man demnach zu einer mittelbaren Verletzungshandlung durch Aufstellen der gefährlichen Geräte kommen. Ob man die mangelnde Absicherung als Teil des Handelns oder als Unterlassen einordnet, ist im Ergebnis aber nicht entscheidend.

Im Anschluss an die Zurückdrängung des § 831 BGB wurde von der Rechtsprechung ein rechtsdogmatisch in die gleiche Kategorie der unzureichenden Organisation von Großbetrieben fallendes Rechtsinstitut, nämlich das des Organisationsverschuldens nach § 823 Abs. 1 BGB entwickelt.[244] Dieses Organisationsverschulden

---

239 RG, VI 349/02 vom 23.02.1903, RGZ 54, 53, 59.
240 So auch *Looschelders*, Schuldrecht BT, Rn. 1176.
241 Teilweise wird sogar vorgeschlagen, generell auf die Kategorie des Unterlassens zu verzichten, so etwa *Schiemann*, in: Erman, § 823 Rn. 13; *Mertens*, in: MüKo BGB (3. Aufl., 1997), § 823 Rn. 20; hierzu kritisch *Rogge*, JuS 1995, 581, 583 („Das positive Tun ist der Haftung näher als die Unterlassung."). *Deutsch* weist allerdings darauf hin, dass derjenige, der aktiv handelt, die Möglichkeit hat, seine Verhältnisse vorteilhaft zu gestalten und daher strenger haften soll. Dem Unterlassenden wird dagegen eine Intervention zugemutet, die ein fremdes Gut behüten soll, *Deutsch*, Haftungsrecht, S. 72.
242 *Spickhoff*, in: Soergel, § 823 Rn. 17.
243 *Hager*, in: Staudinger, § 823 Rn. H 7.
244 *Schlechtriem*, in: FS Heiermann, S. 281, 287.

dürfte nach der gerade dargestellten Abgrenzungsmethode in der Mehrzahl der Fälle eine mittelbare Verletzungshandlung darstellen (nämlich eine unzureichende Organisation als Handlung, an die angeknüpft wird), da wohl eher die Gefahrbeherrschung im Vordergrund steht und nicht eine Nähebeziehung zum geschützten Rechtsgut. Im Rahmen des § 823 Abs. 1 BGB gilt die Entlastungsmöglichkeit der Gesellschaft nach § 831 Abs. 1 S. 2 BGB nicht. Die Geltendmachung von Ansprüchen durch die Gläubiger der Gesellschaft wegen unzureichender Organisation wird hierdurch also erleichtert und die Haftungslücke infolge der Problematik des dezentralisierten Entlastungsbeweises zumindest teilweise geschlossen.

Abgrenzungsprobleme ergeben sich auch hier. Wenn die Gesellschaft nach §§ 831, 31 BGB für Auswahl, Überwachung und Beaufsichtigung ihrer Verrichtungsgehilfen haftet, nach §§ 823 Abs. 1, 31 BGB dagegen für eine unzureichende Organisation, ist eine Vielzahl von Fällen vorstellbar, in denen beide Anwendungsbereiche eröffnet sind. Etwa im o.g. Beispiel könnte das Aufstellen von scharfkantigen Geräten durch einen hierfür nicht ausgebildeten Angestellten der Gesellschaft sowohl ein Auswahlfehler sein, als auch aus einer unzureichenden Organisation (etwa einem fehlenden oder schlechten Dienstplan) resultieren. Zum Teil wird hier vorgeschlagen, § 831 BGB auf Organisationsverschulden mit der Maßgabe anzuwenden, dass eine Exkulpation nach den Grundsätzen des dezentralisierten Entlastungsbeweises nicht möglich ist.[245] Da § 831 BGB ausdrücklich auf das Auswahlverschulden abstellt, erscheint aber es sachgemäß, diesen nur dann anzuwenden, wenn es um eine spezielle Auswahl oder Überwachung geht (etwa der Einsatz eines nicht ausreichend ausgebildeten Angestellten) und § 823 Abs. 1 BGB, wenn es um allgemeine Aufsichtsanordnungen (etwa die Einrichtung eines Dienstplans an sich) geht.

cc) Produzentenhaftung

Ein wichtiger Unterfall der Haftung der Gesellschaft für Verkehrspflichtverletzungen und der Verantwortlichkeit für Organisationsmängel ist der Fall der Produzentenhaftung.[246] Neben den im Produkthaftungsgesetz speziell geregelten Fällen regelt die Produzentenhaftung im BGB die Haftung für Produktfehler. Dogmatisch gesehen handelt es sich hierbei um eine Haftung für mittelbare Verletzungshandlungen (hier: das Inverkehrbringen eines fehlerhaften Produktes). Den Hersteller trifft als denjenigen, der am ehesten Einfluss auf ein potentiell gefährliches Produkt hat, eine Verkehrspflicht. Hierzu wurden verschiedene Fallgruppen als Unterfälle der Verkehrspflicht entwickelt, nämlich die Pflicht zur fehlerfreien Entwicklung, Konstruktion, Fabrikation sowie die Pflicht zur Produktbeobachtung. Welche Art von Verkehrspflichtverletzung vorliegt, hat Auswirkungen auf die Beweislage.[247]

---

245 *Belling*, in: Staudinger, § 831 Rn. 176; *Looschelders*, Schuldrecht BT, Rn. 1331.
246 *Hager*, in: Staudinger, § 823 Rn. F 2.
247 Siehe hierzu im Einzelnen *Hager*, in: Staudinger, § 823 Rn. F 2.

Auch hier gilt, dass primärer Adressat der Verkehrspflicht das Unternehmen ist und nicht einzelne Organe oder Mitarbeiter.

dd) Körperschaftliche Organisationspflicht

Ein weiterer Unterfall der Haftung wegen Organisationsverschuldens ist die von der Rechtsprechung entwickelte sog. körperschaftliche Organisationspflicht.[248] Diese komplettiert die Rechtsprechung zum dezentralisierten Entlastungsbeweis und zur Repräsentantenhaftung nach § 31 BGB. Danach ist die Gesellschaft verpflichtet, die Leiter wichtiger Aufgabenbereiche als satzungsmäßig berufene Vertreter vorzusehen. Tut sie dies nicht, liegt ein körperschaftlicher Organisationsmangel vor, für den die Gesellschaft nach §§ 823 Abs. 1, 31 BGB haftet. Dies gilt sogar für deliktische Sorgfaltspflichten im Außenverhältnis. Wurde eine solche durch einen Angestellten verletzt, wird der Gesellschaft vorgeworfen, ihre Pflichten nicht durch solche Organe vorgenommen zu haben, für die sie nach § 31 BGB selbst haftet.[249] Im Ergebnis haftet die Gesellschaft dementsprechend entweder gemäß §§ 823 Abs. 1, 31 BGB wegen eines deliktischen Verhaltens eines verfassungsmäßig bestimmten Vertreters oder gemäß §§ 823 Abs. 1, 31 BGB wegen Verletzung der körperschaftlichen Organisationspflicht, den betreffenden Mitarbeiter nicht als Vertreter bestimmt zu haben. In Frage kommt daher auch eine Zurechnung des Verhaltens von den oben genannten Personengruppen (Chefärzte, Filialleiter und Ingenieure). Im Ergebnis soll hierdurch die Gesellschaft haftungsrechtlich einer natürlichen Person angenähert werden.

3. Haftung nach § 823 Abs. 2 BGB

Nach § 823 Abs. 2 BGB ist derjenige, welcher gegen ein den Schutz eines anderen bezweckendes Gesetz verstößt, dem anderen zum Ersatz des daraus entstehenden Schadens verpflichtet. Ersatzverpflichtet ist dementsprechend derjenige, der gegen das entsprechende Schutzgesetz verstoßen hat.[250] Schutzgesetz i.S.d. § 823 Abs. 2 BGB ist zwingend eine Verhaltensnorm, also eine Vorschrift, die ein Ge- oder Verbot enthält.[251] Ein Beispiel für eine Schutznorm, die sich an die Gesellschaft richtet, ist die Verpflichtung zur Abführung der Sozialabgaben gemäß §§ 28e Abs. 1 S. 1 SGB IV, die sich explizit an den Arbeitgeber richtet.[252] Die meisten Verhaltensnormen richten sich allerdings an die Organe bzw. gesetzlichen Vertreter der Gesellschaft, da es diese sind, die handeln.

---

248   RG, VI/275/16 vom 27.11.1916, RGZ 89, 136, 137; *Weick*, in: Staudinger, § 31 Rn. 29 (m.w.N.).

249   *Wagner*, in: Müko BGB, § 823 BGB Rn. 82.

250   *Sprau*, in: Palandt, § 823 Rn. 56, 76.

251   *Maier-Reimer*, NJW 2007, 3157, 3158.

252   Die korrespondierende Strafnorm gemäß § 266a StGB richtet sich ebenfalls an den Arbeitgeber. Im Falle einer juristischen Person ist dann gemäß § 14 Abs. 1 Nr. 1 StGB auch das Organ strafbar.

4. Haftung nach § 826 BGB

Als dritte Generalklausel des allgemeinen Deliktsrechts sieht § 826 BGB eine Haftung für vorsätzliche sittenwidrige Schädigung vor. Eines der in § 823 Abs. 1 BGB genannten Rechtsgüter muss hierfür nicht verletzt sein, jedoch sind die Voraussetzungen für eine vorsätzliche sittenwidrige Schädigung deutlich strenger. Neben der sittenwidrigen Schädigung muss sich insbesondere der Schädigungsvorsatz darauf beziehen, dass durch die Handlung oder Unterlassung einem anderen ein Schaden zugefügt wird. Für ein vorsätzliches Handeln muss der Schädiger spätestens im Zeitpunkt des Schadenseintritts Art und Richtung des Schadens und die Schadensfolgen vorausgesehen und gewollt haben.[253]

Ein wichtiges Anwendungsbeispiel für eine Haftung der Gesellschaft nach § 826 BGB ist die Produzentenhaftung im Falle einer Rückrufpflicht. Ist bekannt, dass eine Rückrufpflicht besteht, haftet die Gesellschaft für das (sittenwidrige) Unterlassen einer Rückrufaktion.[254] Am Kapitalmarkt kommt eine Haftung wegen vorsätzlicher sittenwidriger Schädigung in Betracht, wenn Anlegern falsche Tatsachen vorgespiegelt werden, um sie zu einer für sie ungünstigen Investition zu bewegen.[255] § 826 BGB ist dabei neben § 37c WpHG anwendbar, vgl. §37c Abs. 4 WpHG. Beachtlich ist in beiden Fällen allerdings, dass neben der Haftung der Gesellschaft auch eine Haftung der Leitungsorgane in Betracht kommt.[256]

B. Ausnahme: Haftung der Leitungsorgane

Nach den gerade erläuterten Grundsätzen haftet den Gläubigern der Gesellschaft grundsätzlich diese selbst und nicht die Leitungsorgane, insbesondere soweit es um mangelhafte Organisation und sonstige Verkehrssicherungspflichtverletzungen geht, da die Herrschaft über Gefahren und auch das Näheverhältnis zu dem geschützten Rechtsgut i.S.d. § 823 Abs. 1 BGB beim Unternehmensträger selbst liegt. Bei einer strikten Anwendung der Organtheorie wäre ein Anspruch gegen die Leitungsorgane schon mangels Vorliegen einer eigenen (unerlaubten) Handlung nicht möglich.[257] Nach dem Regelungskonzept der §§ 831, 823, 31 BGB und dem heutigen Stand der Rechtsprechung und Lehre liegt jedoch auch eine Handlung des Organwalters selbst vor, wenn letzterer alle Tatbestandsmerkmale einer solchen erfüllt. Dies ermöglicht auch eine persönliche Außenhaftung der Leitungsorgane selbst.

---

253   *Sprau*, in: Palandt, § 826 Rn. 11.
254   RG, II 82/39 vom 17.01.1940, RGZ 163, 21, 25, 26.
255   *Oechsler*, in: Staudinger, § 826 Rn. 382.
256   Siehe unten 3. Teil. B. II. 4.
257   Siehe oben 2. Teil. B. II. 2.

I. Bereichsspezifische Vorschriften zur Organaußenhaftung

Dem Grundsatz der Haftungskonzentration entsprechend sind die Fallgruppen der gesetzlich geregelten Organaußenhaftung auf spezifische Bereiche beschränkt und haben einen engen, kaum analogiefähigen Anwendungsbereich:

– Zunächst zu nennen ist hier die Haftung der gesetzlichen Vertreter juristischer Personen für Steuerschulden nach § 69 i.V.m. §§ 34, 35 AO. Es handelt sich hierbei um einen Schadensersatzanspruch des Fiskus wegen Steuerausfällen durch schuldhafte Pflichtverletzungen jener Personen.[258] Die Haftung ist allerdings mit Blick auf die Komplexität des Steuerrechts auf grobe Fahrlässigkeit beschränkt.[259]

– Weiterhin wurde die Haftung der Leitungsorgane im Vorfeld und in der Insolvenz deutlich verschärft. So wurde in § 64 S. 1, 3 GmbHG sowie § 93 Abs. 3 Nr. 6 AktG eine Haftung der Geschäftsführer bzw. Mitglieder des Vorstands für Zahlungen nach Zahlungsunfähigkeit oder Überschuldung eingeführt. Diese Haftungsverschärfung zu Gunsten der Gläubiger und zu Lasten der Leitungsorgane wurde im Zuge des MoMiG (auch) als Kompensation für die Einführung der UG und die Zurückdrängung der Bedeutung des Eigenkapitals eingeführt.[260]

– Ein Fall der ausdrücklich gesetzlich geregelten persönlichen Außenhaftung von Organmitgliedern findet sich in § 25 Abs. 1 UmwG.[261] Dort ist die Schadensersatzpflicht der „Mitglieder des Vertretungsorgans" oder des Aufsichtsorgans für den Schaden, den die Gläubiger durch die Verschmelzung erleiden, geregelt. Ausreichend hierfür ist ein einfach fahrlässiges Handeln der individuellen Mitglieder der Leitungsorgane.[262] Sind die Voraussetzungen von § 25 Abs. 1 UmwG gegeben, besteht ein Ersatzanspruch gegenüber dem Organmitglied für die entstandenen Verschmelzungsschäden.[263]

– Gemäß § 93 Abs. 5 AktG kann ein nach § 93 Abs. 2–4 AktG bestehender Schadensersatzanspruch der Gesellschaft gegen Vorstandsmitglieder auch von den Gläubigern geltend gemacht werden, soweit sie von der Gesellschaft keine Befriedigung erlangen können. Es handelt sich hierbei nicht um einen echten Fall der Organaußenhaftung. Zwar gibt Abs. 5 den Gläubigern einen unmittelbaren Anspruch gegen den Vorstand, der Anspruch bleibt aber letztlich ein Anspruch der Gesellschaft, der nur durch andere geltend gemacht wird.

– § 21 Nr. 1 WpPG nennt als Haftungsadressaten bei fehlerhaftem Börsenzulassungsprospekt diejenigen, die für den Prospekt Verantwortung übernommen

---

258 *Rüsken*, in: Klein AO, § 69 Rn. 1; *Spindler*, in: Handbuch Vorstandsrecht, § 13 Rn. 73–75.

259 *Fleischer*, RTDF 2013/4–2014/1, 7, 8.

260 *Müller*, in: MüKo GmbHG, § 64 Rn. 2.

261 *Spindler*, in: Handbuch Vorstandsrecht, § 13 Rn. 76.

262 *Müller*, in: Henssler/Strohn UmwG, § 25 Rn. 2; *Spindler*, in: Handbuch Vorstandsrecht, § 13 Rn. 77.

263 *Spindler*, in: Handbuch Vorstandsrecht, § 13 Rn. 77.

haben. Hierunter sollen diejenigen Personen fallen, die ein eigenes geschäftliches Interesse an der Emission haben.[264] Leitungsorgane fallen nicht per se hierunter, sondern nur dann, wenn sie ein eigenes geschäftliches Interesse an der Emission haben. Die bloße Stellung als Organ reicht dagegen nicht aus.[265]

II. Organaußenhaftung nach allgemeinem Deliktsrecht

Eine deliktsrechtliche Regelung zur persönlichen Verantwortlichkeit der Leitungsorgane findet sich weder im BGB noch im AktG oder GmbHG. Die §§ 43 GmbHG, 93 AktG regeln lediglich die Innenhaftung. Die §§ 35 ff. GmbHG enthalten nur Vorschriften zur rechtsgeschäftlichen Vertretung der Gesellschaft. Auch im allgemeinen Teil des BGB sind abgesehen von der Zurechnungsnorm des § 31 BGB keine Regelungen getroffen worden. Daher werden wie im vorherigen Abschnitt die zentralen Fallgruppen der Rechtsprechung nach § 831 BGB (1.) sowie die drei Generalklauseln des Deliktsrechts, §§ 823 Abs. 1, 2, 826 BGB (2.–4.) dargestellt. Im Anschluss wird noch auf die Rechtsprechung zur Teilnehmerhaftung nach § 830 Abs. 2 BGB eingegangen (5.).

1. Haftung nach § 831 BGB

§ 831 BGB könnte dem Wortlaut nach eine Außenhaftung der Leitungsorgane für mangelhafte Auswahl, Überwachung und Beaufsichtigung nachgeordneter Mitarbeiter begründen. Geschäftsherr i.S.d. § 831 Abs. 1 BGB ist nämlich derjenige, dem das Direktionsrecht hinsichtlich der Verrichtungsgehilfen zusteht, also demjenigen, der dem Verrichtungsgehilfen Weisungen erteilt.[266] Nach vorherrschender Ansicht kommt als Geschäftsherr dennoch ausschließlich die Gesellschaft selbst und gerade nicht das Leitungsorgan in Betracht.[267]

Auch eine Haftung der Leitungsorgane gemäß § 831 Abs. 2 BGB wird von Rechtsprechung und Lehre abgelehnt.[268] Nach Abs. 2 haftet zwar auch derjenige, der die Besorgung von Geschäften nach Abs. 1 für den Geschäftsherrn übernimmt. Es besteht jedoch Einigkeit darüber, dass innerhalb der Einheit des Unternehmens keine derartige Übernahme stattfindet.[269] Wenn sich das Unternehmen das Handeln

---

264 *Groß*, in: Kapitalmarktrecht, § 21 WpPG Rn. 35.

265 *Groß*, in: Kapitalmarktrecht, § 21 WpPG Rn. 35.

266 *Belling*, in: Staudinger, § 831 Rn. 107–108 (mit Einzelfallbeispielen); *Wagner*, in: MüKo BGB, § 831 Rn. 21.

267 Siehe die Nachweise oben in Teil 3. Teil. A. II. 1.

268 *Wagner*, in: MüKo BGB, § 831 Rn. 50 (m.w.N.). Vgl. aber BGH, VI ZR 45/59 v. 08.03.1960, VersR 1960, 371, 372 (eine Haftung des Chefarztes gem. § 831 Abs. 2 BGB bejahend).

269 *Wagner*, in: MüKo BGB, § 831 Rn. 50, a.A. *Altmeppen*, in: Handbuch Managerhaftung, S. 212 ff. (stellt darauf ab, dass das Leitungsorgan auf Basis des Organamtes

seiner Organe nach § 31 BGB zurechnen lassen muss, kann es nicht sein, dass gerade diese Organe gleichzeitig die Pflichten des Unternehmens übernehmen. Werden die Organe aufgrund ihres Arbeitsvertrages tätig, stellt dies also keine Übernahme dar.

2. Haftung nach § 823 Abs. 1 BGB

Im Rahmen der Haftung gem. §§ 823 Abs. 1 BGB ist zwischen unmittelbaren und mittelbaren Verletzungshandlungen zu unterscheiden.

a) Haftung für unmittelbare Verletzungshandlungen

aa) Ursprung

Um die persönliche Außenhaftung der Leitungsorgane gegenüber den deliktischen Gläubigern zu begründen und rechtfertigen, wird oftmals folgendes Schulbeispiel angeführt[270]: Der Geschäftsführer einer GmbH verursacht bei einer Dienstfahrt auf der Autobahn im firmeneigenen Pkw schuldhaft einen Unfall, etwa indem er beim Überholen einen anderen Pkw rammt. Die Voraussetzungen eines Schadensersatzanspruchs gemäß § 823 Abs. 1 BGB gegen den Geschäftsführer selbst sind dementsprechend wie bei jeder anderen natürlichen Person gegeben. Eine persönliche Haftung wird in einem solchen Fall von Rechtsprechung und Lehre einhellig bejaht.[271] Im Ursprungsfall aus dem Jahre 1971 hatte der Bundesgerichthof über einen Sachverhalt zu entscheiden, in dem der Geschäftsführer einer GmbH fremdes Eigentum verletzt hatte, indem er fremden Treibstoff mit eigenem vermischte und so das Eigentum des Klägers durch Vermischung zum Erlöschen brachte.[272] Um hier eine persönliche Haftung zu verneinen, müsste man so weit gehen, die schädigende Handlung nicht als Handlung des Organs, sondern nur der juristischen Person zu qualifizieren. Eine solche Anwendung der Organtheorie ist allerdings mit dem Gesetzeswortlaut nur schwer vereinbar.

---

einen eigenen Zuständigkeitsbereich übernimmt und schlägt vor, die Beweislastumkehr nur zu Lasten der Gesellschaft anzuwenden).

270 So etwa *Medicus*, ZGR 1998, 570, 571 (für den GmbH-Geschäftsführer); *Mertens/ Mertens*, JZ 1990, 486, 488; *Schneider*, in: Scholz GmbHG, § 43 Rn. 321; *Spindler*, in: Handbuch Vorstandsrecht, § 13 Rn. 6 (für das Vorstandsmitglied).

271 BGH, VI ZR 8/73 vom 14.05.1974, NJW 1974, 1371, 1372; BGH, VI ZR 335/88 vom 05.12.1989, BGHZ 109, 297, 303; BGH, VI ZR 90/95 vom 12.03.1996, NJW 1996, 1535, 1536; BGH, V ZR 144/07 vom 05.12.2008, NJW 2009, 673, 673; *Fleischer*, in: MüKo GmbHG, § 43 Rn. 347; *Mertens/Cahn*, in: KöKo AktG, § 93 Rn. 223; *Paefgen*, in: Ulmer/Habersack/Löbbe GmbHG, § 43 Rn. 202; siehe auch die Nachweise in Fn. 72.

272 BGH, VIII ZR 256/69 vom 31.03.1971, BGHZ 56, 73, 78. Vgl. hierzu die Auswertung des Urteils bei *Kleindiek*, Deliktshaftung, S. 455 f.

bb) Kirch gegen Deutsche Bank AG und Breuer

Eine unmittelbare Verletzungshandlung liegt auch bei einem betriebsbezogenen Eingriff in das Recht am eingerichteten und ausgeübten Gewerbebetrieb vor. Nach dem XI. Senat haftet nicht nur die Gesellschaft über § 31 BGB, sondern auch das Organ persönlich, wenn letzteres „inkriminierende Interviewäußerungen"[273] in Bezug auf die Kreditwürdigkeit eines Vertragspartners abgibt. Der ehemalige Vorstandssprecher der Deutschen Bank Breuer, der zugleich Präsident des Bundesverbands Deutscher Banken war, hatte in einem Interview mit dem Fernsehsender Bloomberg TV unter anderem erklärt, „dass der Finanzsektor nicht bereit ist, [Anm. d. Verf.: dem Schuldner Kirch] auf unveränderter Basis noch weitere Fremd- oder gar Eigenmittel zur Verfügung zu stellen"[274]. Im anschließenden Verfahren stützte der XI. Senat einen Anspruch der Kirch-Gruppe gegen den Vorstandsvorsitzenden Breuer u.a. auf § 823 Abs. 1 BGB wegen eines Eingriffs in das Recht am eingerichteten und ausgeübten Gewerbebetrieb. Insbesondere berücksichtigte der XI. Senat im Rahmen der Prüfung der Rechtswidrigkeit die Nebenleistungspflichten aus dem Darlehensvertrag (Bankgeheimnis) zwischen der Gesellschaft und dem Kläger Kirch. Diese führten nach Ansicht des XI. Senats zu einer organschaftlichen Verpflichtung, den Kläger Kirch nicht zu schädigen. Er führt hierzu aus:

> „Anders als im Verhältnis zur TaurusHolding sind die Äußerungen auch rechtswidrig. Im Rahmen der gebotenen Abwägung der Interessen der Parteien unter Berücksichtigung ihrer jeweiligen nicht nur zivil-, sondern auch verfassungsrechtlich geschützten Rechtspositionen kann sich der Bekl. zu 2 für seine Äußerungen nicht mit Erfolg auf das Recht der freien Meinungsäußerung (Artikel 5 Abs. 1 S. 1 GG) berufen. Insoweit fällt neben der bereits erörterten [...] Schwere des Eingriffs in das Recht am eingerichteten und ausgeübten Gewerbebetrieb entscheidend ins Gewicht, dass in die Güter- und Interessenabwägung zusätzlich vertragliche Pflichten einzubeziehen sind."

In der Literatur wurde diese Entscheidung in vieler Hinsicht kritisiert.[275] U.a. wurde vorgetragen, im Hinblick auf das gesellschaftsrechtliche Prinzip der Haftungskonzentration bedürfe eine persönliche (deliktische) Außenhaftung der Organe einer besonderen Begründung. Da die vertraglichen Nebenpflichten wegen der Relativität des Schuldverhältnisses grundsätzlich nur den Vertragspartner treffen, hätte in diesem Fall positiv begründet werden müssen, warum die Diskretionspflichten auch das Organ trafen. Die Verletzung einer vertraglich begründeten Nebenpflicht soll nämlich nicht ohne weiteres gleichzeitig zu einer Verletzung

---

273 BGH, XI ZR 384/03 vom 24.01.2006, NJW 2006, 830, 842 (dort Rn. 123) (Kirch gegen Deutsche Bank AG und Breuer).

274 BGH, XI ZR 384/03 vom 24.01.2006, a.a.O. (Fn. 273), 831.

275 *Bachmann*, Reform Organhaftung, S. E117; *Derleder/Fauser*, BB 2006, 949, 951, 955; *Mertens/Cahn*, in: KöKo, § 93 Rn. 224; *Paefgen*, in: Ulmer/Habersack/Löbbe GmbHG, § 43 Rn. 166; *Spindler*, JZ 2006, 741, 744.

einer allgemeinen Rechtspflicht führen, die für das Vorliegen einer unerlaubten Handlung erforderlich wäre.

b) Haftung für mittelbare Verletzungshandlungen und Unterlassen

aa) Ansatzpunkt und grundsätzliche Erwägungen

Voraussetzung für eine Haftung der Leitungsorgane im Falle von mittelbaren Verletzungshandlungen oder Unterlassen ist die Verletzung einer für das Leitungsorgan bestehenden Verkehrssicherungspflicht. Grundsätzlich ist Haftungsadressat der deliktischen Verhaltenspflichten der Unternehmensträger selbst und nicht die Leitungsorgane. Damit neben die Haftung des Unternehmens auch die der Leitungsorgane tritt, muss die sanktionierte Verhaltenspflicht also gerade dieses persönlich im Verhältnis zum Verletzten treffen.[276] Wann eine Verkehrspflicht auch das Organ persönlich trifft, ist bislang nicht einheitlich geklärt. Eine Verletzung lediglich der Geschäftsführungspflichten nach § 43 GmbHG oder § 93 AktG ist nicht ausreichend, da diese nach §§ 43 Abs. 2 GmbHG, 93 Abs. 2 AktG ausdrücklich gegenüber der Gesellschaft und nicht gegenüber Dritten gelten. Eine persönliche Haftung ist dagegen eindeutig gegeben bei Verhaltenspflichten, die jedermann treffen. Die Frage, ob für diese Verhaltenspflichten auch die gesellschaftsinternen Organisationspflichten eine Rolle spielen, ist bislang offen geblieben.

bb) Sporthosen-Fall von 1986 und weitere Entwicklung der Haftung für Wettbewerbsverstöße und Verletzungen gewerblicher Schutzrechte

(1) Allgemeines zur Haftung für Wettbewerbsverstöße

Bei Wettbewerbsverletzungen[277] gilt grundsätzlich, dass sich die Frage, wer Schuldner eines Schadensersatzanspruches ist, nach allgemeinen deliktsrechtlichen Regeln richtet. Schuldner ist ebenso wie sonst auch, wer als (mittelbarer) Täter, Mittäter, Anstifter oder Gehilfe den Tatbestand einer der lauterbarkeitsrechtlichen Haftungsnormen (etwa § 9 UWG) erfüllt, wobei dies auch durch die Verletzung lauterkeitsrechtlicher Verkehrssicherungspflichten geschehen kann.[278] Etwas anderes gilt für die Bewertung von Abwehr- und Beseitigungsansprüchen. Diese unterliegen anderen Kriterien als Schadensersatzansprüche.[279] Insbesondere kann

---

276 *Ellenberger,* in: Palandt, § 31 Rn. 13; *Sprau,* in: Palandt, § 823 Rn. 77.
277 Soweit in dieser Arbeit von „Wettbewerbsrecht" gesprochen wird, ist das Wettbewerbsrecht i.e.S., also das Unlauterkeitsrecht, das gegen deliktsartige Wettbewerbshandlungen schützen soll, gemeint. Zur Begrifflichkeit siehe *Rittner/Dreher/Kulka,* Wettbewerbs- und Kartellrecht, S. 7.
278 *Lettl,* Wettbewerbsrecht, S. 321 ff.
279 BGH, I ZR 67/98 vom 06.04.2000, BeckRS 2000, 07733 (unter II. 2. c)) = NJW-RR 2000, 1710; *Lettl,* Wettbewerbsrecht, S. 321.

bei der Verletzung absoluter Rechtsgüter zusätzlich als Störer auf Unterlassung in Anspruch genommen werden, wer – ohne Täter oder Teilnehmer zu sein – in irgendeiner Weise willentlich und adäquat kausal zur Verletzung des geschützten Rechtsguts beiträgt.[280] Diese Störerhaftung basiert nicht auf deliktischen Grundgedanken, sondern in der Regelung über die Besitz- und Eigentumsstörung in § 862 BGB und in § 1004 BGB.[281] Diese Störerhaftung vermittelt aber nur Abwehransprüche, keine Schadensersatzansprüche. Für die Fälle, in denen keine Verletzung eines absoluten Rechtsguts vorliegt, hat sich allerdings zur Frage der Garantenpflichten eine verästelte Judikatur entwickelt, in deren Kern es um die Haftung von Leitungsorganen gegenüber Dritten für Organisationsverschulden geht.[282] Hierbei wird auf dieselben Kriterien abgestellt wie bei der Außenhaftung von Leitungsorganen nach § 823 Abs. 1 BGB und es wird auch ein Schadensersatzanspruch begründet. Daher soll diese Rechtsprechung in die Untersuchung einbezogen werden.

Handelt der Geschäftsführer selbst (etwa durch eigenhändiges Veröffentlichen einer Website mit wettbewerbswidrigem Inhalt), haftet er auch persönlich, da die Achtung geistigen Eigentums anderer jedermann trifft und nicht nur die Gesellschaft.[283] Bislang nicht geklärt ist die Frage, ob Leitungsorgane eine allgemeine Verantwortlichkeit aufgrund ihrer Organisationspflichten gegenüber Dritten obliegt. Bei einer fehlerhaften Leitung oder Organisation der Gesellschaft könnte man zunächst an § 8 Abs. 2 UWG (§ 13 Abs. 4 UWG a. F.) denken. Danach haftet bei Zuwiderhandlungen, die von einem Mitarbeiter begangen wurden, auch der Inhaber des Unternehmens. Inhaber des Unternehmens ist allerdings die Gesellschaft selbst und nicht der Geschäftsführer, ebenso wie dieser nicht Geschäftsherr i.S.d. § 831 BGB ist.[284] Grundlage für eine Haftung des Geschäftsführers wegen Unterlassens könnte aber eine Verletzung seiner Überwachungs- und Organisationspflichten (als Organ) sein. Eine persönliche Haftung des Geschäftsführers kraft seiner Organstellung wurde von der Praxis bis in die 1960er Jahre teilweise bejaht.[285]

280 BGH, I ZR 242/12 vom 18.06.2014, BeckRS 2014, 14705 (Rn. 11, m.w.N.) = GRUR 2014, 883.
281 BGH, I ZR 22/99 vom 18.10.2001, NJW-RR 2002, 832 (unter II.1.).
282 Vgl. etwa die Ausführungen zur Baustoffentscheidung in KG, 5 U 30/12 vom 13.11.2012, GRUR-RR 2013, 172.
283 Hühner, GRUR-Prax 2013, 459, 459.
284 Götting, GRUR 1994, 6, 9.
285 RG, II 432/30 vom 31.03.1931, GRUR 1936, 1084, 1089 (Standardlampen); BGH, I ZR 199/57 vom 30.10.1956, GRUR 1957, 342, 347 (Underberg) (jeweils ohne Begründung).

(2) Sporthosen-Fall

Im Sporthosen-Fall von 1986[286] ging es um wettbewerbsrechtliche Ansprüche wegen des Verkaufs von Sporthosen mit drei schrägen Streifen. Das verklagte Unternehmen, eine GmbH & Co. KG, hatte diese entgegen des Zeichenrechts der Klägerin in ihren Filialen vertrieben. Mitverklagt war auch der Geschäftsführer der Komplementär-GmbH. Anlässlich dieses Sachverhalts verneinte der I. Senat eine sich allein aus der Organstellung des Geschäftsführers ergebende Garantenpflicht. Eine Haftung des Geschäftsführers wegen Zeichenverletzungen bestehe vielmehr nur dann,

„wenn dieser als Störer selbst die Verletzung begangen habe oder wenn er wenigstens Kenntnis von ihr hatte und die Möglichkeit, sie zu verhindern".[287]

Bedeutsamer ist hierbei der zweite Halbsatz, da der I. Senat sich in neuerer Zeit vom Störerbegriff verabschiedet hat und nur noch darauf abstellt, ob wettbewerbsrechtliche Verkehrspflichten eine Haftung begründen.[288] Aber auch diesbezüglich hat der I. Senat nunmehr seine Rechtsprechung geändert. Nach der Sporthosen-Rechtsprechung setzte eine Haftung des Leitungsorgans positive Kenntnis des Geschäftsführers von der Wettbewerbsverletzung voraus. Die für eine Haftung wegen Unterlassens erforderliche Garantenstellung wurde aus der Organstellung hergeleitet. Insofern schien der I. Senat zuvor auf die gleichen Grundsätze wie die Baustoff-Rechtsprechung von 1989 zurückzugreifen, aber zusätzlich noch eine positive Kenntnis des Organs zu verlangen.[289] Um diese positive Kenntnis zu begründen, wurde in der Gerichtspraxis z.T. mit einer widerleglichen Vermutung von der Kenntnis des Leitungsorgans gearbeitet,[290] oder die Kenntnis eines Geschäftsführers analog § 166 BGB zugerechnet[291].

---

286 BGH, I ZR 86/83 vom 26.09.1985, GRUR 1986, 248.

287 BGH, a.a.O. (Fn. 286), 251; KG, 5 U 30/12 vom 13.11.2012, GRUR-RR 2013, 172, 173.

288 BGH, I ZR 18/04 vom 12.07.2007, GRUR 2007, 890, 894 (jugendgefährdende Medien bei Ebay); BGH, I ZR 144/06 vom 11.03.2009, GRUR 2009, 597, 598 (Halsband); BGH, I ZR 139/08 vom 22.07.2010, GRUR 2011, 152, 156, (Kinderhochstühle im Internet); siehe auch KG, 5 U 30/12 vom 13.11.2012, GRUR-RR 2013, 172, 173.

289 So auch *Hühner*, GRUR-Prax 2013, 459, 460.

290 OLG Köln, 6 U 92/07 vom 24.08.2007, BeckRS 2008, 04433 = OLGReport Hamm 2008, 285 L.

291 OLG Frankfurt, 6 U 32/00 vom 11.05.2000, GRUR-RR 2001, 198, 199; vgl. auch OLG Hamburg, 5 U 24/01 vom 17.04.2002, BeckRS 2002, 30253832 (Super Mario) = GmbHR 2002, 912 L (Nr. 2 der Entscheidungsgründe, bejaht einen Anspruch auch bei fehlender Kenntnis des Geschäftsführers, wenn dieser sich durch einen längeren Auslandsaufenthalt bewusst der Möglichkeit der Kenntnisnahme entzieht); OLG Hamburg, 5 U 200/04 vom 14.12.2005 (Miss 17); LG Hamburg, 310 O 144/13 vom 29.11.2013, GRUR-RR 2014, 241 (MyVideo, unter Berufung auf die Rechtsprechung des OLG Hamburg).

(3) Entscheidung des Kammergerichts von 2012 und Zurückweisung der Revision durch den I. Senat

Im Juni 2014 nahm der I. Senat erneut zu diesem Thema Stellung.[292] Das Kammergericht Berlin hatte in einem Berufungsurteil zuvor kritisch darauf hingewiesen, dass es Aufgabe des Gesetzgebers sei,

> „Grundlagen für eine deliktische oder wettbewerbsrechtliche Haftung der Organe juristischer Personen in Fällen von Organisationsmängeln zu schaffen, wenn dies aus generalpräventiven Gründen erforderlich sein soll"[293]

und verneinte eine persönliche Haftung des Geschäftsführers, wenn dieser keine positive Kenntnis vom Wettbewerbsverstoß hat. In dem Fall ging es um ein Gasversorgungsunternehmen, das als GmbH organisiert war und Wettbewerbsverstöße beging. Konkret handelte es sich um Haustürwerbung, bei der Verbraucher mit unzutreffenden und irreführenden Angaben zur Kündigung von Gaslieferungsverträgen mit Mitwettbewerbern und zum Abschluss neuer Verträge mit der beklagten GmbH zu bewegen versucht wurden. Die klagende Mitwettbewerberin war der Ansicht, der Geschäftsführer hafte persönlich, da er von den Verstößen Kenntnis hatte und seinen Betrieb nicht so organisiert hätte, dass er die Einhaltung von Rechtsvorschriften habe sicherstellen können. Die Revision wies der I. Senat zurück und ging in den Entscheidungsgründen noch über die Begründung des Kammergerichts hinaus. Insbesondere verneinte der I. Senat eine Haftung des Geschäftsführers selbst bei Kenntnis vom Wettbewerbsverstoß der Gesellschaft.[294] Eine persönliche Haftung kommt nach der heutigen Auffassung des I. Senats bei Unterlassen nur dann in Betracht, wenn das Organ zusätzlich eine Garantenpflicht trifft. Weiterhin äußerte sich der I. Senat auch zu der Frage, ob Fehler bei der Betriebsorganisation des Geschäftsführers eine solche Garantenstellung begründen können. Er führte hierzu aus:

> „[...] bei der Frage, ob wettbewerbsrechtliche Verkehrspflichten des Geschäftsführers in Betracht kommen, sind die gesellschaftsrechtlichen Haftungsgrundsätze, die vorstehend dargestellt sind, zu berücksichtigen. Wettbewerbsrechtliche Verkehrspflichten des Organs einer Gesellschaft können daher nicht in einem weiten, die Haftungsschranken des Gesellschaftsrechts durchbrechenden Umfang, sondern nur bei Hinzutreten besonderer Umstände

---

292   BGH, I ZR 242/12 vom 18.06.2014, BeckRS 2014, 14705 = GRUR 2014, 883; der Entscheidung zustimmend *Hohmut*, GmbHR 2014, 1249, 1249 ff.

293   KG, 5 U 30/12 vom 13.11.2012, GRUR-RR 2013, 172, 176; der Entscheidung, nicht aber der Begründung zustimmend *Hühner*, GRUR-Prax 2013, 459, 461; das vorhergehende Landgericht hatte der Klage in fast allen Punkten stattgegeben, LG Berlin in Berlin-Mitte, Littenstraße, 15 O 547/09 vom 10.02.2012 (nicht veröffentlicht).

294   BGH, I ZR 242/12 vom 18.06.2014, BeckRS 2014, 14705 (Rn. 20) = GRUR 2014, 883 = BGHZ 201, 344; bestätigt durch BGH, I ZR 124/11 vom 27.11.2014, BeckRS 2014, 22154, („Videospiel-Konsolen II", dort Rn. 83: „Die schlichte Kenntnis von Rechtsverletzungen scheidet als haftungsbegründender Tatbestand aus.") = GRUR 2015, 672.

angenommen werden, die über die allgemeine Verantwortlichkeit für die Betriebsorganisation hinausgehen."[295]

Danach ist eine Herleitung einer Garantenstellung der Leitungsorgane aus „wettbewerbsrechtlichen Verkehrspflichten" im Grundsatz abzulehnen, wenn nicht besondere Umstände hinzutreten. Am Ende des Urteils weist der I. Senat noch darauf hin, dass eine persönliche Haftung auch dann in Betracht kommt, wenn das Leitungsorgan ein auf Rechtsverletzungen angelegtes Geschäftsmodell „selbst ins Werk gesetzt hat"[296] oder eine Erfolgsabwendungspflicht übernommen hat. Eine Haftung ist nach dem I. Senat nach alldem in folgenden Fällen zu bejahen:

– Das Leitungsorgan ist an der unlauteren Wettbewerbshandlung selbst durch positives Tun beteiligt.
– Allgemeine Grundsätze des Deliktsrechts begründen eine Garantenstellung des Leitungsorgans.
– Das Leitungsorgan hat ein auf Rechtsverletzungen angelegtes Geschäftsmodell selbst ins Werk gesetzt.
– Das Leitungsorgan hat Verkehrssicherungspflichten von der Gesellschaft übernommen.

cc) Wachmann-Entscheidung von 1987

Vollkommen im Einklang mit grundsätzlichen Erwägungen steht das Wachmann-Urteil aus dem Jahr 1987.[297] In einem dem IX. Senat vorliegenden Fall wurde ein Bewachungsunternehmen mit der Bewachung eines Lagerhauses, in dem Pelzwaren gelagert wurden, beauftragt. Der Beklagte war als Wachmann in diesem Unternehmen angestellt. Während seines Wachdienstes brachen unbekannte Täter in den Lagerraum ein und stahlen die dort gelagerten Pelzwaren. Das Berufungsgericht hatte der Klage gegen den Wachmann stattgegeben, gestützt auf einen Schadensersatzanspruch aus § 823 Abs. 1 BGB wegen schuldhafter Eigentumsverletzung. Der IX. Senat dagegen erklärte in einer ausführlichen Entscheidung, dass der Wachmann gegenüber dem Eigentümer der Pelzwaren nicht hafte. Da es um eine Haftung wegen Unterlassen ging, hätte hierfür eine Garantenpflicht des Wachmanns bestehen müssen. Eine solche traf nach Ansicht des IX. Senats aber nur das Bewachungsunternehmen und nicht den angestellten Wachmann. Eine Garantenpflicht des Angestellten ergebe sich weder aus einer allgemeinen Rechtspflicht, fremdes Eigentum gegen Gefahren zu beschützen, noch aus den vertraglichen Obhutspflichten des

---

295 BGH, I ZR 242/12 vom 18.06.2014 = BeckRS 2014, 14705 (Rn. 29) = GRUR 2014, 883 = BGHZ 201, 344.
296 BGH, I ZR 242/12 vom 18.06.2014, BeckRS 2014, 14705 (dort Rn. 31) = GRUR 2014, 883, unter Verweis auf BGH, I ZR 57/07 vom 15.01.2009, GRUR 2009, 841, 843 (dort Rn. 21 f.).
297 BGH, IX ZR 74/86 vom 16.06.1987, NJW 1987, 2510.

Wachunternehmens. Aus den eingelagerten Pelzwaren ging auch keine Gefahr aus, sodass hieraus keine Verkehrssicherungspflicht für den Wachmann gezogen werden konnte. Nach dem IX. Senat konnte auch keinesfalls aus der beruflichen Stellung des Wachmanns eine Garantenpflicht gezogen werden. Der Wachmann könne „bei mangelhafter Erfüllung seiner Dienstpflichten nicht unter dem Gesichtspunkt, er habe seinen Beruf schlecht ausgeübt, von einem dadurch betroffenen, aber sonst unbeteiligten Dritten auf Schadensersatz in Anspruch genommen werden"[298]. Eine Verkehrssicherungspflicht setze vielmehr eine selbständige Stellung voraus. Geht es also um ein Verhalten von Arbeitnehmern, die weisungsabhängig sind, bleibt es in jedem Fall bei dem Grundsatz der Haftungskonzentration auf das Unternehmen und der Innenhaftung des (schädigenden) Arbeitnehmers.[299]

dd) Die Baustoff-Entscheidung von 1989

Ganz anders fiel die Entscheidung des VI. Senats zwei Jahre später hinsichtlich des angestellten Geschäftsführers einer GmbH aus. Die Idee der Gleichbehandlung von denjenigen, die eigenhändig handeln, und denjenigen, denen die Organisation obliegt, wollte die Rechtsprechung 1989 auch auf die Organisationsebene übertragen.[300] Im Mittelpunkt der Diskussion steht seitdem das Baustoff-Urteil des VI. Senats aus dem Jahr 1989, in dem der Bundesgerichtshof den Geschäftsführer einer insolventen GmbH dafür verantwortlich machte, dass in dem Bauunternehmen unter verlängertem Eigentumsvorbehalt gelieferte Waren abredewidrig eingebaut wurden, ohne dass es gleichzeitig zu einer Abtretung der entsprechenden Forderung aus Werkvertrag kam.[301] Dem Geschäftsführer wurde insbesondere vorgeworfen, seine organisatorische Aufgabe nicht korrekt wahrgenommen zu haben, da sich die GmbH zur Ausführung des Bauvorhabens gegenüber dem Bauherren einem Abtretungsverbot unterworfen hatte. Das Berufungsgericht hatte eine persönliche Haftung mit der Begründung abgelehnt, dass der Geschäftsführer nicht persönlich am Abschluss der jeweiligen Verträge mitgewirkt hatte und auch keine Kenntnis vom Inhalt der fraglichen Vereinbarungen hatte. Nach Ansicht des VI. Senats dagegen trafen den Geschäftsherrn persönlich Pflichten gegenüber dem Lieferanten über seine Organstellung hinaus aus der persönlichen Einflussnahme auf die Gefahrenabwehr.[302] Da sowohl der verlängerte Eigentumsvorbehalt, als auch das Abtretungsverbot in der Baubranche verbreitet sind, habe es dem Geschäftsführer

---

298 BGH, IX ZR 74/86 vom 16.06.1987, NJW 1987, 2510, 2511.
299 Einen Überblick über die Reaktionen in der Literatur gibt *Schwarze*, in: Otto/ Schwarze, Haftung, S. 360 ff.
300 *Steffen*, in: Karlsruher Forum 1993, S. 27.
301 BGH, VI ZR 335/88 vom 05.12.1989, NJW 1990, 976.
302 Im ersten Revisionsurteil in dieser Rechtssache hatte der VI. Senat noch verlangt, dass eine Eigentumsverletzung durch den Geschäftsführer nur in Betracht komme, „sofern und soweit er persönlich an ihr mitgewirkt hat", BGH, VI ZR 268/85 vom 03.12.1987, BGHZ 100, 19, 25 = NJW 1987, 2433, 2435 (Baustoff I).

oblegen, Kollisionen dieser Art durch entsprechende Anweisungen an die Sachbearbeiter zu vermeiden. Dieser Ansicht schloss sich 2008 der V. Senat des Oberlandesgerichts Stuttgart an.[303]

ee) Weitere Entwicklung in der Rechtsprechung zu Organisationsmängeln

Trotz der kritischen Aufnahme in der Literatur[304] sind zumindest einige Oberlandesgerichte der Baustoff-Entscheidung gefolgt. So soll der Geschäftsführer einer Diskothek persönlich haften, wenn Diskobesucher infolge mangelhafter Organisation der Mitarbeiter auf dem der Diskothek zugehörigen Parkplatz in einen offenen Gully fallen (Oberlandesgericht Stuttgart).[305] Nach zwölf Jahren der Diskussion und etlichen alternativen Lösungsvorschlägen kam 2011 und 2012 allerdings erneut Bewegung in den Streitstand. Das Oberlandesgericht Schleswig hatte im Jahr 2011 über einen Fall zu entscheiden, in dem die verklagte Geschäftsführerin dem Kläger einen Pick-Up verkauft hatte, der eine fehlerhafte Auflastung aufwies und dessen Ladefläche in Folge dieses Mangels nach Übergabe abgeknickt war.[306] Der Kläger stützte seinen Anspruch gegen die Geschäftsführerin u.a. darauf, dass ihr ein Organisationverschulden vorzuwerfen sei. So habe es ihr oblegen, eine wirksame Ausgangskontrolle der verkauften Fahrzeuge auf sicherheitsrelevante Mängel durchzuführen. Das Oberlandesgericht führte in einem obiter dictum[307] hierzu aus, selbst nach der „haftungsfreundlichen Haltung"[308] des VI. Senats bedürfe es für eine Außenhaftung eine den Geschäftsführer treffende Garantenstellung, die besonderer Rechtfertigung bedarf. In der Baustoffentscheidung habe sich diese daraus ergeben, dass der Geschäftsführer den Betrieb in einer Weise organisiert hatte, dass es unweigerlich zu Eigentumsverletzungen kommen musste. An einer derartigen „absehbaren" Rechtsverletzung fehle es im vorliegenden Falle.

2012 nahm der VI. Senat selbst erneut Stellung zur Garantenstellung eines Geschäftsführers bzw. Vorstandsmitglieds gegenüber Dritten, was eine erneute Flut

---

303 OLG Stuttgart, 5 W 9/08 vom 29.04.2008, NJW 2008, 2514–2515 (Gullydeckel).
304 Vgl. nur *Grunewald*, ZHR 1993, 451; *Kleindiek*, Deliktshaftung, S. 483–484 (Zusammenfassung Nr. 17–18); *Medicus*, ZGR 1998, 570–585; *Haas*, Geschäftsführerhaftung, S. 308–326 (Zusammenfassung).
305 OLG Stuttgart, 5 W 9/08 vom 29.04.2008, NJW 2008, 1514; anders dagegen OLG Rostock, 8 U 54/06 vom 16.02.2007, GmbHR 2007, 486 (lehnt eine (Außen-)Verkehrssicherungspflicht des Geschäftsführers resultierend aus den Geschäftsführungs- und Organisationspflichten gegenüber der Gesellschaft ab).
306 OLG Schleswig, 3 U 89/10 vom 29.06.2011, NJW-RR 2012, 368.
307 OLG Schleswig, a.a.O. (Fn. 306), Rn. 10. Das Oberlandesgericht hatte im Rahmen eines Anspruchs nach § 823 Abs. 1 BGB bereits eine Eigentumsverletzung verneint, da sich das Eigentum bereits bei Erwerb in dem Zustand befand, der der Beklagten später zum Vorwurf gemacht wurde. Lediglich das Abknicken der Ladefläche stelle keine Eigentumsverletzung dar (Rn. 8). Auf die Frage der Pflichtverletzung kam es daher nicht mehr an, worauf auch ausdrücklich hingewiesen wurde (Rn. 10).
308 OLG Schleswig, a.a.O. (Fn. 306), Rn. 16.

von Literatur ausgelöst hat.[309] Der beklagte Geschäftsführer in diesem Fall war aus Sicht des Oberlandesgerichts dem Kläger aus unerlaubter Handlung gemäß § 823 Abs. 2 BGB i.V.m. §§ 266 Abs. 1, 27 StGB verpflichtet. Ein weiterer Beklagter hatte Absprachen hinsichtlich der Durchführung von Schein-Finanzierungsgeschäften geführt und war daher wegen Beihilfe zur Untreue verurteilt worden. Dem beklagten Geschäftsführer wurde vorgeworfen, von diesen Absprachen Kenntnis gehabt zu haben und daher Beihilfe durch Unterlassen geleistet zu haben. Nach den Ausführungen des Oberlandesgerichts sei er „in seiner Funktion als Geschäftsführer (...) verpflichtet gewesen, gegen die Beteiligung an Straftaten aus dem Unternehmensbereich der Beklagten zu 1 heraus einzuschreiten"[310]. Nach Ansicht des VI. Senats dagegen besteht gegenüber außenstehenden Dritten grundsätzlich keine Verpflichtung der Leitungsorgane, Vermögensschäden zu verhindern. Eine solche Garantenstellung ergebe sich nicht aus § 43 Abs. 2 GmbHG oder § 93 Abs. 2 AktG, da diese Pflichten nur gegenüber der Gesellschaft gelten. Auch habe der beklagte Geschäftsführer keine weiteren Pflichten übernommen,

> *„die er nicht nur für diese Gesellschaft als deren Organ zu erfüllen hatte, sondern die ihn aus besonderen Gründen persönlich [...] trafen"*[311].

Angesichts dieser Entwicklung in der Rechtsprechung ist bislang nicht geklärt, wo und wann die Grenze für eine persönliche Haftung gezogen werden sollte und ob sich aus der Zuständigkeit für die ordnungsgemäße Organisation des Unternehmens eine Verkehrspflicht für Leitungsorgane ergibt. Insbesondere die angeführte Entscheidung des VI. Senats aus dem Jahr 2012 macht deutlich, dass derzeit eine Fülle von Einzelfallentscheidungen vorliegt, die aber nicht auf einheitlichen Kriterien beruhen. Im Unterschied zum Baustoff-Fall war in der Entscheidung im Jahr 2012 keine Verletzung eines deliktisch geschützten Rechtsguts gegeben, sondern ein reiner Vermögensschaden. Eine endgültige Abkehr von der Baustoff-Rechtsprechung ist in dieser Entscheidung also nicht zwingend zu sehen.[312]

ff) Kindertee-Entscheidungen

Die Pflicht zur fehlerfreien Entwicklung, Konstruktion, Fabrikation sowie die Pflicht zur Produktbeobachtung treffen primär den Unternehmensträger.[313] Dementsprechend haftet nach dem ProdHG ausschließlich die produzierende oder betreibende Gesellschaft.[314] Daneben tritt allerdings noch die vom Bundesgerichtshof

---

309 Etwa *Gottschalk*, GmbHR 2015, 8, 8 ff. (zur Produkthaftung).
310 BGH, VI ZR 341/10 vom 10.07.2012, NZI 2012, 941 (Rn. 8); vgl. hierzu Anmerkung von *Gärtner*, BB 2013, 2242, 2244.
311 BGH, VI ZR 341/10 vom 10.07.2012, NZI 2012, 941 (dort Nr. 26).
312 So auch *Gärtner*, BB 2013, 2242, 2244.
313 *Brüggemeier*, ZIP 2001, 379, 381.
314 *Ritter*, in: Schüppen/Schaub, MAH Aktienrecht, § 24 Rn. 80. Auch eine Haftung nach § 823 Abs. 2 BGB i.V.m. § 39 Abs. 1 Nr. 4 ProdSG i.V.m. § 6 Abs. 4 ProdSG

entwickelte Haftung nach den Grundsätzen zur Produzentenhaftung gem. § 823 Abs. 1 BGB. Aus diesem Bereich sind vor allem die Kindertee-Entscheidungen aus den 1990er Jahren bekannt. Dabei geht es um die Haftung der Hersteller für Gebissschäden, die an Kleinkindern durch sogenanntes Dauernuckeln an Trinkflaschen mit zuckerhaltigem Kindertee entstanden sind.[315] Eine Haftung des Herstellers war vom VI. Senat unter dem Gesichtspunkt der Instruktionspflichtverletzung zuvor bereits bejaht worden. Der Kläger nahm in einem späteren Verfahren aus dem Jahr 2000 dann auch noch Mitglieder des Vorstands in Anspruch. Das Berufungsgericht hatte die Klage insgesamt wegen einer von ihm angenommenen Verjährung der Ansprüche abgewiesen. Der VI. Senat hob dieses Urteil mit der Begründung auf, dass sich die Verjährung von Ansprüchen gegen die Gesellschaft und gegen die Mitglieder des Vorstands unterschiedlich beurteile und setzte damit zumindest voraus, dass eine Haftung gegen den Vorstand wegen Verletzung der Instruktionspflichten möglich ist.[316] In diesem Urteil wies der VI. Senat darauf hin, dass die deliktsrechtliche Verantwortlichkeit eines Leitungsorgans von der innerbetrieblichen Zuständigkeits- und Aufgabenverteilung abhängen könne. Das Berufungsurteil wurde allerdings ausschließlich unter Hinweis auf die Verjährungsfrage aufgehoben und die Sache an das Berufungsgericht zurückverwiesen, ohne dass noch näher auf die Voraussetzungen einer Eigenhaftung der Leitungsorgane eingegangen wurde. In vorhergehenden Urteilen war eine Eigenhaftung von Geschäftsleitern z.T. bejaht worden,[317] danach allerdings bis zur Kindertee-Entscheidung im Jahr 2000 nicht mehr. Insofern scheint die Rechtsprechung eine Eigenhaftung der Leitungsorgane nach den Grundsätzen der Produzentenhaftung zumindest nicht auszuschließen; eine gefestigte Rechtsprechung hierzu liegt aber nicht vor.[318] Die Vorsitzende Richterin des VI. Senats *Gerda Müller* führte später zudem aus, dass der Kindertee-Fall missverstanden worden sei, „wenn ihm entnommen wurde, dass der Bundesgerichtshof nun auch die persönliche Haftung von leitenden Mitarbeitern in Betracht ziehe und womöglich für selbstverständlich halte"[319].

---

kommt nicht in Betracht, da Leitungsorgane nach allgemeiner Auffassung nicht als Bevollmächtigte im Sinne der Vorschrift anzusehen sind.

315   Das erste von einer Reihe von Urteilen: BGH, VI ZR 7/91 vom 12.11.1991, BGHZ 116, 60 („Milupa-Kindertee", in dem die Milupa-AG in Anspruch genommen wurde).

316   BGH, VI ZR 345/99 vom 12.12.2000, ZIP 2001, 379; siehe hierzu bereits oben 2. Teil. D. I. 1.

317   BGH, VI ZR 192/73 vom 03.06.1975, NJW 1975, 1827 („Spannhülsen-Entscheidung", in der die Eigenhaftung eines geschäftsführenden Kommanditisten wegen eines Herstellungsfehlers und Instruktionspflichtverletzung bejaht wurde).

318   In diesem Sinne *Derleder/Fauser*, BB 2006, 949, 950; *Ritter*, in: Schüppen/Schaub, MAH Aktienrecht, § 24 Rn. 80 (bejaht die Möglichkeit einer Außenhaftung nach den Grundsätzen der Produzentenhaftung).

319   *Müller*, VersR 2004, 1073, 1079.

3. Haftung nach § 823 Abs. 2 BGB

Im Verhältnis zu den vielfältigen Reaktionen auf die Baustoff-Entscheidung hat die Außenhaftung von Organmitgliedern nach § 823 Abs. 2 BGB in der Literatur bislang etwas weniger Beachtung gefunden.[320] Im Grunde stellen sich hier aber ähnliche Probleme wie im Rahmen von § 823 Abs. 1 BGB. Es haftet derjenige, der gegen ein den Schutz eines anderen bezweckendes Gesetz verstößt, d.h. derjenige, der die das Rechtsgut beeinträchtigende Handlung selbst begangen hat oder eine ihn treffende Pflicht zur Abwendung der Beeinträchtigung missachtet hat.[321] Ob diese Pflicht dem Organ oder dem Unternehmensträger obliegt, wird hierdurch aber nicht geklärt. Auch wann eine Rechtsnorm Schutzgesetz ist und ein individueller Schadensersatzanspruch „im Sinne des haftpflichtrechtlichen Gesamtsystems tragbar erscheint"[322], ist nicht fest definiert und daher Auslegungsfrage.

a) Schutzgesetze, die auf das Verhalten der Leitungsorgane persönlich abzielen

Bei einigen Rechtsnormen ist die Frage, ob die dort geregelten Pflichten das Unternehmen oder das Leitungsorgan treffen, nach Ansicht der Rechtsprechung und der herrschenden Lehre unproblematisch. Diese Schutzgesetze zielen nämlich eindeutig auf das Verhalten der Leitungsorgane persönlich ab und sprechen das Unternehmen als solches gar nicht an. Etwa § 400 AktG, bei dem es um die unrichtige Darstellung der Verhältnisse der Gesellschaft in der Hauptversammlung geht, nennt als Täter ein „Mitglied des Vorstands oder des Aufsichtsrats". In diesem Fall soll die persönliche Haftung der Leitungsorgane über § 823 Abs. 2 BGB wegen einer Verletzung der sie persönlich treffenden Pflichten gegenüber den Aktionären gerechtfertigt sein. Auch wenn gegenüber dem Registergericht falsche Angaben nach § 399 AktG gemacht werden und ein Dritter im Vertrauen auf die Richtigkeit der Angaben einen Schaden erleidet, kann das Leitungsorgan nach § 823 Abs. 2 BGB haften.[323] Als weitere Schutzgesetze, die das Verhalten der Leitungsorgane persönlich avisieren und allgemein als Schutzgesetz anerkannt sind, sind § 401 AktG sowie § 331 Nr. 3a HGB zu nennen.

b) Lederspray-Entscheidung

Wie im Rahmen von § 823 Abs. 1 BGB haftet das Organ unstreitig, wenn es den Tatbestand eines Strafgesetzes eigenständig voll erfüllt, etwa eine Körperverletzung nach § 223 Abs. 1 StGB.[324] Möglich ist auch eine Begehung durch Unterlassen,

---

320 Vgl. aber die umfassenden Beitrage von *Spindler*, in: Vorstandsrecht, § 13 Rn. 39–56; *Verse*, ZHR 2006, 398–421; *Wagner*, in: MüKo BGB, § 823 Rn. 90–111.

321 *Sprau*, in: Palandt, § 823 Rn. 76.

322 So erstmals BGH, VI ZR 50/75 vom 08.06.1976, BGHZ 66, 388, 390; BGH, VI ZR 235/87 vom 13.12.1988, BGHZ 106, 204, 206/207; BGH, II ZR 16/93 vom 13.04.1994, BGHZ 125, 366, 374.

323 *Schaal*, in: MüKo AktG, § 399 Rn. 3–5.

324 *Verse*, ZHR 2006, 398, 401.

wobei sich im Rahmen der dann erforderlichen Garantenstellung die Frage stellt, ob sich diese aus zivilrechtlichen Verkehrssicherungspflichten ergeben können. Sehr bekannt ist in diesem Zusammenhang die Lederspray-Entscheidung, in dem die Strafbarkeit von mehreren Geschäftsführern einer GmbH wegen gefährlicher Körperverletzung durch Unterlassen gem. §§ 224, 13 StGB bejaht wurde. In dieser Entscheidung ging es um die strafrechtliche Verantwortlichkeit von Geschäftsführern einer GmbH, die Schuh- und Lederpflegemittel herstellte und in den Verkehr brachte.[325] Dazu gehörten auch Ledersprays, die nach den Feststellungen der Instanzgerichte Gesundheitsbeeinträchtigungen bei den Anwendern hervorriefen. Auch nach einer Reihe von Schadensmeldungen wurden die Ledersprays weiter vertrieben und nur zurückhaltend weitere Warnhinweise auf den Spraydosen angebracht. Bei einer Sondersitzung der Geschäftsführung wurde zudem beschlossen, bereits in Verkehr gebrachte Produkte nicht zurückzurufen, obwohl das Problem bekannt war. Die Geschäftsführer wurden wegen Körperverletzungsdelikten, z.T. verwirklicht durch Unterlassen, verurteilt. Die dementsprechend erforderliche Garantenpflicht leitete der II. Senat aus einer zur Erfolgsabwendung verpflichtenden Garantenstellung ab, da in dem Inverkehrbringen der Ledersprays auf den Markt ein gefahrbegründendes Vorverhalten liege. Ob eine zivilrechtliche Verkehrssicherungspflicht, die sich aus der Pflicht zur Produktbeobachtung ableitet, gegeben war und diese zu einer strafrechtlichen Garantenstellung führt, ließ der II. Senat ausdrücklich offen.[326]

c) Rückgriff auf § 14 StGB

Etwas problematischer sind die Fälle zu lösen, in denen das Organ lediglich über den Rückgriff auf § 14 StGB als Haftungsobjekt in Betracht kommt. In diesem Fall zielt das Strafrecht eigentlich auf den Unternehmensträger ab. Dementsprechend sollte auch in zivilrechtlicher Hinsicht (nur) das Unternehmen haften. Da die juristische Person in Deutschland aber anders als in anderen europäischen Rechtsordnungen[327] nicht als deliktsfähig im strafrechtlichen Sinne angesehen wird[328], wird in strafrechtlicher Hinsicht das Organ verantwortlich gemacht. Über den „methodischen Trick"[329] des § 14 StGB wird dem Gläubiger also ein zweiter Schuldner, nämlich das

---

325 BGH, 2 StR 549/89 vom 06.07.1990, BGHSt 37, 106.

326 BGH, 2 StR 549/89 vom 06.07.1990, NJW 1990, 2560.

327 Etwa in Frankreich ist die juristische Person gem. Art. 121–2 des Nouveau Code Pénal hinsichtlich Vergehen deliktsfähig und kann mit einer Geldbuße belegt werden. Im Vereinigten Königreich können juristische Personen die meisten Straftaten begehen, mit Ausnahme derjenigen, die als einzige Strafe Freiheitsstrafe vorsehen und den Delikten, die ihrer Natur nach nur von natürlichen Personen begangen werden können, vgl. *Heine*, in: Schönke/Schröder, Vor §§ 25 ff. Rn. 119.

328 Nach h.M. fehlt ihnen sowohl Handlungs-, Schuld- als auch Straffähigkeit. Zur Strafbarkeit juristischer Personen allgemein vgl. *Heine*, in: Schönke/Schröder, Vor §§ 25 ff. Rn. 119; *Behrens*, EuZW 2011, 161; *Scholz*, ZRP 2000, 435, 435 ff.

329 *Vetter*, ZGR 2005, 788, 797.

Leitungsorgan, verschafft. Voraussetzung für eine Haftung gemäß § 823 Abs. 2 BGB ist allerdings die Schutzgesetzqualität des verletzten Gesetzes. Da dies eine Auslegungsfrage ist, ist die Schutzgesetzqualität gegenüber Dritten in vielen Fällen umstritten und wird bislang kasuistisch für einzelne Rechtsnormen vom Bundesgerichtshof gelöst[330]:

– Die Leitungsorgane haften danach persönlich bei Verletzung einer Vermögensbetreuungspflicht durch das Unternehmen nach § 266 StGB,[331]
– für einen Verstoß gegen das Gebot, Sozialversicherungsbeiträge für Arbeitnehmer abzuführen (§ 266a StGB „Arbeitgeber"),[332]
– für das Betreiben von Bankgeschäften ohne Genehmigung (§ 54 KWG „Wer Geschäfte betreibt (...)")[333].

d) § 130 OWiG

Eine weitgehende Einigkeit besteht darüber, dass über den Umweg des § 823 Abs. 2 BGB nicht die Voraussetzungen von § 823 Abs. 1 BGB umgangen werden dürfen. Dementsprechend wird eine Haftung der Leitungsorgane für die Verletzung von betriebsbezogenen Aufsichtspflichten nach § 130 OWiG i.V.m. § 823 Abs. 2 BGB von der herrschenden Meinung verneint, da die Aufsichtspflichten des Geschäftsleiters nur gegenüber der Gesellschaft bestehen.[334] § 130 OWiG begründet nämlich

---

330   Vgl. nur BGH, II ZR 16/93 vom 13.04.1994, NJW 1994, 1801, 1804 (zu § 41 GmbHG); BGH, II ZR 16/93 vom 06.06.1994, BGHZ 125, 366, 371 ff. (zu § 130 OWiG, verneinend); BGH, VI ZR 319/95 vom 15.10.1996, BGHZ 133, 370, 374 (zu § 266a StGB, bejahend); so auch *Verse*, ZHR 2006, 398, 400.

331   So zuletzt BGH, VI ZR 343/13 vom 10.02.2015, BeckRS 2015, 06013 = ZIP 2015, 790.

332   BGH, VI ZR 319/95 vom 15.10.1996, BGHZ 133, 370, 374; BGH, VI ZR 338/95 vom 21.01.1997, NJW 1997, 1237; BGH, VI ZR 90/99 vom 16.05.2000, BGHZ 144, 311; vgl. auch OLG Düsseldorf, I-21 U 38/14 vom 16.09.2014, NZI 2015, 517 (Leitsatz 1); *Kluth*, NZI 2015, 521, 522. Für den faktischen Geschäftsführer besteht eine besondere Vermögensbetreuungspflicht nach dem OLG Hamm nicht, sofern nicht noch weitere Anhaltspunkte als das bloße Handeln als faktischer Geschäftsführer vorliegen, OLG Hamm, 9 U 152/13 vom 28.02.2014, GmbHR 2014, 821. A.A. *Spindler*, in: Handbuch Vorstandsrecht, § 13 Rn. 56 (m.w.N.).

333   Ständige Rechtsprechung, BGH, VI ZR 164/71 vom 08.05.1973, NJW 1973, 1547, 1549 (m.w.N.); BGH, III ZR 308/03 vom 21.04.2005, NJW 2005, 2703, 2704; BGH, VI ZR 340/04 vom 11.07.2006, NJW-RR 2006, 1713 Rn. 10 ff.; BGH, VI ZR 57/09 vom 23.03.2010, NZG 2010, 587, 588; BGH, VI ZR 166/11 vom 15.05.2012, NJW 2012, 3177, 3178; zustimmend *Wagner*, in: MüKo BGB, § 823 Rn. 111.

334   BGH, II ZR 16/93 vom 06.06.1994, BGHZ 125, 366, 371 ff.; *Gottschalk*, GmbHR 2015, 8, 12; *Medicus*, GmbHR 2002, 809, 821; *Spindler*, Unternehmensorganisationspflichten, 2001, S. 895; *ders.*, in: Handbuch Vorstandsrecht § 13 Rn. 42–46; a.A. *Schneider*, in: Scholz GmbHG, § 43 Rn. 330.

nur im Ordnungswidrigkeitenrecht Organisations- und Aufsichtspflichten des Geschäftsleiters, nicht aber zivilrechtliche Verkehrspflichten gegenüber Dritten.[335]

Der II. Senat hat sich erstmals 1994 mit dieser Frage ausführlich befasst.[336] In dem Fall ging es um eine Durchgriffsproblematik. Die beklagte Gesellschafter-Geschäftsführerin war nach den Feststellungen des Gerichts in Wirklichkeit nicht für die Gesellschaft tätig. Tatsächlich führte ihr Ehemann die Geschäfte, dem Einzelprokura erteilt worden waren, der die Gesellschaft aber nicht allein vertreten konnte. Der Geschädigte hatte mit der Gesellschaft einen „Vermögensverwaltungsvertrag" geschlossen, in dem er diese beauftragte, insgesamt 453.000 DM für ihn anzulegen. Hiervon erhielt er 132.500 DM zurück. Nach Eröffnung des Konkursverfahrens über das Vermögen der Gesellschaft verlangte der Geschädigte die Restsumme von der Geschäftsführerin zurück. Nach Ansicht des II. Senats waren zwar die Voraussetzungen von § 130 OWiG erfüllt, da die Beklagte jegliche Aufsichtsmaßnahmen unterlassen hatte. § 130 OWiG stellt allerdings nach dieser Ansicht kein Schutzgesetz i.S.d. § 823 Abs. 2 BGB dar. Schutzgut des § 130 OWiG ist nach Ansicht des II. Senats in erster Linie das Interesse der Allgemeinheit an der Schaffung und Aufrechterhaltung einer innerbetrieblichen Organisationsform, mit der den von einem Unternehmen als der Zusammenfassung von Personen und Produktionsmitteln ausgehenden Gefahren begegnet wird. Hintergrund soll sein, dass der Mensch unter den Bedingungen des arbeitsteiligen Zusammenwirkens im Betrieb zu einem Risikofaktor wird. Neben diesem auf einem allgemeinen Ordnungsgedanken beruhenden Zweck soll aber auch der Schutz der individuellen Rechtsgüter einbezogen sein, deren Verletzung durch § 130 OWiG verhindert werden soll. Nach dem II. Senat ergibt sich aber aus dem „Gesamtzusammenhang des Normengefüges", dass § 130 OWiG kein Schutzgesetz i.S.d. § 823 Abs. 2 BGB darstellt. Hierfür soll sprechen, dass das Hauptanliegen des § 130 OWiG darin besteht, die „Strafbarkeitslücke" auszufüllen, die sich daraus ergibt, dass es in Deutschland keine Unternehmensstrafbarkeit gibt. Im zivilen Deliktsrecht dagegen gebe es bereits § 831 BGB und § 31 BGB, sodass diese Lücke hier nicht bestehe. Auch aus der Baustoffentscheidung sowie der Rechtsprechung zur Produkthaftung des VI. Senats könne nichts anderes folgen, da ansonsten der Grundsatz der Haftungskonzentration aus den Angeln gehoben werde.[337] Lediglich für den Fall, dass im Unternehmen Schutzgesetze verletzt werden, die das Insolvenzrisiko der Gesellschaftsgläubiger betreffen, soll ein anerkanntes Interesse des Geschädigten daran bestehen, § 130 OWiG als Schutzgesetz nach § 823 Abs. 2 BGB zu qualifizieren.[338]

---

335 *Gottschalk*, GmbHR 2015, 8, 12.

336 BGH, II ZR 16/93 vom 13.04.1994, NJW 1994, 1801.

337 Zum Ganzen BGH, II ZR 16/93 vom 13.04.1994, NJW 1994, 1801, 1803.

338 Zum Ganzen BGH, II ZR 16/93 vom 13.04.1994, NJW 1994, 1801, 1804. Das Schrifttum lehnt eine Schutzgesetzhaftung aus § 130 OWiG größtenteils ganz ab, etwa *Spindler*, in: MüKo AktG, § 93 Rn. 327.

e) Insolvenzverschleppung

In der Praxis ist wohl das bekannteste Schutzgesetz, das eine Haftung der Leitungs-organe begründen kann, § 15a InsO.[339] Danach müssen die Mitglieder des Vertre-tungsorgans spätestens drei Wochen nach Eintritt der Zahlungsunfähigkeit[340] oder Überschuldung einen Antrag auf Eröffnung des Insolvenzverfahrens stellen. Die Norm schützt insbesondere die Interessen der Gläubiger der Gesellschaft[341] und kann eine Haftung der Leitungsorgane nach § 823 Abs. 2 BGB auslösen. Es wird zwischen Alt- und Neugläubigern unterschieden, die nach Ansicht der Rechtsprechung[342] allerdings beide in den persönlichen Schutzbereich fallen: Die Gläubiger, die schon bei Eintritt der Antragspflicht einen Anspruch gegen die Gesellschaft hatten (Alt-gläubiger), können nach § 823 Abs. 2 BGB i.V.m. § 15a InsO von den Leitungsorganen den ihnen durch die verspätete Antragstellung entstandenen Schaden ersetzt ver-langen. Bei einer Teilnahme am Insolvenzverfahren errechnet sich dieser durch die Differenz zwischen der sogenannten Soll-Quote von der Insolvenzmasse, die sich bei rechtzeitiger Stellung des Insolvenzantrags ergeben hätte, und der tatsächlich eingetretenen Ist-Quote.[343] Der Schadensersatzanspruch der Altgläubiger wird gem. § 92 InsO vom Insolvenzverwalter geltend gemacht, da es sich um einen Gesamt-schaden im Sinne dieser Vorschrift handelt und wird daher auch von den Rechts-folgen her mit einer Innenhaftung verglichen.[344] Diejenigen Gläubiger, die erst nach Beginn der Antragspflicht einen Anspruch gegen die Gesellschaft erworben haben oder über eine insolvenzrechtliche geschützte Position verfügen (Neugläubiger), können einen individuellen über den Quotenschaden hinausgehenden Schaden geltend machen.[345]

Neben die Außenhaftung gem. § 823 Abs. 2 BGB, § 15a InsO tritt zusätzlich die Haftung des Geschäftsleiters wegen verbotener Masseschmälerung gem. § 64 GmbHG.[346] Hierbei handelt es sich um eine reine Innenhaftungsvorschrift,

---

339 Eingeführt durch Art. 9 Nr. 3 des Gesetzes zur Modernisierung des GmbH-Rechts und zur Bekämpfung von Missbräuchen (MoMiG) vom 23.10.2008, BGBl. I, S. 2026.

340 2012 entschied der BGH zu § 15a InsO, dass eine Zahlungseinstellung als bewiesen gilt, wenn der Geschäftsführer der GmbH seine Pflicht zur Aufbewahrung von Büchern und Belegen verletzt und hierdurch den Beweis der Zahlungseinstellung vereitelt, BGH, II ZR 119/10 vom 24.01.2012, NZI 2012, 413.

341 *Hohmann*, in: MüKo StGB, § 15a InsO Rn. 1.

342 Grundlegend hierzu BGH, VI ZR 254/57 vom 16.12.1958, BGHZ 29, 100, 102 f.

343 *Klöhn*, in: MüKo InsO, § 15a Rn. 183.

344 *Klöhn*, in: MüKo InsO, § 15a Rn. 151.

345 *Klöhn*, in: MüKo InsO, § 15a Rn. 187.

346 Hierzu ausführlich *H.F. Müller*, in: MüKo InsO, § 64 Rn. 125–153. *Bachmann* kri-tisiert das Nebeneinander von Innen- und Außenhaftung als unübersichtlich und verworren und fordert eine Reform der insolvenzbezogenen Organhaftung, siehe *Bachmann*, Reform Organhaftung, S. E115–E116.

§ 64 GmbHG ist kein Schutzgesetz i.S.d. § 823 Abs. 2 BGB und auch kein Verbots-
gesetz gem. § 134 BGB.[347]

f) BSR-Entscheidung von 2009

Eine erhebliche Ausweitung der Organhaftung könnte sich aus der BSR-Entscheidung aus dem Jahre 2009[348] ergeben. In dieser Entscheidung ging es um die
Strafbarkeitsrisiken des Compliance-Officers. Der angeklagte Compliance-Officer
war als Leiter der Rechtsabteilung bei den Berliner Stadtreinigungsbetrieben (BSR)
sowie der Innenrevision tätig gewesen. Durch einen Fehler bei der Berechnung der
Straßenreinigungsgebühren wurden von den Anliegern über mehrere Jahre hinweg
zu hohe Gebühren verlangt. Dem Compliance-Officer war dieser Fehler bekannt,
er unterließ es aber, seinen direkten Vorgesetzten, den Vorstandsvorsitzenden oder
den Aufsichtsrat hiervon zu unterrichten. Auf Anweisung eines Mitangeklagten
wurde der Fehler bei der Gebührenberechnung nicht korrigiert. Der Mitangeklagte
wurde wegen Betrugs zu Lasten der Anlieger in mittelbarer Täterschaft verurteilt.
Der Compliance-Officer wurde wegen Beihilfe zu diesem Betrug, verwirklicht
durch Unterlassen, verurteilt. Die hierfür erforderliche Garantenstellung leitete
der V. Senat aus der Stellung des Angeklagten als Leiter der Rechtsabteilung und der
Innenrevision her. Durch die Übernahme von Obhutspflichten für eine bestimmte
Gefahrenquelle könne nämlich eine „Sonderverantwortlichkeit"[349] für den über-
nommenen Verantwortungsbereich entstehen. Eine solche Garantenstellung, die
sich aus der Übernahme bestimmter Funktionen ergibt, betreffe nicht nur staatliche
Repräsentanten, sondern auch zivilrechtliche Dienstverträge. Maßgeblich für die
Begründung der Garantenstellung sei die tatsächliche Übernahme des Pflichtenkrei-
ses und die Frage, ob der Compliance-Officer nicht nur die unternehmensinternen
Pflichtverstöße zu optimieren hat, sondern auch vom Unternehmen ausgehende,
nach außen gerichtete Rechtsverstöße zu beanstanden hat.
Hierzu führt der V. Senat näher aus:

> „Derartige Beauftragte [Anm. d. Verf.: Compliance-Officer] wird regelmäßig strafrechtlich
> eine Garantenpflicht im Sinne des § 13 Abs. 1 StGB treffen, solche im Zusammenhang mit
> der Tätigkeit des Unternehmens stehende Straftaten von Unternehmensangehörigen zu
> verhindern. Dies ist die Kehrseite ihrer gegenüber der Unternehmensleitung übernomme-
> nen Pflicht, Rechtsverstöße und insbesondere Straftaten zu verhindern."[350]

---

347 *H.F. Müller*, in: MüKo InsO, § 64 Rn. 125.
348 BGH, 5 StR 394/08 vom 17.07.2009, BGHSt 54, 44; hierzu ausführlich *Lackhoff/
     Schulz*, CCZ 2010, 81 (Folgerungen für die Praxis); *Rieble*, CCZ 2010, 1 (zur zivil-
     rechtlichen Haftung von Compliance-Agenten).
349 BGH, 5 StR 394/08 vom 17.07.2009, BGHSt 54, 44, Rn. 22 (unter Verweis auf *Roxin*,
     Strafrecht AT II 2003, S. 712 ff.).
350 BGH, 5 StR 394/08 vom 17.07.2009, BGHSt 54, 44, Rn. 27.

Dies lässt auf eine sehr weitreichende Haftung des Compliance-Officers schließen. Da der V. Senat die Garantenstellung aus der Übernahme eines Pflichtenkreises herleitet, setzte er hiermit gleichzeitig eine ebensolche bestehende Pflicht der Leitungsorgane voraus.[351] Mit § 263 StGB als Schutzgesetz i.S.d. § 823 Abs. 2 BGB könnte hieraus zugleich auch eine Außenhaftung der Leitungsorgane für alle im Zusammenhang mit dem Unternehmen ausgeübten Straftaten folgen.[352] Der V. Senat weist aber ausdrücklich auf eine Besonderheit des Falles hin: Bei den Berliner Stadtreinigungsbetrieben handelt es sich um eine Anstalt des öffentlichen Rechts und die vom Compliance-Officer nicht unterbundene Tätigkeit bezog sich auf den hoheitlichen Bereich des Unternehmens, nämlich die durch den Anschluss- und Benutzungszwang geprägte Straßenreinigung. Da anders als bei privaten Unternehmen der Gesetzesvollzug das Kernstück der Tätigkeit ist, entfällt nach dem V. Senat in einer Anstalt des öffentlichen Rechts „[...] die Trennung zwischen einerseits den Interessen des eigenen Unternehmens und andererseits den Interessen außenstehender Dritter"[353]. Der konkrete Aufgabenbereich des Compliance-Officers als das „juristische Gewissen"[354] der BSR habe die Aufgabe umfasst, die Straßenanlieger vor betrügerisch überhöhten Gebühren zu schützen und daher eine Garantenpflicht begründet. Dementsprechend sind die im BSR-Urteil aufgestellten Grundsätze zur Garantenstellung des Compliance-Officers und auch der Leitungsorgane nicht auf nichtstaatliche Unternehmen zu übertragen. Wie der V. Senat betont hat, besteht die Besonderheit des Falles darin, dass in Anstalten des öffentlichen Rechts die Trennung zwischen den Interessen des Unternehmens und den Interessen Dritter entfällt. Eben aus den Interessen Dritter (der Anlieger) folgte im Falle der BSR als Anstalt des öffentlichen Rechts die Garantenstellung des Compliance-Officers. Ein privates Unternehmen und seine Organe und Angestellten werden dagegen nur die eigenen Interessen wahrnehmen, weshalb im Privatsektor regelmäßig keine strafrechtliche Garantenstellung gegenüber Dritten bestehen wird.

Darüber hinaus ist auch noch zu sehen, dass der betroffene Compliance-Officer in der BSR-Entscheidung wusste, dass ein Fehler in der Berechnung der Straßenreinigungsgebühren vorlag. Rückschlüsse für eine zivilrechtliche Haftung bei nur fahrlässigem Handeln im organisatorischen Bereich lassen sich aus dieser Entscheidung daher in keinem Fall ziehen.

4. Haftung nach § 826 BGB

Die dritte „deliktische Generalklausel" bildet einen Auffangtatbestand für Fallgruppen, die von anderen, spezialgesetzlichen Vorschriften nicht erfasst sind. Wegen der strengen Voraussetzungen des Tatbestandes von § 826 BGB sollte die

---

351 *Lackhoff/Schulz*, CCZ 2010, 81, 84; kritisch *Rieble*, CCZ 2010, 1, 3.
352 So *Lackhoff/Schulz*, CCZ 2010, 81, 85; *Crezelius/Schneider*, in: Scholz GmbHG, § 43 Rn. 328.
353 BGH, 5 StR 394/08 vom 17.07.2009, BGHSt 54, 44, Rn. 29.
354 BGH, 5 StR 394/08 vom 17.07.2009, BGHSt 54, 44, Rn. 30.

ausnahmsweise persönliche Haftung von Leitungsorganen entgegen dem Prinzip der Haftungskonzentration selten zu bejahen sein. Voraussetzung ist zusätzlich, dass die Sittengebote, die verletzt wurden, gerade dem Schutz des Geschädigten dienen.[355] Dennoch wurde § 826 BGB in den vergangenen Jahrzehnten unter dem Gesichtspunkt des Gläubigerschutzes eine „zentrale Rolle"[356] zugebilligt. Neben vielen weiteren Einzelfällen lassen sich vor allem zwei Fallgruppen für die Organaußenhaftung nach § 826 BGB bilden, nämlich die bewusste Falschinformation sowie die bewusste Gläubigergefährdung. Die Existenzvernichtung dagegen, die die Rechtsprechung ebenfalls unter § 826 BGB subsumiert, wird seit der Trihotel-Entscheidung nicht mehr als Fall der Außenhaftung gesehen.

a) Bewusste Falschinformation, insbesondere: Kapitalmarkthaftung

aa) Bewusste Falschinformation

Die erste Fallgruppe umfasst Fälle, in denen die Gläubiger bewusst falsch informiert wurden oder eine geschuldete Offenlegung bewusst unterlassen wurde. So verurteilte das Landesarbeitsgericht Düsseldorf den Geschäftsführer einer GmbH zur Zahlung von Schadensersatz gemäß § 826 BGB, der es versäumt hatte, einem Arbeitnehmer zu offenbaren, dass ein von ihm zur Verfügung gestelltes Wertguthaben nicht insolvenzfest angelegt war.[357] Da der Geschäftsführer in diesem Fall eine Garantie abgegeben hatte, dass das Wertguthaben abgesichert sei, bejahte das Gericht die Voraussetzungen der Sittenwidrigkeit und der (bedingt) vorsätzlichen Schädigung.

Nach einem aktuellen Beschluss des Oberlandesgerichts Köln ist die Haftung des Geschäftsführers einer GmbH aus § 826 BGB zu bejahen, wenn dieser es versäumt hat, einen Gläubiger über die wirtschaftliche Lage zu informieren bzw. organisatorische Maßnahmen zu ergreifen, die dazu führen, dass nach Insolvenzantragsstellung Aufträge an vorleistungspflichte Unternehmer nicht mehr erteilt werden.[358] Der Geschäftsführer hatte per Fax die Anweisung an eine Mitarbeiterin erteilt, ab sofort vorläufig keine Aufträge an Subunternehmer herauszugeben, obwohl er wusste, dass diese zu diesem Zeitpunkt im Urlaub war und eine Vertretungsregelung nicht getroffen war. Dass eine Informationspflicht besteht, wenn eine Krisensituation vorliegt und zu erwarten ist, dass die Gesellschaft im Zeitpunkt der Fälligkeit der Forderung zahlungsunfähig sein wird, ist grundsätzlich nicht überraschend, da in diesem Fall auch die Voraussetzungen eines Betruges gem. § 263 StGB gegeben sein dürften und damit auch eine Haftung gem. § 823 Abs. 2 BGB gegeben sein wird. Interessanter ist die Begründung des Oberlandesgerichts für die persönliche Haftung des Geschäftsführers. Die Informations- und Organisationspflichten sollen nämlich

355 *Oechsler*, in: Staudinger, § 826 Rn. 296.
356 *Oechsler*, in: Staudinger, § 826 Rn. 335.
357 LAG Düsseldorf, 9 (6) Sa 96/04 vom 10.12.2004, NZA-RR 2005, 313, 316; siehe hierzu auch BGH, II ZR 264/06 vom 28.04.2008, NZG 2008, 547 (GAMMA-Entscheidung).
358 OLG Köln, 19 U 34/13 vom 09.07.2013, BeckRS 2014, 09922 = GmbHR 2014, 1039.

nach Ansicht des Oberlandesgerichts grundsätzlich die Gesellschaft treffen.[359] Die persönliche Pflicht des Geschäftsführers sollte sich allerdings als Nebenpflicht aus dem auf Dauer angelegten Kooperationsvertrag mit dem Gläubiger im Zusammenhang mit der Pflicht zur rechtzeitigen Insolvenzantragstellung nach § 15a InsO ergeben.[360] Den Kooperationsvertrag hatte der Geschäftsführer selbst (für die Gesellschaft) abgeschlossen, woraus nach Ansicht des Oberlandesgerichts in der Krise eine Informationspflicht resultierte. Diese Begründung lässt an den Fall Kirch gegen Deutsche Bank AG und Breuer[361] denken, in dem der Bundesgerichtshof ebenfalls für eine persönliche Haftung des Vorstandsvorsitzenden auf Nebenpflichten aus einem Vertrag mit der AG abgestellt hatte. Auch wenn in dem hier vorliegenden Fall wegen des bedingten Schädigungsvorsatzes eine persönliche Haftung i.E. sicher zu bejahen sein wird, ist diese Begründung kritisch zu sehen. Wenn für die persönliche Haftung des Leitungsorgans auf vertragliche Nebenpflichten aus dem Vertrag mit der Gesellschaft abgestellt wird, würde der Geschäftsführer nämlich nach Antragstellung gem. § 15a InsO genau so scharf (also auch für leichte Fahrlässigkeit gegenüber Dritten) haften wie vor Antragstellung.

bb) Insbesondere: Kapitalmarktinformationshaftung

Wichtigster Unterfall der Haftung nach § 826 BGB ist die Kapitalmarktinformationshaftung: Nutzt das Leitungsorgan sein überlegenes Wissen gegenüber dem Neuanleger aus, um diesen zu einer Anlage zu bewegen und diesen dadurch zu schädigen, kommt eine Haftung aus § 826 BGB in Betracht. Die genauen Voraussetzungen hierfür wurden in den vergangenen zehn Jahren vom II. Senat entwickelt. Als bekannteste Entscheidungen sind die Infomatec-[362], ComROAD-[363] und EM.TV[364]-Urteile zu nennen. Den Fällen war gemein, dass die Vorstände jeweils unzutreffende Unternehmenszahlen veröffentlicht hatten. Der Vorstandsvorsitzende der ComROAD AG hatte bereits im Börsenprospekt umfangreiche Angaben zu

---

359 OLG Köln, 19 U 34/13 vom 09.07.2013, BeckRS 2014, 09922 (dort unter I. 1.) = GmbHR 2014, 1039.

360 OLG Köln, 19 U 34/13 vom 09.07.2013, BeckRS 2014, 09922 (dort unter I. 2.) = GmbHR 2014, 1039.

361 Siehe oben 3. Teil. B. II. 2. a) bb) (Kirch gegen Deutsche Bank AG und Breuer).

362 *BGH*, II ZR 218/03 vom 19.07.2004, NJW 2004, 2664; BGH, II ZR 217/03 vom 19.07.2004, NJW 2004, 2668; BGH, II ZR 402/02 vom 19.07.2004, NJW 2004, 2971; vgl. hierzu im Überblick *Körner*, NJW 2004, 3386.

363 Insgesamt sind es acht Entscheidungen: BGH, II ZR 246/04 vom 28.11.2005, NZG 2007, 346 (Comroad I); BGH, II ZR 80/04 vom 28.11.2005, BKR 2007, 467 (Comroad II); BGH, II ZR 153/05 vom 26.06.2006, NZG 2007, 269 (Comroad III); BGH, II ZR 147/05 vom 04.06.2007, NZG 2007, 708 (Comroad IV); BGH, II ZR 173/05 vom 04.06.2007, NZG 2007, 711 (Comroad V); BGH, II ZR 229/05 vom 07.01.2008, NZG 2008, 382 (Comroad VI); BGH, II ZR 68/06 vom 07.01.2008, NZG 2008, 385 (Comroad VII); BGH, II ZR 229/05 vom 03.03.2008, NZG 2008, 386 (Comroad VIII).

364 BGH, II ZR 287/02 vom 09.05.2005, NJW 2005, 2450 (EM.TV).

Geschäftsbeziehungen zu einem Unternehmen mit Sitz in Hong Kong gemacht, das frei erfunden war.[365] In den Infomatec-Entscheidungen entschied der II. Senat 2004, dass falsche ad hoc – Berichterstattung zu einer Haftung der Vorstandsmitglieder nach § 826 BGB führen kann.[366] Es ging dabei um Klagen von Anlegern, die Aktien der Infomatec-AG erworben hatten, nachdem die beklagten Vorstandsmitglieder zwei falsche ad hoc-Mitteilungen veröffentlicht hatten. Auch in der Entscheidung EM.TV AG ging es um eine Vielzahl von Anlegern, die infolge bewusst unrichtiger ad hoc-Mitteilungen Aktien der EM-TV AG erworben hatten. Die Haffa-Brüder, die Vorstandsvorsitzender und Finanzvorstand waren, hatten u.a. den Erwerb zweier amerikanischer Gesellschaften gemeldet, obwohl dies nicht zutraf, und die Gewinnprognosen 250 Millionen DM zu hoch angesetzt.[367]

Die anhand dieser Fälle entwickelten Voraussetzungen für eine Außenhaftung nach § 826 BGB sind nach dem II. Senat nunmehr die folgenden: Es muss vom Geschäftsleiter eine falsche Kapitalmarktinformation veröffentlicht werden (etwa im Börsenprospekt oder einer ad hoc-Mitteilung). Hinsichtlich des Vorsatzes und der Sittenwidrigkeit werden keine hohen Voraussetzungen gestellt, da Vorstandsmitgliedern gegenwärtig sein muss, dass Anleger diese Informationen für kurserheblich halten und ihr Verhalten danach ausrichten. Bedingter Vorsatz bezüglich der Fehlerhaftigkeit der Information reicht daher aus, um eine sittenwidrige Täuschung zu bejahen.[368] Hohe Anforderungen werden dagegen von der Rechtsprechung an den Nachweis der Kausalität für den Schaden des Anlegers gestellt.[369] Verlangt wird ein konkreter Kausalzusammenhang zwischen der Täuschung und der Willensentscheidung des Anlegers, sogar dann, wenn die Kapitalmarktinformation „vielfältig und extrem unseriös"[370] gewesen ist. Als Schaden gem. §§ 249 ff. BGB ist vorrangig Naturalrestitution geschuldet, also die Erstattung des gezahlten Kaufpreises gegen Übertragung der erworbenen Aktien. Möglich ist es laut dem II. Senat aber auch, den Differenzschaden zu verlangen, also die Differenz zwischen dem tatsächlich gezahlten Kaufpreis und dem Preis, der sich bei ordnungsgemäßer Publikation gebildet hätte.[371]

In einer Entscheidungsserie vom 19.10.2010 des VI. Senats wurde dagegen die Außenhaftung eines Geschäftsführers nach § 826 BGB verneint, obgleich es ebenfalls um Schadensersatz von Anlegern gegen den Geschäftsführer einer Komplementär-GmbH ging, der über ein aufsichtsrechtliches Vorgehen der Bundesanstalt für Finanzdienstleistungsaufsicht (BaFin) nicht informiert hatte.[372] Die BaFin hatte

---

365 Einen Überblick über den Sachverhalt der insgesamt acht Entscheidungen gibt *Möllers*, NZG 2008, 413.
366 BGH, II ZR 218/03 vom 19.07.2004, DStR 2004, 1486.
367 *Schäfer*, NZG 2005, 985, 986.
368 Zum Ganzen *Spindler*, in: MüKo AktG, § 93 Rn. 335.
369 *Spindler*, in: MüKo AktG, § 93 Rn. 335.
370 BGH, II ZR 173/05 vom 04.06.2007, NZG 2007, 711, 713 (Comroad V, dort Rn. 16).
371 BGH, II ZR 287/02 vom 09.05.2005, NJW 2005, 2450, 2451 (EM.TV).
372 BGH, VI ZR 124/09 vom 19.10.2010, -juris.

dem Geschäftsführer mitgeteilt, dass sie die Geschäftstätigkeit der GmbH als erlaubnispflichtiges Finanzkommissionsgeschäft einstufe. Da der Geschäftsführer keine Änderungen in der Anlage- oder Gesellschaftsstruktur durchgeführt hatte, erließ die BaFin letztlich Untersagungsverfügungen gegen die beteiligten Gesellschaften, die beide im Anschluss Insolvenz anmeldeten. Nach Ansicht des VI. Senats waren die Voraussetzungen eines Sittenverstoßes nach § 826 BGB durch die unterlassene Aufklärung der Anleger aber nicht gegeben, da die Verletzung einer vertraglichen Pflicht hierfür nicht ausreiche. Insbesondere sei zu berücksichtigen gewesen, dass eine Fortführung der Geschäftstätigkeit nicht vollkommen chancenlos war und der Geschäftsführer letztlich hoffte, die Genehmigung der BaFin noch zu bekommen.

b) Bewusste Gläubigergefährdung

Die zweite Fallgruppe betrifft die Fälle, in denen die Interessen der Gläubiger bewusst gefährdet wurden. Nach der Rechtsprechung des Bundesgerichtshofs haftet ein Vermittler wegen vorsätzlicher sittenwidriger Schädigung nach § 826 BGB, wenn sein Geschäftsmodell darauf angelegt ist, für den Anleger chancenlose Geschäfte ausschließlich zum eigenen Vorteil zu vermitteln.[373] Im zitierten Fall hatte eine nicht börsennotierte Schweizer Aktiengesellschaft mit Sitz in der Schweiz Aktien zu einem Nennwert von 0,01 Schweizer Franken ausgegeben und zu einem Preis von 3,05 EUR an den Kläger veräußert. Nach Ansicht des VI. Senats ist in so einem Fall eine persönliche Haftung zu bejahen, wenn das Geschäftsmodell von vornherein chancenlos ist und die Aktien allein zu dem Zweck ausgegeben werden, sich auf Kosten des Anlegers zu bereichern. In dem vorliegenden Fall sah der VI. Senat diese Voraussetzungen als gegeben an, da der Umsatz aus dem operativen Geschäft nur verhältnismäßig geringe Beträge einbrachte und der Geschäftszweck so gut wie ausschließlich in dem Verkauf eigener Aktien bestand.

Ein Fall der bewussten Gläubigergefährdung liegt auch im Fall der vorsätzlichen Insolvenzverschleppung vor. Erkennt das Leitungsorgan die finanzielle Lage des Unternehmens, versucht dann aber bewusst, die Insolvenz durch die Gewährung von Krediten hinauszuzögern, kann ein Fall der vorsätzlichen sittenwidrigen Schädigung vorliegen.[374] Voraussetzung ist aber, dass es um die Gläubigergefährdung weiß und diese billigend in Kauf nimmt.[375] Beachtlich ist hier auch der Einfluss des § 15a InsO, der hinsichtlich des subjektiven Tatbestandes geringere Anforderungen stellt und der auch Auswirkungen auf die Frage der Sittenwidrigkeit haben kann.[376] Ein Verhalten, das den Anforderungen von § 15a InsO entspricht, kann nämlich keine sittenwidrige Schädigung darstellen.

---

373   BGH, VI ZR 11/14 vom 17.03.2015, BB 2015, 1361 (m.w.N.).
374   Hierzu im Überblick *Oechsler*, in: Staudinger, § 826 Rn. 351–376a.
375   *Oechsler*, in: Staudinger, § 826 Rn. 356.
376   Siehe hierzu oben 3. Teil. B. II. 2. b) ff) sowie *Oechsler*, in: Staudinger, § 826 Rn. 356.

c) Existenzvernichtung

Die sehr bekannte Fallgruppe der Haftung des Leitungsorgans wegen Existenzvernichtung[377] stellt keinen Fall der Außenhaftung (mehr) dar. Der vor missbräuchlichen, zur Insolvenz der Gesellschaft führenden Eingriffen in das Gesellschaftsvermögen schützende Anspruch wird seit der Trihotel-Entscheidung nicht mehr den Gesellschaftsgläubigern, sondern nur der Gesellschaft zuerkannt. Nach Ansicht des entscheidenden Senats würde anderenfalls der Gesellschaftsform der GmbH „der Boden entzogen"[378] und eine Rechtslage vergleichbar mit dem Vorbild des § 128 HGB geschaffen. Da die durch den Entzug von Gesellschaftsvermögen herbeigeführte Insolvenzreife der Gesellschaft diese selbst trifft, sei es selbstverständlich, dass Gläubigerin des Anspruchs nur die Gesellschaft ist. In den folgenden Ausführungen wird die Existenzvernichtungshaftung daher in als Fall der Innenhaftung behandelt.

d) Subjektive Voraussetzungen in Kollegialorganen

Hinsichtlich der subjektiven Voraussetzungen von § 826 BGB in Kollegialorganen stellte der VI. Senat 2012 fest, dass ein Mitglied eines Gesellschaftsorgans nur dann haftet, wenn sowohl die Haupttat, als auch die eigene Teilnahme vom subjektiven Willen getragen sind und eine tatsächliche Kenntnis der Tatumstände vorliegen.[379] Dass ein Organmitglied die tatsächlichen Umstände hätte kennen müssen, reiche nicht aus. Insbesondere müsse „in groben Zügen" vom Willen getragen sein, die Tat des anderen als eigene zu fördern. Es soll nicht ausreichen, wenn ein Organmitglied die Verfehlungen eines Kollegen hätte kennen müssen. Andererseits wurde die Haftung bereits bejaht, wenn lediglich ein bewusstes „Sich-Verschließen" vor der Kenntnis von Tatumständen vorliege. Dies scheint die Anforderungen an den Vorsatz wiederum in die Nähe der bewussten Fahrlässigkeit rücken zu lassen. Ein „Sich-Verschließen" soll vorliegen, wenn die Unkenntnis auf einem gewissenlosen oder grob fahrlässigen Handeln des Organteils beruht.[380]

5. Haftung nach § 830 Abs. 2 BGB: Dornbracht-Entscheidung des Oberlandesgerichts Düsseldorf von 2013

In § 830 BGB ist der Fall geregelt, dass für den aus einer unerlaubten Handlung entstandenen Schaden mehrere Schädiger verantwortlich sind. Danach sind Mittäter und Beteiligte für gemeinschaftlich begangene unerlaubte Handlungen in gleicher Weise verantwortlich und haften grundsätzlich als Gesamtschuldner. In §§ 830 Abs. 1 S. 1, Abs. 2 BGB werden die aus dem Strafrecht bekannten Kategorien der Täterschaft (Alleintäter und Mittäter) und Teilnahme (Anstifter und Gehilfen) genannt. Nach einhelliger Ansicht richtet sich die Abgrenzung von Täterschaft und

---

377 BGH, II ZR 3/04 vom 16.07.2007, NZG 2007, 667 (Trihotel).
378 BGH, a.a.O. (Fn. 377), S. 670 (Rn. 27).
379 BGH, VI ZR 92/11 vom 11.09.2012, NZG 2012, 1303, 1306.
380 BGH, VI ZR 92/11 vom 11.09.2012, NZG 2012, 1303, 1305.

Teilnahme nach den für das Strafrecht entwickelten Rechtsgrundsätzen.[381] Während allerdings im Strafrecht die Frage der Täterschaft oder Teilnahme z.B. für das Strafmaß eine Rolle spielt (§ 27 Abs. 2 S. 2 StGB), bestimmt § 830 BGB, dass Täter und Teilnehmer gleichermaßen haften. Der Teilnehmer hat also zunächst ebenso wie der Täter den gesamten Schaden auszugleichen und haftet in voller Höhe. Dies wird von der Literatur u.a. damit begründet, dass der Grundgedanke des Deliktsrechts der Schadensausgleich beim Geschädigten sei, der nicht vom Grad der Verursachung oder vom Grad des Verschuldens abhänge.[382]

Dem Oberlandesgericht Düsseldorf lag zu dieser Problemstellung 2013 folgender Fall[383] vor, der eine wichtige Frage zur Teilnehmerhaftung der Leitungsorgane aufwirft: Die Klägerin betrieb einen Einzelhandel für Sanitär- und Heizungsprodukte, die Beklagte zu 1) stellte designorientierte Badarmaturen her. Der Beklagte zu 2) war einer der Geschäftsführer der Beklagten zu 1). Die Beklagte zu 1) führte 2008 für den Verkauf ihrer Produkte an den Großhandel eine Fachhandelsvereinbarung ein, in der die bisherigen Rabattkonditionen geändert wurden. Nach Ansicht des Oberlandesgerichts stellte diese Vereinbarung einen Verstoß gegen Art. 101 AEUV und § 1 GWB dar, wonach alle Vereinbarungen zwischen Unternehmen, welche den Handel zwischen Mitgliedsstaaten zu beeinträchtigen geeignet sind und eine Verhinderung, Einschränkung oder Verfälschung des Wettbewerbs innerhalb des gemeinsamen Marktes bezwecken oder bewirken, mit dem Gemeinsamen Markt unvereinbar und daher verboten sind. Der Klägerin wurde ein Schadensersatz aus § 33 Abs. 3 S. 1, Abs. 1 GWB gegen das Unternehmen zugesprochen. Darüber hinaus erklärte das Oberlandesgericht, der beklagte Geschäftsführer sei ebenfalls passivlegitimiert, und zwar aus § 33 Abs. 3 GWB i.V.m. § 830 Abs. 2 BGB. Der beklagte Geschäftsführer hatte hierzu vorgetragen, er sei nicht „Unternehmen" i.S.d. § 33 GWB und daher nicht als Normadressat passivlegitimiert. Das Oberlandesgericht führte hierzu aus, die Haftung des Geschäftsführers ergebe sich aus deliktischen Teilnahmeregeln, da auch derjenige hafte, der den Normadressaten vorsätzlich zu einem Verstoß veranlasse oder hierzu Beihilfe geleistet habe. In seiner Funktion als Geschäftsführer habe er es vorsätzlich veranlasst, dass die hierfür zuständigen Mitarbeiter der Beklagten zu 1) die in Rede stehende Fachhandelsvereinbarung mit dem Großhandel schließen. Insbesondere sei der Vorsatz auch nicht durch einen Rechtsirrtum ausgeschlossen gewesen, da dies nur dann möglich sei, wenn der Handelnde die Rechtsunsicherheit nicht erkenne oder wenn ihm bei Erkenntnis dieser Unsicherheit auch unter Berücksichtigung der schutzwürdigen Interessen des anderen Teils nicht zugemutet werden könne, eine weitere Klärung der Rechtsfrage herbeizuführen oder

---

381 So BGH, VI ZR 32/77 vom 31.01.1978, BGHZ 70, 277, 285 (m.w.N.); *Fleischer*, AG 2008, 265, 269 (m.w.N.); *Wagner*, in: MüKo BGB, § 830 Rn. 7.

382 *Eberl-Borges*, in: Staudinger, § 830 Rn. 27.

383 OLG Düsseldorf, VI U (Kart) 11/13 vom 13.11.2013, BeckRS 2013, 21406 (*Dornbracht*) = NZKart 2014, 68; vgl. hierzu die Ausführungen bei *Eden*, WuW 2014, 792; die Nichtzulassungsbeschwerde der Revision wurde vom BGH am 23.09.2014 abgewiesen (KZR 88/12) (zitiert nach juris, unter „Verfahrensgang").

abzuwarten. Darüber hinaus habe der Geschäftsführer die Fachhandelsvereinbarung in mehreren Presseartikeln persönlich befürwortet.

In der Literatur hat dieses Urteil z.T. bereits Zustimmung gefunden. Da die Teilnehmerhaftung ein vorsätzliches Handeln voraussetzt, dürfte die Auffassung des Oberlandesgerichts Düsseldorf bei allen Literaturvertretern, die eine Außenhaftung der Leitungsorgane bei vorsätzlichem Handeln bejahen wollen, Anklang finden. *Zimmer/Grotheer* wiesen bereits vor einiger Zeit darauf hin, dass sie eine Haftung über § 830 Abs. 2 BGB zwar ablehnen, eine solche aber vertretbar sei, wenn ein vorsätzliches Handeln des Leitungsorgans vorliegt.[384] *Eden* stimmt dem Urteil im Ergebnis zu, allerdings nur unter der Prämisse, dass eine Haftung des nicht unmittelbar handelnden Leitungsorgans nach § 830 Abs. 2 BGB nur dann zugelassen wird, wenn auch das unmittelbar handelnde Leitungsorgan persönlich nach §§ 823, 826 BGB gehaftet hätte.[385]

C. Zwischenergebnis

Abgesehen von Spezialtatbeständen kommt eine unmittelbare Außenhaftung der Leitungsorgane auf deliktischer Grundlage insbesondere in folgenden Fallgruppen in Betracht:

1) Nach dem XI. Senat haftet das Leitungsorgan einer als Aktiengesellschaft organisierten Großbank persönlich gem. § 823 Abs. 1 BGB wegen eines betriebsbezogenen Eingriffs in das Recht am eingerichteten und ausgeübten Gewerbebetrieb, wenn es inkriminierende Äußerungen in Bezug auf die Kreditwürdigkeit eines Vertragspartners abgibt (Kirch gegen Deutsche Bank AG und Breuer). Der XI. Senat stellt dabei für die Begründung der Rechtswidrigkeit auf vertragliche Nebenpflichten der Bank ab.

2) Der für Urheberrecht und gewerblichen Rechtsschutz zuständige I. Senat bejaht eine direkte Außenhaftung der Leitungsorgane, wenn diese durch positives Tun an einer Wettbewerbsverletzung beteiligt waren oder sich aus allgemeinen Grundsätzen des Deliktsrechts eine Garantenstellung ergibt. Allein die Organstellung und die Verantwortung für die ordnungsgemäße Organisation des Geschäftsbetriebs begründen nach Ansicht des I. Senats keine solche Verpflichtung gegenüber außenstehenden Dritten. Dem sollen die Haftungsschranken des Gesellschaftsrechts entgegenstehen. Eine Garantenstellung kommt nach dem I. Senat nur bei Hinzutreten besonderer Umstände in Betracht, die über die allgemeine Verantwortlichkeit für die Betriebsorganisation hinausgehen.

---

384 *Zimmer/Grotheer*, in: Schwark/Zimmer KapMKom, §§ 37b, c WpHG, Rn. 130 („Sollte dieser Weg von der Rechtsprechung dennoch gegangen werden, kommt eine Haftung über § 830 BGB nur bei vorsätzlichem Verhalten der Verwaltungsmitglieder in Betracht.").

385 Zu den weiteren Einschränkungen nach dieser Ansicht siehe 5. Teil. B. VII. 4.

Außerdem soll eine Außenhaftung eingreifen, wenn das Leitungsorgan ein auf Rechtsverletzungen angelegtes Geschäftsmodell selbst ins Werk gesetzt hat.

3) Die wohl umstrittenste Fallgruppe betrifft die Frage der Haftung der Leitungsorgane für eine unzureichende Unternehmensorganisation. Nach der Baustoff-Rechtsprechung des VI. Senats, der für das Recht der unerlaubten Handlung zuständig ist, haften die Leitungsorgane persönlich für eine unzureichende Unternehmensorganisation aus § 823 Abs. 1 BGB, wenn dies zu einer Verletzung absolut geschützter Rechtsgüter führt. Liegt nur ein Vermögensschaden vor, soll dagegen eine Pflicht erforderlich sein, die über die Pflichten aus §§ 43 GmbHG, 93 AktG hinausgehend das Leitungsorgan aus besonderen Gründen persönlich trifft.

4) In Betracht kommt weiterhin eine Haftung wegen Insolvenzverschleppung gem. §§ 823 Abs. 2 BGB i.V.m. § 15a InsO. Danach haften die Leitungsorgane persönlich, wenn sie nicht spätestens drei Wochen nach Eintritt der Zahlungsunfähigkeit oder Überschuldung einen Antrag auf Eröffnung des Insolvenzverfahrens zu stellen. Altgläubiger können danach einen Ersatz ihres Quotenschadens verlangen (vertreten durch den Insolvenzverwalter) und Neugläubiger vollen Ersatz. In der Praxis spielt allerdings die Haftung wegen Zahlungen nach Insolvenzreife § 64 S. 1, 3 GmbHG sowie §§ 93 Abs. 3 Nr. 6, Abs. 2 S. 3 AktG die größere Rolle.

5) Eine Außenhaftung der Leitungsorgane nach § 826 BGB wegen fehlerhafter Kapitalmarktinformationen kommt bei vorsätzlichem Handeln der Organe bezüglich einer sittenwidrigen Schädigung in Betracht. Voraussetzung für eine Haftung ist, dass das Leitungsorgan sein überlegenes Wissen gegenüber dem Anleger ausnutzt, um diesen zu einer Anlage zu bewegen und hierdurch zu schädigen. Die Anforderungen an den Vorsatz sind dabei allerdings von der Rechtsprechung verhältnismäßig niedrig angesetzt: Es reicht aus, dass das Leitungsorgan den Schaden billigend in Kauf nimmt. Im Bereich der Kapitalmarktinformationshaftung wird dies vermutet, wenn eine fehlerhafte Information veröffentlicht wird. In Kollegialorganen müssen zwar sowohl die Haupttat, als auch die eigene Teilnahme vom Willen des einzelnen Mitglieds getragen sein. Aber auch, wenn das einzelne Mitglied sich durch gewissenloses oder grob fahrlässiges Handeln vor der Kenntnis verschließt, kommt eine persönliche Haftung in Betracht.

6) Zumindest nach Ansicht von Literaturvertretern kommen nicht nur der Unternehmensträger, sondern auch die Leitungsorgane als Adressat des Anspruchs aus Produzentenhaftung in Betracht. Der geschädigte Verbraucher kann danach bei einer Verletzung der Pflicht zur fehlerfreien Entwicklung, Konstruktion, Fabrikation, Instruktion oder Produktbeobachtung die Leitungsorgane direkt aus § 823 Abs. 1 BGB in Anspruch nehmen. Eine gefestigte Rechtsprechung hierzu liegt allerdings nicht vor.

7) Das Oberlandesgericht Düsseldorf bejaht eine persönliche Haftung der Leitungsorgane als Teilnehmer gem. § 830 Abs. 2 BGB, wenn Adressat der der deliktischen Norm die juristische Person ist. Ein obergerichtliches Urteil hierzu liegt bislang ebenfalls nicht vor.

Letztlich sind im Bereich der deliktischen Außenhaftung von Leitungsorganen also zwei Grundrichtungen festzustellen: Der für das Recht der unerlaubten Handlungen zuständige VI. Senat löst die Problematik der Organaußenhaftung haftungsfreundlich ausgehend vom Deliktsrecht. Insbesondere der ehemalige Vorsitzende *Steffen* hat sich mehrfach dafür ausgesprochen, die Haftung nach § 823 Abs. 1 BGB noch auszuweiten.[386] Vor allem der für das Gesellschaftsrecht zuständige II. Senat löst die Problematik aus der anderen Richtung, nämlich vom Gesellschaftsrecht aus, und betont daher eher den gesellschaftsrechtlichen Grundsatz der Haftungskonzentration. Zusammenfassend lässt sich in der aktuellen Rechtsprechung eine Tendenz zur Außenhaftung in folgenden Fällen festhalten:

- Es liegt eine unmittelbare Verletzungshandlung oder ein „selbst ins Werk setzen" vor.
- Das Leitungsorgan handelt vorsätzlich.
- Es liegt eine Verletzung eines Schutzgesetzes vor.
- Es liegt eine besondere Übernahme von Pflichten der Gesellschaft vor.

---

386 *Steffen*, in: Karlsruher Forum 1993, S. 27, 28 („Wir meinen, daß das, was im Strafrecht nach § 14 StGB gilt, nicht nur für § 823 Abs. 2 BGB gelten sollte, sondern eben auch nach Abs. 1 des § 823 BGB.")

4. Teil. Vergleich zu verwandten Rechtsinstituten

Die Problematik der Außenhaftung stellt sich nicht nur im Falle von Leitungsorganen. Immer dann, wenn ein Interessenvertreter für einen anderen tätig wird, stellt sich die Frage, ob dieser auch persönlich haften sollte. Die persönliche Haftung eines Interessenvertreters, der für einen anderen tätig wird, ist in den verschiedensten Bereichen ausdrücklich geregelt. Dabei geht es allerdings zumeist um die Haftung gegenüber dem Interessenträger. Der Bereich der Außenhaftung dagegen ist zumeist nicht gesondert geregelt. Daher soll in diesem vierten Teil ein „Rechtsvergleich" zu verwandten Rechtsinstituten gezogen werden, um Parallelen und Besonderheiten herauszuarbeiten. Dabei wird zunächst die Frage gestellt, ob ein allgemeiner zivilrechtlicher Grundsatz der Haftungskonzentration auf den Vermögensträger existiert (A.). Weiterhin soll auf die Haftung von Arbeitnehmern (B.) und Beamten (C.) gegenüber Dritten eingegangen werden. Besonderes Augenmerk soll aber auch auf Personengruppen, die ein fremdes Vermögen verwalten, gelegt werden (D.). Hierbei soll vor allem auf die Haftung von Insolvenzverwaltern und Testamentsvollstreckern eingegangen werden.

A. Allgemeiner zivilrechtlicher Grundsatz der Haftungskonzentration auf den Vermögensträger?

Das anglo-amerikanische Rechtssystem verfügt mit dem „trust" (Treuhand) über ein übergreifendes Rechtsinstitut, das die Interessenkonflikte regelt, die bei der Verwaltung fremden Vermögens entstehen.[387] Im deutschen Recht sind die Pflichten von Fremdverwaltern jeweils spezialgesetzlich geregelt.[388] Die Haftung des Vormunds gegenüber seinem Mündel ist in § 1833 Abs. 1 BGB geregelt; die Haftung des Testamentsvollstreckers gegenüber dem Erben und Vermächtnisnehmer in § 2219 BGB; die des Vorstands gegenüber der Aktiengesellschaft in § 93 Abs. 2 AktG; die Haftung des Geschäftsführers gegenüber der Gesellschaft mit beschränkter Haftung in § 43 Abs. 2 GmbHG. Für die Haftung gegenüber Dritten existiert keine derartige Regelung. Die Haftung der Leitungsorgane richtet sich daher nach allgemeinen zivilrechtlichen Haftungsregeln und insbesondere nach allgemeinem Deliktsrecht, das keine Besonderheiten für Leitungsorgane vorsieht. Eine breite Mehrheit in den Reformdiskussionen spricht sich allerdings für eine Begrenzung der Organhaftung gegenüber Dritten aus.[389] Aus den Vorschriften zur Organhaftung ergibt

---

387 *Mestmäcker*, Konzerngewalt, S. 4; zum Trust siehe *Daragan*, ZEV 2007, 204 ff.
388 *Mestmäcker*, Konzerngewalt, S. 4, genauer zum Treuhandvertrag im deutschen Recht siehe *Heermann*, in: MüKo BGB, § 675 Rn. 107–108.
389 *Fleischer*, BB 2014, 1970.

sich, dass die Leitungsorgane grundsätzlich für ihre Geschäftsführungsmaßnahmen nur gegenüber der Gesellschaft haften sollen.[390] Die Verkehrssicherungspflichten der Gesellschaft sollen also nur im Einzelfall auf diese projiziert werden. Auch in gerichtlichen Entscheidungen wurde bereits gefordert, den gesellschaftsrechtlichen Grundsatz der Haftungskonzentration im allgemeinen Deliktsrecht haftungsbeschränkend zu berücksichtigen.[391] Daher soll in diesem Abschnitt zunächst auf die Frage eingegangen werden, ob ein allgemeiner zivilrechtlicher Grundsatz der Haftungskonzentration auf den Vermögensträger existiert, der Auswirkungen auf die Außenhaftung der jeweiligen Interessenvertreter hat. Hierzu wird nach der Grundidee und den Ursprüngen (I.) auf die Haftung des Stellvertreters als Ursprungskonstrukt der Haftungskonzentration eingegangen (II.).

I. Idee und Ursprünge

Die Haftung von Interessenvertretern, die eine andere Person oder ein fremdes Vermögen vertreten, ist an verschiedenen Stellen gesetzlich geregelt: So haften Vorstände und Geschäftsführer gem. § 93 AktG und § 43 GmbHG gegenüber der Gesellschaft, der Testamentsvollstrecker gem. § 2219 BGB gegenüber Erben und Vermächtnisnehmern und der Insolvenzverwalter gem. §§ 60, 61 InsO gegenüber den Beteiligten des Insolvenzverfahrens. Diese Parallele wurde vom IX. Senat bereits anlässlich der Einschränkung des Anwendungsbereichs von § 82 KO a.F. (§ 60 InsO n.F.) aufgezeigt:

> „Diese Einschränkung des Anwendungsbereichs des § 82 KO [Anmerkung d. Verf.: Eigenhaftung des Konkursverwalters nach § 82 KO nur bei Verletzung von konkursspezifischen Pflichten] findet ihre Parallele in der gesetzlich geregelten Haftung von Interessenvertretern gegenüber Interessenträgern, so der Vorstände und Geschäftsführer in § 93 AktG und § 43 GmbHG gegenüber der Gesellschaft, des Testamentsvollstreckers in § 2219 BGB gegenüber dem Erben und Vermächtnisnehmer sowie des Nachlassverwalters in § 1985 Abs. 1 S. 1 BGB gegenüber den Erben und Nachlassgläubigern.“[392]

Zuvor hatte *Baur* bereits 1982 darauf hingewiesen, dass nirgends eine Eigenhaftung des Interessenvertreters nach außen angesprochen wird.[393] Danach sieht das allgemeine Haftungssystem keine Außenhaftung der Vertreter fremder Interessen

---

390 Siehe hierzu oben 2. Teil. C. sowie *Fleischer*, ZGR 2004, 437, 443; *Haas*, Geschäftsführerhaftung, S. 127 ff.; *Medicus*, ZGR 1998, 570, 578; *Verse*, ZHR 2006, 398, 407.
391 BGH, I ZR 242/12 vom 18.06.2014, BGHZ 201, 344 = BeckRS 2014, 14705 (Rn. 29) = GRUR 2014, 883; vorhergehend KG, 5 U 30/12 vom 13.11.2012, GRUR-RR 2013, 172, 176 (ein Eingreifen des Gesetzgebers fordernd, da es Aufgabe des Gesetzgebers sei, „Grundlagen für eine deliktische oder wettbewerbsrechtliche Haftung der Organe juristischer Personen in Fällen von Organisationsmängeln zu schaffen, wenn dies aus generalpräventiven Gründen erforderlich sein soll“).
392 BGH, IX ZR 260/86 vom 14.04.1987, BGHZ 100, 346, 346.
393 *Baur*, in: Gedächtnisschrift Bruns, S. 241, 247 ff.

vor.[394] Einzige Ausnahme von diesem haftungsrechtlichen Grundsatz sei die Haftung gem. §§ 823 ff. BGB. Da das Deliktsrecht nach seiner Konzeption gerade für jedermann gelten soll, ist dem im Grunde zuzustimmen. Dogmatisch ließe sich zwar begründen, dass Handlungen des Organs ausschließlich als Handlungen der juristischen Person gewertet werden,[395] aber zumindest bei einer unmittelbaren Schädigung Dritter durch das Organ selbst ist dieser Gedankengang kaum durchzuhalten. Denkbar ist allerdings, dass die Haftungskonzentration auf den Interessenträger (die Gesellschaft, das treuhänderisch verwaltete Vermögen) dennoch einen Einfluss auf die deliktische Haftung hat.

II. Haftung des Stellvertreters als Ursprungskonstrukt

Als einer der Grundpfeiler der Haftungskonzentration kann das Stellvertretersystem der §§ 164 ff. BGB genannt werden. Abgesehen vom Spezialfall des Vertragsschlusses ohne Vertretungsmacht gilt für die Haftung bei der Stellvertretung der Grundsatz, dass die Verpflichtungen und die Haftung den Vertretenen treffen, wenn dieser Vertreter oder sonstige Hilfspersonen in die Vertragsanbahnung einschaltet.[396] Danach steht der Vertreter außerhalb der von ihm vermittelten Vertragsbeziehung. Diese Konzentration der Haftung auf den Vertreter entspricht dem normalen Haftungsgefüge, da sich der Dritte den Vertretenen als Vertragspartner aussucht und sich bei der Beurteilung der Chancen und Risiken auf den Vertretenen fokussiert.[397]

Unter besonderen Umständen kommt allerdings ausnahmsweise eine persönliche Haftung des Vertreters gem. §§ 241 Abs. 2, 311 Abs. 2, Abs. 3 BGB in Betracht, wenn dieser besonderes persönliches Vertrauen in Anspruch genommen hat oder ein eigenes wirtschaftliches Interesse am Vertragsschluss hat. Auch die Tatbestände des Deliktsrechts werden von § 179 BGB nicht ausgeschlossen.[398] Hat ein Leitungsorgan einer juristischen Person bei Überschreitung seiner Vertretungsmacht zugleich eine Täuschung begangen, kann der hierin liegende Betrug gem. § 263 StGB eine persönliche Haftung des Organs gem. §§ 823 Abs. 2 BGB, 263 StGB auslösen.[399]

III. Zwischenergebnis

Abgesehen vom Spezialfall des § 179 BGB gilt für die Erfüllungshaftung also der Grundsatz der Konzentration der Haftung auf den Vertragspartner, da der Vertreter

---

394   *Baur*, in: Gedächtnisschrift Bruns, S. 241, 251.

395   Siehe oben Teil 2. Teil. B. II. 2.

396   *Brandner*, in: FS Werner, S. 53, 60; *Freitag/Korch*, GmbHR 2013, 1183, 1185; *Steffen*, in: RGRK, § 164 Rn. 4.

397   *Freitag/Korch*, GmbHR 2013, 1183, 1185.

398   Vgl. *Ellenberger*, in: Palandt, § 179 Rn. 9, der eine deliktische Haftung des Organs neben § 179 BGB zumindest vorauszusetzen scheint.

399   BGH, VI ZR 47/85 vom 08.07.1986, NJW 1986, 2941.

außerhalb des Vertragsgefüges steht. Das Deliktsrecht wird hierdurch aber keinesfalls verdrängt.

B. Haftung des Arbeitnehmers

Im Folgenden soll nunmehr die Haftung der Arbeitnehmer betrachtet werden, da auch diese für einen anderen tätig werden, der von ihrer Tätigkeit profitiert. Wegen der speziellen Ausgestaltung der Innenhaftung durch die Rechtsprechung soll zunächst in der gegebenen Kürze auf diese eingegangen werden, bevor die Außenhaftung näher untersucht wird (I.). Im Anschluss wird versucht, hieraus Schlussfolgerungen für die Außenhaftung von Leitungsorganen zu ziehen (II.).

I. Allgemeines zur Arbeitnehmerhaftung gegenüber Dritten

Das gesamte Arbeitsrecht ist in Deutschland nur punktuell und größtenteils in speziellen Einzelgesetzen geregelt.[400] Auch das Individualarbeitsrecht und die Haftung der Arbeitnehmer sind nur ansatzweise kodifiziert und beruhen weitgehend auf Rechtsfortbildung durch die Rechtsprechung. Vorschriften zum Arbeitsverhältnis finden sich insbesondere im 8. Titel des 8. Abschnitts des BGB, dem Abschnitt zum Dienstvertrag. Wie sich aus § 621 HS 1 BGB ergibt („Bei einem Dienstverhältnis, das kein Arbeitsverhältnis im Sinne des § 622 BGB ist..."), stellt der Arbeitsvertrag eine Unterart des Dienstvertrages dar. Spezielle Haftungsvorschriften für Arbeitnehmer sieht das Gesetz nicht vor.[401] Dies ist insofern beachtenswert, als bereits das Allgemeine Preußische Landrecht in § 899[402] eine haftungsrechtliche Privilegierung des gemeinen Handarbeiters vorsah:

> „Außerdem dürfen gemeine Handarbeiter sowohl gegen den Dingenden, als auch gegen einen Dritten, nur ein grobes oder mäßiges Versehen vertreten."

Der „gemeine Handarbeiter", der dem heutigen Arbeitnehmer entsprechen dürfte, haftete also nur bei grober und mittlerer Fahrlässigkeit. Bei leichter bis leichtester Fahrlässigkeit (culpa levissima) haftete er dagegen sowohl gegenüber dem Arbeitgeber als auch gegenüber Dritten nicht. Auch § 331 ZGB-DDR (Zivilgesetzbuch der Deutschen Demokratischen Republik[403]) sah vor, dass Mitarbeiter eines Betriebes,

---

400 *Lieb/Jacobs*, Arbeitsrecht, Rn. 38.
401 *Koch*, AG 2012, 429, 435.
402 Allgemeines Landrecht für die Preußischen Staaten (ALR) vom 01.06.1794, abrufbar unter http://opinioiuris.de/quelle/1622 (zuletzt aufgerufen am 31.08.2015); zu § 899 ALR vgl. auch BGH, VI ZR 349/88 v. 19.09.1989, BGHZ 108, 305, 307 und *Steffen*, in: Karlsruher Forum 1993, S. 27, 27 („Wir haben unser Erstaunen zum Ausdruck gebracht in der Entscheidung, dass die BGB-Väter davon [Anmerkung der Verf.: § 899 ALR] nichts wissen wollten.").
403 Zivilgesetzbuch der Deutschen Demokratischen Republik vom 19. Juni 1975, faktisch aufgehoben durch Einigungsvertrag vom 31.08.1990, abrufbar unter http://www.

die in Erfüllung betrieblicher Aufgaben einen Schaden verursachen, gegenüber dem Geschädigten nicht haften. Wortlaut und Systematik der §§ 823 ff. BGB dagegen sehen hinsichtlich der Außenhaftung von Arbeitnehmern keine Sonderregelung vor.[404] §§ 831, 31 BGB sind von ihrer Konzeption her auf einen Schuldbeitritt der Gesellschaft bzw. des Arbeitgebers ausgelegt und begrenzen die persönliche Haftung des Arbeitnehmers nicht.

Bei der Tätigkeit für den Arbeitgeber ist der Arbeitnehmer aufgrund seines Arbeitsvertrages verpflichtet, sorgfältig und gewissenhaft zu handeln.[405] Bei einer dauerhaften Tätigkeit wird es aber dennoch nicht unterbleiben, dass einem grundsätzlich pflichtbewussten Arbeitnehmer gelegentlich Fehler unterlaufen. Der Arbeitnehmer haftet dem Arbeitgeber gegenüber dann aus §§ 280 Abs. 1, 241 Abs. 2 BGB i.V.m. dem Arbeitsvertrag sowie bei Vorliegen der Voraussetzungen auch nach §§ 823 ff. BGB. Eine Haftungsbeschränkung für Arbeitnehmer sieht das BGB nicht vor.[406] Dennoch ist dieses Ergebnis aus Billigkeitserwägungen schwer zu akzeptieren: Hierbei spielen insbesondere drei Faktoren eine Rolle: Erstens wird es auch dem gewissenhaftesten Arbeitnehmer von Zeit zu Zeit passieren, dass ihm ein Fehler unterläuft. Da ausschließlich der Arbeitgeber von der Tätigkeit des Arbeitnehmers profitiert, erscheint es als nicht gerechtfertigt, diesem nur die Vorteile zuzusprechen.[407] Zweitens ist weiterhin zu berücksichtigen, dass ein nur leicht fahrlässiges Fehlverhalten in bestimmten Berufen zu einem hohen Schaden führen kann, den zu ersetzen der Arbeitnehmer Zeit seines Lebens gar nicht in der Lage ist.[408] Drittens ist auch noch zu sehen, dass der Arbeitgeber durch seine Organisation und seinen Einfluss auf die Arbeitsabläufe einen Teil der Gefahren selbst mit verursacht.[409]

Im Folgenden wird in der gegebenen Kürze die Haftung für Schäden gegenüber dem Arbeitgeber erläutert, soweit dies für das Thema dieser Arbeit relevant ist (1.). Zudem werden die dogmatischen Grundlagen der Haftungsprivilegierung des Arbeitnehmers dargestellt (2.), bevor auf die Außenhaftung gegenüber Dritten (3.) und den innerbetrieblichen Schadensausgleich (4.) eingegangen wird.

---

verfassungen.de/de/ddr/zivilgesetzbuch75.htm (zuletzt abgerufen am 31.08.2015), vgl. hierzu *Bachmann*, Reform Organhaftung, S. E120; *Brüggemeier*, AcP 1991, 33, 41; *Otto*, in: Otto/Schwarze, Haftung, S. 17.

404 So auch BGH, VI ZR 349/88 vom 19.09.1989, BGHZ 108, 305, 30; sowie *Baumert*, in: FS Wengler, S. 139, 345.

405 *Hromadka/Maschmann*, Arbeitsrecht I, S. 375; *Lieb/Jacobs*, Arbeitsrecht, Rn. 219.

406 Zu der Forderung nach einer spezialgesetzlichen Regelung vgl. *Mugdan*, Materialien II, S. 1328, 1333, 1340 [1476, 1481, 1488].

407 *Lieb/Jacobs*, Arbeitsrecht, Rn. 219; *Otto*, in: Otto/Schwarze, Haftung, S. 17/18.

408 *Brox/Rüthers/Henssler*, Arbeitsrecht, Rn. 243.

409 *Brox/Rüthers/Henssler*, Arbeitsrecht, Rn. 243; *Hromadka/Maschmann*, Arbeitsrecht I, S. 375.

1. Haftung für Schäden gegenüber dem Arbeitgeber: Der dreigeteilte Fahrlässigkeitsbegriff

Das Reichsarbeitsgericht entwickelte aufgrund dieser Erwägungen eine Haftungsbeschränkung des Arbeitnehmers bei gefahrengeneigter Tätigkeit.[410] Etwa im Falle von angestellten Kraftwagenfahrern wurde entschieden, dass Verkehrsunfälle aufgrund leichter Fahrlässigkeit kaum zu vermeiden seien. Daher sei es unbillig, von einem gegen ein geringes Entgelt angestellten Fahrzeugführer bei leichter Fahrlässigkeit Schadensersatz zu verlangen.[411] Auf Vorlage des I. Senats schloss sich der Große Senat des Bundesarbeitsgerichts der Rechtsprechung des Reichsarbeitsgerichts an, was die Grundsätze der schadensgeneigten Tätigkeit angeht.[412] Danach haftet der Arbeitnehmer, der bei einer ihrer Natur nach leicht zu Schädigungen führenden Arbeit fahrlässig einen Schaden herbeigeführt hat, nicht. Auch bei Schädigung eines Dritten steht dem Arbeitnehmer danach ein Anspruch gegen den Arbeitnehmer auf (anteilige) Freistellung von seiner Ersatzpflicht zu.[413] In der Folge wurde das Konzept der innerbetrieblichen Haftungsbeschränkung des Arbeitnehmers vom BAG weiterentwickelt und konkretisiert.[414] Abweichend vom allgemeinen Grundsatz, dass der Schuldner entweder voll haftet oder gar nicht, hängt die Haftung des Arbeitnehmers nach dem Bundesarbeitsgericht vom Grad seines Verschuldens ab. Während er bei leichtester Fahrlässigkeit („das kann jedem passieren"[415]) gar nicht haftet, wird bei mittlerer Fahrlässigkeit unter Berücksichtigung aller Umstände eine Quote gebildet. Bei grober Fahrlässigkeit bleibt es bei der vollen Haftung des Arbeitnehmers, es sei denn, es liegen Umstände vor, die eine zumindest teilweise Abwälzung des Schadens auf den Arbeitgeber rechtfertigen. Nur bei gröbster Fahrlässigkeit bleibt es bei der vollen Haftung des Arbeitnehmers.[416] Voraussetzung für eine Anwendung dieser Grundsätze blieb allerdings bis 1989, dass es sich um eine gefahrgeneigte Tätigkeit wie etwa die des Kraftwagenfahrers handelte. Mit Beschluss vom 27.09.1994 entschied der Große Senat des Bundesarbeitsgerichts

---

410 Vgl. hierzu im Überblick *Otto*, in: Otto/Schwarze, Haftung, S. 11 ff.

411 RAG, 297/36 vom 12.06.1937, ARS 30, 1, 5, 6. Das Reichsarbeitsgericht verwies zur Begründung darauf, dass auch die Angehörigen der Wehrmacht, wenn ihnen eine Verrichtung zugewiesen wird, die eine Gefährdung anderer durch leichtes Verschulden mit sich bringt, nach Treu und Glauben nicht in Anspruch genommen werden. Auch das Gesetz über die Beschränkung der Angriffshaftung der Soldaten vom 07.04.1937 (BGBl. I, 443) sehe eine Inanspruchnahme von Soldaten durch das Reich nur vor, wenn dieser vorsätzlich oder grob fahrlässig gehandelt habe.

412 BAG, 25.09.1957, GS 4 (5)/56, NJW 1958, 235.

413 BAG, 25.09.1957, GS 4 (5)/56, NJW 1958, 235/236.

414 *Otto*, in: Otto/Schwarze, Haftung, S. 14–16; eine Zusammenfassung dieser Grundsätze sowie eine Übersicht zum Bezugspunkt des Verschuldens gibt BAG, 3 Sa 289/00 vom 18.04.2002, NZA 2003, 37.

415 BAG, 2 AZR 402/55 vom 19.03.1959, AP BGB § 611 Nr. 8 (Leitsatz).

416 Vgl. zum Ganzen den Überblick bei *Lieb/Jacobs*, Arbeitsrecht, Rn. 219–226; einen noch ausführlicheren Überblick gibt *Otto*, in: Otto/Schwarze, Haftung, S. 154–162.

dann auf Vorlage des VIII. Senats, dass die Grundsätze über die Beschränkung der Arbeitnehmerhaftung für alle Arbeiten gelten, die durch den Betrieb veranlasst sind und aufgrund eines Arbeitsverhältnisses geleistet werden, auch wenn diese Arbeiten nicht gefahrgeneigt sind.[417] Diese richterrechtlich entwickelte Form der Haftungsbegrenzung wurde vom Gesetzgeber bei der Schuldrechtsreform von 2002[418] bei der Neufassung der §§ 276, 619a BGB berücksichtigt.[419] § 276 BGB sieht insoweit vor, dass sich aus dem sonstigen Inhalt des Schuldverhältnisses ein anderer Haftungsmaßstab als der von Vorsatz und Fahrlässigkeit entnehmen lassen kann. Nach § 619a BGB muss der Arbeitgeber abweichend von § 280 Abs. 1 BGB die Pflichtverletzung des Arbeitnehmers beweisen.

2. Ansätze zur dogmatischen Herleitung der Haftungsbeschränkung

Während über die Voraussetzungen und Rechtsfolgen der Arbeitnehmerhaftung seit 1994 weitgehend Einigkeit in Literatur und Rechtsprechung besteht, gibt es eine Vielzahl von dogmatischen Begründungsansätzen für die Haftungsbegrenzung der Arbeitnehmer. Teilweise setzen diese bereits bei der Pflichtverletzung oder dem Verschulden an, teilweise erst auf der Rechtsfolgenseite beim Mitverschulden des Arbeitgebers:[420]

Das Reichsarbeitsgericht begründete seine Rechtsprechung mit einem vertraglichen Haftungsausschluss. Die eingeschränkte Haftung des Arbeitnehmers werde bei Abschluss des Arbeitsvertrages (konkludent) mitvereinbart.[421]

Das Bundesarbeitsgericht verglich 1957 die Haftung der Arbeitnehmer mit der der BGB-Gesellschafter untereinander. Danach gilt gem. §§ 708, 277 BGB nur die Sorgfalt in eigenen Angelegenheiten („diligentia quam in suis"). Auch in der Literatur wurde der Rechtsgedanke der §§ 708, 1359, 1664 BGB auf die Haftungsbeschränkung gegenüber anderen Arbeitnehmern angewandt.[422]

Teilweise wird in Rechtsprechung und Schrifttum auf den Grundsatz des Art. 34 S. 2 GG zurückgegriffen, nach dem der Rückgriff des Rechtsträgers gegen den Amtswalter für Fälle von Vorsatz und grobe Fahrlässigkeit vorbehalten bleibt.[423]

417 BAG (Großer Senat), GS 1/89 (A) vom 27.09.1994, AP BGB § 611 Nr. 103, C. ff.
418 Gesetz zur Modernisierung des Schuldrechts vom 26.11.2001, BGBl. I 2001, 3138 ff., abrufbar unter http://www.bgbl.de/Xaver/start.xav?startbk=Bundes anzeiger_BGBl&bk=Bundesanzeiger_BGBl&start=//*[@attr_id=%27bgbl101s3138. pdf%27]#__Bundesanzeiger_BGBl__%2F%2F*[%40attr_id%3D%27bgbl101s3138. pdf%27]__1392038994612 (zuletzt aufgerufen am 31.08.2015).
419 BTDrS 14/7052 vom 09.10.2001, S. 204; BTDrS 15/6857 vom 31.08.2001, S. 48.
420 *Otto*, in: Otto/Schwarze, Haftung, S. 68.
421 Siehe oben Fn. 411.
422 *Clauß*, NJW 1959, 1408, 1408 ff.
423 LAG Stuttgart, II Sa 141/54 vom 17.9.1954, AP BGB § 611 Nr. 2 (Leitsatz Nr. 1 S. 2); *Frey*, AuR 1953, 7, 9; *ders.*, AuR 1960, 25, 28; *Hanau*, FS Hübner, 467, 482; *Preis*, AuR 1986, 360, 365; a.A. *Krause*, in: Otto/Schwarze, Haftung, S. 74.

Der Große Senat des Bundesarbeitsgerichts stellte in seiner Grundsatzentscheidung von 1994 vor allem auf § 254 BGB ab, um auf Seiten des Arbeitgebers das Betriebsrisiko sowie dessen Einfluss auf die Arbeitsabläufe zu berücksichtigen.

Nach dem Gesetzesentwurf der Bundesregierung zur Schuldrechtsreform sollte § 276 BGB n.F. der Rechtsprechung eine bessere Absicherung ihrer Judikatur zur Arbeitnehmerhaftung bieten, da § 254 BGB nach ihrer Ansicht der Problemstellung nicht gerecht werde („nicht so recht passend"[424]). Nach § 276 BGB n.F. hat der Schuldner Vorsatz und Fahrlässigkeit zu vertreten, wenn sich nicht aus dem sonstigen Inhalt des Schuldverhältnisses eine strengere oder mildere Haftung entnehmen lässt.

3. Haftung für Schäden gegenüber Dritten

a) Haftung für unmittelbare Verletzungshandlungen: Keine Beschränkung der Außenhaftung

Die Haftung der Arbeitnehmer für unmittelbare Verletzungshandlungen bereitet bei vorsätzlicher Begehung keine Probleme, da dann in jedem Fall eine Haftung zu bejahen ist. Rammt der Arbeitnehmer vorsätzlich mit dem Betriebs-Pkw einen anderen Pkw, haftet er ohne Zweifel aus § 823 Abs. 1 BGB. Aber auch bei fahrlässigem Handeln bleibt es im Grundsatz bei der Haftung aus § 823 Abs. 1 BGB. Ein Baggerfahrer, der den ausschwenkbaren Kranmagneten in Folge eines Bedienungsfehlers fallen lässt, haftet dem hierdurch Verletzten aus § 823 Abs. 1 BGB.[425] Bereits im Jahre 1959 hatte sich der Bundesgerichtshof dafür ausgesprochen, die oben erläuterten Grundsätze für die Haftungsbeschränkung von Arbeitnehmern nicht außerhalb des Betriebsorganismus anzuwenden.[426] Dies bekräftigte der VI. Senat 1989 anlässlich der Klage einer Autohandlung, die einer Aktiengesellschaft einen Pkw zur Nutzung überlassen hatte und deren Fahrzeug durch fahrlässiges Handeln eines Arbeitnehmers der Aktiengesellschaft beschädigt wurde.[427] Da die Aktiengesellschaft zahlungsunfähig war, klagte die Autohandlung gegen den Arbeitnehmer. Die Klage hatte Erfolg, da nach Ansicht des VI. Senats Wortlaut und Systematik des positiven Deliktsrechts für eine haftungsrechtliche Sonderbehandlung von Schäden durch Arbeitnehmer keinen Ansatz finden.[428] Insbesondere beruhe die Rechtsprechung zur eingeschränkten Haftung des Arbeitnehmers nicht auf übergreifenden, sondern auf spezifisch arbeitsrechtlichen Erwägungen, die sich nicht ins Außenverhältnis projizieren lassen. Auch für eine Beschränkung der deliktischen Außenhaftung im Wege der Rechtsfortbildung sei kein Raum, da angesichts des Fehlens anderweitiger

---

424 BTDrS 15/6857 vom 31.08.2001, S. 48; vgl. auch *Däubler*, NZA 2001, 1329, 1331; sowie heute *Lieb/Jacobs*, Arbeitsrecht, Rn. 225.
425 BGH, VI ZR 154/63 vom 27.10.1964, VersR 1965, 56.
426 BGH, II ZR 126/57 vom 30.04.1959, BGHZ 30, 40, 49.
427 BGH, VI ZR 349/88 vom 19.09.1989, AP BGB § 611 Nr. 99.
428 BGH, VI ZR 349/88 vom 19.09.1989, AP BGB § 611 Nr. 99 (II.2.a) aa)).

geeigneter Anknüpfungsgesichtspunkte hierfür eine allgemeine Rechtsüberzeugung Voraussetzung sei. Eine derartige Rechtsüberzeugung bestehe aber nicht, vielmehr herrsche in Rechtsprechung und Literatur Uneinigkeit zu diesem Punkt.[429]

b) Haftung für mittelbare Verletzungshandlungen und Unterlassen

aa) Arbeitnehmer im Allgemeinen

Ein wesentlicher Teil des Außenhaftungsrisikos des Arbeitnehmers bestimmt sich über die Haftung für mittelbare Verletzungshandlungen und Unterlassen.[430] Während im bereits erwähnten Wachmann-Fall[431] die hierfür erforderliche Verkehrssicherungspflicht des Arbeitnehmers wegen der fehlenden selbständigen Berufsausübung verneint wurde, findet sich in der übrigen Judikatur und der Rechtsprechung ein weites Feld an Lösungsmöglichkeiten.[432]

bb) Arbeitnehmer mit Leitungsfunktion

Hinsichtlich der Mitarbeiter mit Leitungsfunktionen geht die Tendenz dazu, diesen aufgrund ihrer internen gehobenen Stellung in der Firmenhierarchie eine Verkehrssicherungspflicht zuzuweisen.[433]

(1) Rechtsprechung des VI. Senats

Der VI. Senat entschied Anfang 1989 über die Verkehrssicherungspflicht eines bei einer GmbH angestellten Baustellenleiters.[434] Die Gesellschaft mit beschränkter Haftung, über deren Vermögen später Konkurs eröffnet wurde, war mit der Baumaßnahme einer Landesstraße befasst. Infolge von fehlenden Sicherungsmaßnahmen („Flatterband") kam der Kläger in seinem Pkw von der Straße ab und nahm u.a. den Baustellenleiter in Anspruch. Der VI. Senat entschied hierzu, dass der angestellte Bauleiter aufgrund seiner faktischen Verantwortungszuständigkeit für die Baustelle für die den Umständen nach gebotenen Vorkehrungen zum Schutz Dritter Sorge zu tragen hat.

---

429   BGH, VI ZR 349/88 vom 19.09.1989, AP BGB § 611 Nr. 99 (II.2.a) dd)).
430   *Schwarze*, in: Otto/Schwarze, Haftung, S. 363.
431   Siehe oben unter 3. Teil. B. II. 2. b) cc) (Wachmann-Entscheidung).
432   Vgl. etwa die Brunnensalz-Entscheidung von 1915, in dem das Reichsgericht den Arbeitnehmer, durch dessen Fehlentscheidung bei der Fabrikation eines Produkts ein Konsument geschädigt wird, nach § 823 Abs. 1 BGB gegenüber dem Konsumenten haften lässt, RG, VI 526/14 vom 25.02.1915, RGZ 87, 1–4. Vgl. weiterhin die Baustoffentscheidung, BGH, VI ZR 335/88 vom 05.12.1989, BGHZ 109, 297; aus der Literatur siehe nur *Brüggemeier*, AcP 1991, 33, 58–61; *Kleindiek*, Deliktshaftung, S. 369 ff., 446 ff.
433   *Brüggemeier*, AcP 1991, 33, 53 (m.w.N. aus der Rechtsprechung, dort Fn. 80).
434   BGH, VI ZR 146/88 vom 25.04.1989, NJW-RR 1989, 918.

(2) Reaktionen in der Literatur

In der Literatur wurde daraufhin von einigen Autoren versucht, Abgrenzungs-
kriterien hinsichtlich der Innen- und Außenhaftung zu finden.

Am überzeugendsten erscheint dabei der Ansatz von *Schwarze*. Dieser schlägt
vor, zwischen Pflichten, die gegenüber dem Arbeitgeber bestehen, und solchen, die
gegenüber der Allgemeinheit bestehen, zu unterscheiden:[435] Bei nicht ordnungsgemäßer Erbringung der Arbeitsleistung ist danach eine Verkehrssicherungspflicht
zu verneinen. Unterlässt etwa der Monteur in der Kfz-Werkstatt eine eigentlich
vorgesehene Kontrolle der Bremse und entsteht infolgedessen ein Schaden, haftet
er nur gegenüber seinem Arbeitgeber. Eine Pflicht, die gegenüber der Allgemeinheit besteht, ist eine solche, die jedermann treffen würde. Öffnet ein Bauarbeiter
einen Gully und vergisst nach der Reparatur, ihn wieder zu schließen, haftet er so
wie jeder andere.[436] Grund hierfür ist nach *Schwarze*, dass „punktuelle originäre
Verkehrssicherungspflichten"[437] an andere Gefahrenquellen als die Arbeitsleistung
als solche anknüpfen und das Vertrauen situativ bedingt auch dem Arbeitnehmer
entgegengebracht werden kann. Er geht so weit, eine Haftung des Bauleiters für
die Absicherung der Baustelle gegenüber Dritten zu bejahen, da diesen aufgrund
entsprechender Verhaltenserwartungen des Verkehrs die Verkehrssicherungspflicht
treffe.[438]

Rogge schlägt vor, als Kriterium auf den jeweils gesetzten Vertrauenstatbestand
abzustellen. Danach übernimmt der Arbeiter, der am Bau eine Leitungsfunktion
ausübt, faktisch eine Verantwortlichkeit und damit auch die Verkehrssicherungspflicht. Weiterhin soll auch derjenige, der auf Grund besonderer Sachkunde zur
Gefahrenabwehr in der Lage sei, verkehrssicherungspflichtig sein.[439]

---

435 *Schwarze*, in: Otto/Schwarze, Haftung, S. 364–369.

436 Vgl. hierzu BGH, VI ZR 79/78 vom 08.12.1987, VersR 1988, 516 (Verkehrssiche-
     rungspflicht des Arbeitnehmers für offen gelassenen Schacht bejaht); vgl. auch
     OLG Hamm, 3 U 271/77 vom 01.02.1978, VersR 1979, 1064 (zur Verkehrssicherungs-
     pflicht eines Bademeisters für die Beaufsichtigung des Sprungturms. Da sich die
     Klage gegen das Schwimmbad richtete, war allerdings nicht über die Außen-
     haftung zu entscheiden.).

437 *Schwarze*, in: Otto/Schwarze, Haftung, S. 367.

438 *Schwarze*, in: Otto/Schwarze, Haftung, S. 367; unter Bezugnahme auf *Rogge*,
     JuS 1995, 581, 584 (wonach der Bauleiter einer größeren Baugesellschaft wegen
     seiner faktischen Verantwortlichkeit auf der Baustelle selbst verkehrssicherungs-
     pflichtig sein soll); *Rogge* verweist wiederum auf OLG Düsseldorf, 22 U 182/92 vom
     05.05.1993, BauR 1993, 617, 618 (wonach die Verkehrssicherungspflicht grund-
     sätzlich den Unternehmer trifft, diese aber auf einen Bauleiter delegiert werden
     kann).

439 BGH, VI ZR 35/63 vom 12.05.1964, VersR 1964, 942, 943; BGH, VI ZR 146/88
     vom 25.04.1989, NJW-RR 1989, 918, 919; *Rogge*, JuS 1995, 581, 583 unter Ver-
     weis auf RG, VI 191/21 vom 19.09.1921, RGZ 102, 372–374 (die „Rechtspflicht"
     eines Tierarztes unter Berufung auf seine berufliche Stellung bejahend, der eine

4. Der innerbetriebliche Schadensausgleich

Der innerbetriebliche Schadensausgleich führt nach alldem dazu, dass der Arbeitnehmer im Falle einer leicht fahrlässigen Schädigung von Rechtsgütern des Arbeitgebers diesem gegenüber nicht haftet. Verursacht er dagegen bei einem unbeteiligten Dritten leicht fahrlässig einen Schaden, macht er sich nach § 823 Abs. 1 BGB schadensersatzpflichtig. Da es sich aber dennoch um eine betrieblich veranlasste Tätigkeit handelt, hat der Arbeitgeber ihn in diesem Fall von den verbundenen vermögensmäßigen Nachteilen freizustellen oder ihm diese zu erstatten, wenn bereits eine Zahlung erfolgt ist. Rechtsgrundlage hierfür ist § 426 Abs. 1 BGB, wenn Arbeitgeber und Arbeitnehmer als Gesamtschuldner gem. § 840 BGB haften. § 840 Abs. 2 BGB, der in der Mehrzahl der Fälle eingreift, wird in diesem Falle aufgrund der oben genannten Erwägungen zum Schutz des Arbeitnehmers teleologisch reduziert.[440] Liegt keine gesamtschuldnerische Haftung von Arbeitgeber und Arbeitnehmer vor, wird als Rechtsgrundlage teilweise die Fürsorgepflicht des Arbeitgebers gesehen[441], teilweise § 670 BGB analog i.V.m. § 257 BGB[442].

II. Schlussfolgerungen für die Außenhaftung von Leitungsorganen

Für die sich anschließenden Überlegungen wird von folgender Haftungssituation ausgegangen:

Bei betrieblich veranlassten Tätigkeiten haftet der Arbeitnehmer für Schäden gegenüber seinem Arbeitgeber abhängig vom Grad seines Verschuldens. Bei leichtester Fahrlässigkeit haftet er gar nicht. Bei mittlerer Fahrlässigkeit wird unter Berücksichtigung aller Umstände eine Quote gebildet. Bei grober Fahrlässigkeit bleibt es bis auf wenige Ausnahmefälle bei der vollen Haftung des Arbeitnehmers.

Verletzt der Arbeitnehmer absolut geschützte Rechtsgüter eines Dritten, haftet er dem Dritten gegenüber nach § 823 Abs. 1 BGB. Dies gilt im Falle unmittelbarer Verletzungshandlungen sowohl bei Vorsatz wie auch bei Fahrlässigkeit. Bei mittelbaren Verletzungshandlungen geht die Tendenz dahin, zumindest bei leitenden Angestellten eine Haftung zu bejahen. Der Arbeitnehmer hat aber einen internen Freistellungsanspruch gegenüber seinem Arbeitgeber, wenn er dem Arbeitgeber gegenüber nach den gerade genannten Grundsätzen nicht haften würde.

Für die hier untersuchte Fragestellung vor allem relevant ist die Übertragbarkeit der eben dargestellten Grundsätze betrieblich veranlasster Tätigkeit ins

---

milzbrandverdächtige Kuh behandelt hatte und es unterlassen hatte, für die mit dem Tiere befassten Personen Sorge zu tragen).

440 *Schwarze*, in: Otto/Schwarze, Haftung, S. 379; *Wagner*, in: MüKo BGB, § 840 Rn. 18.

441 BAG, 8 AZR 300/85 vom 23.06.1988, AP BGB § 611 Nr. 94 (I.1.); BAG, 8 AZR 800/85 vom 23.06.1988, NZA 1989, 181, 182.

442 *Brox/Rüthers/Henssler*, Arbeitsrecht, Rn. 260; *Otto*, in: Otto/Schwarze, Haftung, S. 378.

Gesellschaftsrecht. Hierzu wurden bereits u.a. von *Eckardt, Brüggemeier, Kleindiek* und *Sandmann* Lösungsvorschläge entwickelt. Die folgenden Überlegungen sollen diese Diskussion aufgreifen (1.–4.) und fortsetzen (5.).

1. Ansatz von Eckardt

Eckardt hält eine prinzipielle Unterscheidung zwischen Leitungsorganen und Arbeitnehmern für nicht gerechtfertigt, da es für beide um die Eigenschaft als „sekundäre Verkehrspflichtadressaten"[443] bei Tätigkeiten für den Interessenträger geht und schlägt einheitliche Kriterien für beide Gruppen vor. Danach ist eine Außenhaftung von Mitarbeitern (Leitungsorgane und Arbeitnehmer) auch bei mittelbaren Verletzungshandlungen „jedenfalls regelmäßig" zu bejahen.[444] Dies begründet *Eckardt* damit, dass der Mitarbeiter eine bestimmte soziale Rolle übernimmt, in der ihm faktisch die Herrschaft über einen Gefahrenbereich mit zuwächst. Aus eben dieser sozialen Rolle erwüchsen auch die persönlichen Verkehrspflichten. Das Vertrauen der Verkehrsteilnehmer bezöge sich nach der verantwortlichen Aufgabenübernahme nicht mehr auf den „Primärgaranten" (das Unternehmen), sondern auf den Übernehmer. Als Beispiele hierfür nennt er u.a. den Arbeiter, dem eine Gefahrenquelle wie ein Baukran anvertraut wird, eine Kindergärtnerin oder einen Schwimmlehrer. Voraussetzung für eine Außenhaftung sei aber eine gewisse Schadensgeneigtheit der betreffenden Situation oder Handlung, also eine besonders konkrete Gefahrenlage.

2. Alter Ansatz von Brüggemeier

Brüggemeier vertrat bis 1999 die Ansicht, dass Arbeitnehmer und Geschäftsleiter grundsätzlich uneingeschränkt nach außen haften sollten. 1991, also 2 Jahre nach der Baustoff-Entscheidung des VI. Senats, wies er auf die widersprüchlichen Ergebnisse zwischen dieser Entscheidung und der Wachmann-Rechtsprechung hin.[445] Nur zur Erinnerung: In der Wachmann-Entscheidung war eine Außenhaftung des Wachmanns mit der Begründung verneint worden, dass dieser keine selbstständige Position im Unternehmen hatte. Im Baustoff-Urteil war eine Haftung des Geschäftsführers einer GmbH unter Verweis auf seine Garantenstellung als Leitungsorgan bejaht worden. Die Differenzierung zwischen leitenden und nicht-leitenden Arbeitnehmern war nach *Brüggemeier* in ihrer Abgrenzung mehr als unklar.[446] Er schlug daher vor, Arbeitnehmer insgesamt (auch leitende Angestellte) uneingeschränkt nach §§ 823 ff. BGB haften zu lassen. Der Schutz des Arbeitnehmers könne durch die Übernahme der Subsidiaritätsklausel des § 839 Abs. 1 S. 2 BGB bewerkstelligt

---

443 *Eckardt*, in: Jahrbuch Zivilrechtswissenschaftler 1996, S. 61, 66.
444 *Eckardt*, in: Jahrbuch Zivilrechtswissenschaftler 1996, S. 61, 70.
445 *Brüggemeier*, AcP 1991, 33, 40 („verwirrende, systematisch wie sachlich wenig überzeugende Rechtslage"). Zu den angesprochenen Urteilen vgl. oben 3. Teil. B. II. 2. b) cc) (Wachmann) und 3. Teil. B. II. 2. b) dd) (Baustoff).
446 *Brüggemeier*, AcP 1991, 33, 58.

werden. Erwägenswert sei darüber hinaus eine Anspruchskürzung nach dem Vorbild der Rechtsprechung zum gestörten Gesamtschuldnerausgleich.

Um eine weitgehende Gleichbehandlung von Arbeitnehmern und Organen zu erreichen, schlug er weiterhin vor, dieses Modell auch auf Leitungsorgane anzuwenden. Diese sollten also im Falle einer Verletzung deliktischer Verhaltenspflichten Dritten gegenüber uneingeschränkt haften.[447] Insbesondere die Fallgruppe der Unternehmensorganisation sollte hiervon umfasst sein. Die gesellschaftsinternen Verhaltensregeln begründen danach also eine gleichlaufende deliktische Außenhaftung.[448] Hierfür sprach nach *Brüggemeier* vor allem die Möglichkeit der Haftungsbeschränkung auf die Vermögensmasse der juristischen Person ohne eine Rechtspflicht zu einer angemessenen Kapitalausstattung. Die Übernahme des Subsidiaritätsprinzips sowie die Idee der Anspruchskürzung nach den Grundsätzen zum Gesamtschuldnerausgleich kämen dagegen für Organwalter nicht in Betracht, da hier ein unterschiedliches Schutzbedürfnis bestehe. *Brüggemeier* schlug letztlich also eine uneingeschränkte Außenhaftung der Leitungsorgane vor und bejahte insbesondere bei den Organisationspflichtverletzungen eine Verkehrssicherungspflicht der Leitungsorgane.

3. Ansatz von Kleindiek

Kleindiek verneint eine Übertragbarkeit der arbeitsrechtlichen Haftungserleichterungen auf Leitungsorgane, da diese in jedem Fall nur im Innenverhältnis wirken und eine Anspruchskürzung beim Dritten nicht zu rechtfertigen vermögen.[449] Anders als *Brüggemeier* meint er allerdings, die internen Organpflichten könnten gegenüber außenstehenden Dritten keinesfalls parallel Verkehrspflichten entstehen lassen.[450] Dies führe nämlich dazu, dass das Leitungsorgan letztlich zum „Ausfallbürgen" für die Unternehmenshaftung werde.[451] Die Außenhaftung bedürfe vielmehr einer besonderen Begründung, nämlich ein vollständiges Eigendelikt des Organwalters. Er weist aber auch darauf hin, dass dies zu einem Widerspruch in Bezug auf die Außenhaftung von Arbeitnehmern führen kann. Es erscheint als schwer vertretbar, nachgeordnete Arbeitnehmer bei Versäumnissen Dritten gegenüber haften zu lassen, die Leitungsorgane dagegen nicht.[452] Er will dieses Problem lösen, indem er für Arbeitnehmer wie für Leitungsorgane eine Außenhaftung bejaht, wenn sie eine deliktische Pflicht verletzen, die ihnen persönlich im Interesse des geschädigten

---

447 *Brüggemeier*, AcP 1991, 33, 65.
448 *Brüggemeier*, AcP 1991, 33, 65. Diese Position hat *Brüggemeier* 1999 aufgegeben und vertritt seitdem eine Position zu Gunsten eines durchgängigen Schutzes der Arbeitnehmer, *Brüggemeier*, Haftungsrecht, S. 153 (dort Fn. 775); zu seiner neuen Ansicht siehe unten Teil 4. Teil. C. II. 1.
449 *Kleindiek*, Deliktshaftung, S. 483.
450 *Kleindiek*, Deliktshaftung, S. 452.
451 *Kleindiek*, Deliktshaftung, S. 441.
452 *Kleindiek*, Deliktshaftung, S. 484/485.

Dritten obliegt. Beim Arbeitnehmer sollen solche Pflichten dort entstehen, wo diese selbst eine Gefahrenquelle schaffen oder erhöhen. Beim Leitungsorgan soll dies dann der Fall sein, wenn sie durch eigene Aktivität eine Quelle erhöhter Gefahr schaffen, die auch nur sie in der konkreten Situation persönlich zu beherrschen vermögen.[453]

4. Ansatz von Sandmann

Sandmann beschäftigte sich um die Jahrtausendwende mit der Haftung von Arbeitnehmern, Geschäftsführern und leitenden Angestellten. Ausgehend von der Innen- und Außenhaftung von Arbeitnehmern entwickelte er ein Haftungskonzept für die Innen- und Außenhaftung von Geschäftsführern und leitenden Angestellten. Auch *Sandmann* weist darauf hin, dass es bei vom Geschäftsführer eigenhändig begangenen deliktischen Schädigungen keinen Zweifel daran geben kann, dass dieser auch persönlich nach § 823 Abs. 1 BGB haftet.[454] Problematisch ist nach *Sandmann* die Außenhaftung von Geschäftsführern und Arbeitnehmern bei der Verletzung von Verkehrspflichten.[455] Für beide Personengruppen verfolgt er dabei ein abgestuftes Haftungskonzept: Danach ist zwischen Verkehrspflichten zu unterscheiden, die der Arbeitnehmer/Geschäftsführer selbst geschaffen hat und solchen, die von der Gesellschaft mit übernommen werden.[456] Von der Gesellschaft übernommene Verkehrspflichten müssen tatsächlich übernommen worden sein und aus dem Organisationsrisiko des Geschäftsführers und nicht dem Tätigkeitsrisiko der Gesellschaft entstammen.[457] Wenn der Bereich des von der Gesellschaft zu tragenden Tätigkeitsrisikos betroffen ist, soll die Verantwortung des Geschäftsführers auf grob fahrlässiges und vorsätzliches Verhalten beschränkt werden. Die Einstandspflicht für grob fahrlässiges Verhalten soll sich aus einem Vergleich mit den Grundsätzen der Arbeitnehmerhaftung rechtfertigen.[458] Arbeite der Geschäftsführer in Zusammenarbeit mit anderen Mitarbeitern des Unternehmens, könne ihm nicht das unternehmensbezogene Risiko zugerechnet werden.

5. Stellungnahme

Hinsichtlich der Innenhaftung besteht richtigerweise Einigkeit darüber, dass die Rechtsprechung zur eingeschränkten Haftung des Arbeitnehmers nicht auf übergreifenden, sondern auf spezifisch arbeitsvertraglichen Erwägungen beruht und

---

453 *Kleindiek*, Deliktshaftung, S. 485.
454 *Sandmann*, Haftung, S. 428.
455 *Sandmann*, Haftung, S. 428.
456 *Sandmann*, Haftung, S. 194–251 (Arbeitnehmer), S. 428–459 (Geschäftsführer), S. 602 ff. (Ergebnisse).
457 *Sandmann*, Haftung, S. 603 (Ergebnisse).
458 *Sandmann*, Haftung, S. 454.

daher nicht auf andere Rechtsgebiete übertragbar ist.[459] Auch der Ansatz, dass die Innenhaftung der Leitungsorgane in den §§ 93 Abs. 2 AktG, 43 Abs. 2 GmbHG gesetzlich geregelt ist und daher anders als im Arbeitsrecht keine Regelungslücke besteht,[460] ist überzeugend.

Der Vergleich der Außenhaftung von Leitungsorganen mit der Außenhaftung von Arbeitnehmern erhellt in einer ersten resümierenden Rückschau vor allem die Rechtsprechung des VI. Senats. Ohne weitere Hintergrundkenntnisse wirkt das Baustoff-Urteil schwer nachvollziehbar, da es die Haftungsverhältnisse umzukehren scheint und die Leitungsorgane in die Stellung eines „Ausfallbürgen"[461] für die Schulden der Gesellschaft rückt. Dies scheint mit dem Grundsatz der Haftungskonzentration schwer vereinbar. Der Vergleich mit der Außenhaftung von leitenden Angestellten zeigt aber, dass der VI. Senat diesbezügliche Widersprüche vermeiden wollte, wie der damalige Vorsitzende des Senats *Steffen* später auch erläutert hat.[462] Die diesbezüglichen Parallelen drängen sich auf den ersten Blick auch auf.[463] Leitungsorgane werden ebenso wie Arbeitnehmer für jemand anderen tätig, der von dieser Tätigkeit profitiert. Es kann in beiden Fällen also nicht angehen, dass sie das gesamte deliktische Risiko tragen, ebenso wenig wie sie für die Schulden der Gesellschaft haften sollten.[464] Dem Ansatz von *Eckardt*, *Kleindiek* und auch *Sandmann*, Widersprüche hier zu vermeiden, ist daher im Ergebnis zuzustimmen.

Hier enden die Parallelen allerdings. Organmitglieder sind trotz ihres Anstellungsvertrages keine Arbeitnehmer, sondern nehmen Arbeitgeberfunktion ein.[465] Größter Unterschied zwischen Arbeitnehmern und Leitungsorganen ist die Weisungsbefugnis des Leitungsorgans. Hieraus resultiert auch ein unterschiedliches Schutzbedürfnis als das des fremdbestimmten Arbeitnehmers. Eine Übertragung des Außen- oder Innenhaftungsmodells von Arbeitnehmern auf die Haftung von Leitungsorganen ist schon aus diesem Grunde verfehlt.

Hinzu kommt, dass eine Gleichbehandlung von Arbeitnehmern und Leitungsorganen nicht zwingend zu gerechten Ergebnissen führt. Gerade Arbeitnehmer treten oftmals nach außen in Erscheinung und übernehmen gefahrenträchtige Aufgaben. Etwa die von *Eckardt* vorgeschlagene Lösung, alle Mitarbeiter eines Unternehmens gleich haften zu lassen, eine Verkehrspflicht aber insbesondere bei besonders gefahrenträchtigen Aufgaben zu bejahen, führt unweigerlich dazu, dass gerade die einfachen Beschäftigten, die nach außen hin tätig werden (wie der Schweißarbeiter) besonders häufig in Anspruch genommen werden. Diese „Gerechtigkeitslücke", die

---

459 BAG, GS 4 (5)/56 vom 25.09.1957, NJW 1958, 235, 239; BGH, VI ZR 349/88 vom 19.09.1989, AP BGB § 611 Nr. 99 (II. 2. a) cc)).
460 *Brox/Rüthers/Henssler*, Arbeitsrecht, Rn. 249; *Fleischer*, ZIP 2014, 1305, 1306; *Koch*, AG 2012, 429, 429 (m.w.N., dort Fn. 5).
461 *Kleindiek*, Deliktshaftung, S. 441.
462 *Steffen*, Karlsruher Forum 1993, S. 27.
463 *Koch*, AG 2012, 429, 435.
464 *Wiedemann*, Gesellschaftsrecht I, S. 544.
465 *Andresen/Cisch*, in: MüHa ArbR, § 140 Rn. 47.

Eckardt auch selbst einräumt[466], kann nicht durch den arbeitsrechtlichen Freistellungsanspruch ausgeglichen werden. Die Arbeitnehmeraußenhaftung wird nämlich vor allem in der Insolvenz des Unternehmens relevant, wenn dieser Freistellungsanspruch nicht mehr durchsetzbar ist.

Es kann letztlich auch nicht sein, dass Leitungsorgane aufgrund ihrer Organisations- und Aufsichtspflichten das Risiko für jede Verletzung absoluter Rechtsgüter übernehmen. Die Rechtsprechung der letzten Jahre, insbesondere aus den Jahren 2011 und 2012, hat dieser Linie folgend betont, dass allein aus der Organstellung noch keine Außenhaftung folgen könne und vielmehr besondere persönliche Gründe in der Person des Organwalters für eine deliktische Außenhaftung vorliegen müssen. Es spricht daher viel dafür, für die Außenhaftung von Leitungsorganen ein eigenes Haftungskonzept zu entwickeln, das sich nicht an der Arbeitnehmeraußenhaftung orientiert. Dem VI. Senat und der o.g. Literatur ist zwar zuzugeben, dass es nicht die Lösung sein kann, prinzipiell die leitenden Angestellten nach außen haften zu lassen, die Leitungsorgane – die nur eine Ebene darüber stehen – dagegen grundsätzlich nicht. Dies heißt aber nicht, dass die Haftung dieser beiden Personengruppen an den gleichen Kriterien gemessen werden muss.

C. Haftung des Beamten

Anders als die Außenhaftung der Arbeitnehmer hat die Eigenhaftung der Beamten bislang wenig Beachtung in Rechtsprechung und Literatur gefunden. Die Eigenhaftung der Beamten kommt nämlich nur in Betracht, wenn die Staatshaftung nach § 839 BGB i.V.m. Art. 34 GG nicht eingreift, was sehr selten der Fall ist. Hinzu kommt, dass mit dem Staat als primärer potentieller Anspruchsgegner ein solventer Schuldner zur Verfügung steht und eine Insolvenz verhältnismäßig unwahrscheinlich ist.[467] Hauptanwendungsfall ist die Haftung von beamteten Ärzten im Krankenhaus, wenn diese sich nicht hoheitlich, sondern fiskalisch betätigen.[468] Vor Einführung des § 253 Abs. 2 BGB ging es hierbei oft um die Frage des Schmerzensgeldes, da dieses nur im Falle eines deliktischen Anspruches ersatzfähig war und vertragliche Ansprüche gegen das Krankenhaus die Subsidiarität des Anspruchs gegen den Beamten nicht auslösten.[469]

Die Eigenhaftung der Beamten ist im allgemeinen Deliktsrecht gesondert in § 839 BGB geregelt. Danach haftet der Beamte persönlich, wenn er vorsätzlich oder fahrlässig die ihm einem Dritten gegenüber obliegende Amtspflicht verletzt, § 839 Abs. 1 S. 1 BGB. Diese über die allgemeine deliktische Haftung hinausgehende

---

466 *Eckardt*, in: Jahrbuch Zivilrechtswissenschaftler 1996, S. 61, 80.
467 So auch *Schwarze*, in: Otto/Schwarze, Haftung, S. 407. Zum Staatsbankrott siehe *Kämmerer*, ZaöRV 2005, 651; zu den Nachteilen eines Staates als Schuldner siehe *Kersting*, TILJ 2013, 269, 312 ff. (beide m.w.N.).
468 *Laufs/Kern*, in: Handbuch Arztrecht, § 105 Rn. 2, *Sprau*, in: Palandt, § 839 Rn. 93.
469 *Kern*, VersR 1981, 316, 316.

Regelung findet ihre Rechtfertigung darin, dass der Bürger auf die öffentliche Verwaltung angewiesen ist und sich weder aussuchen kann, ob er etwas mit ihr zu tun haben will, noch den Beamten, der in seiner Angelegenheit tätig werden soll.[470] Fällt dem Beamten nur Fahrlässigkeit zur Last, kann er aber nur dann in Anspruch genommen werden, wenn der Verletzte nicht auf andere Weise Ersatz zu erlangen vermag, § 839 Abs. 1 S. 2 BGB. Wenn § 839 BGB anwendbar ist, verdrängt er die §§ 823 ff. BGB im Wege der Spezialität.

Im Folgenden werden zunächst die Grundlagen der deliktischen Eigenhaftung des Beamten erläutert (I.), bevor hieraus Schlussfolgerungen für die Außenhaftung von Leitungsorganen gezogen werden (II.)

I. Grundlagen der deliktischen Eigenhaftung des Beamten

Die in § 839 BGB normierte Eigenhaftung des Beamten beruhte auf dem Verständnis des Staates im ausgehenden 19. Jahrhundert, nach dem der Staat nicht die Ursache von Schäden gegenüber seinen Bürgern sein konnte. Daher fiel rechtswidriges Handeln regelmäßig in die Verantwortlichkeit des Beamten.[471] Um die Handlungs- und Entschlussfreudigkeit der Beamten zu stärken und dem Geschädigten einen solventen Schuldner zu verschaffen, wurde mit Art. 34 GG eine Haftungsverlagerung auf den Staat eingeführt.[472]

Soweit ein Beamter in Ausübung eines öffentlichen Amtes eine Pflicht nur fahrlässig verletzt, entfällt im Grundsatz seine persönliche Eigenhaftung und die Staatshaftung tritt an dessen Stelle. Im Folgenden wird zunächst auf die dogmatischen Grundlagen hierzu eingegangen (1.), bevor die Voraussetzungen der Eigenhaftung dargestellt werden (2.) und das Verweisungsprivileg des § 839 Abs. 1 S. 2 BGB erläutert wird (3.).

1. Staatshaftung und Eigenhaftung

Bei der Staatshaftung gem. § 839 BGB i.V.m. Art. 34 GG handelt sich nicht um einen Schuldbeitritt, sondern um eine Überleitung auf den Staat mit schuldbefreiender Wirkung für den Beamten.[473] Anspruchsgrundlage ist § 839 BGB. Art. 34 GG führt zur Schuldübernahme. Entgegen des Wortlauts von § 839 BGB haftet der Beamte selbst dann also nicht. Die Eigenhaftung des Beamten greift nur ein, wenn keine öffentlich-rechtliche Tätigkeit vorliegt. Die Begrenzung der Haftung des Staates auf öffentlich-rechtliche Tätigkeiten wird damit begründet, dass eine Sonderhaftung des Staates nur dann eingreifen soll, wenn der Staat auch von seinem spezifischen

470 *Baur*, in: Gedächtnisschrift Bruns, 1980, S. 241, 247.
471 *Tremml/Karger/Luber*, Amtshaftungsprozess, Rn. 41.
472 *Kern*, VersR 1981, 316, 317; *Tremml/Karger/Luber*, Amtshaftungsprozess, Rn. 42.
473 *Sprau*, in: Palandt, § 839 Rn. 12; *Tremml/Karger/Luber*, Amtshaftungsprozess, Rn. 40.

Sonderrecht Gebrauch macht.[474] Etwa im Falle eines Klinikums, das durch einen öffentlich-rechtlichen Träger betrieben wird, kommt eine Haftung des Staates nach § 839 BGB i.V.m. Art. 34 GG regelmäßig nicht in Betracht, da das Krankenhausbenutzungsverhältnis zivilrechtlich ausgestaltet ist.[475] Dementsprechend liegt dann keine Ausübung hoheitlicher Gewalt vor, sodass die Voraussetzungen von Art. 34 GG nicht vorliegen. Der Tatbestand des § 839 BGB wird hingegen nicht dadurch in Frage gestellt, dass die Rechtsbeziehungen zwischen einer Klinik und den Patienten privatrechtlicher Natur sind.[476] Die Eigenhaftung des Beamten richtet sich dennoch nach § 839 BGB und nicht nach den §§ 823 ff. BB.[477]

2. Voraussetzungen der Eigenhaftung

Voraussetzung der Eigenhaftung ist zunächst ein Beamter im staatsrechtlichen Sinne, der vom Beamten im haftungsrechtlichen Sinne abzugrenzen ist.[478] Ein Beamter im staatsrechtlichen Sinn liegt nur vor, wenn der Beamte in einem öffentlich-rechtlichen Dienst- und Treueverhältnis zum Staat steht und durch Aushändigung einer Urkunde ernannt worden ist, in der die Worte „unter Berufung in das Beamtenverhältnis" enthalten sind.[479] Angestellte und Arbeiter im öffentlichen Dienst fallen nicht hierunter.[480] Der weitere haftungsrechtliche Beamtenbegriff dagegen setzt lediglich voraus, dass der Handelnde von der zuständigen Stelle die Ausübung eines öffentlichen Amtes anvertraut worden ist.[481]

Anders als § 823 Abs. 1 BGB setzt § 839 BGB keine Verletzung eines absolut geschützten Rechtsguts voraus.[482] Stattdessen muss der Schaden durch eine Amtspflichtverletzung entstanden sein.[483] Was eine Amtspflicht ist, ergibt sich aus Gesetzen, Verordnungen, Dienstanweisungen und allgemeinen Grundsätzen.[484] Etwa im Falle eines verbeamteten Arztes ist es seine Pflicht, die Patienten nach den anerkannten Regeln der ärztlichen Kunst zu behandeln.[485] Dritter ist, wessen

474   *Papier*, in: Maunz/Dürig GG, Art. 34 Rn. 125. Die Unterscheidung zwischen hoheitlicher und nicht hoheitlicher Tätigkeit kritisiert *Schwarze*, in: Otto/Schwarze, Haftung, S. 407/408.
475   *Kern*, VersR 1981, 316, 316.
476   BGH, III ZR 48/73 vom 18.03.1974, NJW 1974, 1424, 1424 (II.).
477   *Schwarze*, in: Otto/Schwarze, Haftung, S. 408.
478   *Laufs/Kern*, in: Handbuch Arztrecht, § 105 Rn. 3.
479   *Kern*, VersR 1981, 316, 316.
480   *Laufs/Kern*, in: Handbuch Arztrecht, § 105 Rn. 3.
481   *Papier*, in: Maunz/Dürig GG, Art. 34 Rn. 105.
482   *Laufs/Kern*, in: Handbuch Arztrecht, § 105 Rn. 4; *Tremml/Karger/Luber*, Amtshaftungsprozess, Rn. 41.
483   *Tremml/Karger/Luber*, Amtshaftungsprozess, Rn. 41.
484   *Laufs/Kern*, in: Handbuch Arztrecht, § 105 Rn. 4.
485   Zu den anerkannten Regeln der ärztlichen Kunst im Falle eines Facharztes für Anästhesie vgl. BGH, III ZR 48/73 vom 18.03.1974, NJW 1974, 1424.

Rechtskreis die Amtsausübung mittelbar oder unmittelbar berührt,[486] im Falle des Arztes sind dies also v.a. seine Patienten. Ob Privatpatienten hierunter fallen, ist umstritten.[487] Nach der Rechtsprechung sind Arztfehler stets als Amtspflichtverletzungen anzusehen, wenn sie innerhalb des privatrechtlichen Geschäftskreises des öffentlich-rechtlichen Dienstherrn geschehen.[488] Weiterhin setzt § 839 BGB ebenso wie § 823 Abs. 1 BGB ein vorsätzliches oder fahrlässiges Handeln voraus.

3. Verweisungsprivileg des § 839 Abs. 1 S. 2 BGB

Hat der Beamte fahrlässig gehandelt, kann er allerdings nur dann in Anspruch genommen werden, wenn der Verletzte nicht auf andere Weise Ersatz zu erlangen vermag, § 839 Abs. 1 S. 2 BGB. Die Unmöglichkeit der anderweitigen Ersatzmöglichkeit ist Anspruchsvoraussetzung von § 839 Abs. 1 BGB. Findet der Geschädigte eine andere Möglichkeit, seinen Schaden ersetzt zu bekommen, kann der Beamte ihn darauf verweisen. Ob die rechtliche Grundlage dabei ein Vertrag oder ein gesetzlicher Anspruch ist, ist unerheblich.[489] Im Falle eines verbeamteten Arztes im Krankenhaus werden oftmals vertragliche Ansprüche gegen den öffentlichen Träger eingreifen oder ein Anspruch gegen den Geschäftsherrn nach § 831 BGB. Zweck der subsidiären Haftung des Beamten war es ursprünglich, diesen zu schützen und seine Entschlossenheit, Tatkraft und Entscheidungsfreude zu fördern.[490] Der Beamte sollte nicht durch die Sorge gehemmt werden, für jedes Versehen in Ausübung seines Amtes mit seinem Vermögen einstehen zu müssen.[491] Vor Einführung des Art. 34 GG ging es also vor allem darum, die persönliche Haftung des Beamten einzuschränken. Da sich auch der Staat im Falle einer Haftungsübernahme nach Art. 34 GG auf das Verweisungsprivileg berufen kann, wurde § 839 Abs. 1 S. 2 GG in der Folge auch zur Entlastung der öffentlichen Hand genutzt.[492]

Das Verweisungsprivileg ist nach der Rechtsprechung ausschließlich auf den Anspruch wegen Amtspflichtverletzung anwendbar. Keine (analoge) Anwendung soll es dagegen auf Ansprüche aus Geschäftsführung ohne Auftrag,

486 *Laufs/Kern*, in: Handbuch Arztrecht, § 105 Rn. 4.
487 Vgl. hierzu den kurzen Aufriss bei *Kern*, VersR 1981, 316, 317.
488 So zuerst grundlegend BGH, VI ZR 77/81 vom 30.11.1982, BGHZ 85, 393 f.; bestätigend BGH, VI ZR 202/85 vom 24.06.1986, NJW 1986, 2883, 2883 (II.1.)).
489 *Sprau*, in: Palandt, § 839 Rn. 58.
490 *Kern*, VersR 1981, 316, 317; *Sprau*, in: Palandt, § 839 Rn. 54.
491 *Mugdan*, Materialien II, S. 1156 [1310] („Die Entschlossenheit und Tatkraft des Beamten werde gelähmt, wenn er gegenwärtig sein müsste, für jedes Versehen, auch das geringste, mit seinem Vermögen einstehen zu müssen.").
492 BGH, GSZ 1/54 vom 12.04.1954, BGHZ 13, 88, 104 = NJW 1954, 993 (Leitsatz 2.). Zur Kritik an der Einengung des Verweisungsprivilegs im Falle der Staatshaftung vgl. den Überblick bei *Kern*, VersR 1981, 316, 317.

aus öffentlich-rechtlicher Verwahrung oder Aufopferung finden.[493] Zudem ist § 839 Abs. 1 S. 2 BGB nicht anwendbar, wenn der Beamte einen Unfall im Straßenverkehr verursacht, da nach der Rechtsprechung alle Verkehrsteilnehmer haftungsrechtlich gleich behandelt werden sollen.[494] Diese restriktive Anwendung dürfte bereits dagegen sprechen, § 839 Abs. 1 S. 2 BGB außerhalb der Beamtenhaftung anzuwenden.

II. Schlussfolgerungen für die Außenhaftung von Leitungsorganen

Voraussetzung für die Eigenhaftung ist dementsprechend eine vorsätzliche oder fahrlässige Amtspflichtverletzung eines Beamten im staatsrechtlichen Sinne. Zu dessen Gunsten greifen allerdings folgende Privilegierungen ein: Erstens darf diese Pflichtverletzung nicht in Ausübung eines öffentlichen Amtes geschehen, da dann die Amtshaftung des Staates eingreift (befreiende Schuldübernahme). Grundsätzlich haftet also zunächst der Staat. Zweitens muss es dem Geschädigten im Falle einer fahrlässigen Amtspflichtverletzung unmöglich sein, anderweitig seinen Schaden ersetzt zu bekommen. Im Falle von Fahrlässigkeit haftet vorrangig also jeder andere Anspruchsgegner. Etwa im Falle des verbeamteten Arztes im Krankenhaus haftet vorrangig das Krankenhaus, wenn der Arzt nur fahrlässig einen Fehler begeht.

Die französische Rechtsprechung hat in den vergangenen Jahrzehnten eine Formel für die persönliche deliktische Außenhaftung der Leitungsorgane entwickelt, die sich an der Eigenhaftung der Beamten orientiert.[495] Auch in Deutschland wurde bereits vorgeschlagen, das Verweisungsprivileg des § 839 Abs. 1 S. 2 BGB auf andere Rechtsgebiete zu übertragen (hierzu 1.), worauf im Folgenden eingegangen werden soll (2.).

1. Neuer Ansatz von Brüggemeier

Nachdem der VI. Senat im Jahre 2000 festgestellt hatte, dass die Verjährungsvoraussetzungen eines Schadensersatzanspruchs gegen Unternehmen und Organ selbstständig voneinander zu prüfen sind,[496] erklärte *Brüggemeier*, das Verhältnis von Unternehmens- und Mitarbeiterhaftung sei neu zu überdenken. Die Haftung der Leitungsorgane für mittelbare Verletzungshandlungen führe zu einer Verdoppelung der Unternehmenshaftung.[497] Insbesondere § 31 BGB passe im Falle von Verkehrssicherungspflichtverletzungen, die sich eigentlich an das Unternehmen richten,

---

493   BGH, VII ZR 223/72 vom 24.10.1974, BGHZ 63, 167 = NJW 75, 207, 208 (II. 2. a) aa)).
494   BGH, III ZR 140/77 vom 15.03.1979, NJW 79, 1602 (Leitsatz).
495   Hierzu *de Vries*, RiW 2014, 105, 106 ff.
496   BGH, VI ZR 345/99 vom 12.12.2000, ZIP 2001, 379; hierzu bereits oben 2. Teil. D. I. 1.
497   *Brüggemeier*, ZIP 2001, 379, 383.

nicht. Nach der gesetzlichen Konzeption stehe bei § 31 BGB nämlich das persönliche Delikt des Organwalters im Vordergrund. Im Falle der Verkehrspflichtverletzung sei es dagegen umgekehrt und die Haftung des Organs werde abgeleitet von der Unternehmenshaftung. Dies führt *Brüggemeier* zu seinem Grundgedanken, dass die Leitungsorgane im Falle mittelbarer Verletzungshandlungen nur subsidiär haften sollen. Dass sich die Haftung des Organs von der Haftung des Unternehmens ableite, spreche dafür, dass diese auch nur nachrangig haften sollten. Daher sei der Grundgedanke des § 839 Abs. 1 S. 2 BGB sowohl für die Arbeitnehmeraußenhaftung, als auch die Organaußenhaftung zu verallgemeinern. Eine Außenhaftung sei also nur dann zu bejahen, wenn ein Dritter von dem Unternehmen selbst keinen Ersatz zu erlangen vermöge.

2. Stellungnahme

Wird ein Beamter im staatsrechtlichen Sinne tätig und verletzt dabei eine Amtspflicht, haftet grundsätzlich zunächst der Staat. Im Falle einer fahrlässigen Pflichtverletzung haftet zusätzlich zunächst jeder andere Anspruchsgegner. In der Regel haftet der Beamte also nicht nach außen, es sei denn, es liegt keine öffentlichrechtliche Tätigkeit vor und es besteht keine anderweitige Ersatzmöglichkeit, § 839 Abs. 1 S. 2 BGB.

Die Enthaftung des Beamten über Art. 34 GG im hoheitlichen Bereich beruht auf dem Gedanken einer besonderen Einstandspflicht des Staates für in seinem Verantwortungsbereich geschehenes Unrecht sowie die Entschlussfreude des Beamten und lässt sich daher nicht verallgemeinern.[498]

Nach *Brüggemeier* hat in § 839 Abs. 1 S. 2 BGB allerdings ein zivilrechtlicher Grundgedanke seinen Ausdruck gefunden, der auch auf die Arbeitnehmer- und Organhaftung zu übertragen ist. Bei Verkehrssicherungspflichten, die den Geschäftsführer oder das Vorstandsmitglied aufgrund seiner Organstellung treffen, handelt es sich nach *Brüggemeier* um vom Unternehmen abgeleitete Pflichten. Dies spreche für eine subsidiäre Haftung des Organs. Dem ist insoweit zuzustimmen, als die Haftung des Organs – auch die deliktische – grundsätzlich die Ausnahme sein sollte und positiv begründet werden muss. Dies ergibt sich allerdings bereits aus dem Prinzip der Haftungskonzentration. Neben der bereits erwähnten fehlenden Analogiefähigkeit von § 839 Abs. 1 S. 2 BGB[499] spricht gegen den Gedanken *Brüggemeiers* insbesondere folgendes: Fraglich ist, ob es der richtige Weg ist, zunächst einen deliktischen Anspruch gegen das Organ zu bejahen und dann als subsidiär zurücktreten zu lassen. Da die Frage der Organaußenhaftung vor allem in Falle der Unternehmensinsolvenz relevant wird, macht die Subsidiarität im Ergebnis kaum einen Unterschied. Im Falle eines solventen Unternehmens haben die Gläubiger regelmäßig kein Interesse

---

498   So auch BGH, VI ZR 349/88 vom 19.09.1989, BGHZ 108, 305, 307 = NJW 1989, 3273, 3275.
499   Siehe oben unter 4. Teil. C. I. 3.

daran, die Organe in Anspruch zu nehmen, da ihnen bereits das Unternehmens-vermögen haftet. Die Einrede der nur nachrangigen Organhaftung wird also kaum jemals zum Zuge kommen. Ist über das Vermögen des Unternehmens das Insolvenz-verfahren eröffnet worden, hilft den Organen § 839 Abs. 1 S. 2 BGB nicht, da ein Rückgriff auf das Unternehmen dann nicht möglich ist.

D. Haftung bei Treuhandverhältnissen

Beamten, Arbeitnehmern und Leitungsorganen ist gemein, dass sie in eine Or-ganisationsstruktur eingebunden sind und innerhalb dieser tätig werden. Etwas anders liegt der Fall bei treuhänderisch ausgestalteten Rechtsverhältnissen, bei denen ein Treuhänder fremdnützig die Rechtsmacht für ein ihm übertragenes Ver-mögen ausübt. Im folgenden Unterabschnitt soll zunächst einleitend die Haftung des Treuhänders allgemein betrachtet werden (I.), sodann zwei gesetzlich geregelte Treuhandverhältnisse, nämlich der Insolvenzverwalter (II.) und der Testaments-vollstrecker (III.).

I. Die Haftung des Treuhänders

Der Treuhandvertrag ist im BGB nicht gesetzlich normiert. Es handelt sich dabei um eine Bezeichnung für verschiedene Situationen, bei denen ein Treuhänder für den Treugeber Geschäfte besorgt. *Henssler* nennt als „Gemeingut aller Rechtskul-turen", dass unter einem Treuhänder die „natürliche oder juristische Person zu verstehen ist, die von einem anderen (oder für einen anderen) Vermögensrechte zu eigenem Recht erworben hat, diese Rechte aber nicht oder wenigstens nicht ausschließlich, in eigenem Interesse ausüben soll".[500] Als eine der wichtigsten Aus-prägungen ist die Sicherungstreuhand bekannt, bei der eine Forderung oder das Eigentum an einer Sache vom Treugeber auf den Treuhänder zur Sicherung einer Darlehensforderung übertragen wird. Hierbei werden die Rechte und Pflichten des Treuhänders in einem Sicherungsvertrag geregelt. Praktische Anwendung findet die Treuhand im heutigen Wirtschaftsleben insbesondere bei Finanztransaktionen wie Grundstückskäufen unter Einschaltung eines Notaranderkontos, der Verwal-tung von Sicherheitenpools bei Konsortialkrediten sowie bei der Verwaltung von Warenlagern.[501] In der Insolvenzordnung wurde 1999 der Treuhänder eingefügt, der die pfändbaren Forderungen des Schuldners aus einem Dienstverhältnis während der Wohlverhaltensperiode verwaltet.[502] Auch im Verbraucherinsolvenzverfahren werden die Aufgaben des Insolvenzverwalters grundsätzlich von einem Treuhänder wahrgenommen, § 313 Abs. 1 InsO.

---

500   *Henssler*, AcP 1996, 37, 41 (unter Verweis auf *Klausing*, RvglHW III, S. 368).
501   *Henssler*, AcP 1996, 37, 39.
502   §§ 292 ff. InsO; vgl. zur Rechtsstellung des Treuhänders ausführlich *Ehricke*, in: MüKo InsO, § 292 Rn. 82 ff.; zur Haftung des Treuhänders *Lammel*, Haftung des Treuhänders, S. 1 ff.

Nach einer kurzen Darstellung der rechtlichen Grundlagen der Treuhand (1.) wird die Haftung im Innen- und Außenverhältnis sowie insbesondere die Haftung des Treuhänders nach der Insolvenzordnung dargestellt (2.–4).

1. Grundlagen

Allgemein wird bei der Vollrechtstreuhand, bei der in Abgrenzung zur Stellvertretungskonstruktion das Vollrecht übertragen wird, zwischen eigen- und fremdnütziger Treuhand unterschieden.[503] Welche Art der Treuhand vorliegt, hängt von der Zweckrichtung der Übertragung ab. Die bereits angesprochene Sicherungstreuhand ist dabei ein typischer Fall der eigennützigen Treuhand; die Verwaltungstreuhand dagegen ein Fall der fremdnützigen Treuhand.[504] Je nach Gestaltung des Treuhandzwecks kann dieser Einfluss auf das Außenverhältnis haben, wobei die Rechtsfolgen von Fall zu Fall variieren werden.[505] Weiterhin wird zwischen dem Innenverhältnis zwischen Treuhänder und Treugeber sowie dem Außenverhältnis gegenüber Dritten unterschieden.

2. Die Haftung im Innenverhältnis

Das Innenverhältnis ähnelt von der Konstruktion her einem Auftrags- oder Geschäftsbesorgungsverhältnis, auf das die Vorschriften des Auftragsrechts (§ 662 ff. BGB) sowie des Rechts der Geschäftsbesorgung (§ 675 ff. BGB) angewendet werden.[506] Allgemein gilt der Grundsatz, dass der Treuhänder das Vermögen des Treugebers so zu verwalten hat, dass dieses im Außenverhältnis optimal geschützt wird.[507] Dieser Grundsatz hat bei den Rechten und Pflichten des Treuhänders nach § 292 InsO im Gesetz Niederschlag gefunden, wonach der Treuhänder das Vermögen des Treugebers von seinem eigenen separieren muss. Auch der Vermieter muss die von ihm treuhänderisch verwaltete Kaution gem. § 551 Abs. 3 BGB insolvenzfest anlegen. Bei durch Hoheitsakt bestellten Verwaltern fremden Vermögens gilt dies in besonderem Maße. Nach der Rechtsprechung des Bundesgerichtshofs ist der durch Hoheitsakt bestellte Verwalter fremden Vermögens gegenüber dem Inhaber des Vermögens zu einer ordentlichen Verwaltung verpflichtet und haftet für die schuldhafte Verletzung dieser Pflichten.[508]

---

503 Henssler, AcP 1996, 37, 42–43.
504 Zum Außenrecht der Verwaltungstreuhand ausführlich Bitter, Rechtsträgerschaft für fremde Rechnung, S. 1 ff.
505 Henssler, AcP 1996, 37, 43.
506 Vgl. BGH, IX ZR 100/93 vom 09.12.1993, BGHZ 124, 298, 300; so auch Heermann, in: MüKo BGB, § 675 Rn. 107–108; Henssler, AcP 1996, 37, 43; Lammel, Haftung des Treuhänders, S. 12.
507 Henssler, AcP 1996, 37, 47.
508 BGH, VII ZR 310/56 vom 24.06.1957, BGHZ 24, 393, 395, so auch Dauner-Lieb, Sondervermögen, S. 237.

Als Basis für zahlreiche treuhänderisch geprägte Sonderbeziehungen finden die Regelungen zum Auftragsrecht und Geschäftsbesorgungsrecht vielfach analoge Anwendung, etwa auf den Vereinsvorstand (§ 27 Abs. 3 BGB), den geschäftsführenden Gesellschafter (§ 713 BGB) sowie den Testamentsvollstrecker (§ 2218 BGB).[509] Insbesondere § 666 BGB wird von der Rechtsprechung als Grundlage für den Grundsatz verwendet, dass jeder, der fremde Angelegenheiten besorgt, auskunfts- und rechenschaftspflichtig ist.[510]

3. Die Haftung im Außenverhältnis

Die Haftung des Treuhänders gegenüber Dritten ist im Grundsatz unbeschränkt, da er Verträge im eigenen Namen schließt und als Eigentümer und Besitzer auch einziger in Betracht kommender Anspruchsgegner von vertragsähnlichen und deliktischen Ansprüchen ist.[511] Eine Beschränkung der Haftung auf das Treugut setzt nach herrschender Ansicht neben der Offenlegung und Vermögenstrennung eine zumindest konkludent abgeschlossene individualvertragliche Vereinbarung voraus.[512] Im Bereich der Haftung aus culpa in contrahendo ergeben sich aus dem Treuhandverhältnis keine Besonderheiten gegenüber den allgemeinen Grundsätzen.[513] Danach kommt eine Außenhaftung in Betracht, wenn der Treuhänder einen Vertrauenstatbestand schafft, der ihn einer besonderen Erwartungshaltung aussetzt, z.B. bei namentlichem Auftreten als Gründer eines Kapitalanlageprojekts.[514] Im Bereich der Haftung nach Deliktsrecht ist umstritten, ob der Treuhänder bei Verwaltung einer Immobilie aus § 836 BGB (als Eigenbesitzer) oder aus § 838 BGB (aus Übernahme) gegenüber dem Geschädigten haftet. Nach Ansicht von *Henssler* haftet der Treuhänder als Eigenbesitzer nach § 836 BGB, da er trotz der schuldrechtlichen Beschränkungen die Eigentümerposition nach außen in vollem Umfang wahrnehmen will.[515]

---

509 *Heermann*, in: MüKo BGB, § 675 Rn. 108.
510 RG, II 310/2 vom 04.05.1923, RGZ 108, 1, 7.
511 So auch *Lammel*, Haftung des Treuhänders, S. 25.
512 *Henssler*, AcP 1996, 37, 73; a.A. *Lammel*, Haftung des Treuhänders, S. 140 ff. (wenn der Treuhänder bei Vertragsschluss seine Eigenschaft erkennen lässt und das Treugut vom sonstigen Vermögen so separiert ist, dass man von einem Sondervermögen sprechen kann). Vgl. auch BGH, VII ZR 26/89 vom 05.07.1990, MittBayNot 1990, 351, 352 (wo eine Haftungsbeschränkung auf grobe Fahrlässigkeit, eine subsidiäre sowie der Art und Höhe nach beschränkte Haftung des Treuhänders in AGB als unwirksam gem. § 11 Nr. 7 AGBG a.F. (§ 309 Nr. 7 b) BGB n.F.) angesehen wird).
513 *Henssler*, AcP 1996, 37, 74.
514 BGH, XI ZR 70/91 vom 31.03.1992, NJW-RR 1992, 879; BGH, III ZR 93/93 vom 01.12.1994, NJW 1995, 1025 (Leitsätze 2–4).
515 *Henssler*, AcP 1996, 37, 73.

Nach Ansicht des VI. Senats ist der Treuhänder als Fremdbesitzer einzustufen, haftet aber wegen einer (konkludenten) Übernahme nach § 838 BGB.[516]

4. Die Haftung des Treuhänders nach der Insolvenzordnung

Die Figur des Treuhänders im Restschuldbefreiungsverfahren und dem Verbraucherinsolvenzverfahren ist in verfahrensrechtlicher Hinsicht zwar der des Insolvenzverwalters angelehnt,[517] soll wegen der materiell-rechtlichen Vergleichbarkeit zum Verwaltungstreuhänder aber dennoch an dieser Stelle behandelt werden. Inhaltlich unterscheidet sich die Rechtsstellung des Treuhänders erheblich von der des Insolvenzverwalters.[518] Im Gegensatz zum Insolvenzverwalter wird ihm das Vermögen des Schuldners nicht durch hoheitliche Anordnung übertragen, sondern durch eine rechtsgeschäftliche Abtretung des Schuldners, vgl. § 292 InsO. Es handelt sich um eine fremdnützige Treuhand im Interesse sowohl des Schuldners, als auch der Gläubiger. Der Treuhänder wird nämlich zum Zwecke der Restschuldbefreiung und damit im Sinne des Schuldners, aber auch im Gläubigerinteresse tätig und somit doppelt fremdnützig.[519] Die Haftung des Treuhänders ist nicht ausdrücklich geregelt. §§ 60, 61 InsO regeln zwar die persönliche Haftung des Insolvenzverwalters, diese gelten nach der überzeugenden vorherrschenden Ansicht[520] aber nicht auch für den Treuhänder. § 292 InsO, der die Rechtsstellung des Treuhänders detailliert regelt, enthält keinen Verweis auf die §§ 60, 61 InsO. Es ist auch nicht davon auszugehen, dass die persönliche Haftung vom Gesetzgeber übersehen wurde, sodass eine analoge Anwendung ausscheidet.[521] Da die Verwaltung des Vermögens und die Überwachung des Schuldners eine Sonderbeziehung zu Schuldner und Gläubigern begründen, haftet der Treuhänder diesen gegenüber gem. § 280 Abs. 1 BGB, wenn er seine Pflichten schuldhaft verletzt.[522] Eine weitergehende Haftung nach allgemeinen Regeln wird hierdurch nicht ausgeschlossen, insbesondere nicht die Haftung gem. §§ 823 ff. BGB gegenüber Dritten.[523] Hinsichtlich des Haftungsmaßstabs wird z.T. eine Herabsetzung vorgeschlagen, etwa analog §§ 521, 599 BGB, wenn der Treuhänder unentgeltlich tätig wird oder nach dem

---

516 Siehe oben hierzu bereits 4. Teil. D. II. 1. c) sowie BGH, VI ZR 32/55 vom 13.07.1956, BGHZ 21, 285, 293.

517 *Ehricke*, in: MüKo InsO, § 292 Rn. 3.

518 *Ehricke*, in: MüKo InsO, § 292 Rn. 3.

519 So auch *Ehricke*, in: MüKo InsO, § 292 Rn. 4, a.A. *Wenzel*, in: Kübler/Prütting/Bork InsO, § 292 Rn. 3 (unter Verweis auf *Döbereiner*, S. 343 und *Wenze*, VuR 1990, 121, 131).

520 *Ehricke*, in: MüKo InsO, § 292 Rn. 4; *Pehl*, in: Braun InsO, § 292 Rn. 13; *Sternal*, in: Uhlenbruck InsO, § 292 Rn. 15 ff.; a.A. *Häsemeyer*, Insolvenzrecht, Rn. 26, 32.

521 *Ehricke*, in: MüKo InsO, § 292 Rn. 70; *Römermann*, in: Nerlich Römermann InsO, § 292 Rn. 47.

522 So auch *Ehricke*, in: MüKo InsO, § 292 Rn. 70.

523 *Ehricke*, in: MüKo InsO, § 292 Rn. 70; *Pehl*, in: Braun InsO, § 292 Rn. 14.

Vorbild des Betreuungsrechts.[524] Eine solche Privilegierung dürfte in jedem Fall aber nur gegenüber dem Schuldner gelten und nicht gegenüber den Gläubigern oder Dritten, sodass dieser Punkt für die deliktische Außenhaftung nicht relevant wird.

5. Zwischenergebnis

Die Haftung bei Treuhandverhältnissen allgemein lässt sich ebenso wie die Haftung von Leitungsorganen in ein Innen- und Außenverhältnis einteilen: Im Innenverhältnis hat der Treuhänder das Vermögen des Treugebers so zu verwalten, dass dieses im Außenverhältnis optimal geschützt wird. Bei durch Hoheitsakt bestellten Verwaltern gilt dies in besonderem Maße. Bei Verletzung dieser Pflichten haftet der Verwalter gegenüber dem Inhaber des Vermögens für die schuldhafte Pflichtverletzung. Im Außenverhältnis gilt zunächst grundsätzlich, dass die Haftung gegenüber Dritten unbeschränkt ist und eine Beschränkung der Haftung auf das Treugut nur unter bestimmten Voraussetzungen möglich ist. Insbesondere setzt dies eine individualvertragliche Vereinbarung voraus. Auch Haftungsprivilegierungen, die im Innenverhältnis gelten, lassen sich grundsätzlich nicht ins Außenverhältnis projizieren. Für die Außenhaftung von Leitungsorganen lässt sich hieraus zunächst nur schlussfolgern, dass eine spezielle Ausgestaltung des Innenverhältnisses keine Beschränkung der Haftung gegenüber Dritten bewirkt.

II. Haftung des Insolvenzverwalters

Im folgenden Teil soll untersucht werden, wie Insolvenzverwalter sich bei Pflichtverletzungen, die im Zusammenhang zu ihrer Tätigkeit stehen, haftbar machen können. Statistische Zahlen zu den Haftungsfällen von Insolvenzverwaltern liegen nur vereinzelt vor, es lässt sich allerdings zumindest ein Anstieg der obergerichtlichen Gerichtsentscheidungen in diesem Bereich verzeichnen.[525] Nachdem *Lüke* in einer Untersuchung aus dem Jahr 1986 noch festgestellt hatte, dass in der gerichtlichen Praxis nur eine niedrige Zahl von Haftungsfällen vorkomme,[526] wies *Ehrenberg* im Jahr 2005 auf die gewachsene Bereitschaft der Beteiligten von Insolvenzverfahren, Forderungen gerichtlich geltend zu machen, hin.[527]

---

524   So *Pehl*, in: Braun InsO, § 292 Rn. 14; ablehnend *Ehricke*, in: MüKo InsO, § 292 Rn. 79–80; *Römermann*, in: Nerlich Römermann InsO, § 292 Rn. 49; *Sternal*, in: Uhlenbruck InsO, § 292 Rn. 17.

525   *Bönner*, Unternehmerisches Ermessen, S. 2 unter Verweis auf statistische Zahlen aus dem Jahre 1976 (erhoben von *Gessner, Volkmar/Rhode, Barbara/Strate, Gerhard/Ziegert, A. Klaus*, Die Praxis der Konkursabwicklung in der Bundesrepublik Deutschland, Köln 1987, S. 216/217) sowie zwei Gerichtsentscheidungen aus den Jahren 2004 und 2005 (BGH; NZI 2004, 435 ff.; BGH, ZIP 2005, 131 f.).

526   *Lüke*, Haftung Konkursverwalter, S. 2.

527   *Ehrenberg*, Haftungsrisiko, S. 1; so auch *Bönner*, Unternehmerisches Ermessen, S. 10.

Im Folgenden sollen zunächst die Grundlagen der Haftung des Insolvenzverwalters dargestellt werden (1.), bevor hieraus Schlussfolgerungen für die Außenhaftung von Leitungsorganen gezogen werden (2.).

1. Grundlagen der Haftung des Insolvenzverwalters

Der Insolvenzverwalter wird vom Insolvenzgericht bestellt und unterliegt dabei der Aufsicht und Kontrolle des Gerichts, §§ 56, 58 InsO. Erfüllt er seine Pflichten nicht, kann das Gericht gegebenenfalls ein Zwangsgeld gegen ihn festsetzen (§ 58 InsO) oder aus wichtigem Grund entlassen (§ 59 InsO). Das Gericht übt allerdings nur eine Rechtsaufsicht aus und darf grundsätzlich nicht die Zweckmäßigkeit des Verwalterhandelns nachprüfen.[528] Ein weiteres Kontrollorgan ist der Gläubigerausschuss, der, sofern er vorhanden ist, den Verwalter unterstützen und überwachen soll (§ 69 S. 1 InsO) und hierbei auch die Zweckmäßigkeit zu berücksichtigen hat.[529] Aufgrund der Parallelen zu den Tätigkeiten eines Leitungsorgans soll an dieser Stelle vor allem die Haftung des (Regel-) Insolvenzverwalters bei Betriebsfortführung gegenüber Insolvenz- und Massegläubigern sowie (unbeteiligten) Dritten untersucht werden.[530] Bei den Insolvenzgläubigern i.S.d. § 38 InsO handelt es sich um persönliche Gläubiger, die zur Zeit der Verfahrenseröffnung einen begründeten Vermögensanspruch gegen den Schuldner haben. Am Ende des Insolvenzverfahrens wird der Verwertungserlös an sie verteilt. Die Massegläubiger i.S.d. § 53 InsO sind vorweg zu befriedigen, weshalb auch ihre Befriedigungsinteressen durch den Zugriff des Insolvenzverwalters auf das Schuldnervermögen betroffen ist.[531]

Eine persönliche Haftung des Insolvenzverwalters kommt insbesondere aufgrund folgender Tatbestände in Betracht: Die Verantwortlichkeit des Insolvenzverwalters bei der Verletzung von insolvenzspezifischen Pflichten ist in den §§ 60, 61 InsO geregelt. Weiterhin haftet der Insolvenzverwalter nach allgemeinen zivilrechtlichen Grundsätzen. Insbesondere kommt die Haftung nach § 311 Abs. 3 BGB, wegen Garantieerklärungen und nach Deliktsrecht in Betracht. Letztlich haftet der Insolvenzverwalter auch wegen der Verletzung von arbeits- und sozialrechtlichen Vorschriften sowie der steuerrechtlichen Regelungen (§§ 34, 69 AO).

a) Überblick und dogmatische Grundprinzipien

Die Stellung des Insolvenzverwalters ist geprägt durch die Wahrnehmung verschiedener Interessen, die häufig völlig gegensätzlich zueinander stehen.[532]

---

528 *Blümle*, in: Braun InsO, § 58 Rn. 4.
529 *Bönner*, Unternehmerisches Ermessen, S. 4.
530 Die Haftung des Treuhänders gem. § 292 InsO wird wegen des inhaltlichen Zusammenhangs zur Haftung von Treuhandverhältnissen allgemein in 4. Teil. D. I. behandelt.
531 *Schramm*, NStZ 2000, 398, 398 (dort Fn. 14).
532 *Lüke*, Haftung Konkursverwalter, S. 1.

Hauptziel[533] des Insolvenzverfahrens ist gemäß § 1 S. 1 InsO die bestmögliche Befriedigung der Gläubiger durch Verwertung des Schuldnervermögens durch den Insolvenzverwalter. Die Verwaltung und Verwertung des Schuldnervermögens im Interesse der Gläubiger führt zu einer Treuhänderstellung des Insolvenzverwalters in Bezug auf dieses Vermögen.[534] Die persönliche Haftung des Insolvenzverwalters soll die hieraus entstehenden Interessen der Beteiligten (Gläubiger, Schuldner und Insolvenzverwalter) in ein ausgewogenes Verhältnis bringen und vor den Risiken fremdnütziger Tätigkeit schützen.[535]

Durch die Eröffnung des Insolvenzverfahrens geht das Recht des Schuldners, sein Vermögen zu verwalten oder darüber zu verfügen, auf den Insolvenzverwalter über, § 80 Abs. 1 InsO. Der Schuldner verliert also seine Verwaltungs- und Verfügungsbefugnis i.S.d. §§ 135, 136 BGB. Gleichzeitig tritt der Insolvenzverwalter in die Rechtsstellung des Schuldners ein, ohne allerdings sein Stellvertreter oder Rechtsnachfolger zu werden. Da es sich um eine Handlungskompetenz für fremdes Vermögen handelt, die sich von anderen Instituten des Zivilrechts strukturell unterscheidet, wird die grundsätzliche Stellung des Insolvenzverwalters auch heute noch diskutiert. Nach der von der Rechtsprechung vertretenen Theorie handelt der Insolvenzverwalter im eigenen Namen und aus eigenem Recht, aber mit Wirkung für und gegen die Masse (Amtstheorie).[536] Bereits mit Übernahme des Amtes entsteht danach ein gesetzliches (rechtsgeschäftsähnliches) Schuldverhältnis zwischen den Beteiligten.

b) Die Haftung des Insolvenzverwalters nach §§ 60, 61 InsO

aa) Die Tatbestandsvoraussetzungen von § 60 InsO

Die Verlagerung der Verwaltungs- und Verfügungsbefugnisse des Schuldners auf den Insolvenzverwalter sowie der Verlust der Möglichkeit der Einzelzwangsvollstreckung bedeutet für die Insolvenzgläubiger, die Aus- und Absonderungsberechtigten sowie die Massegläubiger ein zusätzliches Risiko.[537] Sie können ihre Rechte nicht

---

533 *Brandes/Schoppmeyer*, in: MüKo InsO, § 60 Rn. 8; *Ganter/Lohmann*, in: MüKo InsO, § 1 Rn. 20–134.

534 *Pape*, in: Handbuch Insolvenzverwalterhaftung, S. 142.

535 *Brandes/Schoppmeyer*, in: MüKo InsO, § 60 Rn. 1; *Pape*, in: Handbuch Insolvenzverwalterhaftung, S. 143.

536 So zuerst RG, V 255/91 vom 30.03.1892, RGZ 29, 29, 37 (zum Konkursverwalter und dessen Stellung im Prozess: „Darum werden auch die in der Konkursverwaltung vorkommenden Prozesse vom Konkursverwalter in dieser gesetzlichen Eigenschaft geführt, nicht in Vertretung des Gemeinschuldners."). Einen Überblick über den Theorienstreit geben *Ott/Vuia*, in: MüKo InsO, § 80 Rn. 20–42. Zu den Auswirkungen der Insolvenzordnung auf die Rechtsstellung des Konkurs- bzw. heutigen Insolvenzverwalters vgl. *Laws*, Insolvenzverwalterhaftung, S. 15–34.

537 *Bönner*, Unternehmerisches Ermessen, S. 13; *Brandes/Schoppmeyer*, in: MüKo InsO, § 60 Rn. 1; *Lüke*, Haftung Konkursverwalter, S. 95.

mehr selbst wahrnehmen, sondern sind darauf angewiesen, dass der Insolvenzverwalter für die Befriedigung ihrer Ansprüche sorgt.[538] Um diese Einschränkung und den Einfluss und die Handlungsmacht des Insolvenzverwalters auszugleichen, haftet der Insolvenzverwalter gem. § 60 InsO den Beteiligten des Insolvenzverfahrens persönlich.[539] § 60 Abs. 1 InsO lautet wie folgt:

> *„Der Insolvenzverwalter ist allen Beteiligten zum Schadensersatz verpflichtet, wenn er schuldhaft die Pflichten verletzt, die ihm nach diesem Gesetz obliegen. Er hat für die Sorgfalt eines ordentlichen und gewissenhaften Insolvenzverwalters einzustehen."*

Eine Verletzung von solchen insolvenzspezifischen Pflichten liegt vor, wenn drittschützende Pflichten des Verwalters, die sich aus der Insolvenzordnung ergeben, verletzt wurden.[540] Etwa die Erhaltung und sorgfältige Verwertung der vorhandenen Insolvenzmasse ist eine solche insolvenzspezifische Pflicht.[541] Negativ abgegrenzt liegen keine insolvenzspezifischen Pflichten vor, wenn es um Pflichten geht, die den Verwalter wie jeden Vertreter fremder Interessen gegenüber einem Vertragspartner, mit dem er Verträge schließt, beim Vertragsschluss oder der Erfüllung treffen.[542] Da den Insolvenzverwalter nach der Insolvenzordnung vielfältige Pflichten gegenüber einer Vielzahl von Personen treffen, wird der Pflichtenkreis im Rahmen des § 60 InsO restriktiv ausgelegt.[543] Weiterhin kommt auch dem Tatbestandsmerkmal der „Beteiligten" keine zusätzliche Bedeutung zu, da nach dem überzeugenden materiellen Beteiligtenbegriff „Beteiligte" diejenigen sind, denen gegenüber der Insolvenzverwalter insolvenzspezifische Pflichten zu erfüllen hat.[544]

bb) Die Tatbestandsvoraussetzungen von § 61 InsO

Neben die allgemeine Haftung des Insolvenzverwalters aus § 60 InsO tritt die Sonderregelung des § 61 InsO für die Begründung von nicht gedeckten Masseverbindlichkeiten. Nach § 61 S. 1 InsO haftet der Insolvenzverwalter persönlich, wenn er Masseverbindlichkeiten begründet, die aus der Insolvenzmasse nicht voll erfüllt werden können. Der Verwalter haftet nur, wenn er die voraussichtliche Nichterfüllbarkeit hätte erkennen können. Das ist dann der Fall, wenn die Nichterfüllbarkeit wahrscheinlicher hätte erscheinen müssen als die Erfüllbarkeit.[545] Das Prognoserisiko trifft allerdings die Massegläubiger, § 61 S. 2 InsO. Konnte der Verwalter bei Begründung der Verbindlichkeit nicht erkennen, dass die Masse voraussichtlich

---

538   *Lüke*, Haftung Konkursverwalter, S. 95.
539   *Brandes/Schoppmeyer*, in: MüKo InsO, § 60 Rn. 1a.
540   *Bönner*, Unternehmerisches Ermessen, S. 20.
541   *Sinz*, in: Uhlenbruck InsO, § 60 Rn. 14.
542   *Bönner*, Unternehmerisches Ermessen, S. 20.
543   *Bönner*, Unternehmerisches Ermessen, S. 23.
544   BGH, IX ZR 47/86 vom 04.12.1986, BGHZ 99, 151, 154.
545   *Baumert*, in: Braun InsO, § 61 Rn. 10.

nicht ausreichen werde, haftet er also nicht. Als Spezialregelung verdrängt § 61 InsO den allgemeineren § 60 InsO.[546]

Eine Haftung besteht dem Haftungszweck entsprechend nur gegenüber potentiellen Masseglaübigern.[547] Deliktische Ansprüche fallen nicht unter § 61 InsO, da der Verwalter bei der Entstehung deliktischer Ansprüche schon gar nicht die Gelegenheit hat, die Prognoseentscheidung nach § 61 InsO zu fällen.[548]

Für den Insolvenzverwalter, der sich entschließt, das Unternehmen fortzuführen, bedeutet § 61 InsO ein erhebliches Haftungsrisiko, da die Fortführung immer auch eine Begründung von Verbindlichkeiten auslöst.[549] Die Vorschrift ist allerdings als subsidiäre Haftungsnorm ausgestaltet, da die persönliche Haftung nur eingreift, wenn die Masseglaübiger nicht aus der Masse befriedigt werden.[550]

c) Deliktische Haftung bei Betriebsfortführung

Eine Haftung des Insolvenzverwalters wegen der Verletzung insolvenzspezifischer Pflichten schließt eine persönliche Haftung nach anderen Tatbeständen, darunter auch deliktsrechtlichen, nicht aus. Es besteht vielmehr eine Anspruchskonkurrenz.[551] Für unerlaubte Handlungen haftet der Insolvenzverwalter persönlich nach Maßgabe der §§ 823 ff. BGB.[552]

aa) § 823 Abs. 1 BGB

(1) Überblick

Im Bereich der Haftung nach § 823 Abs. 1 BGB sind zunächst vor allem (unmittelbare) Eingriffe des Insolvenzverwalters anlässlich der Verwertung von fremdem Eigentum denkbar. Wird das Eigentum eines aussonderungsberechtigten Gläubigers verletzt, liegt hierin nicht nur eine insolvenzspezifische Pflichtverletzung i.S.d. § 60 InsO, sondern auch eine Verletzungshandlung i.S.d. § 823 Abs. 1 BGB. Geschieht dies fahrlässig, etwa aufgrund einer unzureichenden Aufklärung des Sachverhalts oder einer falschen Beurteilung einer klaren Rechtslage, haftet der Verwalter auch nach § 823 Abs. 1 BGB.[553]

---

546 *Baumert*, in: Braun InsO, § 61 Rn. 2.
547 *Schoppmeyer*, in: MüKo InsO, § 61 Rn. 7.
548 *Schoppmeyer*, in: MüKo InsO, § 61 Rn. 13.
549 So auch *Baumert*, in: Braun InsO, § 61 Rn. 13.
550 *Baumert*, in: Braun InsO, § 61 Rn. 8.
551 *Brandes/Schoppmeyer*, in: MüKo InsO, § 60 Rn. 75; *Gerhardt*, in: Jaeger InsO, § 60 Rn. 150; *Laws*, in: Handbuch Insolvenzverwalterhaftung, S. 725; *Sinz*, in: Uhlenbruck InsO, § 60 Rn. 109.
552 So bereits BGH, VI ZR 32/55 vom 13.07.1956, BGHZ 21, 285, 293 (obiter dictum zur Haftung des Militärverwalters/custodian).
553 BGH, IX ZR 44/95 vom 09.05.1996, NJW 1996, 2233, 2235 (m.w.N.); vgl. hierzu *Laws*, in: Handbuch Insolvenzverwalterhaftung, S. 682.

Hinsichtlich der Haftung wegen mittelbar begründeter Verletzungshandlungen unterscheidet sich die Stellung des Insolvenzverwalters in mehreren wichtigen Punkten von der eines Leitungsorgans. Insbesondere ist die Insolvenzmasse anders als die Kapitalgesellschaft keine juristische Person und auch nicht rechtsfähig, sondern eine Vermögensmasse.[554] Der Insolvenzverwalter ist daher nach dem Eröffnungsbeschluss nach § 80 InsO unmittelbarer (Fremd-) Besitzer der Gegenstände, die sich in der Insolvenzmasse befinden.[555] Der Insolvenzschuldner ist ab dem Eröffnungsbeschluss mittelbarer Eigenbesitzer.[556]

(2) Entscheidung des IX. Senats von 1987

Der IX. Senat nahm im Jahre 1987 zur Haftung des Konkursverwalters nach § 82 KO a.F. sowie der Haftung nach §§ 823, 831 BGB und der Frage der Verkehrssicherungspflicht Stellung, wobei die Frage des Besitzes eine entscheidende Rolle spielte[557] In diesem Fall gehörte ein Grundstück zur Insolvenzmasse. Der Insolvenzverwalter hatte zwar das Eigentum an diesem Grundstück an einen Dritten übertragen sowie laut notariellem Kaufvertrag auch den Besitz samt Nutzen und Lasten. Er zog jedoch weiterhin die Miete für das Grundstück ein. Die Schlüssel hatte er dem Zeugen S überlassen, der täglich das Haus kontrollierte, nach den Sicherungen der Kühlaggregate sah und Fenster und Rollläden schloss. Aufgrund eines Bedienungsfehlers des S kam es zu Schäden an den im Kühlraum gelagerten Waren. Nach einer Kälteperiode platzten mehrere Wasserleitungen, mit der Folge, dass im Haus der Strom ausfiel und die in den Kühlräumen gelagerten Fleischwaren des Klägers verdarben. Nach Ansicht des Tatrichters stand das Gebäude im Besitz des Insolvenzverwalters. Der Zeuge S, der die Räumlichkeiten kontrollierte, wurde von ihm als Besitzdiener gem. § 855 BGB eingestuft. Dies nahm der IX. Senat zum Anlass, sich zum Konkurrenzverhältnis zwischen § 82 KO a.F. und dem allgemeinen Zivilrecht zu äußern. Danach trifft den Insolvenzverwalter eine Verkehrssicherungspflicht, wenn er Räumlichkeiten des Schuldners in seinem Besitz hat.[558] So ist er gehalten, die zumutbaren Sicherungsmaßnahmen zu ergreifen, um bei einsetzendem Frost der Gefahr eines Wasserrohrbruchs zu begegnen. Bei dieser allgemeinen Verkehrssicherungspflicht handelt es sich nach dem IX. Senat nicht

---

554 Zur Stellung des Insolvenzverwalters und der Subjektsqualität der Insolvenzmasse vgl. die Nachweise in Fn. 536.

555 Zum Organbesitz siehe oben 2. Teil. B. II. 2. Siehe auch BGH, VI ZR 32/55 vom 13.07.1956, BGHZ 21, 285, 291 zu der Frage, ob Eigen- oder Fremdbesitz vorliegt: „Ein solcher Verwalter fremden Vermögens, zu dessen Aufgaben die Unterhaltung eines Gebäudes für den materiell Berechtigten gehört, hat durch die Annahme des Amtes gleichzeitig die Pflichten übernommen, die dem Eigenbesitzer gegenüber der Allgemeinheit obliegen."(zum Militärverwalter/custodian).

556 *Eckardt*, KTS 1997, 411, 423 (m.w.N.); *Sinz*, in: Uhlenbruck InsO, § 148 Rn. 11.

557 BGH, IX ZR 156/86 vom 17.09.1987, NJW-RR 1988, 89.

558 BGH, IX ZR 156/86 vom 17.09.1987, NJW-RR 1988, 89, 90.

um eine konkursspezifische Pflicht nach § 82 KO a.F., sondern um eine allgemeine Pflicht, die v.a. eine Haftung nach § 823 Abs. 1 BGB auslöst[559].

Dem lässt sich zweierlei entnehmen: Zum einen ist diese Rechtsprechung auf die heutige Insolvenzordnung übertragbar, sodass der Besitz am Eigentum eines Dritten eine persönliche Haftung nach allgemeinem Zivilrecht auslöst und nicht die insolvenzspezifische Haftung nach § 60 InsO. Bedeutsamer ist allerdings, dass der Insolvenzverwalter nach dieser Rechtsprechung grundsätzlich als Adressat der massebezogenen Verkehrssicherungspflichten anzusehen ist.[560] Zudem ist er weiterhin auch Geschäftsherr i.S.d. § 831 BGB und muss für die Versäumnisse seiner Angestellten einstehen, wenn er sich nicht nach § 831 Abs. 1 S. 2 BGB zu exkulpieren vermag.[561] Im Vergleich zur Haftungssituation der Leitungsorgane fällt daher auf, dass der Insolvenzverwalter nach der Rechtsprechung sowohl Geschäftsherr i.S.d. § 831 BGB ist, als auch Adressat der Verkehrssicherungspflichten.

(3) Reaktionen in der Literatur

Die nach dieser Rechtsprechung gegenüber den Leitungsorganen „verschärfte"[562] Haftung wurde von der Literatur u.a. als „deliktsrechtliche Diskriminierung des Insolvenzverwalters gegenüber den Organen juristischer Personen"[563] kritisiert. Nach neuerer Auffassung bedeutet es einen Wertungswiderspruch, für die persönliche Haftung des Insolvenzverwalters andere Maßstäbe anzulegen als für die persönliche Haftung der Leitungsorgane juristischer Personen.[564] Es wird gefordert, bei Ablehnung einer persönlichen Außenhaftung der Organe juristischer Personen auch die Außenhaftung des Insolvenzverwalters zu verneinen.[565] Insbesondere *Eckardt* hält die Haftung des Insolvenzverwalters wegen der Verletzung von Verkehrssicherungspflichten, die auf den Besitz zurückgehen, aus Wertungsgesichtspunkten für unbefriedigend.[566] Er spricht sich stattdessen dafür aus, den Insolvenzverwalter „nur mit seiner Amtssphäre" und damit letztlich den Schuldner als Rechtsträger des Sondervermögens haften zu lassen. Eine zusätzliche persönliche Haftung des

---

559 Vgl. noch den ähnlich gelagerten Fall BGH, VI ZR 32/55 vom 13.07.1956, BGHZ 21, 285, 293/294 (die Haftung eines Militärverwalters (custodian) aus §§ 838, 836 BGB bejahend, nachdem ein von ihm verwaltetes Gebäude eingestürzt war).

560 Zustimmend *von Bar*, Verkehrspflichten, S. 123; *Brandes/Schoppmeyer*, in: MüKo InsO, § 60 Rn. 77–78 (die allerdings vorschlagen, zur Einschränkung der Haftung des Insolvenzverwalters § 60 Abs. 1 S. 2 InsO auf für die deliktische Haftung des Verwalters anzuwenden); *Rein*, in: Nerlich/Römermann InsO, § 60 Rn. 114; *Sinz*, in: Uhlenbruck InsO, § 60 Rn. 58.

561 BGH, IX ZR 156/86 vom 17.09.1987, NJW-RR 1988, 89, 90.

562 *Laws*, in: Handbuch Insolvenzverwalterhaftung, S. 683.

563 *Gerhardt*, ZInsO 2000, 574, 579.

564 So zuerst *Eckardt*, KTS 1997, 411; *Gerhardt*, ZInsO 2000, 574, 578; *ders.*, in: Jaeger InsO, § 60 Rn. 152; *Laws*, in: Handbuch Insolvenzverwalterhaftung, S. 683.

565 *Gerhardt*, in: Jaeger InsO, § 60 Rn. 153.

566 *Eckardt*, KTS 1997, 411, 417.

Insolvenzverwalters selbst solle nur dann in Betracht kommen, wenn eine persönliche Verkehrspflicht basierend auf einer personenbezogenen Verkehrserwartung vorliegt. Dies soll sich anhand eines beweglichen Systems von Wertungselementen beurteilen.[567]

Nach Ansicht von *Laws* wäre der oben beschriebene Fall zur Garantenstellung des Insolvenzverwalters wegen der Beschädigung von Fleischwaren durch geplatzte Rohre für ein Leitungsorgan einer Kapitalgesellschaft nicht anders entschieden worden, da auf die gleichen Grundsätze abgestellt werde.[568] Der Bundesgerichtshof stelle nämlich in beiden Fällen auf die Verantwortung des Verwalters aus der mit seinen Verwalteraufgaben verbundenen Garantenstellung zum Schutz Außenstehender vor Gefährdung oder Verletzung ihrer Schutzgüter i.S.d. § 823 Abs. 1 BGB ab.[569] Dem ist nicht in Gänze zu folgen, da der IV. Strafsenat bereits festgestellt hat, dass sich aus der tatsächlichen Sachherrschaft nicht ohne Weiteres eine Garantenstellung herleiten lässt.[570] Diese Frage kann auch im Zivilrecht nur im Einzelfall an Hand der konkreten Umstände entschieden werden.[571]

bb) § 823 Abs. 2 BGB

Da mit Eröffnung des Insolvenzverfahrens die Verwaltungs- und Verfügungsbefugnis des Schuldners über sein Vermögen auf den Insolvenzverwalter übergehen, kommt weiterhin eine Haftung nach § 823 Abs. 2 BGB i.V.m. § 266 StGB wegen Untreue in Betracht.[572] Allgemeine Voraussetzung für beide Untreuetatbestände ist nach herrschender Ansicht zunächst die Verletzung einer Vermögensbetreuungspflicht.[573] Diese besteht nach Eröffnung des Insolvenzverfahrens sowohl gegenüber dem Insolvenzschuldner, den Insolvenzgläubigern als auch den Massegläubigern.[574] Weiterhin besteht eine Treuepflicht gegenüber den aus- und absonderungsberechtigten Gläubigern nach §§ 47 ff. InsO.[575] Eine Treuepflichtverletzung liegt immer dann vor, wenn der Insolvenzverwalter gegen Pflichten verstößt, die in funktionalem Zusammenhang zu seinen Treuepflichten stehen und Ausdruck des ihm

---

567   *Eckardt*, KTS 1997, 411, 449. Zustimmend *Gerhardt*, in: Jaeger InsO, § 60 Rn. 152 (stellt darauf ab, inwieweit sich die deliktsrechtlichen Sorgfaltsanforderungen an den Verwalter als Privatperson wenden und Haftungsnormen für ihn persönlich sind).

568   *Laws*, in: Handbuch Insolvenzverwalterhaftung, S. 683/684.

569   *Laws*, in: Handbuch Insolvenzverwalterhaftung, S. 684.

570   BGH, 4 StR 179/91 vom 04.07.1991, NStZ 1991, 490, 490.

571   BGH, 4 StR 179/91 vom 04.07.1991, NStZ 1991, 490, 490; vgl. hierzu *Spindler*, in: Handbuch Vorstandsrecht, § 13 Rn. 48.

572   *Laws*, in: Handbuch Insolvenzverwalterhaftung, S. 680; *Schramm*, NStZ 2000, 398, 398/399.

573   *Dierlamm*, in: MüKo StGB, § 266 Rn. 31; *Schramm*, NStZ 2000, 398, 398.

574   BGH, IX ZR 260/86 vom 14.04.1987, BGHZ 100, 346, 350; *Laws,* in: Handbuch Insolvenzverwalterhaftung, S. 680 (m.w.N.); *Schramm*, NStZ 2000, 398, 398/399.

575   *Schramm*, NStZ 2000, 398, 399.

eingeräumten Entscheidungsspielraums sind.[576] An diesem funktionalen Zusammenhang fehlt es etwa, wenn der Insolvenzverwalter nicht rechtzeitig die Schlussrechnung gem. § 66 InsO legt, da dann keine „inhaltlich besonders qualifizierte Pflicht"[577] verletzt wird, sondern lediglich eine allgemeine Schuldnerpflicht, die einen Verzugsschaden begründet. Der Tatbestand des § 266 StGB setzt weiterhin einen Vermögensschaden sowie zumindest bedingten Vorsatz voraus.[578] Als Pflichtverstöße kommen daher keine fahrlässig begangenen Delikte in Betracht. In Frage kommen vor allem massekürzende Maßnahmen wie das Verjährenlassen eines der Masse zustehenden Anspruchs oder die Begründung deliktischer Masseverbindlichkeiten sowie Schädigungen individueller Gläubiger durch die Nichteintragung einer angemeldeten Forderung zur Tabelle.[579]

cc) § 826 BGB

Voraussetzung für eine Haftung nach § 826 BGB ist eine sittenwidrige Schädigung des Anspruchsstellers. Eine Haftung des Insolvenzverwalters ist daher zu bejahen, wenn der Geschäftspartner über die Risiken eines abzuschließenden Geschäfts täuscht, etwa über die Zulänglichkeit der Masse.[580] § 826 BGB greift dagegen nicht ein, wenn der Verwalter lediglich Hinweis- und Aufklärungspflichten verletzt, die jedem Vertreter fremder Interessen gegenüber dem Geschäftspartner obliegen.[581] Die persönliche Haftung des Insolvenzverwalters soll nämlich nicht die Geschäftspartner davon entbinden, Risiken und Vorteile des in Aussicht genommenen Vertrags abzuwägen und gegebenenfalls Sicherheiten zu fordern.[582] Anders als ein Beamter hat er auch keine Amtspflichten gegenüber den Geschäftspartnern zu erfüllen.[583]

d) Subsidiarität der Insolvenzverwalterhaftung

Ein deliktischer Ersatzanspruch gegen den Insolvenzverwalter persönlich wird zumeist auch eine Haftung der Insolvenzmasse gem. § 31 BGB analog sowie

---

576 *Laws*, in: Handbuch Insolvenzverwalterhaftung, S. 681; *Schramm*, NStZ 2000, 398, 399.

577 OLG Frankfurt, 3 Ss 97/94 vom 05.07.1994, MDR 1994, 1232, 1233.

578 Vgl. § 15 StGB.

579 *Laws*, in: Handbuch Insolvenzverwalterhaftung, S. 681; *Schramm*, NStZ 2000, 398, 399.

580 *Laws*, in: Handbuch Insolvenzverwalterhaftung, S. 682 unter Verweis auf BGH, IX ZR 260/86 vom 14.04.1987, ZIP 1987, 650, 653 (nicht in BGHZ 103, 346 mitgeteilt), wo der BGH dies als Beispiel nennt.

581 BGH, IX ZR 260/86 vom 14.04.1987, BGHZ 100, 346, 351 (zum Konkursverwalter und § 82 KO a.F.).

582 BGH, IX ZR 260/86 vom 14.04.1987, BGHZ 100, 346, 351 (zum Konkursverwalter und § 82 KO a.F.).

583 BGH, IX ZR 260/86 vom 14.04.1987, BGHZ 100, 346, 351 (zum Konkursverwalter und § 82 KO a.F.).

§ 55 Abs. 1 Nr. 1 InsO mit auslösen.[584] Für diesen Fall stellt sich die Frage, ob Insolvenzverwalter und Insolvenzmasse gleichrangig haften. Teilweise wird eine Primärhaftung der Insolvenzmasse und eine lediglich subsidiäre Haftung des Insolvenzverwalters persönlich befürwortet.[585] Begründet wird dies u.a. damit, dass die Vermögensmasse, die die Vorteile der Verwaltung genießt, auch den durch diese Verwaltung angerichteten Schaden tragen muss.[586] Der Verwalter sei nur Repräsentant der Masse, sodass Haftungsgegner das repräsentierte Vermögen sei.[587] Einige Vertreter dieser Ansicht gehen sogar so weit, bei einer Verletzung von nicht insolvenzspezifischen Pflichten, etwa der Verletzung von Verkehrssicherungspflichten, eine ausschließliche Haftung der Insolvenzmasse anzunehmen.[588]

Der Bundesgerichtshof[589] und das Bundesarbeitsgericht[590] sind dem nicht gefolgt. Bereits 1987 stellte der IX. Senat fest, dass die Haftung der Insolvenzmasse den Insolvenzverwalter nicht von seiner Haftung „entbindet"[591], weil die Haftung der Masse von der des Verwalters abgeleitet sei und eine freistellende Norm entsprechend Art. 34 GG fehle. 2005 äußerte sich der IX. Senat erneut zu diesem Thema. Nach seiner Ansicht wird ein Schadensersatzanspruch nach allgemeinen Grundsätzen des Schadensrechts regelmäßig nicht dadurch ausgeschlossen, dass der Geschädigte sich wegen des entstandenen Vermögensnachteils auch an einen Dritten halten kann.[592] Dies folge schon aus § 255 BGB, der voraussetze, dass einem Geschädigten

---

584   Zur Regelungstechnik des § 31 BGB vgl. *Eckardt*, KTS 1997, 411, 437 ff.; zur Anwendbarkeit von § 31 BGB siehe BGH, IX ZR 48/04 vom 29.06.2006, NZI 2006, 592 (Beschluss über Zurückweisung der Nichtzulassungsbeschwerde, in der er allerdings die Anwendbarkeit von § 31 BGB bejaht); *Lüke*, Haftung Konkursverwalter, S. 107 ff.

585   *Johlke*, WuB VI B § 82 KO 1.88, S. 93–94 (unter der Bedingung, dass eine ausreichende Masse vorhanden ist und das Verfahren noch nicht abgeschlossen ist); *Uhlenbruck*, in: Uhlenbruck InsO, 12. Auflage, 2002, § 60 Rn. 2 (a.A. aber *Sinz*, in: Uhlenbruck InsO, 14. Auflage, 2015, § 60 Rn. 112/113); *Weitzmann*, in: HambKo InsO, § 60 Rn. 3.

586   *Lüke*, in: Kübler/Prütting/Bork InsO, § 60 Rn. 7; *Uhlenbruck*, in: Uhlenbruck InsO, 12. Auflage, 2002, § 60 Rn. 2 (a.A. aber *Sinz*, in: Uhlenbruck InsO, 14. Auflage, 2015, § 60 Rn. 112).

587   *Lüke*, in: Kübler/Prütting/Bork InsO, § 60 Rn. 7.

588   *Gerhardt*, in: Jaeger InsO, § 60 Rn. 152 (gibt allerdings an, eine persönliche Haftung sei nicht gänzlich ausgeschlossen und könne neben die der Masse treten, wenn sich die deliktsrechtlichen Sorgfaltsanforderungen an den Verwalter als Privatperson wenden und Haftungsnormen für ihn persönlich sind); *Weitzmann*, in: HambKo InsO, § 60 Rn. 3.

589   BGH, IX ZR 115/01 vom 01.12.2005, NJW-RR 2006, 694 = FD-InsR 2006, 182310 (mit Anm. von *Kind*).

590   BAG, 6 AZR 559/06 vom 25.01.2007, AP InsO § 60 Nr. 1 = RdA 2008, 44 (m. Anm. von *Uhlenbruck*).

591   BGH, IX ZR 156/86 vom 17.09.1987, NJW-RR 1988, 89, 90.

592   BGH, IX ZR 115/01 vom 01.12.2005, NJW-RR 2006, 694, 695 (m.w.N.).

gleichrangige Schadensersatzansprüche gegen mehrere Anspruchsgegner zustehen. Auch bei der Gesamtschuld könne der Gläubiger gem. § 421 BGB nach seinem Belieben die Leistung von jedem der Schuldner fordern. Danach bestehe kein Vorrang der Massehaftung gegenüber der persönlichen Haftung des Verwalters.[593] Das Bundesarbeitsgericht folgte dieser Ansicht 2007.[594]

e) Haftung der Geschäftsleiter der eigenverwalteten Gesellschaft analog § 60 ff. InsO

In der Eigenverwaltung wird anstelle des Insolvenzverwalters ein Sachwalter bestellt, § 270c InsO. Der Sachwalter hat die wirtschaftliche Lage der Gesellschaft als Schuldnerin zu prüfen und die Geschäftsführung zu überwachen, § 274 Abs. 2 InsO. Als Prüfungs- und Überwachungsorgan vermag er keine Masseverbindlichkeiten zu begründen, weshalb er auch nur nach § 60 InsO und nicht auch nach § 61 InsO haftet, vgl. § 274 Abs. 1 InsO. Auch die Leitungsorgane der insolventen Gesellschaft können als Sachwalter bestellt werden.

Nach einer vom Amtsgericht Duisburg vertretenen und in der Literatur diskutierten Auffassung haftet ein solcher Geschäftsleiter der eigenverwaltenden Gesellschaft analog §§ 60 ff. InsO.[595] Begründet wird diese Ansicht vor allem mit einer Disziplinierung der Geschäftsführung, die nur über eine Verschärfung der persönlichen Haftung erreicht werden könne sowie der hierdurch entstehenden zusätzlichen Haftungsmasse.[596] Die Gegenauffassung weist auf die allgemeinen Haftungsvorschriften und insbesondere die Binnenhaftung gem. §§ 43 GmbHG, 92 AktG hin, und den allgemeinen Grundsatz, nach dem Vertretungsorgane nicht persönlich für die Verbindlichkeiten der Gesellschaft haften, hin.[597] In einem kürzlich veröffentlichten Beitrag vertritt *Bachmann* die Auffassung, dass eine Organhaftung gem. § 60 ff. InsO abzulehnen sei.[598] U.a. weist er zu Recht darauf hin, dass auch bei der Eigenverwaltung einer natürlichen Person keine weitere Haftungsmasse hinzu kommt und die Vorschriften des BGB die verbleibende Haftungslücke zu schließen vermögen.[599]

---

593 BGH, IX ZR 115/01 vom 01.12.2005, NJW-RR 2006, 694, 696.
594 BAG, 6 AZR 559/06 vom 25.01.2007, AP InsO § 60 Nr. 1.
595 AG Duisburg, 60 IN 136/02 vom 04.10.2005, NZI 2006, 112 (dort unter II. 2. „Ist der zur Verteilung bestimmte Teil der Insolvenzmasse nach Ansicht eines Gläubigers durch Masseverbindlichkeiten ungerechtfertigt verkürzt worden, so steht es dem Gläubiger frei, gegen den Insolvenzverwalter, im Fall der Eigenverwaltung gegen den Schuldner oder seine Organmitglieder, Schadensersatzansprüche geltend zu machen (§§ 60 Abs. 1, 270 Abs. 1 S. 2 InsO)"), hierzu kritisch *Bachmann*, ZIP 2015, 101, 105.
596 So *Tetzlaff*, in: MüKo InsO, § 270 Rn. 172 ff.
597 *Gottwald*, in: Gottwald, Insolvenzrechts-Handbuch, § 89 Rn. 12; *Gulde*, Eigenverwaltung, S. 43.
598 *Bachmann*, ZIP 2015, 101–109.
599 *Bachmann*, ZIP 2015, 101, 109.

2. Schlussfolgerungen für die Außenhaftung von Leitungsorganen

Zusammenfassend lässt sich feststellen, dass die Treuhänderstellung des Insolvenzverwalters und die damit einhergehenden „starken" Befugnisse nicht nur durch staatliche Kontrolle, sondern vor allem durch die persönliche Haftung des Insolvenzverwalters ausgeglichen wird. Insbesondere § 60 InsO lässt nach seinem Wortlaut eine sehr weitreichende persönliche Haftung zu.[600] § 60 InsO wird daher von der Rechtsprechung restriktiv ausgelegt und setzt eine Verletzung insolvenzspezifischer Pflichten voraus. Der Insolvenzverwalter haftet nach § 60 InsO also nicht gegenüber jedermann, sondern nur den Beteiligten des Insolvenzverfahrens, denen gegenüber insolvenzspezifische Pflichten bestehen. Diese Einschränkung des Anwendungsbereichs wurde vom IX. Senat u.a. damit begründet, dass ein allgemeiner zivilrechtlicher Grundsatz der (Innen-)Haftung von Interessenvertretern gegenüber ihren Interessenträgern besteht.[601] Einigkeit besteht allerdings auch dahingehend, dass dieser Grundsatz nicht für eine deliktische Haftung gilt.[602] Die Haftung aus §§ 823 ff. BGB steht zur Haftung aus § 60 InsO in Anspruchskonkurrenz und kann im Falle der Betriebsfortführung zu erheblichen Risiken für den Insolvenzverwalter führen. Insbesondere die Haftung für die Verletzung von Verkehrssicherungspflichten ist erheblich schärfer als die von Leitungsorganen. Diese haftungsrechtliche „Diskriminierung"[603] ist aber aus mehreren Gründen gerechtfertigt. Anders als die Leitungsorgane in der juristischen Person hat der Insolvenzverwalter eine Stellung sui generis inne. Er handelt nicht im eigenen Namen und auch nicht als Stellvertreter des Schuldners, sondern als Insolvenzverwalter des Schuldnervermögens. Der Unterschied zwischen dem Sondervermögen Insolvenzmasse und der eigenständigen juristischen Person löst eine Reihe von Besonderheiten aus, die nach Auffassung der Rechtsprechung zu einer Haftungsverschärfung des Insolvenzverwalters führen: Da Vermögensmassen selbst nicht Adressat von Verkehrssicherungspflichten oder Geschäftsherr sein können, kommen nach Insolvenzeröffnung als alternative Anspruchsgegner nur der Insolvenzverwalter oder der Schuldner in Betracht. Wegen des Übergangs der Verwaltungs- und Verfügungsbefugnisse auf den Insolvenzverwalter liegt es nahe, eine persönliche Haftung eher bei ihm denn beim Schuldner anzusiedeln. Als Besitzer der Gegenstände, die sich in der Insolvenzmasse befinden, ist der Insolvenzverwalter auch Adressat der Verkehrssicherungspflichten, die sich nach Ansicht der o.g. Rechtsprechung hieraus ergeben können. Da Leitungsorgane nicht Besitzer der der Gesellschaft gehörenden Gegenstände sind, können sich für sie aus dem Besitz keine Verkehrssicherungspflichten ergeben.

Die Frage des richtigen Haftungsadressaten kann allerdings nicht allein anhand der dogmatischen Konstruktion der Vermögenstrennung beantwortet werden. Auf

---

600 Vgl. hierzu *Bachmann*, ZIP 2015, 101, 101 („Allround-Haftung").
601 BGH, IX ZR 260/86 vom 14.04.1987, BGHZ 100, 346, 346, siehe hierzu oben bereits 4. Teil. A. I.
602 *Baur*, in: Gedächtnisschrift Bruns, S. 241, 246.
603 *Gerhardt*, ZInsO 2000, 574, 579.

die sachenrechtliche Zuordnung kommt es für die Frage der Verkehrssicherungs-pflichten nämlich nicht an.[604] Auch das Konstrukt der juristischen Person an sich kann trotz des Trennungsprinzips nicht entscheidend für die Haftungssituation sein. Hierüber hinausgehend ist vielmehr danach zu fragen, gegen wen sich die Sicherheitserwartungen des Verkehrs berechtigterweise richten. In der Begründung des Gesetzesentwurfs zur heutigen Insolvenzordnung wird auf die Parallelen zur Verantwortlichkeit von Geschäftsführern oder Vorständen ausdrücklich hingewiesen, gleichzeitig aber auch auf die spezifischen Anforderungen, denen sich der Insolvenzverwalter aussetzt.[605] Eine unveränderte Übernahme der Haftungsmaßstäbe soll nicht möglich sein, da Insolvenzverwalter regelmäßig vor besonderen Schwierigkeiten stünden.[606] Zudem sei zu beachten, dass der Insolvenzverwalter eine Vielzahl von Interessen zu berücksichtigen hat („spezifische Interessenpluralität"[607]), während die Leitungsorgane hauptsächlich im Interesse der Gesellschaft tätig werden. Dieser letzte Punkt dürfte zumindest ein relevanter Faktor bei Beurteilung der Haftungssituation und insbesondere für die Frage des Bestehens einer Verkehrssicherungs-pflicht sein. Verkehrspflichten entspringen primär den Sicherheitserwartungen des Verkehrs.[608] Ein Ansatzpunkt für die verschärfte Haftung des Insolvenzverwalters gegenüber den Leitungsorganen einer Gesellschaft könnte sein, dass der Insolvenzverwalter als Amtstreuhänder einen staatlichen Auftrag hat und nicht nur im Interesse der Insolvenzmasse tätig wird. Im Gegensatz dazu werden Leitungsorgane aufgrund ihres Anstellungsvertrages hauptsächlich im Interesse der Gesellschaft tätig. Die Sicherheitserwartungen von Dritten dürften sich daher eher gegen die juristische Person als Ursache der Gefahreröffnung richten und nicht gegen die Organe.

III. Haftung des Testamentsvollstreckers

Mit dem Erbfall geht im Wege der Universalsukzession das Vermögen des Erblassers und damit auch die Verwaltungs- und Verfügungsbefugnisse über den Nachlass auf den Erben über, § 1922 BGB. Abweichend hiervon kann der Erblasser einen Testamentsvollstrecker benennen, der als seine Vertrauensperson agiert und den Nachlass in seinem Sinne unter Ausschluss der Erben verwaltet.[609] Gem. § 2221 BGB kann der Testamentsvollstrecker hierfür eine angemessene Vergütung verlangen.

---

604 *Spindler*, in: BeckOK BGB (35. Ed., Stand 1. November 2013), § 823 Rn. 259.
605 BTDrS 12/2443 vom 15.04.1992, S. 129: „Die Formulierung „Sorgfalt eines ordentlichen Kaufmanns" ist angelehnt an § 347 Abs. 1 HGB und § 93 Abs. 1 S. 1 AktG („Sorgfalt eines ordentlichen und gewissenhaften Geschäftsleiters") und § 43 Abs. 1 GmbHG („Sorgfalt eines ordentlichen Geschäftsmannes")."
606 BTDrS 12/2443 vom 15.04.1992, S. 129.
607 *Eckardt*, KTS 1997, 411, 429. Vgl. hierzu auch bereits RG, IV 107/94 vom 18.10.1894, RGZ 34, 26, 29 (Verantwortlichkeit des Konkursverwalters besteht gegenüber dem Gemeinschuldner und den Konkursgläubigern).
608 *Spindler*, in: Handbuch Vorstandsrecht, § 13 Rn. 23.
609 *Dauner-Lieb*, Sondervermögen, S. 231.

Je weniger konkret die Anweisungen des Erblassers sind, desto mehr soll der Testamentsvollstrecker das Interesse der am Nachlass Beteiligten zur Richtschnur seines Handelns machen.[610] An Weisungen des Erben ist er dabei allerdings nicht gebunden und untersteht auch nicht der Aufsicht des Nachlassgerichts.[611]

Im Folgenden werden die Grundlagen der Haftung des Testamentsvollstreckers dargestellt (1.), bevor hieraus Schlussfolgerungen für das Thema dieser Arbeit gezogen werden (2.).

1. Grundlagen der Haftung des Testamentsvollstreckers

Der Testamentsvollstrecker hat den Nachlass zu verwalten und wird hierzu vom Erben ernannt, §§ 2205 Abs. 1 S. 1, 2197 Abs. 1 BGB. Seine Aufgabe ist es, die letztwilligen Verfügungen des Erblassers zur Ausführung zu bringen, § 2203 BGB. Hierbei ist er zur ordnungsgemäßen Verwaltung des Nachlasses verpflichtet, § 2216 Abs. 1 BGB. Der Erbe behält dabei die Rechtsträgerschaft über die Nachlassmasse, sodass der Testamentsvollstrecker ebenso wie der Insolvenzverwalter ein Sondervermögen verwaltet.[612] Zu diesem Zweck geht die Verwaltungs- und Verfügungsbefugnis hinsichtlich des Nachlasses auf den Testamentsvollstrecker über, §§ 2205, 2122 BGB. Nach vorherrschender Meinung hat der Testamentsvollstrecker die Stellung eines Treuhänders und ist Inhaber eines privaten Amtes.[613] Ähnlich wie der Insolvenzverwalter ist der Testamentsvollstrecker kein Stellvertreter, sondern hat eine Rechtsstellung eigener Art inne und handelt im eigenen Namen als Testamentsvollstrecker über den Nachlass.[614] Wie aus den §§ 2215 ff. BGB ersichtlich wird, schützen die Vorschriften zur Testamentsvollstreckung vor allem den Erben. Der Testamentsvollstrecker hat dem Erben ein Verzeichnis der Nachlassgegenstände mitzuteilen (§ 2215 BGB), ihm Nachlassgegenstände, derer er nicht bedarf, zu überlassen (§ 2217 BGB) und ist ihm gegenüber wie ein Beauftragter verpflichtet, § 2218 BGB. Bei all diesen Vorschriften handelt es sich um zwingendes Recht, § 2220 BGB.

a) Haftung des Testamentsvollstreckers gem. § 2219 BGB

Die persönliche Haftung des Testamentsvollstreckers ist in § 2219 BGB geregelt:

> „Verletzt der Testamentsvollstrecker die ihm obliegenden Pflichten, so ist er, wenn ihm ein Verschulden zur Last fällt, für den daraus entstehenden Schaden dem Erben, und soweit ein Vermächtnis zu vollziehen ist, auch dem Vermächtnisnehmer verantwortlich."

---

610 *Bönner*, Unternehmerisches Ermessen, S. 165 (unter Verweis auf den „Willensvollstrecker" im schweizerischen Recht nach Artt. 517, 518 Schweizerisches ZGB); *Dauner-Lieb*, Sondervermögen, S. 232.

611 *Bönner*, Unternehmerisches Ermessen, S. 166; *Dauner-Lieb*, Sondervermögen, S. 232.

612 *Lüke*, Haftung Konkursverwalter, S. 101; *Lange*, in: BeckOK BGB, § 2197 Rn. 2.

613 BGH, IV ZR 217/57 vom 02.10.1957, BGHZ 25, 275, 279; *Lange*, in: BeckOK BGB, § 2197 Rn. 5 (m.w.N).

614 *Lüke*, Haftung Konkursverwalter, S. 101; *Lange*, in: BeckOK BGB, § 2197 Rn. 5 (m.w.N).

Der Erbe und der Vermächtnisnehmer haben somit einen speziellen erbrechtlichen Schadensersatzanspruch, der Dritten nicht zusteht. Es handelt sich hierbei um einen Fall der reinen Innenhaftung gegenüber dem Erben und Vermächtnisnehmer.[615] Eine Haftung des Testamentsvollstreckers nach dieser Vorschrift kommt dann in Betracht, wenn er die ihm durch Testament übertragenen Aufgaben und der Verpflichtung zu ihrer ordnungsgemäßen Durchführung gem. § 2216 Abs. 1 BGB nicht nachkommt. Hierzu gehört auch die Sicherung und Erhaltung des Nachlasses, etwa durch Verzinsung eines vorhandenen Barvermögens, §§ 2218 Abs. 1, 668 BGB. Der Testamentsvollstrecker haftet beispielsweise aus § 2219 BGB, wenn er überflüssige Prozesse führt[616] oder ein Grundstück zu einem unangemessen niedrigen Preis verkauft[617]. In Zeiten schwer überschaubarer Verhältnisse (Krieg, Geldentwertung) liegt allerdings keine schuldhafte Pflichtverletzung der ordnungsgemäßen Nachlassverwaltung vor, wenn die Entscheidung ex ante für sachgemäß gehalten werden konnte.[618] Der Vollstrecker soll also gewisse Risiken eingehen können, da dem Erben auch die entsprechenden Chancen zu Gute kommen.[619]

Die Fortführung eines Unternehmens durch den Testamentsvollstrecker ist nach vorherrschender Ansicht rechtlich bedenklich. Da der Erbe die Beschränkung seiner Haftung für Nachlassverbindlichkeiten gem. §§ 1967, 1973 ff. BGB herbeiführen kann, läge faktisch ein Einzelkaufmann mit beschränkter Haftung vor.[620] Dies soll dem Grundsatz des Handelsrechts widersprechen, der von einer unbeschränkten persönlichen Haftung des Kaufmanns ausgeht.[621] Zudem soll die Testamentsvollstreckung nicht auf die Bedürfnisse des Handelsverkehrs zugeschnitten sein.[622] Als Ersatzlösung für die Praxis wird u.a. vorgeschlagen, den Testamentsvollstrecker von den Erben bevollmächtigen zu lassen oder ihn das Handelsgeschäft treuhänderisch weiter führen zu lassen.[623]

Den übrigen Beteiligten, dem Pflichtteilsberechtigten und den Nachlassgläubigern gegenüber haftet der Testamentsvollstrecker nicht aus § 2219 BGB.[624]

b) Deliktische Eigenhaftung des Testamentsvollstreckers

Eine Außenhaftung des Testamentsvollstreckers kommt nach vorherrschender Meinung nur dann in Frage, wenn eine unerlaubte Handlung gem. §§ 823 ff. BGB

---

615 *Dauner-Lieb*, Sondervermögen, S. 236.
616 *Reimann*, in: Staudinger, § 2219 Rn. 5.
617 BGH, III ZR 1119/63 vom 25.03.1965, VersR 1965, 608.
618 RG, IV ZR 217/26 vom 11.11.1926, JR 1927, 40 (Entscheidung Nr. 114).
619 *Dauner-Lieb*, Sondervermögen, S. 236.
620 *Bonefeld*, in: Bonefeld/Wachter, S. 795.
621 *Reimann*, in: Staudinger, § 2205 Rn. 27.
622 *Dauner-Lieb*, Sondervermögen, S. 328.
623 *Bönner*, Unternehmerisches Ermessen, S. 171 (m.w.N.).
624 *Damrau*, in: Soergel, § 2219 Rn. 7.

gegeben ist.[625] Eine Außenhaftung auf vertraglicher Basis kommt so gut wie gar nicht in Betracht.[626] Nach der Systematik der §§ 2197 ff. BGB haftet der Vollstrecker im Innenverhältnis den Erben und Vermächtnisnehmern gegenüber und diese im Außenverhältnis gegenüber den Nachlassgläubigern (vgl. §§ 1980, 1978 BGB). Für von ihm begangene unerlaubte Handlungen haftet der Verwalter dagegen persönlich mit seinem eigenen Vermögen. In einem 1957 entschiedenen Fall urteilte der VI. Senat, dass der Testamentsvollstrecker „für eine Erfüllungsverschulden enthaltende Handlung auch persönlich einzustehen hat, wenn er mit ihr zugleich den Tatbestand einer unerlaubten Handlung verwirklicht"[627]. Der beklagte Testamentsvollstrecker hatte eine Putzmesserhobelmaschine verkauft, an der der Klägerin das Anwartschaftsrecht sicherungsübereignet gewesen war und die dieses durch die Veräußerung verlor. Der VI. Senat führte hierzu aus, dass Vorschriften, nach denen Erben für unerlaubte Handlungen des Testamentsvollstreckers an dessen Stelle einzutreten hätten, nicht bestünden. Es verbliebe daher bei der allgemeinen Regel, dass für den durch eine unerlaubte Handlung verursachten Schaden – allein oder neben anderen (vgl. §§ 31, 89, 831 BGB) derjenige einstehen muss, der die Handlung begangen hat.[628] Ebenso haftet der Testamentsvollstrecker, wenn er im Winter bei Glatteis nicht vor einem zum Nachlass gehörenden Haus seinen Streupflichten nachkommt und ein Fußgänger sich den Arm bricht.[629] Befindet sich im Nachlass ein Firmenwagen, den der Vollstrecker für Zweck der Nachlassverwaltung benutzen lässt, haftet der Vollstrecker gem. § 7 Abs. 1 StVG als Halter des Fahrzeugs persönlich.[630] Für die Haltereigenschaft des Vollstreckers wird vorgebracht, dass der Vollstrecker für seine Tätigkeit ein Entgelt erhalte und das Amt aus freiem Entschluss übernehme.[631] Dass der Erbe als Halter anzusehen sei, könne sich nur aus besonderen Umständen des Einzelfalles ergeben oder aus einer letztwilligen Verfügung des Erblassers.[632]

Mit einer Übernahme der Baustoff-Rechtsprechung des VI. Senats hat sich vor allem *Muscheler* in seiner Habilitationsschrift aus dem Jahr 1994 befasst. Nach *Muscheler* ist das leitende Prinzip dieser Rechtsprechung auf den Testamentsvollstrecker zu übertragen, weil dieser in der Führung der Nachlassgeschäfte eine zumindest gleich starke Stellung wie der Geschäftsführer einnehme. Hinzu komme,

---

625 BGH, VI ZR 319/55 vom 25.01.1957, JR 1957, 514, 515; *Damrau*, in: Soergel, § 2219 Rn. 8; *Lüke*, Haftung Konkursverwalter, S. 102; *Muscheler*, Haftungsordnung Testamentsvollstreckung, S. 175; *Zimmermann*, in: Testamentsvollstreckung, S. 534 (Rn. 766).
626 *Muscheler*, Haftungsordnung Testamentsvollstreckung, S. 175.
627 BGH, VI ZR 319/55 vom 25.01.1957, JR 1957, 514, 515.
628 BGH, VI ZR 319/55 vom 25.01.1957, JR 1957, 514, 516.
629 RG, VI 300/13 vom 11.10.1913, WarnR 1914 Nr. 127.
630 RG, VI 122/38 vom 03.02.1939, RGZ 159, 337, 344 ff.; so auch *Burgard*, Haftung des Erben, S. 106.
631 *Muscheler*, Haftungsordnung Testamentsvollstreckung, S. 235.
632 *Muscheler*, Haftungsordnung Testamentsvollstreckung, S. 235.

dass die Gefahren, die für die Gläubiger „hier wie dort aus der Beschränkbarkeit bzw. Beschränktheit der Haftung resultieren", vergleichbar seien.[633] Ebenso bejaht er eine Haftung des Vollstreckers als Geschäftsherr nach §§ 831 Abs. 1, 2 BGB, 832, 834 BGB[634], bezeichnet dies allerdings selbst als eine sehr weitgehende Einfügung des Vollstreckers in die mit dem Nachlass verbundenen Gefährdungstatbestände.[635]

c) Haftung des Nachlasses für Handeln des Testamentsvollstreckers

Geht der Testamentsvollstrecker bei der ordnungsgemäßen Verwaltung des Nachlasses eine Verbindlichkeit ein, wird eine Nachlassverbindlichkeit i.S.d. § 1967 BGB begründet, für die der Erbe haftet. Auch wenn der Testamentsvollstrecker eine Verbindlichkeit eingeht, die nicht zur ordnungsgemäßen Verwaltung erforderlich ist, haftet dem Dritten gegenüber nur der Erbe, sofern der Testamentsvollstrecker gem. § 2207 BGB nicht in der Eingehung von Verbindlichkeiten beschränkt ist. Ob der Nachlass dagegen für eine unerlaubte Handlung des Testamentsvollstreckers ebenfalls haftet, ist höchst umstritten. Da die Nachlassverwaltung nicht selten im Falle eines großen Nachlassvermögens angeordnet wird, kann es durchaus vorkommen, dass der durch die unerlaubte Handlung entstandene Schaden sehr groß ist und das Vermögen des Vollstreckers für die Begleichung des Schadens nicht ausreicht. Eine Entscheidung des Bundesgerichtshofs hierzu liegt noch nicht vor. In der oben zitierten Entscheidung aus dem Jahr 1957 erwähnte der VI. Senat allerdings immerhin, dass „für den durch eine deliktische Handlung verursachten Schaden – allein oder neben anderen (§§ 31, 89, 831) – derjenige einstehen muss, der die Handlung begangen hat"[636]. Die zitierten Vorschriften (§§ 31, 89, 831 BGB) deuten zumindest darauf hin, dass der VI. Senat eine Mithaftung des Erben im Blick hatte.

Zum Teil wird hierzu vertreten, dass der Testamentsvollstrecker durch eine unerlaubte Handlung, die er in Erfüllung einer Amtspflicht begeht, ebenso eine Nachlassverbindlichkeit begründet wie durch die zur ordnungsgemäßen Verwaltung erforderliche Eingehung einer Verbindlichkeit.[637] Um die Haftung des Erben für unerlaubte Handlungen des Vollstreckers zu begründen, gibt es im Wesentlichen drei dogmatische Ansätze: Die vorherrschende Meinung sieht § 31 BGB als Grundlage für die Ausweitung an.[638] Der vom Erbenvermögen abgesonderte Nachlass sei

---

633 *Muscheler*, Haftungsordnung Testamentsvollstreckung, S. 236.
634 A.A. *Damrau*, in: Soergel, § 2219 Rn. 7; *Reimann*, in: Staudinger; § 2219 Rn. 29.
635 *Muscheler*, Haftungsordnung Testamentsvollstreckung, S. 237.
636 Siehe oben Fn. 627.
637 *Dauner-Lieb*, Sondervermögen, S. 254; *Burgard*, FamRZ 2000, 1269, 1270; *Reimann*, in: Staudinger, § 2219 Rn. 28; *Weidlich*, in: Palandt, § 2219 Rn. 5; *Zimmermann*, in: MüKo BGB, § 2219 Rn. 18; a.A. *Belling*, in: Staudinger, § 831 Rn. 104; *Damrau*, in: Soergel, § 2219 Rn. 8.
638 RG, VI 122/38 vom 03.02.1939, RGZ 159, 337, 344 ff.; in diese Richtung *Muscheler*, Haftungsordnung Testamentsvollstreckung, S. 237; *Weidlich*, in: Palandt, § 2219 Rn. 5; *Zimmermann*, in: MüKo BGB; § 2219 Rn. 18.

durch den Testamentsvollstrecker handlungsfähig, was eine analoge Anwendung von § 31 BGB begründe.[639] *Burgard* befürwortet eine analoge Anwendung von § 831 BGB, da eine Anwendung von § 31 BGB in Konflikt mit dem allgemeinen zivilrechtlichen Grundsatz der Ersatzpflicht nur bei eigenen Verschulden stehe.[640] *Reimann* meint, die Haftung des Erben für unerlaubte Handlungen des Vollstreckers könne nur „aus dem Wesen des Amtes" des Testamentsvollstreckers hergeleitet werden.[641]

Wird eine Nachlassverbindlichkeit begründet, rechtfertigt dies den Rückgriff des Erben beim Testamentsvollstrecker gem. § 2219 BGB.[642] Steht die unerlaubte Handlung in keinem Zusammenhang mit den Amtspflichten des Vollstreckers und erfolgt nur anlässlich der Tätigkeit als Vollstrecker, entsteht keine Nachlassverbindlichkeit und es haftet nur der Vollstrecker persönlich.[643]

2. Schlussfolgerungen für die Außenhaftung von Leitungsorganen

Für den Testamentsvollstrecker ist zunächst festzuhalten, dass § 2219 BGB für ihn ein hohes persönliches Haftungsrisiko bedeutet,[644] vergleichbar mit der Haftung des Insolvenzverwalters gem. § 60 InsO. Diese Haftung besteht allerdings nur gegenüber dem Erben und dem Vermächtnisnehmer. Dritten gegenüber haftet der Testamentsvollstrecker einzig aus unerlaubter Handlung. Nach vorherrschender Ansicht ist diese sowohl bei unmittelbaren Rechtsgutsverletzungen wie einer Eigentumsverletzung zu bejahen, als auch bei Verletzung einer Verkehrssicherungspflicht. *Muscheler* geht so weit, ihn auch als Halter i.S.d. § 7 Abs. 1 StVG einzustufen und für eine Übertragung der Grundsätze der Baustoff-Rechtsprechung zu plädieren. Da er als Argumente auf die gleiche Gefahrenlage für die Gläubiger (Haftungsbeschränkung/-beschränkbarkeit) hinweist, dürfte er diese Ansicht auch nach den in den letzten Jahren ergangenen Urteilen aufrechterhalten.

Hinsichtlich der Stellung des Testamentsvollstreckers als Inhaber eines Sondervermögens im Gegensatz zum Leitungsorgan, das eine juristische Person vertritt, ist auf die Überlegungen zum Insolvenzverwalter zu verweisen. Ebenso wie der Insolvenzverwalter ist der Testamentsvollstrecker Besitzer der Gegenstände, die sich im Nachlass befinden und damit einzig möglicher Adressat der sich hieraus ergebenden Verkehrssicherungspflichten, sofern man nicht den Nachlass selbst als Haftungsadressaten ansieht. Folgt man diesem Gedankengang, ist der Testamentsvollstrecker auch einzig möglicher Halter gem. § 7 StVG, sodass *Muscheler* hierin zuzustimmen ist.

---

639 *Zimmermann*, in: MüKo BGB; § 2219 Rn. 18.
640 *Burgard*, Haftung des Erben, S. 47–93; *ders.*, FamRZ 2000, 1269, 1270.
641 *Reimann*, in; Staudinger, § 2219 Rn. 29.
642 *Zimmermann*, in: MüKo BGB; § 2219 Rn. 18.
643 *Reimann*, in; Staudinger, § 2219 Rn. 29.
644 *Baur*, in: FS Dölle, S. 267; *Pickel*, Haftung Testamentsvollstrecker, S. 232; *Reimann*, in; Staudinger, § 2219 Rn. 1.

IV. Schlussfolgerungen für die Außenhaftung von Leitungsorganen für Treuhandverhältnisse insgesamt

Betrachtet man die behandelten Treuhandverhältnisse insgesamt, ergibt sich als erster Zwischenstand, dass bei treuhänderischen Rechtsverhältnissen das Haftungsinnenverhältnis speziell ausgestaltet ist. Dieses Innenverhältnis wird z.T. erweitert auf einen bestimmen Personenkreis im Außenverhältnis, etwa auf alle Beteiligten des Insolvenzverfahrens nach § 60 InsO oder auf die Erben und Vermächtnisnehmer nach § 2219 Abs. 1 BGB. Auch weitere Vorschriften spiegeln dies wieder, etwa § 1985 Abs. 2 BGB. Diese Ausweitung bleibt aber eingeschränkt auf einen bestimmten begünstigten Personenkreis, der von einer verhältnismäßig scharfen Haftung des Treuhänders profitiert.[645] Die Außenhaftung gegenüber Dritten im Allgemeinen bleibt hiervon unberührt. Im Verhältnis zu Leitungsorganen haften Insolvenzverwalter und Testamentsvollstrecker nach Deliktsrecht sogar noch schärfer, insbesondere, was die Verletzung von Verkehrssicherungspflichten angeht. Neben der unterschiedlichen dogmatischen Konstruktion lässt sich dies mit der amtlichen Bestellung dieser gesetzlichen Treuhänder erklären.

E. Zwischenergebnis und Ausblick

I. Zwischenergebnis

Dieser zweite Teil der Untersuchung hat folgende Feststellungen ergeben:

1) Nach der Rechtsprechung des Bundesarbeitsgerichts haften Arbeitnehmer gegenüber ihrem Arbeitgeber bei betrieblich veranlassten Tätigkeiten nur eingeschränkt, abhängig vom Grad ihres Verschuldens. Auf das Verhältnis gegenüber Dritten sind diese Grundsätze nicht anwendbar, sodass es bei Verwirklichung eines deliktischen Tatbestandes bei der vollen Außenhaftung bleibt. Dementsprechend besteht für Mitarbeiter, die Kontakt mit Dritten haben und gefahrgeneigte Tätigkeiten ausüben, ein erhöhtes Außenhaftungsrisiko. Mitarbeitern mit Leitungsfunktionen wird von der Rechtsprechung und einer vorherrschenden Auffassung in der Literatur aufgrund ihrer gehobenen Stellung in der Firmenhierarchie eine Verkehrssicherungspflicht zugewiesen. Ein wesentlicher Teil des Außenhaftungsrisikos dieser Arbeitnehmer bestimmt sich daher über die Haftung für mittelbare Verletzungshandlungen und Unterlassen. Der VI. Senat hat sich 1989 dafür entschieden, Leitungsorgane ebenso wie leitende Angestellte gegenüber Dritten haften zu lassen, um diesbezügliche Widersprüche zu vermeiden. Dem ist zuzugeben, dass Widersprüche zwischen der Haftung von Leitungsorganen und der von leitenden Arbeitnehmern vermieden werden sollten. Es spricht allerdings viel dafür, wegen der wesentlichen Unterschiede zwischen Leitungsorganen und Arbeitnehmern für Leitungsorgane ein eigenes

---

645 So auch *Lammel*, Haftung des Treuhänders, S. 14.

Haftungskonzept zu entwickeln, das sich nicht an der Arbeitnehmerhaftung orientiert.

2) Beamte haften gegenüber Dritten nur dann, wenn sie nicht in Ausübung eines öffentlichen Amtes tätig werden und bei fahrlässigem Handeln zudem nur dann, wenn keine anderweitige Ersatzmöglichkeit besteht. *Brüggemeier* hat vorgeschlagen, dieses Verweisungsprivileg auf Arbeitnehmer und Leitungsorgane zu übertragen. Bei Begründung einer Analogie wäre allerdings zu berücksichtigen, dass § 839 Abs. 1 S. 2 BGB eine Ausnahmevorschrift ist. Hinzu kommt, dass Leitungsorgane hauptsächlich im Falle der Unternehmensinsolvenz in Anspruch genommen werden. Die Einrede der nur nachrangigen persönlichen Haftung der Leitungsorgane würde in diesem Falle nicht eingreifen, sodass die Subsidiarität im Ergebnis kaum helfen würde.

3) Für den Insolvenzverwalter besteht eine relativ weitreichende Haftungsgefahr bei Verletzung von insolvenzspezifischen Pflichten gegenüber den Beteiligten des Insolvenzverfahrens nach §§ 60, 61 InsO. Nach Ansicht der Rechtsprechung tritt hierneben zudem noch eine gleichrangige Haftung gem. §§ 823 ff. BGB. Aus den Tatbeständen des Deliktsrechts haftet der Insolvenzverwalter schärfer als Leitungsorgane, da er als Besitzer der Massegegenstände nach Ansicht der Rechtsprechung Adressat von Verkehrssicherungspflichten ist. Die Literatur vertritt z.T. die Ansicht, dass in diesem Fall nur die Insolvenzmasse haften sollte oder zumindest primärer Haftungsadressat sein sollte, da es die Insolvenzmasse ist, die von den Handlungen des Insolvenzverwalters profitiert. Eine nur subsidiäre Haftung der Leitungsorgane ist allerdings aus den gerade unter 2) genannten Gründen abzulehnen. Die verschärfte Haftung des Insolvenzverwalters gegenüber der der Leitungsorgane erklärt sich mit den unterschiedlichen dogmatischen Konstrukten (Sondervermögen bzw. juristische Person). Darüber hinausgehend rechtfertigt sie sich zudem aus den unterschiedlichen Sicherheitserwartungen des Verkehrs. Mangels juristischer Person und aufgrund der öffentlichen Bestellung des Insolvenzverwalters durch das Insolvenzgericht richtet sich das Vertrauen des Rechtsverkehrs gegen den Insolvenzverwalter persönlich.

4) Der Testamentsvollstrecker haftet ähnlich wie der Insolvenzverwalter gem. § 2219 BGB gegenüber Erbe und Vermächtnisnehmer bei einer Verletzung der ihm obliegenden Pflichten. Neben diese relativ weitgehende Haftungsvorschrift tritt die deliktische Haftung des Vollstreckers gegenüber Dritten. Diese ist nach vorherrschender Ansicht sowohl bei unmittelbaren wie bei mittelbaren Rechtsgutsverletzungen möglich. Auch wenn keine ausdrücklichen Entscheidungen zu der Haftung des Testamentsvollstreckers wegen der Verletzung von Verkehrssicherungspflichten vorliegen, ist davon auszugehen, dass dieser nach Ansicht der Rechtsprechung ebenso wie der Insolvenzverwalter schärfer als Leitungsorgane haftet und sowohl als Halter nach § 7 Abs. 1 StVG angesehen würde und auch als Geschäftsherr nach § 8312 BGB in Anspruch genommen würde. Zumindest nach Ansicht von *Muscheler* sind auch die Grundsätze der Baustoff-Rechtsprechung auf die Außenhaftung des Testamentsvollstreckers übertragbar, da eine ähnliche Gefahrenlage besteht.

Als Zwischenergebnis lässt sich daher festhalten, dass die Verwalter fremden Vermögens jeweils aufgrund eines Spezialtatbestands gegenüber dem Vermögensträger haften.[646] Existiert ein solcher Spezialtatbestand nicht, haftet der Treuhänder aber jedenfalls aufgrund des allgemeinen Grundsatzes der Haftung des Verwalters fremden Vermögens gegenüber dem Inhaber. Die persönliche Außenhaftung dagegen ist nirgends geregelt.[647] Dies heißt aber nicht, dass die Haftung gegenüber dem verwalteten Vermögen eine Haftungsbeschränkung gegenüber Dritten bewirkt. Die angesprochenen Spezialtatbestände stehen vielmehr in Anspruchskonkurrenz zu deliktischen Schadensersatzansprüchen. Die in der Einleitung angesprochene These eines zivilrechtlichen Innenhaftungsgrundsatzes lässt sich zwar bestätigen, dieser Grundsatz bewirkt aber keine absolute Einschränkung der deliktischen Haftung gegenüber Dritten. Stellvertreter, Arbeitnehmer und Treuhänder haften grundsätzlich uneingeschränkt nach § 823 ff. BGB gegenüber Dritten, Beamte – wenn auch subsidiär – nach 839 BGB. Insolvenzverwalter und Testamentsvollstrecker haften nach dem derzeitigen Stand der Rechtsprechung sogar noch weitreichender als Leitungsorgane nach § 823 ff. BGB für ihre Tätigkeit gegenüber Dritten.

II. Ausblick

Die z.T. sehr weitgehende Innenhaftung der verschiedenen Interessenvertreter wie die Haftung des Insolvenzverwalters gem. § 60 InsO spricht dafür, dass der Gesetzgeber im Grundsatz ein Binnenhaftungskonzept vorgesehen hat. Im Gesellschaftsrecht ergibt sich dieses auch bereits aus den Gesetzesmaterialien[648] sowie lässt sich aus den Vorschriften zur Geschäftsleiterhaftung entnehmen.[649] Als Ausgleich für diese weitreichende Innenhaftung sollte die deliktische Außenhaftung aller Interessenvertreter der Ausnahmefall bleiben. Um dies sicherzustellen, könnte im Gegenzug für die weitreichende Innenhaftung die Außenhaftung im Sinne eines Regel-Ausnahme-Verhältnisses eingeschränkt werden. Etwa bei der Frage der Verkehrspflichten ist im Grundsatz ist davon auszugehen, dass bei unerlaubten Handlungen, die durch einen Interessenvertreter anlässlich der organschaftlichen Tätigkeit begangen werden, Pflichten der Gesellschaft verletzt werden. Die persönliche Haftung sollte dagegen eine begründungsbedürftige Ausnahme bleiben. Nachteile für den Geschädigten entstehen hierdurch nicht, da er sich an den Interessenträger bzw. die Gesellschaft halten kann. Nach dem I. Senat, der sich zu

---

646 Auch Vormünder haften gem. § 1833 BGB gegenüber dem Mündel auf Schadensersatz, Betreuer gem. §§ 1908i Abs. 1 S. 1, 1833 BGB gegenüber dem Betreuten, Pfleger gem. §§ 1915, 1833 BGB gegenüber dem Pflegebefohlenen, der Zwangsverwalter gem. § 154 ZVG gegenüber den Beteiligten.

647 *Baur*, in: Gedächtnisschrift Bruns, S. 247.

648 Siehe oben die Nachweise in Fußnote 95, sowie weitergehend den gesamten Abschnitt 2. Teil. C.

649 *Verse*, ZHR 2006, 398, 407 (m.w.N.).

dieser Frage geäußert hat, sollen die Haftungsschranken des Gesellschaftsrechts lediglich dann durchbrochen werden, wenn besondere Umstände hinzutreten, die über die allgemeine Verantwortlichkeit für die Betriebsorganisation hinausgehen. Auch der II. und mit Einschränkungen der VI. Senat haben sich bereits in diesem Sinne ausgesprochen und eine besondere persönliche Betroffenheit des Leitungsorgans gefordert. Wann solche besonderen Umstände vorliegen, die eine Durchbrechung der Haftungskonzentration rechtfertigen, soll daher im folgenden Teil erarbeitet werden.

5. Teil. Kriterien, die eine Durchbrechung der Haftungskonzentration rechtfertigen

Wie der vorhergehende Teil gezeigt hat, ergeben sich aus dem gesellschaftsrechtlichen Konstrukt der Haftungskonzentration Einflüsse auf das System des Deliktsrechts. Die Haftungskonzentration bewirkt zwar keine Haftungsbeschränkung gegenüber Dritten, führt aber dennoch zu einem Regel-Ausnahme-Verhältnis, nach dem die Haftung der Gesellschaft die Regel ist und die Haftung der Leitungsorgane die begründungsbedürftige Ausnahme. Im Grunde folgt dies aus dem Verhältnis von juristischer Person und Leitungsorgan und der Zuweisung von Verhaltenspflichten zwischen diesen. Um eine persönliche Haftung zu begründen, müssen besondere Umstände vorliegen, die über die allgemeine Verantwortlichkeit des Organs hinausgehen. In diesem 5. Teil soll versucht werden, Kriterien zu entwickeln, die eine Durchbrechung der Haftungskonzentration rechtfertigen, um eine Systematisierung der deliktischen Organaußenhaftung zu ermöglichen. Dabei werden zunächst die Grundlagen der deliktischen Haftung erläutert (A.). Hiernach sollen die einzelnen Kriterien, die eine Durchbrechung der Haftungskonzentration legitimieren, untersucht werden (B.).

A. Grundlagen der deliktischen Haftung

Ungeschriebener Grundsatz des Bürgerlichen Gesetzbuches ist, dass im Ausgangspunkt jeder für sich selbst und seine Rechtsgüter verantwortlich ist. Dies wird bei einer genaueren Betrachtung der §§ 903 ff. BGB ersichtlich: Danach kann der Eigentümer gem. § 903 BGB zwar nach Belieben mit der Sache verfahren, im Gegenzug hat er aber auch Einwirkungen grundsätzlich selbst auszugleichen. Verschuldensunabhängige Ersatzansprüche ergeben sich nur aus einzelnen Vorschriften bei Vorliegen bestimmter Voraussetzungen. Etwa gem. § 906 Abs. 2 S. 2 BGB kann der Eigentümer lediglich dann Ersatz für eine Einwirkung auf sein Grundstück verlangen, wenn die Einwirkung eine ortsübliche Benutzung seines Grundstücks oder dessen Ertrag über das zumutbare Maß hinaus beeinträchtigt. Die Haftung eines anderen bleibt eine begründungsbedürftige Ausnahme. Für die Haftung muss also stets ein besonderer Grund vorhanden sein (Verantwortungsprinzip[650]). Im Recht der unerlaubten Handlungen ist als Haftungsgrund die Verletzung von allgemeinen Rechtspflichten geregelt, d.h. von Pflichten, die gegenüber jedermann bestehen und die jedermann beachten muss oder die Verletzung eines besonders geschützten

---

650 *Deutsch*, Haftungsrecht, S. 2.

Rechtsguts (§ 823 Abs. 1 BGB).[651] Die §§ 823 ff. BGB knüpfen zudem die Haftung zusätzlich an ein Verschulden des Verursachers an.[652]

Hinsichtlich von Funktion und Zweck des Rechts der unerlaubten Handlungen ist in neuerer Zeit ein Wandel zu verzeichnen. Traditionell wurde die Ausgleichsfunktion als Hauptgrund der §§ 823 ff. BGB angesehen und die Präventionsfunktion eher als Nebenzweck.[653] In den letzten Jahren wurde die Verhaltenssteuerung von der *economic analysis of law* stärker betont. Mittlerweile werden beide Zwecke eher als gleichrangig angesehen.[654]

B. Einzelne Kriterien, die eine Durchbrechung der Haftungskonzentration rechtfertigen

Es gilt also grundsätzlich, dass als Haftungsgrund die Verletzung einer allgemeinen Rechtspflicht vorliegen muss, die gegenüber jedermann besteht und die jedermann beachten muss. Bei der Außenhaftung von Leitungsorganen ist zudem die zusätzliche Hürde der Haftungskonzentration auf die Gesellschaft zu beachten, es muss also noch als besonderer Rechtfertigungsgrund hinzukommen, dass das Organ persönlich besonders betroffen ist. Hierfür wurden bereits einige Kriterien vorgeschlagen. Vielfach wird als besonderer Rechtfertigungsgrund auf die Bedeutung des verletzten Rechtsguts verwiesen, weshalb dieser Punkt als erstes behandelt werden soll (I.). Weiterhin werden die unmittelbare Verletzungshandlung (II.), der Grad des Verschuldens (III. und IV.) sowie die Strafbewehrung (V.) und der sittenwidrige Schädigungsvorsatz (VI.) als besonderer Haftungsgrund untersucht. Zudem soll auf die Haftung als Teilnehmer nach § 830 Abs. 2 BGB (VII.) eingegangen werden.

I. Die essentielle Bedeutung des Rechtsgutes als Rechtfertigung für eine persönliche Außenhaftung

Einige Stimmen in der Literatur schlagen vor, eine Außenhaftung dann zu bejahen, wenn das verletzte Rechtsgut von besonderer, essentieller Bedeutung ist. Um eine persönliche Außenhaftung zu begründen, wird zumeist ein Beispiel gebildet, in dem einer Vielzahl von Personen eine Gesundheitsschädigung großen Ausmaßes droht.[655] Dies zeigt, dass viele Autoren eine persönliche Haftung jedenfalls

---

651 *Sprau*, in: Palandt, Einf § 823 Rn. 2.
652 Einzige Ausnahme im BGB ist die Haftung des Luxustierhalters nach § 833 S. 1 BGB.
653 Vgl. noch *Deutsch*, Haftungsrecht, S. 14.
654 *Bachmann*, Reform Organhaftung, S. E21 (dort Fn. 39); *Fleischer*, ZIP 2014, 1305, 1310 f.; *Vetter*, AnwBl 2014, 582, 582 f.
655 Etwa *Wagner*, VersR 2001, 1057, 1061 bildet ein Beispiel mit einem Kernkraftwerk und den Ingenieuren im Kontrollraum, die bei Pflichtverletzungen „außer Frage" nach außen haften sollen. Er begründet dies mit einer entsprechenden Übernahme von Verkehrspflichten. Das Beispiel zeigt aber, dass es ihm eher auf die hohe Gefahr für die Gesundheit der Bevölkerung ankommt.

dann bejahen wollen, wenn etwa die Gesundheit der Bevölkerung auf dem Spiel steht. Einige Autoren vertreten diese Ansicht auch explizit. *Deutsch* meint, bei verfassungsrechtlich besonders stark geschützten Rechtsgütern, nämlich konkret Leben, Körper und Gesundheit, solle das Organ auch persönlich haften. Dies ergebe sich aus dem hohen Rang des Rechtsguts und der Möglichkeit der Verletzungen. Er verweist dabei auf die Lederspray-Entscheidung, wo ebenfalls der Grund der Strafbarkeit der GmbH-Geschäftsführer im hohen Rang der Gesundheit begründet worden sei. Reine Vermögensschäden und auch Eigentumsschäden dagegen sollen nach *Deutsch* nicht für eine persönliche Haftung ausreichen.[656] *Zöllner/Noack* gehen in eine ähnliche Richtung. Sie vertreten die Ansicht, eine Außenhaftung sei bei einer Verletzung von Leib und Leben Dritter zu rechtfertigen, da diese Rechtsgüter strafrechtlich auch gegen eine fahrlässige Verletzung geschützt seien.[657] Schließlich nennt *Bachmann* als einen besonderen Grund, der eine Außenhaftung rechtfertigt, den Schutz besonders wichtiger Rechtsgüter, ohne dies allerdings zu konkretisieren.[658]

Dieser Ansicht ist zuzugeben, dass die letzte Entscheidung des VI. Senats zur Organaußenhaftung „lediglich" reine Vermögensschäden betraf und eine Haftung anders als in der Baustoff-Entscheidung verneint wurde. Hieraus könnte man schließen, dass auch der VI. Senat zumindest eine Verletzung eines absolut geschützten Rechtsguts verlangt. Wenn nun aber nur die Verletzung von Leib oder Leben als ausreichend angesehen wird, stellt sich die Frage nach einer Begründung für diese Differenzierung, da § 823 Abs. 1 BGB dem Wortlaut nach alle genannten Rechtsgüter gleichrangig schützt. Leben, Körper und Gesundheit nehmen dort keine herausragende Stellung ein.[659]

Von *Zöllner/Noack* bereits genannt wurde die Bedeutung des Rechtsguts der Gesundheit im Strafrecht, da es dort auch bei fahrlässiger Begehungsweise über § 229 StGB geschützt wird. Ein Paralleltatbestand existiert in Bezug auf das

---

656 *Deutsch*, Haftungsrecht, S. 356–357.
657 *Zöllner/Noack*, in: Baumbach/Hueck GmbHG, § 43 Rn. 78.
658 *Bachmann*, Reform Organhaftung, S. E115 („Es sprechen gute Argumente dafür, der Außenhaftung eine Ausnahmerolle zuzuweisen und für ihre Anordnung jeweils besondere Gründe zu fordern. Als derartige Gründe kommen in Betracht außergewöhnliche Gefährdungslagen, der Schutz besonders wichtiger Rechtsgüter oder spezifische Funktionsstörungen der Binnenhaftung"). Eine ähnliche Ansicht vertreten auch *Haas/Ziemons*, in: Michalski GmbHG, § 43 Rn. 343a (Danach soll eine Garantenpflicht „in Sondersituationen" zu bejahen sein, wenn es darum geht, besonders hochrangige Rechtsgüter anderer vor Schaden zu bewahren. Darüber hinaus soll eine Sondersituation vorliegen, wenn die Wahrscheinlichkeit einer Schädigung Dritter besonders hoch oder der potentielle wirtschaftliche Schaden besonders hoch ist oder gefahrträchtige Vorgänge besonders komplex sind.).
659 So auch *Dreher*, ZGR 1992, 22, 40.

Leben in § 222 StGB. Die fahrlässige Verletzung des Eigentums ist dagegen in den §§ 242 ff. StGB nicht mit Strafe bestimmt.[660] Fraglich ist aber, ob die herausragende Stellung, die Leib und Leben im Strafrecht einnehmen, auch auf die zivilrechtliche Ebene übertragen werden kann. Die gleichrangige Aufzählung im Rahmen von § 823 Abs. 1 BGB spricht jedenfalls dagegen.[661] Zudem findet diese Wertung bereits ausreichend Berücksichtigung über § 823 Abs. 2 BGB.

Nach Ansicht von *Canaris* werden das Leben und die Gesundheit weitreichender von § 823 Abs. 1 BGB geschützt als das Eigentum.[662] § 823 Abs. 1 BGB schütze nämlich auch vor Gesundheitsschäden, die angeboren sind, obgleich ein „schadenfreies Gut"[663] dann nie vorhanden war. Etwa im Lues-Fall wurde der Schadensersatzklage eines Kindes stattgegeben, das mit angeborener Lues zur Welt kam, nachdem die Mutter vor der Zeugung im Krankenhaus damit infiziert worden war.[664] Eine Eigentumsverletzung i.S.d. § 823 Abs. 1 BGB ist dagegen nach heutiger Auffassung nur dann zu bejahen, wenn unbeschädigtes Eigentum beim Geschädigten bestand, nicht aber, wenn von vornherein beschädigtes Eigentum erworben wird.[665] Diese Eingrenzung der Eigentumsverletzung dient allerdings vor allem dazu, die Wertungen des Gewährleistungsrechts im Zusammenhang mit den Weiterfresserfällen nicht zu umgehen[666] und zwingt nicht dazu, den Rechtsgütern eine unterschiedliche Bedeutung im Rahmen von § 823 Abs. 1 BGB an sich zuzuweisen.

Eine weitere Vorschrift, die den Körper und die Gesundheit umfassender schützt als das Eigentum und andere absolute Rechtsgüter, ist § 253 Abs. 2 BGB. Danach kann bei einer Verletzung des Körpers oder der Gesundheit Schmerzensgeld verlangt werden. Die besondere Stellung, die die Rechtsgüter Körper und Gesundheit hier einnehmen, hängt aber wohl nicht mit ihrer herausragenden Stellung allgemein im Zivilrecht zusammen, sondern eher mit der besonderen Funktion des Schmerzensgeldes.

§ 309 Nr. 7 a) BGB nennt als Klauselverbot ohne Wertungsmöglichkeit einen Haftungsausschluss für eine Verletzung von Leben, Körper, Gesundheit, die auf einer fahrlässigen Pflichtverletzung des Verwenders beruhen oder einer

---

660 Zu den wenigen Tatbeständen, die das Vermögen vor einer fahrlässigen Begehungsweise schützen, sind § 15a Abs. 5 InsO, § 306d StGB sowie § 264 Abs. 4 StGB zu nennen, die aber nur enge Ausnahmefälle betreffen.
661 So auch *Larenz/Canaris*, Schuldrecht BT, Band II/2, S. 422.
662 *Canaris*, in: FS Larenz, S. 31 unter Verweis auf *Stoll*, AcP 1963, 212 ff.
663 *Canaris*, in: FS Larenz, S. 31.
664 BGH, II ZR 171/51 vom 20.12.1952, BGHZ 8, 243 (Leitsatz). In der Literatur wird z.T. vertreten, diese §§ 823 ff. BGB in Bezug auf genetische Schäden, bei denen ebenfalls ab der Zeugung die Schädigung besteht, aufzugeben, etwa von *Bentzien*, VersR 1972, 1095, 1098; a.A. *Wagner*, in: MüKo BGB, § 823 Rn. 157. Eine obergerichtliche Entscheidung hierzu steht noch aus.
665 *Sprau*, in: Palandt, § 823 Rn. 10.
666 *Wagner*, in: MüKo BGB, § 823 Rn. 157.

vorsätzlichen oder fahrlässigen Pflichtverletzung eines gesetzlichen Vertreters oder Erfüllungsgehilfen. Der Haftungsvermeidung soll hier besonders große Bedeutung zu kommen, da Körperschäden durch Geldzahlung nur unzureichend kompensiert werden können.[667] Dieses Argument ist schwer von der Hand zu weisen und auf die deliktische Haftung auch durchaus übertragbar: Auch § 823 BGB hat als Regelungsziel die Prävention. Allerdings ist ebenfalls zu berücksichtigen, dass die Vermeidung von Körperschäden eher den Bereich der unmittelbaren Verletzungshandlungen betrifft.

Schließlich ist noch die herausragende Stellung der Rechtsgüter von Leib und Leben im Grundgesetz zu nennen. Art. 2 Abs. 2 GG sieht anders als Art. 12 GG (Berufsfreiheit) und Art. 14 GG (Eigentum) erhöhte verfassungsrechtliche Voraussetzungen an einen Eingriff vor.[668] Art. 2 Abs. 2 GG enthält nämlich nur einen einfachen Gesetzesvorbehalt, während Art. 12 eine Schranke und Art. 14 GG sogar eine Inhalts- und Schrankenbestimmung vorsieht. Dies heißt aber nicht zwingendermaßen, dass Leib und Leben auch zivilrechtlich durch weiter reichende Schadensersatzansprüche geschützt werden müssen. Schließlich sind die Grundrechte primär Schutz- und Abwehransprüche gegen den Staat und die herausragende Stellung von Leib und Leben ist eher historisch zu erklären. Hieraus kann nicht geschlossen werden, dass zwischen Privatleuten ein weiterreichender Schutz als bei anderen Rechtsgütern gewährleistet werden sollte.

Aufgrund der aufgeführten Argumente ist die essentielle Bedeutung eines bestimmten Rechtsguts, etwa Leib und Leben, daher nicht ausreichend, um eine persönliche Außenhaftung der Leitungsorgane ohne weiterreichende Gründe zu bejahen.

II. Die unmittelbare Verletzungshandlung als Rechtfertigung für eine persönliche Außenhaftung

Relativ unstreitig ist die Haftung von Leitungsorganen bei einem direkt durch ein aktives Tun herbeigeführten Schaden an einem absolut geschützten Rechtsgut. Hier steht nämlich aufgrund der unmittelbaren Gefährdung des Rechtsguts der Normappel, fremde Rechtsgüter nicht zu verletzen, dem Verursacher unmittelbar vor Augen.[669] Dies ist dogmatisch auch begründet, wie im Folgenden gezeigt werden soll (1.). Im Anschluss wird das aktive Tun vom Unterlassen abgegrenzt (2.) sowie der Begriff der unmittelbaren Verletzungshandlung definiert (3.), bevor die erarbeitete Lösung konkret angewendet wird (4.).

---

667   *Wurmnest*, in: MüKo BGB, § 309 Nr. 7, Rn. 2.
668   *Lang*, in: BeckOK GG, Art. 2 Rn. 57.
669   *Haas/Ziemons*, in: Michalski GmbHG, § 43 Rn. 339.

1. Aktives Tun als Haftungsgrund

Nach vorherrschender Meinung wird bereits für ein aktives Tun umfassender gehaftet als für ein Unterlassen.[670] Einem aktiven Tun wird nur das Unterlassen trotz Bestehens einer gebotenen Handlungspflicht gleichgestellt, da keine allgemeine Rechtspflicht besteht, andere vor Schäden zu bewahren.[671] Derjenige, der handelt, hat die Kontrolle über die konkrete Handlung, kann den Geschehensablauf beeinflussen und beherrscht die Situation eher als ein anderer, der nur daneben steht. Der Geschäftsführer einer GmbH, der auf Dienstreise im firmeneigenen Pkw am Steuer sitzt, verdeutlicht dies in besonderer Weise. Anders als derjenige, der einem konkreten Handlungsgebot unterliegt, hat der Handelnde, der unmittelbar einen Schaden an einem absolut geschützten Rechtsgut verursacht, die Möglichkeit, sich anders zu entscheiden, etwa langsamer zu fahren. Daher führt das Unterlassen einer Handlung nur bei Vorliegen zusätzlicher Voraussetzungen zur Haftung, nämlich dann, wenn den Schädiger eine Pflicht zur Handlung traf und es ihm tatsächlich möglich war, den Erfolg tatsächlich einzuschränken.[672]

Der ehemalige Vorsitzende des VI. Senats *Steffen* hat darauf hingewiesen, dass eine Leitlinie für die Baustoff-Entscheidung die Idee war, den aktiv Handelnden und denjenigen, der eine Sicherung unterlässt, gleichzustellen.[673] Zur Verdeutlichung hat er ein Beispiel mit einer Schweißarbeiterkolonne gebildet.[674] Der Arbeiter einer GmbH, der bei Schweißarbeiten ein fremdes Warenlager in Brand setzt, haftet dem Geschädigten unstreitig nach § 823 Abs. 1 BGB. Ein Aufseher, der für die Sicherung zuständig ist und es unterlässt, die erforderlichen Schutzwände aufzustellen, haftet dagegen nur, wenn er auch verkehrssicherungspflichtig ist. Nach *Steffen* soll es aus Gerechtigkeitsgründen keinen Unterschied machen, ob für das haftungsrelevante Verhalten an ein Tun (das Schweißen) oder an ein Unterlassen wie das Nichtaufstellen von Schutzwänden abgeknüpft wird. In dem geschilderten Beispiel erscheint es gerecht, den Schweißer und den Aufseher gleichermaßen haften zu lassen. Dies liegt allerdings daran, dass ohnehin eine gemeinsame Tat vorliegt, bei der die Tatbeiträge gegenseitig zugerechnet werden. Über dieses Beispiel hinausgehend liegt nach der allgemeinen Dogmatik des Haftungsrechts allerdings sehr wohl ein Unterschied zwischen Handlung und Unterlassung vor. Derjenige, der handelt, hat die Möglichkeit, die Verhältnisse zu seinem Vorteil zu gestalten[675] und gewissermaßen einen Herrschaftsvorsprung. Dies ist der Grund für die weitergehende Haftung des

---

670   *Deutsch*, Haftungsrecht, S. 72, *Hager*, in: Staudinger, § 823 Rn. H6; vgl. auch *Förster*, in: BeckOK BGB, § 823 Rn. 100 (der eine Verwirklichung durch Unterlassen als Ausnahme ansieht).

671   BGH, I ZR 47/52 vom 28.04.1953, BGHZ 9, 301, 307; Förster, in: BeckOK BGB, § 823 Rn. 100 (m.w.N.).

672   *Looschelders*, Schuldrecht BT, Rn. 1178; *Förster*, in: BeckOK BGB, § 823 Rn. 101.

673   *Steffen*, in: Karlsruher Forum 1993, S. 27.

674   *Steffen*, in: Karlsruher Forum 1993, S. 27; kritisch hierzu *Rogge*, JuS 1995, 581, 585.

675   Siehe oben 3. Teil. A. II. 2. b) bb) sowie *Deutsch*, Haftungsrecht, S. 72.

aktiv Handelnden. Insofern scheint eine Ungleichbehandlung von demjenigen, der handelt, und demjenigen, der eine Sicherung unterlässt, in dogmatischer Hinsicht durchaus gerechtfertigt und eine persönliche Außenhaftung des Unterlassenden aus Gerechtigkeitsgesichtspunkten nicht zwingend. Dies gilt umso mehr, je unmittelbarer die Handlung das geschützte Rechtsgut gefährdet. Aus den gleichen Gründen rechtfertigt die unmittelbare Verletzungshandlung durch aktives Tun auch eine persönliche Haftung des Leitungsorgans.

2. Abgrenzung von Tun und Unterlassen

Die Abgrenzung von Tun und Unterlassen hat im Zivilrecht im Allgemeinen nur eine untergeordnete Bedeutung, da die allgegenwärtigen Verkehrspflichten zumeist auch bei Unterlassen eine Haftung begründen.[676] Verwendet man das aktive Tun aber als einen Haftungsgrund, der die Durchbrechung der gesellschaftsrechtlichen Haftungskonzentration zu rechtfertigen vermag, ist die Abgrenzung von kritischer Bedeutung und soll daher näher definiert werden.[677]

Teile der Literatur stellen zur Abgrenzung von Tun und Unterlassen auf den sozialen Sinngehalt der Handlung ab.[678] Ein Verhalten, das sozialförderlich erscheint, soll danach eine Unterlassung darstellen; ein wertneutrales oder gar schädliches Verhalten dagegen eine Handlung.[679] Eine ärztliche Operation wäre danach ein Unterlassen, ein gefährlicher Sport dagegen eine Handlung. Die vorherrschende Meinung lehnt dieses Kriterium aber schon deshalb ab, weil zu weit von der üblichen Wortbedeutung von Tun und Unterlassen abgewichen wird.[680] Darüber hinaus ist das Kriterium der sozialen Bewertung zu ungenau und der Manipulation zu leicht zugänglich[681], als dass es bei der Abgrenzung hilfreich zu sein vermag. Stattdessen wird von der vorherrschenden Ansicht richtigerweise darauf abgestellt, ob sich der Handelnde dem fremden Rechtsgut gefährlich nähert (Tun) oder, ohne die Gefahr zu erhöhen, die Gefahr nicht abwendet (Unterlassen).[682]

3. Begriff der unmittelbaren Verletzungshandlung

Eine Handlung, die unmittelbar zu einer Verletzung der Gesundheit führt, liegt nach den Schulbeispielen im Falle eines Verkehrsunfalles oder eines Messerstichs vor.

---

676   *Hager*, in: Staudinger, § 823 Rn. H6.
677   Siehe bereits oben 3. Teil. A. II. 2. b) bb) (zur Abgrenzung von mittelbaren Verletzungshandlungen und Unterlassen).
678   In diese Richtung *Buchner/Roth*, Unerlaubte Handlungen, S. 7–8; a.A. *Deutsch*, Haftungsrecht, S. 72–74; *Hager*, in: Staudinger, § 823 Rn. H6.
679   Vgl. die ausführliche Darstellung bei *Deutsch*, Haftungsrecht, S. 72–74.
680   *Deutsch*, Haftungsrecht, S. 73.
681   *Deutsch*, Haftungsrecht, S. 73.
682   *Hager*, in: Staudinger, § 823 Rn. H6.

Nach der von *Larenz*[683] im Anschluss an *von Caemmerer*[684] entwickelten Definition einer unmittelbaren Verletzungshandlung ist diesen Fällen gemein, dass der Erfolg noch im Rahmen der Handlung selbst erfolgt und für die Anschauung des Lebens nicht von ihr zu trennen ist.[685] Zwischen der Handlung und dem Erfolg liegen also keine Zwischenursachen. Anders soll es nur sein, wenn der Handelnde keine Kontrolle über den Geschehensablauf hat, da sein Tun „überdeterminiert" worden ist durch das finale Tun eines anderen, etwa im Falle eines Selbstmörders, der sich vor den Zug wirft.[686] Fraglich an dieser Definition ist allerdings, ob allein der zeitliche und räumliche Zusammenhang die weitreichendere Haftung zu begründen vermag.

Wagner setzt sich im Rahmen der Theorien vom Handlungs- und Erfolgsunrecht ebenfalls mit der Frage auseinander, was die Rechtfertigung für die weitreichendere Haftung von unmittelbaren Rechtsgutsverletzungen darstellt.[687] Nach ihm werden die Existenz und Reichweite deliktischer Sorgfaltspflichten weniger „selbstverständlich", je komplexer die kausale Struktur ist, die das Verhalten des in Anspruch Genommenen mit der Rechtsgutsverletzung verbindet. Die unmittelbare Rechtsgutsverletzung rechtfertige es, auf die Feststellung von Handlungsunrecht zu verzichten, da sich bei eigenhändiger Schadenszufügung die deliktische Haftung von selbst verstehe.[688]

Überzeugender ist die Ansicht von *Huber*, nach der für die Unmittelbarkeit entscheidend ist, dass der Handelnde die Kontrolle über den Verletzungsvorgang ausübt, den Geschehensablauf also noch beherrscht.[689] Das höhere Maß an Kontrolle über den Geschehensablauf rechtfertigt nämlich gleichzeitig auch die weitreichendere Haftung des Handelnden gegenüber demjenigen, der nur mittelbar oder durch Unterlassen eine Rechtsgutsverletzung auslöst.

4. Anwendung auf die Außenhaftung von Leitungsorganen

Nach dem Vorgesagten ist eine Durchbrechung der Haftungskonzentration dann gerechtfertigt, wenn eine unmittelbare Verletzungshandlung durch das Leitungsorgan gegeben ist, die unmittelbar zu einer Verletzung an einem absolut geschützten Rechtsgut führt. Eine Haftung gem. § 823 Abs. 1 BGB ist also zu bejahen, wenn das Leitungsorgan anlässlich seiner Tätigkeit für das Unternehmen unmittelbar absolut geschützte Rechtsgüter eines Dritten schädigt. Dies ist eindeutig gegeben bei unmittelbaren Eigentumsschädigungen wie der bereits erwähnte Unfall mit dem Dienstwagen bei einer Dienstfahrt. Eine persönliche Außenhaftung scheidet dagegen bei Ansprüchen aus Produzentenhaftung sowie aus schlechter

---

683   *Larenz*, in: FS Dölle, S. 169, 185 ff.
684   *Von Caemmerer*, in: Karlsruher Forum 1961, 19 ff.
685   *Larenz*, in: FS Dölle, S. 169, 185, 193.
686   *Larenz*, in: FS Dölle, S. 169, 187.
687   *Wagner*, in: MüKo BGB, § 823 Rn. 21.
688   *Wagner*, in: MüKo BGB, § 823 Rn. 22.
689   *Huber*, in: FS Huber, S. 253, 277.

Unternehmensorganisation aus, da hier keine unmittelbare Verletzungshandlung des Leitungsorgans vorliegt. Im Fall Kirch gegen Deutsche Bank AG und Breuer ist eine persönliche Haftung des Vorstandsvorsitzenden entgegen dem XI. Senat zu verneinen. Die inkriminierende Interviewäußerung stellte zwar einen betriebsbezogenen Eingriff in das Recht am eingerichteten und ausgeübten Gewerbebetrieb dar, der unmittelbar zu einer Schädigung des Gewerbebetriebs geführt hat.[690] Ob der Vorstandsvorsitzende Breuer die Kontrolle über die Rechtsgutsverletzung, nämlich die unmittelbar durch seine Interviewäußerung hervorgerufene herabgesetzte Kreditwürdigkeit des Kirch-Konzerns, innehatte, ist bereits fragwürdig. In jedem Fall aber kann im Rahmen der Rechtswidrigkeitsprüfung nicht auf vertragliche Nebenpflichten der Deutsche Bank AG abgestellt werden, da diese allein die Gesellschaft treffen. Der Vorstandsvorsitzende war zwar ebenfalls vertraglich zur Verschwiegenheit verpflichtet, diese Pflicht ergab sich aber aus seinem Dienstvertrag mit der Gesellschaft und kann daher nur zu einer Innenhaftung führen.[691] Bei einer Interessenabwägung des Grundrechts der Meinungsfreiheit aus Art. 5 Abs. 1 GG des Vorstandsvorsitzenden Breuer gegenüber den Interessen Kirchs überwiegen letztere nicht. Dies zeigt der Vergleich mit einer natürlichen dritten Person, die eine derartige inkriminierende Aussage getätigt hätte. Im Falle eines Dritten, der eine solche Aussage getroffen hätte, wäre es nicht zu einer unmittelbaren Schädigung gekommen, da die Schädigung bei der Äußerung Breuers unmittelbar mit seiner Stellung als Vorstandsvorsitzender und seinen Spezialkenntnissen zusammenhing.

III. Der Grad des Verschuldens als Rechtfertigung für eine persönliche Außenhaftung

Ein weiterer Anknüpfungspunkt für eine persönliche Außenhaftung könnte ein besonders hoher Grad des Verschuldens, also Vorsatz oder grobe Fahrlässigkeit, sein. Es erscheint zumindest schwer vertretbar, ein Leitungsorgan, das von einer Rechtsverletzung der Gesellschaft weiß, nicht deliktisch gegenüber dem Geschädigten haften zu lassen. So weist der ehemalige Vorsitzende des VI. Senats *Groß* darauf hin, Leitungsorgane seien „jedenfalls dann persönlich deliktisch verantwortlich, wenn sie von den Rechtsgütern Dritter verletzenden Handlungen von Mitarbeitern oder dem Bevorstehen solcher Handlungen Kenntnis hatten und nichts dagegen unternommen haben, obwohl sie es kraft ihrer Leitungsbefugnis gekonnt hätten"[692]. Auch *Kleindiek* bejaht eine persönliche Einstandspflicht der Leitungsorgane, wenn andere Unternehmensangehörige geschützte Rechtsgüter Dritter verletzen und das Leitungsorgan hiervon Kenntnis hat und die Möglichkeit der Einflussnahme.[693]

---

690 Zur Unmittelbarkeit so auch *Derleder/Fauser*, BB 2006, 949, 951.
691 So auch vorhergehend das OLG München, 21 U 2392/03 vom 10.12.2003, -juris (Rn. 102).
692 *Groß*, ZGR 1998, 551, 563/564.
693 *Kleindiek*, in: Lutter/Hommelhoff GmbHG, § 43 Rn. 88; ähnlich *Eden*, Managerhaftung, S. 237 (schlägt für den Bereich des Kartellrechts eine Beschränkung der

Daher soll nunmehr die positive Kenntnis von der Rechtsgutsverletzung als Rechtfertigung für eine Durchbrechung der Haftungskonzentration dargestellt werden (1.), bevor die Möglichkeit einer persönlichen Haftung bei Vorsatz oder grober Fahrlässigkeit erörtert wird (2.).

1. Positive Kenntnis: Die Auflehnung gegen die Rechtsordnung als Haftungsgrund?

Dass dem Schädiger ein Schaden zugerechnet wird, ist beim vorsätzlichen Handeln im Wesentlichen darin begründet, dass der Handelnde sich bewusst über die Regeln des Rechts hinwegsetzt.[694] Diese bewusste Missachtung von allgemeinen Rechtsregeln oder der Rechtsgüter Dritter ist zumindest ein Grund für eine sehr viel weitreichendere Haftung als im Falle von Fahrlässigkeit. Die besondere Stellung des Vorsatzes hat sowohl an zahlreichen Stellen im Gesetz, als auch in der Rechtsprechung Niederschlag gefunden:

Der Schadensersatzanspruch aus § 826 BGB setzt für seine Verwirklichung einzig eine sittenwidrige vorsätzliche Schädigung voraus. Der Haftungsgrund liegt hier klar in dem bewussten Rechtsbruch.

Die Haftung wegen Vorsatzes kann dem Schuldner nicht im Voraus erlassen werden, § 276 Abs. 3 BGB.[695]

Der Arbeitnehmer haftet nach den Grundsätzen zur gefahrgeneigten Tätigkeit bei Vorsatz gegenüber seinem Arbeitgeber und gegenüber Dritten.

Der Versicherer ist nicht zur Leistung verpflichtet, wenn der Versicherungsnehmer den Versicherungsfall vorsätzlich herbeiführt, § 81 Abs. 1 VVG.

Hierdurch wird deutlich, dass sich eine Differenzierung zwischen Vorsatz und Fahrlässigkeit durchaus begründen lässt.[696] In jedem Falle ist eine persönliche Haftung von Leitungsorganen zu bejahen, wenn die Voraussetzungen von § 826 BGB gegeben sind.[697] Darüber hinaus ist eine gesellschaftsrechtliche Modifikation von § 823 Abs. 1 BGB dahingehend, dass für vorsätzliches Handeln, nicht aber für Fahrlässigkeit gehaftet werden soll, nicht zwingend erforderlich.[698] Gegen eine solche Differenzierung spricht vor allem, dass Vorsatz und Fahrlässigkeit in § 823 Abs. 1 BGB gleichrangig genannt werden und anders als bei § 276 Abs. 1 BGB auch keine abweichenden Vereinbarungen vorgesehen sind. Eine Differenzierung

---

Außenhaftung von natürlichen Personen auf vorsätzliches Handeln vor; bei Fahrlässigkeit soll nur das Unternehmen haften); *Lutter*, ZHR 1993, 464, 468/469; sowie *Westermann/Mutter*, DZWiR 1995, 184, 188.

694 *Deutsch*, Haftungsrecht, S. 216.

695 Zu § 276 Abs. 3 BGB siehe *Flume*, Allgemeiner Teil, Band I/2, S. 397–398.

696 Kritisch hierzu *Zöllner/Noack*, in. Baumbach/Hueck GmbHG, § 43 Rn. 77.

697 So auch *Oechsler*, in: Staudinger, § 826 Rn. 296 (wonach sich die Außenhaftung aus der Überlegung rechtfertigt, dass die Sittengebote, deren Verletzung § 826 BGB bewehrt, gerade dem unmittelbaren Schutz gesellschaftsfremder Dritter dienen).

698 So auch *Derleder/Fauser*, BB 2006, 949, 949.

zwischen Vorsatz und Fahrlässigkeit contra legem sollte nur die letzte Möglichkeit sein. Hinzu kommt, dass die Haftung für vorsätzliches Handeln bereits an anderer Stelle geregelt ist, nämlich in § 826 BGB. Letztlich finden sich an anderen Stellen im BGB zahlreiche Regelungen, die von abgestuften Graden des Verschuldens sprechen (etwa §§ 277, 300, 309 Nr. 7 b), 521 BGB), sodass die Regelungen zum Vorsatz diesen nicht unbedingt besonders herausstellen.

Auf dieser Linie liegt auch die aktuelle Rechtsprechung des I. Senats zur Verletzung von Wettbewerbsrechten. Danach beurteilt sich die persönliche Haftung von Leitungsorganen nach allgemeinen Kategorien des Deliktsrechts. Nach dem I. Senat setzt dies voraus, dass der Geschäftsführer einer GmbH bei einem Wettbewerbsverstoß der GmbH diesen entweder selbst begangen oder in Auftrag gegeben hat. Nach der Sporthosen-Rechtsprechung kam als zusätzliche Möglichkeit noch in Betracht, den Geschäftsführer persönlich in Anspruch zu nehmen, wenn er Kenntnis vom Wettbewerbsverstoß hatte und es unterlassen hat, ihn zu verhindern. Nach einer weitgehenden Aufgabe der Störerhaftung im Lauterkeitsrecht wurde diese Rechtsprechung nunmehr ausdrücklich aufgegeben.[699] Eine persönliche Haftung wird nur noch bejaht, wenn das Leitungsorgan durch positives Tun an der Verletzung beteiligt war oder eine Garantenstellung nach allgemeinem Deliktsrecht bestand. Da der Vorsitzende des VI. Senats *Groß* im Nachgang zur Baustoff-Entscheidung ausdrücklich auf die Sporthosen-Rechtsprechung verwiesen hat[700] und somit ein Gleichlauf der Haftung von Sonderdeliktsrecht und allgemeinem Deliktsrecht beabsichtigt war, wäre eine Abkehr des VI. Senats von der Baustoff-Rechtsprechung auch in dieser Hinsicht jedenfalls gut vertretbar.

2. *Keine Haftung bei nur leichter Fahrlässigkeit?*

Ein weiterer Ansatz geht dahin, eine persönliche Außenhaftung bei nur leicht fahrlässigem Handeln abzulehnen. Hierfür sprechen allerdings noch weniger Gründe als für eine Differenzierung nach Vorsatz und Fahrlässigkeit. Ein normativer Anknüpfungspunkt hierfür ist nämlich noch weniger erkennbar.[701] Zwar existieren einige Regelungen, die die Haftung für leichte Fahrlässigkeit ausschließen, etwa die Haftung im Bereich der Gefälligkeitsverträge (Leihe, Schenkung, Verwahrung). Die Existenz dieser Regelungen in einzelnen Bereichen spricht aber eher dafür, dass der Gesetzgeber sich bewusst an einzelnen Stellen entschieden hat, eine Haftungsprivilegierung einzufügen. Eine Übertragung des Privilegs ist daher nur dort denkbar, wo offensichtlich Regelungslücken vorliegen. Dies ist bei der Haftung von Leitungsorganen aber nicht der Fall.

---

699   BGH, I ZR 242/12 vom 18.06.2014, BeckRS 2014, 14705 (Rn. 15); siehe bereits oben
       3. Teil. B. II. 2. b) bb) (Sporthosen-Fall und nachfolgende Rechtsprechung).
700   *Groß*, ZGR 1998, 551, 564.
701   So auch *Lutter*, ZHR 1993, 464, 481.

IV. Verbleibender Anwendungsbereich von § 823 Abs. 1 BGB

Nach dem oben Gesagten verbleibt für eine persönliche Außenhaftung nach § 823 Abs. 1 BGB dann lediglich der Fall, dass das Leitungsorgan durch eine mittelbare Verletzungshandlung vorsätzlich oder fahrlässig ein absolut geschütztes Rechtsgut verletzt, wobei den Organwalter persönlich eine Garantenstellung trifft. Wann den Organwalter persönlich eine Garantenstellung trifft, ist allerdings eine der schwierigsten Fragen dieser Arbeit. Daher soll zunächst ein Überblick über den Stand der Literatur gegeben werden (1.), bevor auf die Entstehung von Verkehrspflichten allgemein eingegangen wird (2.). Im Anschluss wird ein eigener Ansatz hinsichtlich dieser Problemstellung entwickelt (3.) und die konkreten Auswirkungen auf die Haftung dargestellt (4.).

1. Stand der Literatur

In der Literatur wird hierzu die gesamte Bandbreite von Standpunkten vertreten. Zum Teil wird eine Außenhaftung wegen Verkehrspflichtverletzungen, die von Pflichten der Gesellschaft abgeleitet werden, komplett verneint.[702] Andere vertreten die Auffassung, eine solche Außenhaftung sei vollumfänglich zu bejahen.[703] Die Baustoff-Entscheidung hat in der Literatur viele kritische Stimmen ausgelöst,[704] insbesondere vor dem Hintergrund einer hierdurch ausgelösten „kongruenten Haftung"[705] von Unternehmensträger und Leitungsorganen. Ein weiterer (Haupt-) Kritikpunkt der Literatur war, dass dem Geschäftsführer zwar durchaus eine Pflicht zur ordnungsgemäßen Unternehmensorganisation obliege, aber dass es sich hierbei um die vertragliche Innenhaftung gegenüber der Gesellschaft handele.[706] Verkomplizierend wirkt sich weiterhin aus, dass auch der II. Senat (zuständig für Gesellschaftsrecht) dem VI. Senat (zuständig für unerlaubte Handlungen) in dieser Angelegenheit bis heute nicht folgt und die Ansicht vertritt, dass innergesellschaftliche Organisationspflichten keine Verhaltenspflichten i.S.d. § 823 Abs. 1 BGB darstellen.[707] Eine

---

702   *Dreher*, ZGR 1992, 22, 33/34; *Kiethe*, DStR 1993, 1298, 1300; *Medicus*, in: FS Lorenz, S. 155, 169.

703   *Altmeppen*, ZIP 1995, 881, 887 f.; *von Bar*, in: FS Kitagawa, 1992, 279, 290 ff.

704   *Dreher*, ZGR 1992, 22, 34; *Haas*, Geschäftsführerhaftung, S. 216; *Hirte*, JR 1992, 258; *Lutter*, ZHR 1993, 464, 475; *ders.*, DB 1994, 129; *ders.*, GmbHR 1997, 329; *Medicus*, in: FS Lorenz, S. 155, *ders.*, GmbHR 1993, 533; *ders.*, ZGR 1998, 570, 584; *ders.*, GmbHR 2002, 809, *Mertens/Mertens*, JZ 1990, 486; *Krebs/Dylla-Krebs*, DB 1990, 1271; *Paefgen*, in: Ulmer/Habersack/Löbbe GmbHG, § 43 Rn. 207; *Westermann/Mutter*, DZWiR 1995, 184; *Zöllner/Noack*, in: Baumbach/Hueck, § 43 Rn. 76 ff.

705   *Wagner*, in: MüKo BGB, § 823 Rn. 113; zustimmend *von Bar*, in: FS Kitagawa, S. 179, 295 („kontinuierliche Fortentwicklung der bisherigen Rechtsprechung").

706   *Fleischer*, in: MüKo GmbHG, § 43 Rn. 350; *Lutter*, ZHR 1993, 464, 477; *Medicus*, ZGR 1998, 570, 585; *Westermann/Mutter*, DZWir 1995, 184, 189.

707   BGH, II ZR 16/93 vom 13.04.1994, BGHZ 125, 366, 375/376; vgl. aber auch BGH, II ZR 152/91, vom 16.3.1992, NJW-RR 1992, 1061, 1062 (wonach ein sittenwidriges

vorherrschende Meinung lässt sich jedenfalls bislang nicht erkennen.[708] Auch eine Einteilung in eine überschaubare Anzahl von Kategorien ist angesichts der Vielzahl der verschiedenen dogmatischen Ansätze nur bedingt sinnvoll,[709] dennoch sollen hier kurz die vier Hauptrichtungen dargestellt werden.

a) Haftungsfreundliche Auffassung

Zustimmung gefunden hat das Baustoff-Urteil u.a. bei *Uwe S. Schneider*,[710] *von Bar*[711] sowie zunächst *Brüggemeier*[712]. Nach *Uwe S. Schneider* hat der Geschäftsführer auf Grund seiner Organstellung eine besondere Pflicht, das Unternehmen so zu organisieren und zu überwachen, dass Dritte keinen Schaden erleiden. Diese Organisationspflichten sollen auch gegenüber Dritten bestehen. *Von Bar* sieht Verkehrspflichten der Leitungsorgane als Berufspflichten, die auch umfassen, in ihrem Aufgabenbereich die organisatorischen Rahmenbedingungen zu schaffen, dass sich die von ihrem Betrieb ausgehenden Gefahren nicht verwirklichen.[713] *Brüggemeier* hat seine Ansicht, wonach dem Organwalter im Rahmen seines Zuständigkeitsbereichs Schutzpflichten gegenüber Dritten bestehen, mittlerweile aufgegeben.[714]

b) Haftungsfeindliche Auffassung

Gegen diese sehr weitreichende Haftung der Leitungsorgane haben sich u.a. *Dreher*, *Mertens/Mertens*, *Medicus* sowie *K. Schmidt* ausgesprochen.[715]

Dreher meint, aus der Funktion und dem Charakter der Organisationspflichten folge, dass nur die Haftung des Unternehmensträgers gerechtfertigt sei. Organisationspflichten seien nämlich grundsätzlich unternehmensinterne Mittel, um die Einhaltung von Verkehrspflichten gegenüber Dritten zu ermöglichen. Eine persönliche Haftung der Geschäftsleiter sei nur im Innenverhältnis zu bejahen.[716]

Verhalten gem. § 826 BGB auch in der Art und Weise liegen könne, wie die Verträge mit Gläubigern sowie die Arbeitsaufteilung zwischen Gesellschaft und Geschäftsführer gestaltet gewesen sein sollen).

708 *Sandmann*, Haftung, S. 430.

709 Siehe aber die von *Altmeppen* vorgeschlagene und von *Sandmann* aufgegriffene Einteilung in fünf Ansichten: *Altmeppen*, ZIP 1995, 881, 886 ff., *Sandmann*, Haftung, S. 430 f.

710 *Crezelius/Schneider*, in: Scholz GmbHG, § 43 Rn. 327.

711 *Von Bar*, in: FS Kitagawa, 279, 295.

712 *Brüggemeier*, AcP 1991, 33, 33 ff., ebenfalls zustimmend *Pauker*, Unternehmen, S. 42.

713 *Von Bar*, in: FS Kitagawa, 279, 295.

714 *Brüggemeier*, AcP 1991, 33, 65; vgl. oben 4. Teil. B. II. 2.

715 Vgl. auch in neuerer Zeit: *Bachmann*, Reform Organhaftung, S. E118 ("Schreckgespenst der Organhaftung").

716 *Dreher*, ZGR 1992, 22, 33 ("kann als Begründung für die persönliche Haftung des Geschäftsleiters nicht überzeugen").

Nach *Mertens/Mertens* kann eine deliktische Außenhaftung aufgrund der Verletzung von Verkehrssicherungspflichten nur dann in Betracht kommen, wenn diese Pflicht nicht nur im Verhältnis zur Kapitalgesellschaft, sondern auch im Verhältnis zum verletzten Dritten besteht.[717] Zur Ermittlung von Verkehrspflichten, die eine Außenhaftung auslösen, müsse vielmehr auf allgemeine Gesichtspunkte wie die Verkehrsanschauung als Ausdruck des legitimen Erwartungshorizonts zurückgegriffen werden.

Medicus meint, eine Außenhaftung der Leitungsorgane wegen der Verletzung von Organisationspflichten würde die im Gesellschaftsrecht angedeutete Haftungskonzentration unterlaufen, was zu einer „tendenziell uferlosen Außenhaftung" führen würde.[718]

K. Schmidt fordert, den Geschäftsführer nicht zum persönlichen Garanten aller von den Geschäften der GmbH bedrohten Rechtsgüter zu erklären, um Einbrüche in das gesellschaftsrechtliche Haftungssystem zu vermeiden.[719]

c) *Differenzierung nach dem Grad des Verschuldens*

Verschiedentlich wurde bereits vorgeschlagen, nach dem Grad des Verschuldens zu differenzieren und nur im Falle vorsätzlichen Handelns der Leitungsorgane eine persönliche Haftung zu bejahen. Etwa *Lutter* schlägt vor, die Organe juristischer Personen nur dann haften zu lassen, wenn diese deliktische Schädigungen eigenhändig begangen haben oder von ihrer Begehung durch andere wussten und die Schädigung pflichtwidrig nicht verhinderten.[720] Er begründet dies damit, dass diese Fälle unterhalb der Mittäterschaft bleiben und weist weiterhin auf die (damalige) Rechtsprechung im gewerblichen Rechtsschutz hin, die mit der Baustoff-Rechtsprechung nicht in Einklang stehe.[721]

d) *Auffassung von* Grunewald

Einen gänzlich anderen Ansatz vertritt *Grunewald*. Sie schlägt vor, danach zu differenzieren, ob Verkehrspflichten im Zusammenhang mit einer Vertragsdurchführung nur gegenüber dem Vertragspartner oder gegenüber der Allgemeinheit verletzt sind.[722] Bei Verkehrssicherungspflichten, die im Zusammenhang mit einer Vertragsdurchführung stehen, soll die Haftungskonzentration den Vorstellungen der Vertragspartner entsprechen. Eine persönliche Haftung komme dann nur durch

---

717   *Mertens/Mertens,* JZ 1990, 488, 489 (die Ansicht des VI. Senats als „bahnbrechend-abwegig" bezeichnend).

718   *Medicus,* ZGR 1998, 570, 585.

719   *K. Schmidt,* Gesellschaftsrecht, S. 1089 f.

720   *Lutter,* ZHR 1993, 464, 472 (erklärt, die Lösung des VI. Senats habe „keinerlei Anhalt im Gesetz").

721   *Lutter,* ZHR 1993, 464, 480; siehe bereits oben 3. Teil. B. II. 2. b) bb) (zum Rechtsprechungswandel im gewerblichen Rechtsschutz).

722   *Grunewald,* ZHR 1993, 451, 457.

eine persönliche Verantwortungsübernahme in Betracht. Dagegen bei Pflichten, die nur gegenüber der Allgemeinheit bestehen, wie etwa das Organisieren eines Streudienstes bei Glatteis, soll eine persönliche Haftung grundsätzlich eingreifen.

2. Zur Entstehung von Verkehrssicherungspflichten

Von der Literatur wurde bereits an vielfacher Stelle kritisiert, dass für Leitungsorgane bislang feste Kriterien fehlen, nach denen sich das Bestehen oder Nichtbestehen einer Verkehrssicherungspflicht beurteilen lässt.[723] Dies liegt unter anderem daran, dass bereits die Einteilung der Kriterien, an die sich die Verkehrspflicht knüpft, sehr uneinheitlich gehandhabt wird.[724] Der klassische Grund für die Entstehung einer Verkehrspflicht wird in der Schaffung einer Gefahrenquelle gesehen.[725] Umfasst ist die Hervorrufung einer Gefahr, das Andauernlassen einer Gefahr im eigenen Einflussbereich sowie die Vergrößerung einer Gefahr.[726] Wichtigster Unterfall in der Praxis ist die Verantwortlichkeit für den Zustand des eigenen Einflussbereichs.[727] Begründet wird diese Verantwortlichkeit mit der Bestimmungsgewalt über den eigenen Einflussbereich und der Möglichkeit, Vorteile aus der Gefahrenquelle zu ziehen.[728] Die klassischen Verkehrspflichten beruhen allerdings nicht allein auf der tatsächlichen Gefahrerhöhung, sondern auch auf einer weiteren Wertung, die auf den Verkehrserwartungen aufbaut.[729] So soll nicht unbedingt der Bauarbeiter für die Absicherung einer Grube haften, sondern der verantwortliche Bauunternehmer; die Straßenverkehrspflicht soll nicht den Straßenbauer treffen, sondern den Eigentümer der Straße.[730]

3. Leitungsorgane als Träger von Verkehrssicherungspflichten

Für Leitungsorgane werden vor allem zwei Fallgruppen diskutiert, in denen sich eine persönliche Verantwortlichkeit aus einer Verkehrssicherungspflicht der Gesellschaft herleiten lässt: In Frage kommen eine berufsspezifische Sachkunde als „Manager" oder die Übernahme von Pflichten von der Gesellschaft. Im Anschluss soll der eigene Ansatz, nämlich das Hervorrufen eines Vertrauenstatbestandes aufgrund besonderer Umstände, dargelegt werden.

---

723 *Rogge*, JuS 1995, 581, 583.
724 *Hager*, in: Staudinger, § 823 Rn. E 12.
725 *Hager*, in: Staudinger, T. Das Recht der unerlaubten Handlungen, Rn. 501.
726 *Hager*, in: Staudinger, § 823 Rn. E 13.
727 So zuerst RG, III 195/13 vom 30.09.1919, RGZ 83, 137, 138 (zur Verantwortlichkeit des Mieters für die Instandhaltung einer zur Mietsache gehörenden Treppe); näher *Hager*, in: Staudinger, § 823 Rn. E 16 (m.w.N.).
728 *Hager*, in: Staudinger, § 823 Rn. E 16 (m.w.N.).
729 *Rottkemper*, Außenhaftung, S. 103.
730 *Rottkemper*, Außenhaftung, S. 103 (mit weiteren Beispielen).

a) Berufsspezifische Sachkunde

Die Fallgruppe der berufsspezifischen Sachkunde wurde vom Reichsgericht anhand des sogenannten Milzbrandfalles[731] entwickelt. In diesem Fall hatte ein Tierarzt eine milzbrandverdächtige Kuh behandelt und es unterlassen, für die mit dem Tier befassten Personen Sorge zu tragen. Hierunter befand sich auch ein Metzger, der eine Wunde am Daumen hatte. Das Reichsgericht bejahte eine persönliche Haftung des Tierarztes unabhängig von den bestehenden vertraglichen Verhältnissen und nur unter Berufung auf den Zusammenhang mit der Berufstätigkeit des Tierarztes. Ebenso soll die persönliche Haftung von Bademeistern[732] und Architekten[733] auf dem Vertrauen und den Sicherheitserwartungen des Verkehrs aufbauen.

Von Bar ist der Ansicht, es gehöre zum Berufsbild des „Managers", in seinem Aufgabenbereich die organisatorischen Rahmenbedingungen zu schaffen, dass sich die von seinem Betriebsteil ausgehenden spezifischen Gefahren für andere nicht verwirklichen und leitet hieraus eine persönliche Außenhaftung bei der Verletzung von Organisationspflichten ab.[734] Die Idee einer außervertraglichen Haftung aufgrund geschäftsbezogener Tätigkeit wurde ursprünglich von *Hopt* entwickelt, der in der beruflichen Spezialisierung am Markt einen Haftungsgrund sah.[735] Es ist aber zu beachten, dass das besondere Vertrauen, das Verkehrsteilnehmer solchen Berufsgruppen wie Ärzten, Architekten oder auch Bademeistern entgegenbringen, auf deren berufsspezifischer Sachkunde aufbaut. Ärzten wird ein erhöhtes Vertrauen entgegengebracht, da sie über Kenntnisse und Fähigkeiten verfügen, die eine medizinische Behandlung im Gefahrenfall ermöglichen. Ist im Schwimmbad ein Bademeister im Einsatz, wird der Badegast darauf vertrauen, dass der Bademeister aufgrund seiner Ausbildung besonders schnell erkennen kann, wenn ein Badegast kein sicherer Schwimmer ist und in Gefahr gerät. Es geht also um berufsspezifische Kenntnisse, die eine Gefahrenabwehr ermöglichen. Es ist zweifelhaft, ob sich diese Erwägungen auf die Aufgaben eines Vorstandsmitglieds oder Geschäftsführers übertragen lassen. Die Organisation eines Unternehmens zählt zwar zu den Aufgaben der Leitungsorgane, zu denen diese auch ausgebildet sind. Hierbei handelt es sich aber nicht um Spezialkenntnisse, die eine Gefahrenabwehr ermöglichen. Eine gute Organisation eines Unternehmens mag zwar im Einzelfall Gefahren für

---

731 RG, VI 191/21 vom 19.09.1921, RGZ 102, 372–374; vgl. den ähnlich gelagerten Fall RG, VI 543/20 vom 23.03.1921, RGZ 102, 38, 42, in dem ein Fuhrunternehmer den Transportwagen mit nur einem Kutscher besetzte und die Ware gestohlen wurde, als der Kutscher den Wagen nur kurz verließ.

732 OLG Hamm, 3 U 271/77 vom 01.02.1978, VersR 1979, 1064 (zur Verkehrssicherungspflicht eines Bademeisters für die Beaufsichtigung des Sprungturms).

733 BGH, VI ZR 178/05 vom 13.03.2007, NZBau 2007, 449 (m.w.N.).

734 *Von Bar*, in: FS Kitagawa, 279, 294.

735 *Hopt*, AcP 1983, 610, 719, demgegenüber ablehnend *Larenz/Canaris* Schuldrecht BT, Band II/2, S. 409 („Man sollte (...) den Begriff „Berufshaftung" überhaupt verneinen, da er einen eigenständigen Haftungstatbestand suggeriert, obwohl es einen solchen nicht gibt").

Rechtsgüter verhindern, Kenntnisse als Manager werden hierdurch aber noch keine speziellen Kenntnisse zur Gefahrenabwehr.[736]

b) Übernahme von Pflichten

Ein weiterer naheliegender Gedanke ist die Herleitung einer Verkehrssicherungspflicht aus der Übernahme von Pflichten von der Gesellschaft. Verkehrspflichten können sich nämlich aus der Übernahme einer Aufgabe ergeben.[737] Grund hierfür soll die Erwartungshaltung sein, dass derjenige, der eine Aufgabe übernimmt, diese auch ordentlich erfüllen werde.[738]

Nach *Larenz/Canaris* ist die Baustoff-Entscheidung in die Kategorie der Übernahmehaftung einzuordnen.[739] Danach sollen Leitungsorgane die Adressaten von Verkehrspflichten sein, die auf die Vornahme von Organisationsmaßnahmen gerichtet sind. Die wesentlichen Zurechnungskriterien seien nämlich in der Person des Geschäftsführers erfüllt, da die Risikoveranlassung und –beherrschung nicht durch die juristische Person, sondern den Organwalter ausgelöst worden seien. Risikoveranlassung und –beherrschung sollen danach stets in der Hand eines Menschen, also einer natürlichen Person zu verorten sein. Dass Risikoveranlassung und –beherrschung nur durch natürliche Personen ausgeübt werden können, scheint auf den ersten Blick ein starkes Argument zu sein, da die Gefahrenbeherrschung ein tatsächliches Element inne zu haben scheint. Hiergegen lässt sich allerdings wiederum einwenden, dass das Konstrukt der juristischen Person hierdurch komplett übergangen wird. Hinzu kommt, dass viele spezialgesetzliche Tatbestände der Gefahrenabwehr gerade die Gesellschaft adressieren. Auch die Betreiberhaftung und die Halterhaftung beruhen nämlich auf dem Gedanken der Gefahrenabwehr und richten sich an die Gesellschaft, etwa § 7 Abs. 1 StVG, § 33 LuftVG oder § 32 GenTG.[740] Das Risiko der Organisation liegt im Ursprung bei der Gesellschaft und nicht beim Geschäftsleiter. Auch aus § 31 BGB ergibt sich nach der hier vertretenen Ansicht nichts anderes, da dieser nicht voraussetzt, dass das Leitungsorgan eigene Pflichten verletzt.

Gegen eine Übernahme von Verkehrssicherungspflichten spricht eine nähere Betrachtung des Ursprungs der Übernahme. Gesetzlich ist die Übernahme von Verkehrssicherungspflichten in § 838 BGB geregelt. Danach haftet derjenige deliktisch gegenüber Dritten, der die Unterhaltung eines Gebäudes für einen Dritten übernimmt. Die rechtsgeschäftliche Übernahme kann zwar konkludent geschehen,[741] setzt aber immer zumindest die Kenntnis und das Einverständnis des Übernehmers voraus. Die Übernahme von Verkehrssicherungspflichten qua Gesetzes wird z.B.

736   So auch *Spindler*, in: BeckOK BGB (35. Ed., Stand: 1. November 2013), § 823 Rn. 272; *ders.*, in: Handbuch Vorstandsrecht, § 13 Rn. 15.
737   *Hager*, in: Staudinger, § 823 Rn. E 21.
738   *Hager*, in: Staudinger, § 823 Rn. E 21.
739   *Larenz/Canaris*, Schuldrecht BT, Band II/2, S. 422.
740   Weitere Beispiele siehe oben unter 3. Teil. A. I.
741   *Wagner*, in: MüKo BGB, § 838 Rn. 5.

bejaht im Falle des Insolvenzverwalters[742] oder des Verwalters von Grundstücken oder Wohnungen nach § 27 Abs. 1 Nr. 2 WEG[743]. Die Außenhaftung des Insolvenzverwalters ist aufgrund seiner besonderen Stellung als Inhaber zweier Vermögen und wegen der öffentlichen Bestellung gerechtfertigt. Auch beim WEG-Verwalter ist eine deliktische Außenhaftung zu bejahen, da § 27 WEG den Verwalter ausdrücklich dazu verpflichtet, für die ordnungsgemäße Instandhaltung und Instandsetzung des gemeinschaftlichen Eigentums die erforderlichen Maßnahmen zu treffen. Diese Verpflichtung wird zwar nach § 27 WEG nur gegenüber den Eigentümern und der WEG begründet. Die ausdrückliche gesetzliche Anordnung vermag allerdings die Haftung für einen bestimmten, abgegrenzten Bereich zu begründen. Anders liegt der Fall bei Leitungsorganen, denen per Arbeitsvertrag und durch ihre Organstellung die weitreichende Aufgabe der Unternehmensorganisation übertragen wird. Es ist nicht davon auszugehen, dass Vorstandsmitglieder und Geschäftsführer sich mit ihrer Bestellung konkludent mit einer deliktischen Außenhaftung für alle Aufgaben der Gesellschaft einverstanden erklären wollen.

Gegen eine Übernahme von Verkehrssicherungspflichten der Gesellschaft spricht weiterhin, dass eine Übernahme innerhalb des Unternehmens jedenfalls nach der derzeitigen Rechtsprechung zu § 831 BGB nicht vorgesehen ist.[744] Anderenfalls würden die Pflichten der Gesellschaft den Leitungsorganen zugerechnet, diese Übernahme über § 31 BGB aber wiederum zu einer Haftung der Gesellschaft führen.

c) Eigener Ansatz: Hervorrufen eines Vertrauenstatbestandes auf Grund besonderer Umstände

aa) Überblick und zu berücksichtigende Faktoren

Nach dem zuvor Gesagten lässt sich zunächst festhalten, dass sich Organisationspflichten nach der hier vertretenen Ansicht nur unter besonderen Umständen ins Außenverhältnis projizieren lassen.[745] Da im Grundsatz schon keine Pflicht besteht, andere vor der Schädigung durch Dritte zu bewahren, sind an diese besonderen Umstände hohe Maßstäbe zu setzen. Wann ein solcher besonderer Umstand vorliegt, wird von der Konstellation im Einzelfall abhängen und insbesondere davon, ob der geschädigte Dritte ein Vertrauen gegenüber dem einzelnen Organwalter entwickeln konnte.[746] Neben den tatsächlichen Komponenten der Gefahrerhöhung und der Verantwortlichkeit für den eigenen Einflussbereich hängt die Entstehung von Verkehrssicherungspflichten situativ bedingt nämlich auch von den Wertungen

---

742 Siehe oben 4. Teil. D. II. 1.

743 BGH, III ZR 251/51 vom 16.06.1952, BGHZ 6, 315, 317.

744 Siehe oben 3. Teil. B. II. 1.

745 So auch *Fleischer*, ZGR 2004, 437, 440/441.

746 So auch *Bank*, in: Haftung von Unternehmensorganen, Kapitel 10, Rn. 48; *Fleischer*, in: Spindler/Stilz AktG, § 93 Rn. 273; *ders.*, ZGR 2004, 437, 441; *Hellgardt*, WM 2006, 1514. Zum Gesichtspunkt des Vertrauensgedankens im Rahmen von Verkehrssicherungspflichten siehe *Larenz/Canaris*, Schuldrecht BT, Band II/2, S. 410.

des Rechtsverkehrs ab. Dabei ist zu berücksichtigen, dass Verkehrspflichten auch von der wirtschaftlichen Zumutbarkeit abhängen. Derjenige, der die Rechtsgutsverletzung nur um den Preis unverhältnismäßiger Kosten vermeiden kann, sollte als Träger von Verkehrssicherungspflichten nicht in Betracht kommen. Ebenfalls berücksichtigt werden sollte, dass die Korrespondenz von Vor- und Nachteilen bei der Entstehung von Verkehrssicherungspflichten beachtet wird.[747]

bb) Einfluss des Grundsatzes der Gesamtverantwortung

Vor diesem Hintergrund ist zu beachten, dass Leitungsorgane nach der gesetzlichen Konzeption im Innenverhältnis nicht nur für einen abgegrenzten, kontrollierbaren Bereich verantwortlich sind. Nach dem bereits vom Reichsgericht entwickelten Grundsatz der Gesamtverantwortung trägt jedes Organmitglied die Pflicht für die Geschäftsleitung im Ganzen und eine umfassende Gesamtverantwortung für die Belange der Gesellschaft.[748] Hieraus entwickelt wurde eine ressortübergreifende Überwachungspflicht, die unabhängig von der tatsächlichen Verteilung der Zuständigkeiten besteht.[749] Diese internen Pflichten können aber nicht zum Entstehen einer Verkehrssicherungspflicht im Außenverhältnis führen. Hiergegen spricht zunächst, dass das einzelne Organmitglied oftmals in tatsächlicher Hinsicht keine Kontrolle über die Gesamtgeschäftsleitung innehat und dementsprechend auch kein Vertrauen bei Dritten hervorrufen wird.[750] Zudem partizipieren die Leitungsorgane im Regelfall nicht an den Gewinnen des Unternehmens. Letztlich kann mangelhafte Organisation in Großunternehmen zu Schäden eines solchen Ausmaßes führen, dass auch bei Bestehen einer D&O-Versicherung eine Verkehrssicherungspflicht nicht mehr zumutbar wäre, wie etwa der Fall Kirch gegen Deutsche Bank AG und Breuer gezeigt hat.[751]

cc) Fallgruppenbildung

Letztlich bleibt es zwischen drei Pflichtenkreisen zu differenzieren:

1. Die Haftung für Pflichten, die jedermann treffen. Hierbei handelt es sich um Verkehrssicherungspflichten, die sich unabhängig von der Organstellung entwickeln und klassischerweise auf die Beherrschung einer Gefahrenquelle zurückführen lassen.

---

747 *Wagner*, in: MüKo BGB, § 823 Rn. 319 m.w.N.
748 RG, II 272/19 vom 03.02.1920, RGZ 98, 98.
749 *Fleischer*, in: Spindler/Stilz AktG, § 77 Rn. 44; *ders.*, DB 2014, 1971, 1972.
750 Vgl. *Casper*, BKR 2005, 83, 86, der eine persönliche Haftung der Leitungsorgane im Bereich des Kapitalmarktrechts ebenfalls mit Blick auf die aktienrechtliche Gesamtverantwortung als bedenklich bezeichnet.
751 Vgl. oben Fn. 6 sowie oben 3. Teil. B. II. 2. a) bb) zum Fall Kirch gegen Deutsche Bank AG und Breuer.

2. Die Haftung im Falle einer besonderen Gefahrennähe, die auch Vertrauen hervorruft. Hierbei handelt es sich ebenfalls um Pflichten, die grundsätzlich jedermann treffen könnten und die nicht von der Organstellung abhängig sind.
3. Die Haftung wegen Pflichten gegenüber der Gesellschaft, die nicht gegenüber Dritten bestehen.

Die Haftung in der ersten Fallgruppe für „Jedermannpflichten" unterscheidet sich nicht von der Haftung jeder anderen natürlichen Person und ist daher kaum begründungsbedürftig. Hebt der Geschäftsführer einer GmbH einen Gullydeckel an und unterlässt es, diesen wieder zu verschließen, haftet er für Unfälle ebenso wie jeder andere auch gegenüber Dritten, da er eine Gefahrenlage geschaffen hat und hierüber auch die Kontrolle hat. Ansonsten müsste auch eine Haftung in dem Fall des Verkehrsunfalles mit dem Dienstwagen des Geschäftsführers verneint werden.

Die zweite Konstellation betrifft die Fälle, in denen aufgrund einer besonderen Gefahrennähe Vertrauen bei Dritten hervorgerufen wird. Ein Beispiel hierfür wäre die Aufsicht über eine Baustelle, da hierbei eine Kontrollmöglichkeit über einen abgegrenzten Gefahrenbereich besteht und der Rechtsverkehr dem Aufseher über einer Baustelle entgegen auch Vertrauen entwickeln wird. Die hohen Anforderungen an eine Außenhaftung sind in so einem Fall zu bejahen, da eine besondere Gefahrennähe vorliegt. Auch nach den Wertungen des Rechtsverkehrs wird demjenigen, der die Aufsicht über eine Baustelle hat, Vertrauen entgegengebracht und von demjenigen auch erwartet, dass er wirtschaftlich in der Lage ist, Rechtsgutsverletzungen ohne unverhältnismäßige Kosten zu vermeiden.

Die dritte Fallgruppe betrifft Verkehrspflichten, die sich aus der Organstellung oder dem Anstellungsvertrag ergeben und nur gegenüber der Gesellschaft bestehen. Hierzu gehört etwa die Organisation von Verträgen oder die Aufsicht über die Einhaltung von Compliance-Vorschriften. Bei derartigen Pflichten liegen keine besonderen Umstände vor, die eine Außenhaftung zu begründen vermögen. Es liegt nämlich keine besondere Gefahrennähe vor. Die Organisation des Unternehmens gehört zwar zum Einflussbereich der Geschäftsleiter, dennoch wird der Rechtsverkehr aber kein Vertrauen gegenüber diesen entwickeln, das eine Außenhaftung auszulösen vermag. Die Organisation des Unternehmens ist kein abgegrenzter Bereich, über den der oder die Geschäftsleiter ausreichende Kontrollmöglichkeiten haben. Zudem ist insbesondere bei größeren Unternehmen zu berücksichtigen, dass die Gesellschaft die Vorteile aus der Organisation zieht und die Nachteile daher nicht den Geschäftsleiter persönlich treffen können.

Die von der Rechtsprechung geforderten „besonderen Umstände", in denen eine persönliche Außenhaftung zu bejahen ist, liegen nach dieser Lösung also dann vor, wenn die folgenden drei Kriterien in besonderem Maße gegeben sind: Erstens muss eine besondere Gefahrennähe vorliegen, die aber einen abgegrenzten Bereich betrifft und daher durch den Geschäftsleiter kontrollierbar ist. Zweitens muss der Rechtsverkehr hierauf aufbauend dem Geschäftsleiter auch ein Vertrauen entgegenbringen. Drittens muss die persönliche Haftung dem Geschäftsleiter auch zumutbar sein, wobei wirtschaftliche Gesichtspunkte eine Rolle spielen.

4. Anwendung auf die Außenhaftung von Leitungsorganen

Eine Außenhaftung kommt dementsprechend bei mittelbaren Verletzungshandlungen und Unterlassen vor allem dann in Betracht, wenn die Voraussetzungen von § 826 BGB gegeben sind, worauf später noch eingegangen werden soll. Eine Haftung nach § 823 Abs. 1 BGB dagegen ist nur zu bejahen, wenn der Organwalter persönlich eine Garantstellung inne hat. Denkbare Fälle für eine Außenhaftung gem. § 823 Abs. 1 BGB sind nach diesem Modell die Garantenpflichten, die Jedermann treffen (vgl. das gerade genannte Beispiel mit dem Gullydeckel) sowie die Fälle, in denen eine Kontrollmöglichkeit sowie eine besondere Gefahrennähe vorliegen. Letzteres würde beispielsweise vorliegen, wenn im Bereich der Produkthaftung ein Leitungsorgan die Aufsicht über einen bestimmten Bereich eines bestimmten Produktes hat und bezüglich dieses Produkts Retouren vorliegen sowie Beschwerden von Endabnehmern, die auf Gefahren für die Gesundheit der Endabnehmer hindeuten.

Im Sporthosenfall, in dem es um die Haftung des Geschäftsführers einer GmbH wegen Wettbewerbsverstößen durch andere Mitarbeiter ging, wäre nach den gerade genannten Kriterien eine Haftung zu verneinen. Besondere Umstände, die eine Organaußenhaftung begründen könnten, waren nicht gegeben. Weder lag eine besondere Gefahrennähe vor, noch wurden die Wettbewerbsverletzungen in einem abgegrenzten Einflussbereich des Geschäftsführers begangen. Zudem sind Wettbewerbsverletzungen auch aus Sicht des Rechtsverkehrs wirtschaftlich gesehen eher für die Gesellschaft vorteilhaft. Auch nach den aktuellen vom I. Senat genannten Kriterien wäre eine Haftung zu verneinen. Der Geschäftsführer war nämlich nicht selbst durch positives Tun beteiligt und hatte wie gerade beschrieben keine Garantenstellung nach allgemeinen deliktischen Grundsätzen inne. Auch hatte er weder ein Geschäftsmodell ins Werk gesetzt, das auf Rechtsverletzungen ausgelegt war, noch Verkehrssicherungspflichten von der Gesellschaft übernommen.

Im aktuellen Haustür-Fall aus dem Jahr 2014 ist nach den hier vertretenen Kriterien eine persönliche Haftung des Geschäftsführers des Gasversorgungsunternehmens ebenfalls zu verneinen. Der Geschäftsführer hatte zwar Kenntnis von den Wettbewerbsverstößen, jedoch bestand mangels Verkehrssicherungspflicht keine Rechtspflicht zum Handeln. Die mangelhafte Organisation des Unternehmens hinsichtlich der Verhinderung von Wettbewerbsverstößen begründet nach der hier vertretenen Auffassung als Verletzung der sich aus der Organstellung und dem Anstellungsvertrag gegebenen Pflichten eine Innenhaftung gegenüber der Gesellschaft, aber keine Außenhaftung. In Betracht kommt wegen der Kenntnis des Geschäftsführers lediglich eine Haftung gem. § 826 BGB.

Im Baustoff-Fall stellt sich die Frage, ob sich aus der Bedrohung für das Eigentum des Verkäufers von Baustoffen eine abgegrenzte Gefahrenlage ergab, die ein Vertrauen des Verkäufers in den Geschäftsführer der GmbH rechtfertigte. Dies ist zu verneinen. Dass es um ein absolut geschütztes Rechtsgut geht, beeinflusst nicht die Frage, ob auch eine Garantenstellung vorliegt. Die Frage der Rechtsgutsverletzung ist von der Frage der Handlungspflicht zu trennen. Auch ist in der Bedrohung für das Eigentum des Verkäufers keine Gefahrenlage im oben erläuterten Sinne zu sehen.

Vielmehr wurde eine Organisationspflicht verletzt, die sich aus dem Anstellungsvertrag mit der GmbH bzw. direkt aus der Organstellung ergab. Gleiches gilt für die im Anschluss ergangenen Fälle, in denen es ebenfalls um Organisationsverschulden der Geschäftsleiter ging.

Auch in den Fällen zur Produkthaftung (Kindertee) resultieren die Pflichten zur Instruktion aus der innerbetrieblichen Aufgabenverteilung und vermögen eine Garantenstellung daher nicht zu begründen. Das Inverkehrbringen von gefährlichen Produkten an sich stellt zwar eine Gefahrenlage dar, die allerdings nicht abgrenzbar ist und nicht mehr dem Einflussbereich der Geschäftsleiter unterliegt. Eine Organhaftung gegenüber Dritten im Bereich der Produkthaftung ist daher abzulehnen.

V. Strafrechtliche Relevanz als Rechtfertigung für eine persönliche Außenhaftung

Im Folgenden soll die Haftung nach § 823 Abs. 2 BGB im Mittelpunkt stehen und die Frage, welche Kriterien für eine Schutzgesetzverletzung und damit eine Außenhaftung nach § 823 Abs. 2 BGB gelten. Danach trifft denjenigen eine Schadensersatzpflicht, der gegen ein den Schutz eines anderen bezweckendes Gesetz verstößt. Im Bereich der Verletzung eines absoluten Rechtsguts wie etwa bei einer Körperverletzung nach § 223 StGB kommt § 823 Abs. 2 BGB keinerlei eigenständige Bedeutung zu, da eine Haftung hier bereits nach § 823 Abs. 1 BGB besteht. Bedeutsam ist in diesem Bereich eher die Präzisierungsfunktion, die sich aus den einschlägigen Schutzgesetzen gegenüber den von der Rechtsprechung entwickelten Verkehrspflichten ergibt.[752] Eine wesentliche Ausweitung bedeutet § 823 Abs. 2 BGB allerdings im Bereich der Vermögensschäden, die nicht von § 823 Abs. 1 BGB erfasst sind. Die eigenständige Bedeutung gegenüber § 826 BGB liegt vor allem im Bereich der Fahrlässigkeit, da § 823 Abs. 2 BGB diesbezüglich keine Einschränkung vorsieht. Hinsichtlich der Organhaftung ist oftmals vor allem problematisch, ob allein die Gesellschaft oder daneben auch noch der Organwalter haften soll. Von Seiten der Literatur wurde bereits kritisiert, im Rahmen der Vorstandshaftung nach § 823 Abs. 2 BGB fehle es bislang an einem plausiblem Garantenkonzept, weshalb auf diese Frage besonders eingegangen werden soll.[753] Zunächst werden die Anforderungen an Schutzgesetze dargestellt und ein eigenes Konzept entwickelt (1.), bevor die Auswirkungen dieses Konzepts auf die Organaußenhaftung dargestellt wird (2.).

1. Anforderungen an ein Schutzgesetz

Aus dem BGB lassen sich nur zwei Voraussetzungen entnehmen: Es muss sich um gem. Art. 2 EGBGB um eine Rechtsnorm handeln und diese darf nicht nur der Allgemeinheit dienen, sondern muss auch dem Schutz des Geschädigten dienen

---

752 *Larenz/Canaris*, Schuldrecht BT, Band II/2, S. 431.
753 *Rieble*, CCZ 2010, 1, 4.

(„Individualschutz").[754] Die Rechtsnorm muss also den Schutz eines anderen bezwecken und nicht nur dem Schutz der Allgemeinheit dienen oder die innerstaatliche Ordnung regeln, wie etwa Kompetenz- oder Zuständigkeitsnormen.[755] Im Rahmen der Organhaftung heißt das, die Norm muss dem Individualschutz einzelner Gläubiger dienen und sich nicht nur als bloßer Rechtsreflex des Institutionenschutzes oder des Schutzes des Gesellschaft auswirken.[756] Es reicht allerdings aus, dass der Individualschutz eines von mehreren gesetzgeberischen Zielen der Norm ist.[757] Im Bereich der Organhaftung wird zwar selten zweifelhaft sein, dass die Gläubiger vom Schutzbereich der Norm umfasst sind. Problematisch wird eher die Frage sein, ob Haftungsadressat die Gesellschaft, das Organ oder beide sind. In diesem Zusammenhang ist daher die Forderung der Rechtsprechung bedeutsam, dass „die Anerkennung eines individuellen Schadensersatzanspruches im Rahmen des haftungsrechtlichen Gesamtsystems sinnvoll und im Lichte des haftpflichtrechtlichen Gesamtsystems tragbar" erscheinen soll.[758] Dies soll nämlich vor allem dann der Fall sein, wenn die Ansprüche des Geschädigten nicht anderweitig abgesichert sind.[759] Für die Organhaftung würde das bedeuten, dass eine Außenhaftung vor allem dann gerechtfertigt ist, wenn Ansprüche gegen die Gesellschaft nicht bestehen oder wegen Insolvenz der Gesellschaft nicht durchsetzbar sind. Daher soll im Folgenden vor allem auf die Frage der Subsidiarität der Organhaftung aus § 823 Abs. 2 BGB eingegangen werden.

a) Stand der Literatur zu den Anforderungen an ein Schutzgesetz

aa) Die Strafbewehrung als Abgrenzungskriterium für die persönliche Haftung von Leitungsorganen

Die Gesetzesmaterialien zu § 823 Abs. 2 BGB lassen erkennen, dass der historische Gesetzgeber bei den Schutzgesetzen vor allem Straftatbestände im Blick hatte.[760] Nach Ansicht von *Canaris*, der sich mit der Haftung aus § 823 Abs. 2 BGB

---

754 *Canaris*, in: FS Larenz, S. 45; *Larenz/Canaris*, Schuldrecht BT, Band II/2, S. 433; *Wagner*, in: MüKo BGB, § 823 Rn. 389, 405.

755 *Förster*, in: BeckOK BGB, § 823 Rn. 273 ff. (m.w.N.).

756 Vgl. *Fuchs/Dühn*, BKR 2002, 1063, 1063.

757 *Fuchs/Dühn*, BKR 2002, 1063, 1063 (m.w.N.); *Wagner*, in: MüKo BGB, § 823 Rn. 405.

758 Ständige Rechtsprechung, BGH, VI ZR 33/81 vom 29.06.1982, NJW 1982, 2780, 2780 (zu § 151 AVG a.F.); BGH, II ZR 204/90 vom 21.10.1991, NJW 1992, 241, 242 f. (zu § 264a StGB); BGH, II ZR 16/93 vom 13.04.1994, NJW 1994, 1801, 1803; BGH, VI ZR 212/09 vom 22.06.2010, NJW 2010, 3651, 3652; *Canaris*, in: FS Larenz, S. 47; zustimmend *Medicus*, Bürgerliches Recht, Rn. 621; *Schlosser*, JuS 1982, 659 f.; ausführlich *Spickhoff*, Gesetzesverstoß und Haftung, S. 125 ff.

759 BGH, VI ZR 33/81 vom 29.06.1982, NJW 1982, 2780, 2781 (zu § 151 AVG a.F.); BGH, II ZR 16/93 vom 13.04.1994, NJW 1994, 1801, 1803; zustimmend *Medicus*, Bürgerliches Recht, Rn. 621; *Schlosser*, JuS 1982, 659 f.

760 *Mugdan*, Materialien II, S. 1076 [1230] (§ 704 G 823).

befasst hat, dient § 823 Abs. 2 BGB vor allem der Konkretisierung der Fallgruppen, die nicht unter §§ 823 Abs. 1, 826 BGB fallen, ihnen vom Unrechtsgehalt her aber nahe stehen.[761] Soweit nicht eine Verletzung oder Gefährdung absolut geschützter Rechte vorliege, komme es dabei vor allem auf eine Nähe zum Unrechtsgehalt des § 826 BGB an. Diese ist nach *Canaris* insbesondere bei der Verletzung eines Strafgesetzes zu bejahen. Diese Sonderstellung der Strafgesetze als Kriterium für die Schutzgesetzeigenschaft soll auch im Gesellschaftsrecht als Abgrenzungskriterium für die persönliche Haftung von Leitungsorganen dienen. Nach *Canaris* hat der Gesetzgeber mit der Strafbewehrung einer Verhaltenspflicht zum Ausdruck gebracht, dass er deren Verletzung einen besonders hohen Unrechtsgehalt beimisst.[762] Die Strafbewehrung soll dem Organ die Gefahr einer Direkthaftung mit hinreichender Deutlichkeit vor Augen stellen und auch im Fall von Verletzungen von Pflichten, die sich aus dem Innenverhältnis ergeben, begründet sein.[763]

Vorschriften, die nach dieser Ansicht nicht als Schutzgesetze in Betracht kommen, sind folglich nicht strafbewehrte Vorschriften, die reine Vermögensschäden schützen. Dementsprechend lehnt *Canaris* etwa die Schutzgesetzeigenschaft von Auskunftsrechten der Gesellschafter ab, soweit sie nicht strafbewehrt sind.[764]

bb) Besonders massive Rechtsverletzung als Abgrenzungskriterium

Nach Auffassung von *Verse* ist die von *Canaris* vorgeschlagene Beschränkung der Schutzgesetze auf Strafgesetze außer in Einzelfällen zu restriktiv.[765] Er schlägt daher vor, die Strafbewehrung nicht als maßgebliches Kriterium für die Frage der Schutzgesetzqualität zu verwenden. Vielmehr sollen besondere Anhaltspunkte angeführt werden, um eine persönliche Haftung der Leitungsorgane entgegen der Haftungskonzentration zu begründen. Eine solche besonders „massive Rechtsverletzung"[766] soll allerdings im Regelfall bei Verletzung eines Strafgesetzes vorliegen, unabhängig davon, ob das Strafgesetz sich unmittelbar an das Leitungsorgan richtet oder über den Umweg des § 14 StGB. Da es oftmals von Zufälligkeiten abhänge, ob ein Delikt als Straftat oder als Ordnungswidrigkeit ausgestaltet ist, könne nicht allein auf die Strafbewehrung abgestellt werden.

---

761 *Canaris*, in: FS Larenz, S. 48.
762 *Canaris*, in: FS Larenz, S. 49.
763 *Canaris*, in: FS Larenz, S. 61.
764 *Canaris*, in: FS Larenz, S. 61 zu §§ 141 AktG, 51a GmbHG. Mit der gleichen Begründung lehnt er die Schutzgesetzeigenschaft von § 69 GenG a.F. entgegen RG, III 91/04 vom 04.10.1904, RGZ 59, 49, 52 ab.
765 *Verse*, ZHR 2006, 399, 399 ff.
766 *Verse*, ZHR 2006, 399, 409; ähnlich *Spindler*, in: BeckOK BGB (35. Ed., Stand: 1. November 2013), § 823 Rn. 158 (fordert einen Unrechtsgehalt, der in der Nähe der sittenwidrigen Schädigung steht).

cc) Versagen der Innenhaftung als ausfallrisikospezifischer Schutzzweck

Verse vertritt weiterhin die Ansicht, dass eine Rechtsnorm auch dann als Schutzgesetz in Betracht kommt, wenn die verletzte Rechtsnorm darauf zugeschnitten ist,
vor dem Ausfallrisiko in der Insolvenz des Verbands Schutz zu bieten und dieser
Schutz nur durch Anerkennung einer Organwalterhaftung gewährleistet werden
kann.[767] Dies soll vor allem bei § 15a InsO der Fall sein. Hierin liege keine system-
sprengende Erweiterung des Deliktsschutzes, soweit die Schutzgesetzhaftung nur
punktuell ausgedehnt wird auf Rechtsvorschriften, die einen ähnlichen Schutzzweck
verfolgen wie § 15a InsO.

dd) Stellungnahme

Vor dem Hintergrund der eingangs erwähnten Forderung, dass besondere Umstände
vorliegen müssen, um eine Durchbrechung der Haftungskonzentration zu rechtfertigen, ist der Ansicht von *Verse* zuzustimmen, wonach ein besonders massiver
Rechtsverstoß vorliegen muss, um eine Außenhaftung zu begründen. Dies ist trotz
der daraus resultierenden erforderlichen Einzelfallentscheidung überzeugend.
Canaris ist zwar zuzugeben, dass aus der Intensität der Strafsanktion durchaus
ein Umkehrschluss auf die Gravität des begangenen Verhaltensunrechts gezogen
werden kann.[768] Die Hemmschwelle, eine Straftat zu begehen und die damit einhergehenden Konsequenzen wie Freiheitsstrafe, Geldstrafe oder BZR-Eintrag[769] auf
sich zu nehmen, erscheint auf den ersten Blick ungleich höher als die gegenüber
einer zivilrechtlichen Verantwortlichkeit. Auf den zweiten Blick gibt es aber auch im
zivilrechtlichen Bereich erhebliche Anreize, bestimmte Rechtsnormen zu beachten.
Etwa die Sorge um den guten Ruf bzw. die Vermeidung einer Stigmatisierung ist
in bestimmten Geschäftsbereichen möglicherweise sogar relevanter als die Verurteilung zu einer Geldstrafe. Festhalten lässt sich daher zunächst, dass Voraussetzung für ein Schutzgesetz der von *Verse* geforderte besonders massive Eingriff
ist, der im Regelfall bei Verletzung eines Strafgesetzes angenommen werden kann.
Die Schutzgesetzeigenschaft wird nach der hier vertretenen Auffassung dagegen
nicht begründet durch den Umstand, dass die Gesellschaft als Schuldner ausfällt.
Eine subsidiäre Haftung der Organe als Ausfallschuldner der Gesellschaft würde die
Gläubiger nämlich besser stellen als im Falle einer natürlichen Person als Schuldner. Weiterhin wird hierdurch die Haftung nach § 823 Abs. 2 BGB zu unbestimmt

---

767 *Verse*, ZHR 2006, 399, 413, unter Verweis auf BGH, II ZR 16/93 vom 13.04.1994,
     NJW 1994, 1801, 1802 f., wo eine Verantwortlichkeit der Geschäftsführer für mittel-
     bare Verletzungen aus § 823 Abs. 2 BGB i.V.m. § 130 OWiG unter Hinweis auf
     die Sonderstellung von Vorschriften mit ausfallrisikospezifischem Schutzzweck
     erwogen wird.
768 A.A. *Maier-Reimer*, NJW 2007, 3157, 3159.
769 Zu den Rechtsfolgen der Tat vgl. die §§ 38 ff. StGB.

ausgeweitet, sodass selbst eine Einbeziehung bloßer Vermögensschäden umfasst ist, wie *Verse* auch selbst zugibt.[770]

b) Strafgesetze als Schutzgesetze

Innerhalb der Strafgesetze, die als Schutzgesetz diskutiert werden, ist zu unterscheiden zwischen Strafgesetzen, die auf das Verhalten der Leitungsorgane persönlich abzielen, eigenhändig verwirklichten Strafgesetzen und mittelbar oder durch ein Unterlassen verwirklichten Strafgesetzen. Zudem soll auf den Einfluss von § 14 StGB eingegangen werden.

aa) Strafgesetze, die auf das Verhalten der Leitungsorgane persönlich abzielen

Bei Strafgesetzen, die auf das Verhalten der Leitungsorgane persönlich abzielen, ergeben sich keine Abgrenzungsschwierigkeiten zur Haftung der Gesellschaft. Wird der gesetzliche Vertreter der Gesellschaft (§ 331 Abs. 1 Nr. 3a HGB) oder ein Mitglied des Vorstands (§§ 399, 400, 401 AktG) persönlich angesprochen, kommt von vornherein nur das Organ als Haftungsadressat in Betracht.

Eine Außenhaftung ist in diesem Falle wegen des besonders hohen Unrechtsgehalts der verwirklichten Tat zu bejahen.

bb) Eigenhändig verwirklichte Straftatbestände

Bei Zugrundelegung dieser Grundsätze stellen sich weiterhin keine Probleme im Bereich der Straftatbestände, bei denen zwischen Verletzungshandlung und Verletzung keine Zwischenschritte zwischengeschaltet sind, Kausalität und objektive Zurechnung also unproblematisch zu bejahen sind. Verletzt ein Leitungsorgan einen anderen bei der Dienstreise im Firmen-PKW, ist bei fahrlässiger Begehensweise auch eine Haftung nach § 823 Abs. 2 i.V.m. § 229 StGB zu bejahen. Rechtfertigung für die Durchbrechung der Haftungskonzentration ist hier die unmittelbar begangene, eigenhändig ausgeführte Rechtsgutsverletzung.[771] Lediglich bei Straftatbeständen, denen die Schutzgesetzeigenschaft im Allgemeinen wegen fehlenden Individualschutzes abgesprochen wird, ist eine Haftung zu verneinen. Exemplarisch genannt seien hierfür der nur Allgemeininteressen schützende Landfriedensbruch gem. § 125 StGB sowie die Urkundenfälschung gem. § 267 StGB.[772]

---

770 *Verse*, ZHR 2006, 399, 413.
771 Zur weitreichenderen Haftung wegen eigenhändig ausgeführten Rechtsgutsverletzungen vgl. oben 5. Teil. B. II.
772 Zu § 267 StGB so auch *Wagner*, in: MüKo BGB, § 823 Rn. 410; a.A. *Larenz/Canaris*, Schuldrecht BT, Band II/2, S. 434 (wollen für § 267 StGB die Schutzgesetzeigenschaft annehmen, da die Entscheidungsfreiheit im Rechtsverkehr verletzt werde).

cc) Mittelbar oder durch ein Unterlassen verwirklichte Straftatbestände

Schwieriger beurteilt sich die Lage bei Straftatbeständen, die mittelbar oder durch ein Unterlassen verwirklicht werden. Es besteht nämlich weitgehend Einigkeit darüber, dass im Rahmen der Haftung von § 823 Abs. 2 BGB die Einschränkungen zu berücksichtigen sind, die hinsichtlich der Verkehrspflichten im Rahmen von § 823 Abs. 1 BGB gelten.[773] Es kann also nicht über den Umweg des § 823 Abs. 2 BGB eine Haftung wegen einer Verkehrssicherungspflichtverletzung bejaht werden, die zuvor im Rahmen von § 823 Abs. 1 BGB verneint wurde. Auf den ersten Blick scheint dies zwar gar nicht möglich, da eine Garantenstellung im Strafrecht, die zu einer Strafbarkeit führt, scheinbar im Umkehrschluss auch zwingend eine Garantenstellung im Zivilrecht auslöst. Die „strengeren" Voraussetzungen der strafrechtlichen Garantenstellung scheinen eine zivilrechtliche Verkehrssicherungspflicht als „Minus" zu enthalten. Nach der hier vertretenen Auffassung ist dem aber nicht so. Die Rechtsprechung hat es bislang ausdrücklich offengelassen, ob aus einer strafrechtlichen Garantenstellung automatisch auch eine zivilrechtliche Haftung folgt.[774] Zumindest im Bereich der Organhaftung können straf- und zivilrechtliche Verantwortlichkeit nach der hier vertretenen Auffassung nicht gleichgesetzt werden, da die „Schranke" der Haftungskonzentration Berücksichtigung finden muss. Bringt ein Unternehmen in Folge mangelhafter Unternehmensorganisation gefährliche Produkte in Umlauf, folgt also aus der Strafbarkeit der Leitungsorgane gem. § 229 StGB nicht zwingend, dass sie auch gem. § 823 Abs. 2 i.V.m. § 229 StGB für den zivilrechtlichen Schaden haften.[775] Hierbei ist nämlich zu berücksichtigen, dass die Rechtsprechung eine zivilrechtliche Haftung gem. § 823 Abs. 2 BGB für das strafrechtlich relevante Unterlassen einer ordnungsgemäßen Organisation bezüglich § 130 OWiG einhellig ablehnt.[776] Hinsichtlich derselben Organisationspflichten kann im Rahmen eines stimmigen Gesamthaftungskonzepts dann nicht über den Rückgriff auf Fahrlässigkeitsdelikte eine Haftung an anderer Stelle bejaht werden. Daher muss letztlich im Einzelfall entschieden werden, ob auch eine Organaußenhaftung durch die Verletzung eines mittelbar oder durch Unterlassen begangenen Straftatbestandes begründet ist.

dd) Einfluss von § 14 StGB

Die persönliche Haftung von Leitungsorganen gem. §§ 823 Abs. 2 BGB, 14 StGB wird z.T. sehr kritisch gesehen. Nach Ansicht von *Wagner* besteht eine wesentliche Funktion von § 823 Abs. 2 BGB darin, über § 14 StGB die persönliche Haftung von

---

773 *Verse*, ZHR 2006, 399, 402.

774 Vgl. hierzu oben 3. Teil. B. II. 3. b) (Lederspray-Fall).

775 So auch *Medicus*, GmbHR 2002, 809, 820 f.; *Spindler*, in: MüKo AktG, § 93 Rn. 327; *Verse*, ZHR 2006, 399, 402.

776 Vgl. die Nachweise oben in Fn. 334. Siehe hierzu auch *Spindler*, in: MüKo AktG, § 93 Rn. 327.

Leitungsorganen für „die Folgen korporativer Delikte" zu begründen.[777] Diese im Gesetz „nicht ohne Weiteres"[778] angelegte Funktion führe zum Zugriff auf das Privatvermögen von Leitungsorganen, obwohl Haftungsadressat der verletzten Strafnorm eigentlich das Unternehmen ist.

Über den Wortlaut von § 14 StGB lässt sich nicht mit ausreichender Klarheit bestimmen, was der Rechtsgrund für die Haftung von Organen, Vertretern und Beauftragten ist.[779] § 14 StGB sieht anders als § 28 StGB keine Strafmilderung vor. Hieraus könnte der Schluss gezogen werden, dass das StGB von einer Pflichtenübernahme des Vertreters ausgeht und dieser in eigener Verantwortung die Pflichten wahrnimmt, die eigentlich dem Inhaber des Betriebs obliegen, vgl. § 14 Abs. 2 Nr. 2 StGB. Wenn aber die Pflichten des Betriebsinhabers in eigener Verantwortung wahrgenommen werden, liegen die entscheidenden strafbegründenden Merkmale eigentlich schon beim Vertreter vor. Nach der zutreffenden Ansicht von *Schünemann* lässt § 14 StGB daher keine widerspruchsfreie Auslegung zu.[780]

Rein denklogisch gesehen besteht für eine zivilrechtliche Verantwortlichkeit des Leitungsorgans im Falle von § 14 StGB eigentlich keine Veranlassung.[781] Da die Gesellschaft zivilrechtlich gesehen unproblematisch als Anspruchsgegner in Betracht kommt, gibt es keinen Grund, daneben auch noch das Organ haften zu lassen. Die Gefahr einer Haftungslücke besteht hier nicht. In den Fällen, in denen § 14 StGB auf die besonderen persönlichen Merkmale der Gesellschaft abstellt und nur zur Vermeidung von Strafbarkeitslücken das Organ einrücken lässt, geht es gerade um eine Verantwortlichkeit der Gesellschaft. Dann sollte auch nur diese zivilrechtlich verantwortlich gemacht werden. Die juristische Person kann zwar keine Haftstrafe antreten, aber sie kommt als zivilrechtlicher Anspruchsgegner in Betracht.[782]

Von *Verse* wird gegen diese Argumentation eingewandt, dass die Anwendung von § 14 StGB z.T. lediglich auf der Regelungstechnik basiere.[783] Vorschriften, die in speziell auf Körperschaften zugeschnittenen Gesetzen geregelt seien, würden nämlich von vornherein die Organe bzw. gesetzlichen Vertreter in den Schutzgesetzen adressieren, etwa in §§ 399, 400 AktG. Hier die Gesellschaft anzusprechen, würde wegen der fehlenden Unternehmensstrafbarkeit keinen Sinn ergeben. In rechtsformneutralen Gesetzen wie dem StGB dagegen, in denen der Unternehmensinhaber auch eine natürliche Person sein kann, ist es zwingend, zunächst diesen als Adressaten der Verhaltensnorm anzusprechen. Der Unterschied scheint also eher zufallsabhängig darauf zu basieren, ob sich die Verhaltensnorm in einem „allgemeinen"

---

777   *Wagner*, in: MüKo BGB, § 823 Rn. 388 (mit Nachweisen aus der Rechtsprechung).
778   *Wagner*, in: MüKo BGB, § 823 Rn. 388.
779   *Schünemann*, in: Leipziger Kommentar, § 14 Rn. 7.
780   *Schünemann*, in: Leipziger Kommentar, § 14 Rn. 7.
781   Ähnlich *Bachmann*, Reform Organhaftung, S. E117.
782   Ebenso *Medicus*, GmbHR 2002, 809, 818, 821 (verweist darauf, dass § 14 StGB nicht auf das Zivilrecht übertragbar sei, da § 14 StGB auf Besonderheiten des Strafrechts basiert).
783   *Verse*, ZHR 2006, 399, 410 f.

Gesetz wie dem StGB oder in einem speziell auf Körperschaften zugeschnittenen Gesetz wie dem AktG oder GmbHG befindet. Eine bestimmte Intention des Gesetzgebers zur Außenhaftung ist danach nicht anzunehmen.

Gegen die Ansicht von *Verse* lässt sich wiederum anführen, dass der Gesetzgeber in einigen neueren Gesetzen neben der strafrechtlichen Verantwortlichkeit über § 14 StGB auch noch eine ausdrückliche zivilrechtliche Verantwortlichkeit der Leitungsorgane normiert hat. So sieht etwa § 69 AO eine zivilrechtliche Haftung der Leitungsorgane vor, obwohl sich diese auch über §§ 370, 34 AO, 14 StGB begründen ließe.[784] Insofern ist hier durchaus ein Unterschied zu der Haftung über den Umweg von §§ 823 Abs. 2 BGB, 14 StGB zu konstatieren. Vor dem Hintergrund des unklaren Wortlauts von § 14 StGB sowie der fehlenden Veranlassung für eine zivilrechtliche Haftung der Leitungsorgane an dieser Stelle spricht dies letztlich dafür, es zwar bei einer Einzelfallentscheidung zu belassen, § 14 StGB aber als Indiz gegen die Organhaftung zu verwenden. Zwar kann aus dem „Umweg" des § 14 StGB nicht zwingend geschlossen werden, dass eine Organaußenhaftung abzulehnen ist. Andererseits dürfte es zumindest ein Indiz sein, wenn im eigentlichen Strafgesetz der Unternehmensträger und nicht das Organ angesprochen wird. Eine Haftung des Organwalters über § 823 Abs. 2 BGB ist in einem solchen Fall zumindest doppelt begründungsbedürftig, da nicht nur die Schranke der Haftungskonzentration überwunden werden muss, sondern auch ein anderer Haftungsadressat als der vom Strafgesetz eigentlich vorgegebene begründet werden muss.

c) Andere Schutzgesetze

Nach Auffassung des Bundesgerichtshofs ist eine Haftung des Organs über § 823 Abs. 2 BGB zu bejahen, wenn sich dies in das haftungsrechtliche Gesamtsystem einfügt, d.h., wenn die Ansprüche des Geschädigten nicht anderweitig abgesichert sind.[785] Im Schrifttum wird diese Einschränkung z.T. als „Subsidiarität des § 823 Abs. 2 BGB" bezeichnet.[786] Danach ist die Haftung aus § 823 Abs. 2 BGB nachrangig, soweit Ansprüche gegen einen anderen Schädiger bestehen. Lediglich in Bezug auf Strafgesetze soll die Subsidiaritätstheorie nicht gelten. Hintergrund

---

784   *Cahn*, ZGR 1998, 367, 370 (insbesondere zur Schutzgesetzeigenschaft von § 266a StGB). Ein vergleichbarer Fall ist in § 25 UmwG geregelt, der ebenfalls einen ausdrücklichen Organaußenhaftungsanspruch regelt, obgleich der dort geregelte Sorgfaltsverstoß oftmals gleichzeitig die Nichtbeachtung eines Schutzgesetzes i.S.v. § 823 Abs. 2 BGB auslöst, *Stratz*, in: Schmitt/Hörtnagl/Stratz UmwG, § 25 Rn. 33. Auch in § 42 Abs. 2 S. 2 BGB findet sich eine ausdrückliche Regelung zur persönlichen Haftung der Vorstandsmitglieder bei verspäteter Insolvenzantragsstellung, wobei hier auch ein Bedarf besteht, da in § 42 BGB keine Strafbewehrung vorgesehen ist.

785   Siehe die Nachweise in Fn. 758.

786   *Canaris*, in: FS Larenz, S. 30, 62, 64 (ablehnend); *Verse*, ZHR 2006, 398, 405.

dieser „Gesamtbetrachtung"[787] soll sein, dass die Belange des Geschädigten im Falle anderweitiger Ansprüche bereits ausreichend abgesichert sind, sodass daneben ein deliktischer Schutz über § 823 Abs. 2 BGB entbehrlich ist.[788] Von der Rechtsprechung wurden bereits als ausreichende anderweitige Ersatzmöglichkeiten neben einem Anspruch aus § 823 Abs. 2 BGB i.V.m. § 29d Abs. 1 StVZO die Ansprüche gegen den Träger der Verkehrszulassungsstelle wegen einer Verletzung aus § 839 BGB[789] und gegen den Fonds der Verkehrsopferhilfe[790] sowie neben einem Anspruch aus § 823 Abs. 2 BGB i.V.m. § 151 AVG a.F. Ansprüche nach dem Angestelltenversicherungsgesetz und dem Arbeitsförderungsgesetz[791] angesehen. Hintergrund dieser einschränkenden Lesart von § 823 Abs. 2 BGB soll die Entscheidung des Gesetzgebers sein, eine allgemeine Haftung für Vermögensschäden abzulehnen.[792]

Von Seiten der Literatur hat die Subsidiaritätstheorie allerdings zu Recht erhebliche Kritik erfahren.[793] Zum einen lässt sich selten mit Sicherheit beantworten, wann ein Geschädigter anderweitig ausreichend abgesichert ist, da schon gar nicht klar ist, ob hiermit nur das Bestehen eines Anspruchs oder auch seine Realisierbarkeit gemeint ist.[794] Hauptdefizit des Ansatzes der Rechtsprechung ist weiterhin, dass es an einer teleologischen Begründung für die Subsidiarität fehlt.[795] § 823 Abs. 2 BGB ist nach der Systematik der §§ 823 ff. BGB nämlich nicht als nachrangig gegenüber den §§ 823 Abs. 1, 826 BGB einzuordnen. An den Stellen im Gesetz, in denen eine nur subsidiäre Haftung vorgesehen ist, ist diese ausdrücklich angeordnet, wie etwa in § 839 Abs. 1 S. 2 BGB oder § 771 BGB. Die Subsidiarität dürfte also schon gar nicht in den §§ 823 ff. BGB angelegt sein. Zudem lassen anderweitige Ansprüche gegen einen Dritten nach der hier vertretenen Auffassung grundsätzlich das Entstehen eines Anspruchs unberührt. Ansprüche eines Geschädigten gegen mehrere Schädiger sollten vielmehr unabhängig voneinander betrachtet werden. Dass der Geschädigte letztlich nicht bereichert wird, wird bereits durch Rechtsinstitute wie die Gesamtschuld oder den Rechtsgedanken des § 255 BGB ausreichend abgesichert. Der Subsidiaritätstheorie ist daher nicht zu folgen und § 823 Abs. 2 BGB stattdessen nach den oben aufgeführten Kriterien (besonders massive Rechtsverletzung, Gefährdung absolut geschützter Rechtsgüter) einschränkend auszulegen.

787 BGH, VI ZR 33/81 vom 29.06.1982, NJW 1982, 2780, 2781 (zu § 151 AVG a.F.); BGH, VI ZR 169/79 vom 05.02.1980, NJW 1980, 1792, 1792 (zu § 29d Abs. 1 StVZO).

788 BGH, VI ZR 33/81 vom 29.06.1982, NJW 1982, 2780, 2781 (zu § 151 AVG a.F.).

789 BGH, VI ZR 169/79 vom 05.02.1980, NJW 1980, 1792, 1793 (zu § 29d Abs. 1 StVZO, ablehnend zur Subsidiarität gegenüber § 839 BGB *Larenz/Canaris*, Schuldrecht BT, Band II/2, S. 435).

790 BGH, VI ZR 169/79 vom 05.02.1980, NJW 1980, 1792, 1793 (zu § 29d Abs. 1 StVZO).

791 BGH, VI ZR 33/81 vom 29.06.1982, NJW 1982, 2780, 2781 (zu § 151 AVG a.F.).

792 BGH, XI ZR 170/07 vom 19.02.2008, NJW 2008, 1734, 1736; *Larenz/Canaris*, Schuldrecht BT, Band II/2, S. 436.

793 U.a. *Larenz/Canaris*, Schuldrecht BT, Band II/2, S. 435 f.; *Verse*, ZHR 2006, 398, 406.

794 *Verse*, ZHR 2006, 398, 406.

795 *Verse*, ZHR 2006, 398, 406.

d) Zwischenergebnis

Kurz zusammengefasst sind folgende Anforderungen an ein Schutzgesetz zu stellen, um die Außenhaftung von Leitungsorganen zu begründen:

Das Schutzgesetz muss eine besonders massive Rechtsverletzung betreffen. Eine solche Rechtsverletzung wird im Regelfall bei Verletzung eines Strafgesetzes zu bejahen sein, insbesondere, wenn dort das Leitungsorgan direkt angesprochen wird und nicht der Unternehmensträger.

Die von der Rechtsprechung vertretene Subsidiaritätslehre bezüglich nicht strafbewehrter Rechtsnormen ist abzulehnen. Um sicherzustellen, dass sich die Haftung dennoch in das bestehende haftungsrechtliche System einfügt, ist vor allem zu fordern, dass die Voraussetzungen von § 823 Abs. 1 BGB und § 826 BGB nicht umgangen werden. Hierfür sollte die Rechtsverletzung in der Nähe einer der beiden Tatbestände liegen.

2. Anwendung auf die Außenhaftung von Leitungsorganen

Bei einer Anwendung der vorgenannten Kriterien ergeben sich danach folgende Ergebnisse:

a) Eigenhändig verwirklichte Straftatbestände

Im Falle von eigenhändig verwirklichten Straftatbeständen sowie Straftatbeständen, die die Leitungsorgane direkt als Haftungsadressaten avisieren, ist ein solcher besonders massiver Rechtsverstoß im Regelfall zu bejahen. Insbesondere § 400 AktG, der die unrichtige oder verschleiernde Wiedergabe von Gesellschaftsverhältnissen unter Strafe stellt, soll gewährleisten, dass Dritte ihre rechtlichen und wirtschaftlichen Beziehungen zu dem Unternehmen beurteilen können. Es geht also darum, das Vertrauen dieser Personen in die Richtigkeit der Angaben zu schützen.[796] § 400 AktG ist also auch Schutzgesetz zu Gunsten Dritter. Probleme zur Abgrenzung zur Haftung der Gesellschaft ergeben sich hier nicht.

b) Insolvenzverschleppung

Bei der Haftung wegen Insolvenzverschleppung ist wegen des unterschiedlichen Haftungsumfangs nach Alt- und Neugläubigern zu differenzieren:

aa) Altgläubiger

§ 15a InsO ist bezüglich der Altgläubiger zu Recht nach ganz überwiegender Meinung Schutzgesetz i.S.d. § 823 Abs. 2 BGB.[797] Mit dem MoMiG und der dadurch

---

796 *Möllers*, in: Ad-hoc-Publizität, § 69 Rn. 29 (mit weiteren Angaben zu den Anforderungen, die nach der Rechtsprechung in der Aktiengesellschaft erfüllt werden müssen).

797 *Klöhn*, in: MüKo InsO, § 15a Rn. 140 (mit zahlreichen Nachweisen aus Rechtsprechung und Literatur); a.A. zu der Vorgängerregelung (§ 64 GmbHG a.F.) *Altmeppen/Wilhelm*, NJW 1999, 673–681.

umgesetzten Reform des GmbH-Rechts wurden die zuvor in einzelnen Gesellschaftsrechtgesetzen behandelten Insolvenzantragspflichten rechtsformneutral in § 15a InsO geregelt.[798] Beibehalten wurde lediglich die Sondervorschrift des § 42 Abs. 2 BGB für den Verein, der ausweislich der Gesetzesbegründung lex specialis zu § 15a InsO ist.[799] Normzweck von § 15a InsO ist es, insolvenzreife Gesellschaften mit beschränkter Haftung vom Geschäftsverkehr fernzuhalten.[800] Die Vermögensinteressen der Alt- und Neugläubiger sollen nämlich vor den Gefahren geschützt werden, die sich aus der Fortführung materiell insolventer Gesellschaften ergeben.[801]

Für den Schutzgesetzcharakter von § 15a InsO zu Lasten der Organe spricht zunächst, dass die Norm sich unmittelbar an diese richtet („Mitglieder des Vertretungsorgans"). Die Insolvenzantragspflicht ist dementsprechend als Pflicht einzuordnen, die den Organen persönlich zugewiesen ist.[802] Hinzu kommt die Strafbewehrung, die den besonders massiven Rechtsverstoß auslöst.

Gegen den Schutzgesetzcharakter spricht zwar, dass für den Verein mit § 42 Abs. 2 BGB eine ausdrückliche Anspruchsgrundlage gegen die Organmitglieder geschaffen wurde, für die Kapitalgesellschaften dagegen lediglich eine Anspruchsgrundlage bezüglich der Innenhaftung für Zahlungen nach Insolvenzreife geregelt wurde.[803] Zudem lässt sich anführen, dass § 823 Abs. 2 BGB i.V.m. § 15a InsO eine Haftung für reine Vermögensschäden vorsieht und damit Ausnahmecharakter hat.[804] Im Falle des § 15a InsO ergibt sich aber aus dem Gesetz, dass eine persönliche Haftung vorgesehen ist, da § 92 Abs. 1 S. 1 InsO zumindest voraussetzt, dass die Altgläubiger einen Anspruch auf Ersatz ihres Quotenschadens haben.[805] Insofern dürfte eine persönliche Haftung aus diesen systematischen Erwägungsgründen schwer abzulehnen sein. Dass es sich um eine Haftung wegen Unterlassens handelt, schadet nicht, da § 15a InsO den Leitungsorganen eine eindeutige Handlungspflicht auferlegt.[806] Die oben aufgeworfene Problematik der Frage der Verkehrspflichten stellt sich hier daher nicht.

---

798 Begründung RegE MoMiG BTDrS 16/6140, S. 55.
799 Begründung RegE MoMiG BTDrS 16/6140, S. 55.
800 BGH, II ZR 292/91 vom 06.06.1994, NJW 1994, 2220, 2223; BGH, II ZR 292/91 vom 20.09.1991, NJW 1993, 2931, 2932; zustimmend *Altmeppen/Wilhelm*, NJW 1999, 673, 676.
801 *Klöhn*, in: MüKo InsO, § 15a Rn. 144 (m.w.N.).
802 So auch *Cahn*, ZGR 1998, 367, 370.
803 *Medicus*, ZGR 1998, 570, 580.
804 *Klöhn*, in: MüKo InsO, § 15a Rn. 144 (m.w.N.).
805 So auch *Klöhn*, in: MüKo InsO, § 15a Rn. 140.
806 *K. Schmidt* sieht die Insolvenzverschleppung als Tätigkeitsdelikt, da § 15a InsO das Verbot enthalte, das Unternehmen „im Stadium materieller Insolvenz fortzuführen", *K. Schmidt*, in: Scholz GmbHG, Anhang § 64 Rn. 2 (10. Auflage, 2010). Wegen des insofern eindeutigen Wortlauts von § 15a InsO ist die Insolvenzverschleppung aber als Unterlassungsdelikt zu qualifizieren.

bb) Neugläubiger

Dass auch die Neugläubiger die Leitungsorgane nach § 823 Abs. 2 BGB i.V.m. §15a InsO nicht nur in Höhe des Quotenschadens in Anspruch nehmen können, gilt heutzutage ebenfalls als geklärt.[807] Die Neugläubiger sind vom Wortlaut des § 92 Abs. 1 S. 1 InsO zwar nicht zwingend umfasst, da es dort nur um Gesamtschäden geht, die gemeinschaftlich durch eine Verminderung der Insolvenzmasse entstanden sind. Sie erleiden durch den Vertragsschluss nämlich keinen Gesamtschaden, da sie durch den Abschluss des Vertrages nach Insolvenzreife einen individuellen Schaden erleiden. Es ist aber kein Grund ersichtlich, warum die Neugläubiger im Falle einer verspäteten Insolvenzantragstellung nicht ihren vollen Schaden ersetzt bekommen sollen. Hiergegen wurde von Seiten der Literatur z.T. vorgetragen, die Ausweitung der Haftung auch gegenüber den Neugläubigern bedeute, eine Haftung gegenüber dem Rechtsverkehr im Allgemeinen zu begründen.[808] Die allgemeine Dogmatik von § 823 Abs. 2 BGB dagegen gebiete eine konkrete, individualisierbare Personengruppe im personellen Schutzbereich. Insbesondere die Ausweitung der Haftung auch auf Neugläubiger, die deliktische Ansprüche gegenüber der Gesellschaft haben, gehe zu weit.[809] Der Grundsatz der Gläubigergleichbehandlung spreche vielmehr dafür, Alt- und Neugläubigern lediglich den Quotenschaden zu ersetzen. Dagegen ist nach der bis heute beibehaltenen richtigen Ansicht des II. Senats nicht auszumachen, warum der Schutzgesetzcharakter von § 15a InsO hinter dem Normzweck zurückbleiben soll. Die Vorstellungen des Gesetzgebers sind nicht auszumachen und auch aus dem Grundsatz der Gläubigergleichbehandlung ergibt sich nicht zwingend, den Neugläubigern nicht ihren vollen Schaden zu ersetzen.[810]

cc) Deliktische Neugläubiger

Deliktische Schäden, die nach Insolvenzreife und vor Antragstellung entstanden sind, sind dagegen nicht vom Schutzzweck des § 15a InsO erfasst. Sinn von § 15a InsO ist es, Gesellschaften nach Insolvenzreife davon abzuhalten, die Vermögensinteressen von Alt- und Neugläubigern zu gefährden. Hierbei geht es vor allem darum, den Abschluss von Verträgen zu verhindern, die von der insolvenzreifen Gesellschaft nicht eingehalten werden können. Deliktische Gläubiger haben bezüglich ihrer Gläubigerstellung aber gar keine Wahlmöglichkeit. Auch die rechtzeitige Stellung des Insolvenzantrags würde hieran nichts ändern. Insofern liegt gar keine Kausalität zwischen der fehlenden Antragstellung und der Gläubigerstellung vor.[811]

807   *K. Schmidt*, NJW 1993, 2931, 2934.
808   *Ulmer*, ZIP 1993, 769, 771 f.; a.A. BGH, II ZR 292/91 vom 20.09.1993, NJW 1993, 2931, 2933; *Wiedemann*, EWiR § 64 GmbHG 1/93, 583, 584.
809   *Ulmer*, ZIP 1993, 769, 771 f.; *K. Schmidt*, NJW 1993, 2934, 2934 f.
810   BGH, II ZR 292/91 vom 20.09.1993, NJW 1993, 2931, 2932.
811   So im Ergebnis auch BGH, II ZR 390/03 vom 25.07.2005, NJW 2005, 3137, 3140 (dort unter 2. a), stellt auf den Schutzzweck von § 15a InsO ab); *Pauker*, Unternehmen,

dd) Verhältnis zur Haftung wegen Zahlungen nach Insolvenzreife

In neuerer Zeit wurde an der Insolvenzverschleppungshaftung kritisiert, dass das Nebeneinander von (Außen-) Insolvenzverschleppungshaftung und der (Innen-) Haftung für Zahlungen nach Insolvenzreife „unübersichtlich und verworren" sei.[812] Nach dem Konzept des Bundesgerichtshofs sind an dieser Stelle drei Haftungsrichtungen auseinanderzuhalten:

Zunächst besteht eine Insolvenzverschleppungshaftung der Organe gegenüber Neu- und Altgläubigern nach § 823 Abs. 2 BGB i.V.m. § 15a InsO. Die Quotenschäden der Altgläubiger werden vom Insolvenzverwalter geltend gemacht, die Vertrauensschäden der Neugläubiger von diesen selbst. Parallel zu dieser Außenhaftung besteht wegen Insolvenzverschleppung eine Innenhaftung gegenüber der Gesellschaft, da ein Verstoß gegen die Insolvenzantragspflicht gleichzeitig einen Verstoß gegen die Legalitätspflicht bedeutet.[813] Daneben tritt noch die Innenhaftung der Organe gegenüber der Gesellschaft für Zahlungen nach Insolvenzreife.

Der Kritik ist zuzugeben, dass zumindest die Rechtsfolgenseite der Insolvenzverschleppungshaftung und der Haftung für Zahlungen nach Insolvenzreife auf den ersten Blick tatsächlich verworren erscheint: Die Geltendmachung des Erstattungsanspruchs für Zahlungen nach Insolvenzreife beeinflusst den Quotenschaden, ebenso wie umgekehrt die Geltendmachung des Quotenschadens Einfluss auf den Erstattungsanspruch hat.[814] Wenn etwa nach Insolvenzreife und bei fehlender Antragstellung Zahlungen erfolgen, haftet der Geschäftsführer hierfür gegenüber der Gesellschaft. Wird hierdurch gleichzeitig die Insolvenzmasse verringert und entsteht den Altgläubigern ein Quotenschaden, haftet der Geschäftsführer also für die gleiche Zahlung auch noch den Altgläubigern. Diese Problematik stellt sich zwar nur für den Fall, dass nicht das Insolvenzverfahren eröffnet wird, da anderenfalls die Rechtsfolgen des § 92 InsO und des Gesamtschadensausgleichs gelten. Dennoch wird hierdurch deutlich, dass das Modell des Bundesgerichtshofs durchaus hinterfragt werden kann.

S. 115 (stellt darauf ab, dass es der Gesellschaft stets untersagt ist, Delikte zu verüben, und nicht nur bei Insolvenzreife).

812 *Bachmann*, Reform Organhaftung, S. E115-E116. *K. Schmidt* schlägt vor, die Haftung für Zahlungen nach Insolvenzreife ganz abzuschaffen und alle Schäden als Gesamtschaden abzuwickeln, NZG 2015, 129, 133. Auch *Altmeppen*, in: Roth/ Altmeppen, § 64 Rn. 33 (7. Auflage 2012) kritisiert, dass für das Nebeneinander von Alt-, Neu-, Vertrags- und Deliktsgläubigern kein schlüssiges Konzept etabliert wurde (demgegenüber weniger kritisch nachfolgend *Wilhelm*, in: Roth/ Altmeppen, 8. Auflage 2015, § 64 Rn. 35). Vgl. hierzu in neuerer Zeit auch *Freitag*, NZG 2014, 447, 447.

813 *Freitag*, NZG 2014, 447, 447; *Klöhn*, in: MüKo InsO, § 15a Rn. 317.

814 BGH, II ZR 146/96 vom 30.03.1998, NJW 1998, 2667, 2669.

In der Literatur wird hierzu eine Vielzahl von Ansichten vertreten. *Wilhelm* und *Altmeppen* plädieren für eine grundsätzliche Innenhaftung der Organe wegen Insolvenzverschleppung und schlagen daher vor, § 15a InsO nicht als Schutzgesetz i.S.d. § 823 Abs. 2 BGB zu sehen.[815] *Freitag* dagegen hat ein Modell der ausschließlichen Außenhaftung der Organe wegen Insolvenzverschleppung contra legem entwickelt.[816]

Nach der hier vertretenen Auffassung kann die Lösung des Bundesgerichtshofs beibehalten werden, da die herkömmlichen Mechanismen zur Vermeidung einer doppelten Inanspruchnahme als ausreichend erscheinen:

Etwa hinsichtlich der Insolvenzverschleppungshaftung dürfte grundsätzlich gar keine parallele Innen- neben der Außenhaftung bestehen.[817] Ein Innenanspruch gegenüber der Gesellschaft wird nämlich meist daran scheitern, dass der Gesellschaft durch die unterlassene Anmeldung kein Schaden entsteht.[818] Der Quotenschaden der Altgläubiger, also die Verringerung der Insolvenzmasse durch die Fortführung der Geschäfte der Gesellschaft trotz Insolvenzreife, führt nicht zu einem Schaden i.S.d. § 249 BGB. Die Eingehung einer Verbindlichkeit erhöht zwar die Überschuldung, führt aber zeitgleich zu einem Anspruch der Gesellschaft.[819] Das gleiche gilt, wenn eine verbotswidrige Zahlung der Erfüllung einer bestehenden Verbindlichkeit dient. Die Masse wird hierdurch zwar geschmälert, gleichzeitig aber eine Schuld getilgt, sodass auf Seiten der Gesellschaft kein Schaden eintritt.

Hinsichtlich des Nebeneinanders von Insolvenzverschleppungshaftung und der Haftung für Zahlungen nach Insolvenzreife kann eine doppelte Inanspruchnahme, soweit Überschneidungen bestehen, durch das Rechtsinstitut der Gesamtgläubigerschaft gem. § 428 BGB gelöst werden. Hierfür spricht, dass es letztlich um die gleiche Schädigungshandlung geht und klar ist, dass das Leitungsorgan nicht gegenüber Gesellschaft und Gläubigern doppelt haften soll.

Leitungsorgane, die den Neugläubigern Schadensersatz wegen Insolvenzverschleppungshaftung leisten, sind hierzu nur Zug um Zug gegen Abtretung von deren Insolvenzforderungen gegen die Gesellschaft gem. §§ 255, 273 Abs. 1 BGB analog verpflichtet.[820]

---

815 *Altmeppen/Wilhelm*, NJW 1999, 673, 673 ff.
816 *Freitag*, NZG 2014, 447, 447 ff. Er schlägt u.a. vor, im Personengesellschaftsrecht § 130a Abs. 2 S. 1 HGB auf Null zu reduzieren (S. 451), da die Norm ein gesetzgeberisches Versehen darstelle.
817 A.A. *Freitag*, NZG 2014, 447, 447 ff.
818 *Fleischer*, in: Handbuch Vorstandsrecht, § 20 Rn. 37; *Habersack*, JZ 2010, 1191, 1191 f.; *Klöhn*, in: MüKo InsO, § 15a Rn. 317, *Poertzgen*, NZI 2010, 916, 916 f.; a.A. noch RG, II ZR 199/38 vom 07.06.1939, RGZ 161, 129, 142 f., das den Schaden der Gesellschaft in dem wachsenden Unvermögen sah, die Gläubiger zu befriedigen.
819 OLG Koblenz, 6 U 472/07 vom 31.03.2008, BeckRS 2008, 11942 (dort unter II. 4.) = AG 2009, 336.
820 BGH, II ZR 234/05 vom 05.02.2007, NJW-RR 2007, 759 (Leitsatz 2).

c) Lederspray-Fall

Im Falle von mittelbar verwirklichten Straftatbeständen ist eine Einzelfallentscheidung vorzunehmen. Im Lederspray-Fall[821] ist eine persönliche Haftung gem. §§ 224, 13 StGB i.V.m. § 823 Abs. 2 BGB zu bejahen, da aufgrund der positiven Kenntnis der Vorstandsmitglieder und der gefährlichen Körperverletzung ein besonders massiver Rechtsverstoß zu bejahen ist. Dies ist allerdings nicht generell auf den Bereich der fahrlässigen Erfolgsdelikte (§§ 222, 229 StGB) auszudehnen. Hierfür spricht, dass das Unterlassen einer ordnungsgemäßen Organisation bei nicht eigenhändig begangenen Delikten vom II. Senat und der vorherrschenden Meinung bei § 130 OWiG zu Recht nicht zu einer zivilrechtlichen Haftung der Leitungsorgane führt.[822] Um ein einheitliches Haftungskonzept beizubehalten, sollte zumindest für sich inhaltlich entsprechende Organisationspflichten gleich gehaftet werden. Hinzu kommt, dass der Gesetzgeber sich bewusst dafür entschieden hat, einen dem § 130 OWiG entsprechenden Straftatbestand nicht zu erlassen.[823] Im Bereich der Produkthaftung allgemein ist daher eine Haftung der Leitungsorgane gem. § 823 Abs. 2 BGB abzulehnen, selbst wenn eine strafrechtliche Verantwortlichkeit gem. §§ 222, 229 StGB eingreift.[824]

d) § 266a StGB

Rechtsprechung und herrschende Lehre sehen § 266a StGB hinsichtlich der Abführung der Arbeitnehmeranteile als Schutzgesetz zu Gunsten der Sozialversicherungsträger.[825] Die überzeugende Gegenansicht wendet hiergegen allerdings ein, dass § 266a StGB gar kein Individualinteresse schützt, sondern nur das Sozialversicherungssystem als gesamte Institution.[826] Auch aus der „quasitreuhänderischen Stellung"[827] lasse sich der für § 823 Abs. 2 BGB erforderliche Individualschutz nicht herleiten, da letztlich der Treuebruch gegenüber dem Sozialversicherungsträger begangen werde und nicht gegenüber dem Arbeitnehmer. Schutzgut soll nur die Gesamtheit der Versicherten sein, nicht aber das Vermögen des einzelnen

---

821 Siehe oben 3. Teil. B. II. 3. b) (Lederspray-Fall).

822 So auch *Spindler*, in: MüKo AktG, § 93 Rn. 327. Siehe oben 3. Teil. B. II. 3. d) zur Rechtsprechung zu § 130 OWiG.

823 31. Strafrechtsänderungsgesetz – Zweites Gesetz zur Bekämpfung der Umweltkriminalität vom 27.6.1994, BGBl. I, S. 1440 ff.; vgl. die Gegenäußerung der Bundesregierung in BTDrS 12/192 S. 43 (zu Nr. 3); so auch *Spindler*, in: MüKo AktG, § 93 Rn. 327.

824 So auch *Medicus*, GmbHR 2002, 809, 820 f, der auch einer strafrechtlichen Verantwortlichkeit kritisch gegenübersteht.

825 Vgl. oben die Nachweise in Fn. 331.

826 *Dreher*, DB 1991, 2586 f.; *Spindler*, in: MüKo AktG, § 93 Rn. 332; *Stein*, DStR 1998, 1055, 1056 f.

827 *Stein*, DStR 1998, 1055, 1057.

Arbeitnehmers.[828] Als zweites Argument trägt die Gegenansicht vor, § 266a StGB erlange als Schutzgesetz nur dann eigenständige Bedeutung, wenn Straftäter und Beitragsschuldner auseinanderfallen, also im Falle von Leitungsorgan und Gesellschaft. Da der ursprüngliche Anspruch gegen den Arbeitgeber in jedem Fall bestehen bleibt, besteht im Normalfall kein Bedarf, zusätzlich eine deliktische Anspruchsgrundlage über § 823 Abs. 2 BGB i.V.m. § 266a StGB herzuleiten. Nur bei einer Personenverschiedenheit sei eine deliktsrechtliche Haftung von Relevanz, da dem Gläubiger dann eine zusätzliche Haftungsmasse zur Verfügung stände. Nach dieser Auffassung bezweckt § 266a StGB nicht, die Beitragsaufbringung „in jedem Fall" zu gewährleisten, sondern nur aus dem Vermögen des Arbeitgebers als Beitragsschuldner. Nicht bezweckt sei es dagegen, das Organ als Ausfallschuldner zu verwenden, um der Versichertengemeinschaft das Risiko einer Arbeitgeberinsolvenz abzunehmen.[829] Aufgrund der hier vertretenen Ansicht, dass kein Grund dafür besteht, die Gläubiger einer Kapitalgesellschaft besser zu stellen als die Gläubiger einer natürlichen Person, ist dieser Auffassung zu folgen. Die Vermögensinteressen der Arbeitnehmer werden durch § 266a StGB nämlich nur mittelbar geschützt. Ein reflexiv betroffenes Interesse über den Umweg der Solidargemeinschaft reicht aber nicht aus, um die Schutzgesetzeigenschaft zu begründen. § 266a StGB ist daher trotz der Strafbewehrung nicht als Schutzgesetz zu Gunsten der Sozialversicherungsträger zu qualifizieren.

e) §§ 32, 54 KWG

Der Schutzgesetzcharakter von §§ 32, 54 KWG ist umstritten.[830] Nach § 54 Abs. 1 Nr. 2 KWG wird mit Freiheitsstrafe oder Geldstrafe bestraft, wer ohne Erlaubnis nach § 32 KWG Bankgeschäfte betreibt oder Finanzdienstleistungen erbringt. Zweck der Vorschrift ist es, die Funktionsfähigkeit des Bankenwesens zu bewahren und Missständen entgegenzuwirken, aber auch, das Publikum vor unbilligen Vermögensverlusten zu bewahren.[831] Nach Ansicht der Rechtsprechung ist „mangels einer einschränkenden Zielsetzung" des KWG anzunehmen, dass zumindest einzelne Vorschriften des KWG auch individuelle Gläubigerinteressen schützen, jedenfalls soweit der einzelne Gläubiger sich nicht auf andere Weise angemessen vor Verlusten schützen kann.[832] Kritisiert wurde diese Rechtsprechung u.a. von *Canaris*, der dem Umstand, dass es um die Haftung für reine Vermögensschäden geht, mehr Bedeutung zumessen möchte und vorschlägt, eher danach zu differenzieren, ob ein absolut geschütztes Rechtsgut verletzt ist.[833] Dies wurde von der Rechtsprechung

---

828 Ebenda.
829 *Stein*, DStR 1998, 1055, 1057 f.
830 *Janssen*, in: MüKo StGB, § 54 KWG Rn. 14 (m.w.N.); Nachweise aus der Rechtsprechung siehe oben Fn. 333.
831 LG Essen, 12 O 126/90 vom 07.05.1991, NJW-RR 1992, 303, 304.
832 BGH, III ZR 108/76 vom 15.02.1979, NJW 1979, 1354, 1355.
833 *Canaris*, in: FS Larenz, S. 44.

allerdings nicht aufgegriffen, stattdessen wurde die Haftung nach § 823 Abs. 2 BGB i.V.m. § 54 KWG eher noch ausgeweitet, etwa auf sog. Winzergeschäfte.[834]

Die Strafbewehrung über § 14 StGB und das Ziel des KWGs, namentlich der Anlegerschutz, sprechen dafür, einen ausreichend gravierenden Verstoß gegen die Rechtsordnung und damit den Schutzgesetzcharakter zu bejahen. Zu berücksichtigen ist aber auch, dass Anlegerschutz letztlich reiner Vermögensschutz ist und über § 34 KWG auch zu einer Haftung nur bei Fahrlässigkeit führen könnte. Zudem ist das Betreiben eines Bankgeschäftes ohne die erforderliche Erlaubnis nur schwerlich von der Schwere des Eingriffs her mit den Anforderungen von § 826 BGB zu vergleichen. Insofern ist die Schutzgesetzqualität eher abzulehnen.

Unabhängig vom Schutzzweckcharakter von §§ 32, 54 KWG kann allein die fehlende Erlaubnis, Bankgeschäfte zu betreiben, auch nicht zu einem Schadensersatzanspruch der Anleger führen. Wurde dieser nämlich umfassend über die mit dem Kauf von Wertpapieren verbundenen Risiken aufgeklärt, dürfte der Schaden nicht kausal auf die fehlende Erlaubnis zurückzuführen sein und in jedem Fall nicht vom Schutzzweck der Norm umfasst sein. Nicht vom Schutzzweck umfasst ist es nämlich, den Anleger schlechthin vor dem Verlust seines Kapitals zu schützen, das zur Spekulation eingesetzt wurde.[835]

f) § 130 OWiG

§ 130 OWiG stellt kein Schutzgesetz i.S.d. § 823 Abs. 2 BGB dar.[836] Die Überlegung der Rechtsprechung, dass die Organisations- und Aufsichtpflichten der Leitungsorgane nur gegenüber der Gesellschaft bestehen, entspricht dem hier vertretenen

---

834 Nach einer neueren Entscheidung des BGH haftet der Geschäftsführer einer Winzer-GmbH nach § 823 Abs. 2 BGB i.V.m. § 32 Abs. 1 S. 1, § 54 Abs. 1 Nr. 2 (1) KWG, wenn dieser Winzergelder als Einlagen einbehält, ohne die Genehmigung der BaFin einzuholen (BGH, VI ZR 56/12 vom 19.03.2013, NJW-RR 2013, 675; vorhergehend OLG Zweibrücken, 4 U 75/11 vom 12.01.2012, BeckRS 2012, 01228 = ZIP 2012, 1995). Nach den genannten Vorschriften im KWG ist für ein als Bankgeschäft zu wertendes Einlagengeschäft die Genehmigung der BaFin einzuholen. Der betreffende Geschäftsführer hatte Winzern angeboten, anstatt den Kaufpreis für die gelieferten Weintrauben zu zahlen, ständig abrufbare „Einlagen" einzubehalten und mit 5 % zu verzinsen. In der nachfolgenden Insolvenz der GmbH machten die Winzer ihre Verluste als Schadensersatzanspruch gegen den Geschäftsführer persönlich geltend. Vgl. zuvor bereits zu §§ 32, 54 KWG i.V.m. § 4 Abs. 1 StGB: BGH, III ZR 108/76 vom 15.02.1979, BGHZ 74, 144.

835 LG Essen, 12 O 126/90 vom 07.05.1991, NJW-RR 1992, 303, 304. Anders mag es sein, wenn der Geschäftsbetrieb wegen fehlenden Eigenkapitals nicht erlaubnisfähig war, da die Erlaubnispflicht absichern soll, dass solche Betriebe keine Bankgeschäfte betreiben, vgl. BGH, VI ZR 340/04 vom 11.07.2006, NJW-RR 2006, 1713, 1714.

836 So auch u.a. *Fleischer*, AG 2003, 291, 294; *Wimmer*, NJW 1996, 2546, 2549 (stellt darauf ab, dass im Zivilrecht §§ 831, 31 BGB Spezialnormen seien und scheint damit eher die Subsidiarität von § 823 Abs. 2 BGB in den Vordergrund zu stellen).

Haftungskonzept.[837] Hintergrund von § 130 OWiG ist die Umgehung einer Strafbar-keitslücke, die sich aus der Delegation von betriebsbezogenen Pflichten und der Arbeitsteilung in Unternehmen ergibt. Der Unternehmensträger als eigentlicher Normadressat, dem die Vorteile aus der Arbeitsteilung zufließen, soll auch für die daraus resultierenden Gefahren verantwortlich gemacht werden können.[838] Der II. Senat hat in seiner Entscheidung von 1994 zu § 130 OWiG darauf hingewiesen, dass diese Lücke im Deliktsrecht nicht bestehe, da hier bereits § 831 BGB die Über-leitung der Haftung auf den Geschäftsherrn regele.[839] Dies entspreche auch dem Konzept, dass Leitungsorgane nicht Geschäftsherr i.S.d. § 831 BGB sind und auch nicht über § 831 Abs. 2 BGB haften. Trotz Berücksichtigung der Baustoff-Recht-sprechung könne der Grundsatz der Haftungskonzentration über § 823 Abs. 2 BGB i.V.m. § 130 OWiG nicht aus den Angeln gehoben werden. Dem ist in Ergebnis und Begründung zuzustimmen, insbesondere, da die Baustoffentscheidung nach der hier vertretenen Ansicht abzulehnen ist.

Der II. Senat hat weiterhin erklärt, eine persönliche Haftung der Leitungsorgane über § 130 OWiG sei nicht ausgeschlossen, wenn „im Unternehmen Schutzgesetze verletzt werden, die das Insolvenzrisiko der Gesellschaftsgläubiger betreffen".[840] In der Literatur hat diese Auffassung teilweise Zustimmung gefunden,[841] größtenteils wird § 130 OWiG als Schutzgesetz aber insgesamt abgelehnt.[842] Da das Insolvenz-risiko letztlich bereits ausreichend durch die persönliche Haftung der Leitungsorgane wegen Insolvenzverschleppung gem. §§ 823 Abs. 2, 15a InsO sowie das Zahlungsver-bot nach § 64 S. 1 GmbHG bzw. §§ 92 Abs. 2 S. 1, 93 Abs. 3 Nr. 6 AktG (und §§ 64 S. 3 GmbHG, 92 Abs. 2 S. 3 AktG) abgedeckt wird, ist letzterer Auffassung zuzustimmen.

g) Andere Schutzgesetze

Bei den Rechtsnormen, die grundsätzlich nicht strafbewehrt sind, ist nach der hier vertretenen Auffassung der Begründungsaufwand für einen Schutzgesetzcharakter höher einzustufen als bei Rechtsnormen mit Strafcharakter. Diskutiert werden im

---

837 So auch *Medicus*, GmbHR 2002, 809, 819 ff.; *Verse*, ZHR 1998, 398, 402.

838 BGH, II ZR 16/93 vom 13.04.1994, NJW 1994, 1801, 1803.

839 BGH, II ZR 16/93 vom 13.04.1994, NJW 1994, 1801, 1803. In Folge der Recht-sprechung zum dezentralisierten Entlastungsbeweis, die die Haftung der Unter-nehmensträgers aus § 831 BGB stark eingeschränkt hat und der im Anschluss entwickelten Haftung für Organisationsverschulden über § 823 Abs. 1 BGB ergibt sich die Haftung des Unternehmensträgers heute nicht mehr nur aus § 831 BGB, sondern auch aus § 823 Abs. 1 BGB.

840 BGH, II ZR 16/93 vom 13.04.1994, NJW 1994, 1801, 1804.

841 *Wimmer*, NJW 1996, 2546, 2549.

842 *Haas/Ziemons*, in: BeckOK GmbHG, § 43 Rn. 429 bejahen die Schutzgesetzeigen-schaft, wenn dem Geschäftsführer eine Verkehrspflicht obliegt, auf Grund derer er auch im Außenverhältnis zu bestimmten Organisationsmaßnahmen verpflichtet ist. Dies ist insofern stimmiger als das Konzept des BGH, als dass kein Widerspruch zur Baustoff-Rechtsprechung entsteht, was beim Ansatz des BGH der Fall ist.

Bereich des Gesellschaftsrechts vor allem die §§ 35a GmbHG / 80 AktG, 41 GmbHG, 131 AktG, 51a n.F. GmbHG sowie §§ 30 GmbHG / 57 AktG.[843]

aa) §§ 35a GmbHG, 80 AktG

Bejaht wird vor allem der Schutzgesetzcharakter von § 35a GmbHG bzw. § 80 AktG.[844] Danach müssen auf allen Geschäftsbriefen bestimmte Pflichtangaben zur Gesellschaft enthalten sein. Richtig dürfte sein, die Schutzgesetzeigenschaft zu Lasten der Leitungsorgane nur in extremen Ausnahmefällen zu bejahen, da die Angabe der Informationen nach § 35a GmbHG und § 80 AktG im Außenverhältnis eine Pflicht der Gesellschaft ist. Ein solcher Fall dürfte nur dann gegeben sein, wenn der Geschäftsführer nicht nur die Pflichtangaben unterlässt, sondern sich im nachfolgenden Prozess immer noch weigert, Angaben zur Gesellschaft zu machen.[845] In diesem Fall ist die Verletzung der Informationspflichten so hoch, dass sie von der Intensivität her in die Nähe des § 826 BGB rückt. Im Regelfall ist die Rechtsverletzung bei Nichtangabe der Pflichtinformationen dagegen nicht als so gravierend einzustufen, dass eine persönliche Haftung der Leitungsorgane über § 823 Abs. 2 BGB in Betracht kommt.

bb) §§ 41 GmbHG, 91 AktG

Nach § 41 GmbHG sind die Geschäftsführer der GmbH verpflichtet, für eine ordnungsgemäße Buchführung der Gesellschaft zu sorgen. Die dem entsprechende Komplementärvorschrift für die Aktiengesellschaft findet sich in § 91 AktG. Von

---

843 Höchstgerichtliche Entscheidungen existieren weiterhin zu folgenden Rechtsnormen: § 69 GenG (RG, III 91/04 vom 04.10.1904, RGZ 59, 49, 52: Vorstand einer eingetragenen Genossenschaft zeigte dem Registergericht nicht die Aufkündigung eines Genossen nach § 69 GenG an. Nach Ansicht des Reichsgerichts ist § 69 GenG Schutzgesetz zu Gunsten des gekündigten Genossen; a.A. *Canaris*, in: FS Lorenz, S. 30, 60 (unter Hinweis darauf, dass es beim Grundsatz der Haftungskonzentration bleiben sollte)); § 27 Abs. 3 StVO (nach Ansicht des BGH kein Schutzgesetz, da bereits Ansprüche gegen den Versicherer bestehen (BGH, VI ZR 169/79 vom 05.02.1980, NJW 1980, 1792 f.), mit dem gleichen Ergebnis, aber anderer Begründung: *Canaris*, in: FS Lorenz, S. 30, 62 ff.; a.A. OLG München, 10 U 1793/71 vom 24.03.1972, -juris Rn. 14 = VersR 1973, 236, 237).

844 LG Detmold, 9 O 402/89 vom 20.10.1989, NJW-RR 1990, 995, 995 f.; *Haas/Ziemons*, in: BeckOK GmbHG, § 43 Rn. 427 (m.w.N.); *Schindler*, in: BeckOK GmbHG, § 35a Rn. 36; *Zöllner/Noack*, in: Baumbach/Hueck GmbHG, § 35a Rn. 25; a.A. *Mertens/ Cahn*, in: KöKo AktG, § 80 Rn. 22 (zu § 80 AktG); *Stephan/Tieves*, in: MüKo GmbHG, § 35a Rn. 52 f. (bejahen die Schutzgesetzeigenschaft nur zu Lasten der Gesellschaft, nicht aber zu Lasten des Geschäftsführers).

845 LG Detmold, 9 O 402/89 vom 20.10.1989, NJW-RR 1990, 995, 995 f. (mit der Begründung, dass es sich um eine Ein-Mann-Gesellschafter-Geschäftsführer-GmbH handele, was nicht zu überzeugen vermag. Vertretbar erscheint dagegen der zweite Begründungsansatz, der auf einen in diesem Fall besonders intensiven Eingriff abstellt.).

der geschichtlichen Entwicklung her haben die Pflichten zur Buchführung eher den öffentlich-rechtlichen Zweck der Selbstinformation des Unternehmers.[846] Der Schutzgesetzcharakter von § 41 GmbHG wurde daher zunächst von der Rechtsprechung verneint.[847] In neuerer Zeit hat sich allerdings das Verständnis von Sinn und Bedeutung der Buchführungspflichten und der richtigen und vollständigen Dokumentation der Vermögenslage des Unternehmens gewandelt. Die Bilanz einer Kapitalgesellschaft dient nach heutiger Auffassung wegen ihrer Publizitätsfunktion der Information des Rechtsverkehrs und insbesondere der Information für Kreditgeber. Bei der Buchführung geht es jedenfalls auch darum, den Gläubigern eine Einschätzung über die finanziellen Verhältnisse der Gesellschaft zu geben, damit diese das Insolvenzrisiko ihres Vertragspartners einzuschätzen vermögen.[848] Der II. Senat hat daher die Frage der Schutzgesetzeigenschaft von § 41 GmbHG nicht ausgeschlossen.[849] Einige Literaturvertreter haben daraus den Schluss gezogen, § 41 GmbHG sei zukünftig als Schutzgesetz zu sehen.[850] Im konkreten Fall lehnte der II. Senat eine ausreichende Konkretisierung von § 41 GmbHG allerdings, „soweit es um die allgemeinen Auswirkungen der Verletzung der Buchführungspflicht auf die Gläubigerinteressen geht, in den Fällen der §§ 283 Abs. 1 Nr. 5–7, 283b StGB", ab.[851] Dieses Ergebnis überrascht, da der Bundesgerichtshof den Schutzgesetzcharakter also gerade für den Fall der Strafbewehrung verneint. Er begründet dies damit, dass in zeitlicher Hinsicht nicht feststellbar sei, ab wann eine Verletzung von Buchführungspflichten zu einem Schaden führt und § 41 GmbHG daher als Schutzgesetz nicht ausreichend bestimmt sei. Die herrschende Meinung in der Lehre folgt dieser Ansicht im Ergebnis, allerdings mit anderen Begründungsansätzen. Z.T. wird vertreten, die Buchführungspflicht schütze ungezielt alle Gesellschaftsgläubiger und sei damit nicht individualisiert genug.[852] Richtig dürfte sein, dass eine Haftung des Geschäftsführers wegen mangelhafter Buchführung in jedem Fall nur dann in Betracht kommt, wenn die Unterlagen den Gläubigern auch zugänglich sind.[853] Nur dann ist es den Gläubigern nämlich möglich, ein schutzwürdiges Vertrauen in die Korrektheit der Buchführung zu entwickeln.[854] Aber selbst in diesem Fall stellt sich die Frage, ob bei einer Verletzung von Publizitätsvorschriften mit den Leitungsorganen die richtigen Personen avisiert werden. Die große Bedeutung kommt den

846 BGH, II ZR 16/93 vom 13.04.1994, NJW 1994, 1801, 1804.
847 BGH, I b ZR 208/62 vom 10.07.1964, BB 1964, 1273, 1273 (dort unter 1., für den Fall der fahrlässigen Verletzung von Bilanzierungsvorschriften, da diese nicht als Schutzgesetze zu Gunsten „bestimmter Personen" aufzufassen seien).
848 BGH, II ZR 16/93 vom 13.04.1994, NJW 1994, 1801, 1804.
849 BGH, II ZR 16/93 vom 13.04.1994, NJW 1994, 1801, 1804.
850 *Biletzki*, ZIP 1997, 9, 13; Groß, ZGR 1998, 551, 555.
851 BGH, II ZR 16/93 vom 13.04.1994, NJW 1994, 1801, 1804.
852 *Kleindiek*, in: Lutter/Hommelhoff GmbHG, § 41 Rn. 4; *Paefgen*, in: Ulmer/Habersack/Löbbe GmbHG, § 41 Rn. 27; *Spindler*, in: MüKo AktG, § 91 Rn. 72.
853 *Biletzki*, ZIP 1997, 9, 12; *Paefgen*, in: Ulmer/Habersack/Löbbe GmbHG, § 41 Rn. 27.
854 *Haas/Ziemons*, in: BeckOK GmbHG, § 43 Rn. 425.

Publizitätspflichten insbesondere zu, da sie einen Ausgleich für die beschränkte Haftung darstellen sollen.[855] Bei einer Verletzung der Publizitätsvorschriften müsste denklogischerweise dann ein Durchgriff auf die Gesellschafter ermöglicht werden, da diese – und nicht die Leitungsorgane – von der Haftungsbeschränkung profitieren.[856] Hinzu kommt, dass es den Gläubigern bei den Buchführungspflichten letztlich um die Beurteilung der Solvenz des Unternehmens geht und zumindest weitflächige Überschneidungen zur Insolvenzantragspflicht bestehen dürften. Ist die Gesellschaft dagegen noch zahlungsfähig, dürfte den Gläubigern regelmäßig gar kein Schaden durch eine falsche oder fehlerhafte Buchführung entstehen.[857] Insofern ist an dieser Stelle der Ansicht der Rechtsprechung – wenn auch mit anderer Begründung – zu folgen.

cc) §§ 30 GmbHG, 57 AktG

Nach § 30 GmbHG darf das zur Erhaltung des Stammkapitals erforderliche Vermögen der Gesellschaft nicht an die Gesellschafter ausgezahlt werden. Parallel regelt § 57 AktG, dass den Aktionären ihre Einlagen nicht zurückgewährt werden dürfen. Zweck der Vorschriften ist bereits nach ihrem Wortlaut der Schutz der Gesellschaft vor Kapitalentnahmen. Daneben dient das Gebot der Kapitalerhaltung auch dem Gläubigerschutz, da ein Minimum an Kapital als eine Art Garantie für die Gläubiger stets erhalten bleiben soll.[858] Nach Ansicht des II. Senats ist § 823 Abs. 2 BGB zumindest im Falle des § 30 GmbHG subsidiär, da der Schutz der Gläubiger bezüglich der Kapitalerhaltung bereits ausreichend durch andere Vorschriften abgesichert ist.[859] Dem ist im Ergebnis zuzustimmen. Bei der Rückgewähr von Kapital an die Gesellschafter durch die Leitungsorgane handelt es sich zwar trotz der fehlenden Strafbewehrung um einen besonders massiven Eingriff, da das Stammkapital in der Kapitalgesellschaft besonders schützenswert ist. Nach den hier vertretenen Kriterien wäre aber zusätzlich erforderlich, dass entweder absolut geschützte Rechtsgüter gefährdet werden oder der Eingriff in die Nähe des § 826 BGB rückt. Beides ist hier nicht der Fall. Vielmehr geht es um den Schutz vor u.U. nur fahrlässig verursachten Vermögensschäden. §§ 30 GmbHG, 57 AktG als Schutzgesetze einzuordnen, würde den deliktsrechtlichen Vermögensschutz zu sehr ausweiten. Der Schutzgesetzcharakter der genannten Vorschriften ist daher abzulehnen.[860]

---

855 *Fleischer*, in: MüKo GmbHG, § 41 Rn. 29.
856 Vgl. oben 2. Teil. B. II. 3.
857 So auch *Haas/Ziemons*, in: BeckOK GmbHG, § 43 Rn. 424.
858 *Bayer*, in: MüKo AktG, § 57 Rn. 1; *Ekkenga*, in: MüKo GmbHG, § 30 Rn. 15.
859 BGH, II ZR 268/88 vom 19.02.1990, NJW 1990, 1725, 1729 f.; *Groß*, ZGR 1998, 551, 555.
860 So auch *Larenz/Canaris*, Schuldrecht BT, Band II/2, S. 437 f.

dd) §§ 43 Abs. 2 GmbHG, 93 Abs. 2 AktG

§§ 43 Abs. 2 GmbHG, 93 Abs. 2 AktG, wonach die Leitungsorgane für eine Verletzung ihrer Pflichten gegenüber der Gesellschaft haften, stellen nach einhelliger Auffassung in Rechtsprechung[861] und Literatur[862] kein Schutzgesetz i.S.d. § 823 Abs. 2 BGB dar. Die Vorschriften begründen nämlich schon nach ihrem Wortlaut eine Binnenhaftung gegenüber der Gesellschaft für eine Verletzung der Pflichten, die sich aus dem durch die Bestellung zum Organ begründeten Rechtsverhältnis zur Gesellschaft ergeben.

ee) § 1 GSB[863]

Nach § 1 GSB ist der Empfänger von Baugeld verpflichtet, dieses Baugeld zur Befriedigung von Personen, die an der Herstellung oder dem Umbau des Baues auf Grund eines Werk-, Dienst- oder Kaufvertrages beteiligt sind, zu verwenden. Die Vorschrift soll also absichern, dass Baugeld[864] ausschließlich zur Befriedigung von Forderungen verwendet wird, die im Zusammenhang mit der Errichtung des Bauwerks entstanden sind. Baugeld nach § 1 Abs. 2 BSG sind Geldbeträge, die der Empfänger von einem Dritten empfangen hat und die dinglich besichert

---

861   Ständige Rechtsprechung, vgl. etwa BGH, II ZR 16/93 vom 13.04.1994, NJW 1994, 1801, 1803; OLG Stuttgart, 14 U 64/05 vom 23.01.2006, NJOZ 2006, 2211, 2212.

862   *Derleder/Fauser*, BB 2006, 949, 950 (zu § 93 AktG); *Fleischer*, in: MüKo GmbHG, § 43 Rn. 339 f. (m.w.N.); *Medicus*, ZGR 1998, 570, 578; *Haas/Ziemons*, in: Michalski GmbHG, § 43 Rn. 283; *Verse*, ZHR 2006, 398, 407.

863   Gesetz über die Sicherheit der Bauforderungen (Bauforderungssicherungsgesetz – BauFordSiG), BGBl. III, 213–2, zuletzt geändert durch Art. 1 G v. 29.07.2009, abrufbar unter http://www.gesetze-im-internet.de/bundesrecht/baufordsig/gesamt. pdf (zuletzt aufgerufen am 31.08.2015). § 1 Abs. 1 GSB lautet: „Der Empfänger von Baugeld ist verpflichtet, das Baugeld zur Befriedigung solcher Personen, die an der Herstellung oder dem Umbau des Baues auf Grund eines Werk-, Dienst- oder Kaufvertrags beteiligt sind, zu verwenden. Eine anderweitige Verwendung des Baugeldes ist bis zu dem Betrag statthaft, in welchem der Empfänger aus anderen Mitteln Gläubiger der bezeichneten Art bereits befriedigt hat. Die Verpflichtung nach Satz 1 hat auch zu erfüllen, wer als Baubetreuer bei der Betreuung des Bauvorhabens zur Verfügung über die Finanzierungsmittel des Bestellers ermächtigt ist."

864   § 1 Abs. 3 GSB: „Baugeld sind Geldbeträge, 1. die zum Zweck der Bestreitung der Kosten eines Baues oder Umbaues in der Weise gewährt werden, dass zur Sicherung der Ansprüche des Geldgebers eine Hypothek oder Grundschuld an dem zu bebauenden Grundstück dient oder die Übertragung eines Eigentums an dem Grundstück erst nach gänzlicher oder teilweiser Herstellung des Baues oder Umbaues erfolgen soll, oder 2. die der Empfänger von einem Dritten für eine im Zusammenhang mit der Herstellung des Baues oder Umbaues stehende Leistung, die der Empfänger dem Dritten versprochen hat, erhalten hat, wenn an dieser Leistung andere Unternehmer (§ 14 des Bürgerlichen Gesetzbuchs) auf Grund eines Werk-, Dienst- oder Kaufvertrags beteiligt waren."

sind sowie alle weiteren Geldbeträge, die von einem Dritten im Zusammenhang mit der Herstellung des Hauses erhalten hat. Wie aus § 1 Abs. 1 GSB ersichtlich wird, geht es bei der Vorschrift hauptsächlich um den Schutz von Subunternehmern.[865] Diese gehen nämlich regelmäßig in Vorleistung und verlieren mit dem Eigentum am verwendeten Baumaterial eine Sicherheit. Da das BGB für diesen Fall auch kein gesetzliches Pfandrecht vorsieht, soll § 1 Abs. 1 GSB i.V.m. § 823 Abs. 2 BGB einen Ersatzanspruch der Subunternehmer gegen den Empfänger des Baugeldes begründen.[866] Dass es sich hierbei um ein Schutzgesetz handelt, wird schon aus dem Wortlaut ersichtlich, da Ziel der Vorschrift offensichtlich ist, dem Geschädigten einen deliktischen Anspruch zu verschaffen. Aus der Gesetzesbegründung ergibt sich weiterhin, dass auch die Mithaftung der Leitungsorgane bezweckt ist.[867] Da den Subunternehmern regelmäßig erst dann ein Schaden entstehen wird, wenn von der Gesellschaft keine Befriedigung zu erlangen ist und ein deliktischer Anspruch gegen die Gesellschaft neben dem dinglich gesicherten Anspruch wenig Sinn ergibt, entspricht dies auch einer teleologischen Auslegung des BSG.[868] Hieran anknüpfend vertreten auch der VI. und VII. Senat, dass es sich bei § 1 GSB auch zu Lasten der Leitungsorgane um ein Schutzgesetz i.S.d. § 823 Abs. 2 BGB handelt.[869] Ohne Zugriff auf die konkret verfügungsberechtigte natürliche Person soll die Schutzfunktion der Vorschrift nämlich im typischen Fall des Bauträgerkonkurses in Frage gestellt sein.[870] Um die Haftung in „zweckentsprechenden Grenzen"[871] zu halten, soll die Haftung allerdings auf die Fälle beschränkt sein, in denen das Leitungsorgan vorsätzlich gehandelt hat. Für diesen Fall stellt § 2 GSB n.F. die Zuwiderhandlung unter Strafe. Dem ist grundsätzlich zu folgen, da Empfänger des Baugeldes nach § 1 die Gesellschaft ist und sich die persönliche zivilrechtliche Haftung der Leitungsorgane nur über §§ 2 BSG, 14 StGB begründen lässt.[872] § 1 GSB ist nach alldem als Schutzgesetz i.S.d. § 823 Abs. 2 BGB zu sehen.

---

865 BTDrS 16/511, S. 23; *Ziemons*, in: Oppenländer/Trölitzsch GmbH-Geschäftsführung, § 24 Rn. 28.

866 *Wegner*, in: MüKo StGB, BauFordSiG § 2, Rn. 1.

867 BTDrS 16/511, S. 24.

868 So auch *Wolff*, in: Privates Baurecht, § 1 BauFordSiG Rn. 62.

869 BGH, VI ZR 47/80 vom 24.11.1981, NJW 1982, 1037, 1038; BGH, VII ZR 305/99 vom 13.12.2001, NJW-RR 2002, 740; BGH, VII ZR 169/09 vom 19.08.2010, NJW 2010, 3365. Nicht einschlägig ist hier die Entscheidung II ZR 260/92 vom 21.03.1994, DStR 1994, 1585, da es dort nur um die Pfändung der Innenhaftungsansprüche geht.

870 BGH, VI ZR 47/80 vom 24.11.1981, NJW 1982, 1037, 1038; OLG Hamm, I-9 U 187/13 vom 31.01.2014, NJW 2014, 1742.

871 BGH, VI ZR 47/80 vom 24.11.1981, NJW 1982, 1037, 1038.

872 So auch *Wolff*, NJW 2014, 1712, 1714; *ders.*, in: Privates Baurecht, § 1 BauFordSiG Rn. 67 f.

VI. Vorsätzliche sittenwidrige Schädigung als Rechtfertigung für eine persönliche Außenhaftung

Die persönliche Haftung der Leitungsorgane einer Kapitalgesellschaft im Falle einer vorsätzlichen sittenwidrigen Schädigung gem. § 826 BGB gilt als unbestritten.[873] Mit Ausnahme vom Verhältnis zu § 839 BGB, der als vorrangig angesehen wird, ist § 826 BGB zu keiner Vorschrift subsidiär und steht in Anspruchskonkurrenz zu anderen deliktischen Tatbeständen.[874] Im Folgenden wird zunächst dargestellt, warum die Organaußenhaftung im Falle einer vorsätzlichen sittenwidrigen Schädigung grundsätzlich gerechtfertigt ist (1.), bevor auf die Kapitalmarktinformationshaftung näher eingegangen wird (2.).

1. Grundsätzliche Erwägungen

Dass im Falle einer vorsätzlichen sittenwidrigen Schädigung eine persönliche Eigenhaftung gerechtfertigt sein muss, leuchtet auch ohne dogmatische Begründung vor folgendem Hintergrund ein: Ließe man im Falle einer vorsätzlichen sittenwidrigen Schädigung zu, dass der Organwalter sich auf seine Organstellung beruft und das Handeln für die Gesellschaft „vorschiebt", würde dies für den Geschädigten zu einem schier unerträglichen Rechtszustand führen. Hintergrund dieses Gedankens ist die Idee, dass ein „Haftungsausschluss" im Falle einer sittenwidrigen Schädigung mit den Grundsätzen der deutschen Rechtsordnung nicht vereinbar ist.[875] Im Falle einer vorsätzlichen sittenwidrigen Schädigung stellt die Berufung auf ein Handeln für die Gesellschaft nämlich eine unzulässige Rechtsausübung dar.[876] Anders als bei § 823 Abs. 1 BGB muss sich der Vorsatz des Schädigers schließlich darauf beziehen, dass durch die Handlung einem anderen Schaden zugefügt wird.[877] Zum Vorsatz gehört, dass der Schädiger die Art und Richtung des Schadens und die Schadensfolgen vorausgesehen und gewollt, also zumindest billigend in Kauf genommen hat.[878]

Da § 826 BGB im Übrigen keinen Verstoß gegen subjektive Rechte (§ 823 Abs. 1 BGB) oder objektives Recht (§ 823 Abs. 2 BGB) voraussetzt, muss § 826 BGB allerdings zurückhaltend ausgelegt werden.[879] Ansonsten würde die Wertung des Gesetzgebers, sich gegen eine allgemeine deliktische Haftung für primäre Vermögensschäden zu entscheiden, konterkariert.[880] Die Sonderstellung von § 826 BGB

---

873 *Wagner*, VersR 2001, 1057, 1060.
874 *Oechsler*, in: Staudinger, § 826 Rn. 138.
875 Vgl. Beschlussempfehlung und Bericht des 7. Finanzausschusses zum 2. Finanz-marktförderungsgesetz, BTDrS 12/7918, S. 102.
876 Zu den Fallgruppen von Treu und Glauben vgl. *Roth/Schubert*, in: MüKo BGB, § 242 Rn. 206 ff.
877 *Sprau*, in: Palandt, § 826 Rn. 10.
878 *Sprau*, in: Palandt, § 826 Rn. 11.
879 Vgl. *Sprau*, in: Palandt, § 826 Rn. 1; *Wagner*, in: MüKo BGB, § 826 Rn. 1.
880 Vgl. BGH, XI ZR 170/07 vom 19.02.2008, NJW 2008, 1734 (zu § 823 Abs. 2 BGB).

zu Lasten der Leitungsorgane ist dann gerechtfertigt, wenn die Sittengebote, deren Verletzung § 826 BGB bewehrt, gerade dem unmittelbaren Schutz gesellschaftsfremder Dritter dienen.[881] Ein sittenwidriges Verhalten liegt vor, wenn das Gesamtbild eines Vorgangs signifikant den Grundanschauungen über den loyalen Umgang unter Rechtsgenossen widerspricht.[882] Diese erforderliche besondere Verwerflichkeit kann sich aus dem verfolgten Ziel, den eingesetzten Mitteln, der zu Tage tretenden Gesinnung oder den eingetretenen Folgen ergeben.[883]

2. Kapitalmarktinformationshaftung

Im wichtigsten Anwendungsbereich von § 826 BGB, der Kapitalmarktinformationshaftung, reicht nach Ansicht der Rechtsprechung bereits die wissentliche Veröffentlichung einer unrichtigen Information aus, um eine persönliche Haftung zu begründen.

a) Erwägungen der Rechtsprechung, die für eine Organaußenhaftung sprechen

Nach der Infomatec-Rechtsprechung ist die Verwerflichkeit des Verhaltens bereits indiziert, wenn eine grob unrichtige Ad-hoc-Mitteilung veröffentlicht wird, da ein derartiges Verhalten gegen die Mindestanforderungen im Rechtsverkehr auf dem Kapitalmarkt verstößt.[884] Grundlage für die Sittenwidrigkeit ist in diesem Bereich die große Bedeutung der Informationen für die Anleger und der Informationsvorsprung der Leitungsorgane.[885] Die Verwerflichkeit ergibt sich nach der Rechtsprechung des für Gesellschaftsrecht zuständigen II. Senats daraus, dass den Verantwortlichen jedes Mittel recht ist, um in den potentiellen Anlegern positive Vorstellungen über den Wert des Unternehmens hervorzurufen.[886] Hinzu komme, dass die verantwortlichen Leitungsorgane auch in objektiv unlauterer Weise eigene Zwecke verfolgen, wenn sie zugleich auch Aktionäre des Unternehmens sind und dementsprechend von höheren Kursen finanziell profitieren.[887]

In subjektiver Hinsicht reicht es nach dem II. Senat bereits aus, wenn nachgewiesen wird, dass der Schädiger die Unwahrheit der Information kannte. Aufgrund der hohen Bedeutung von Ad-hoc-Mitteilungen für Anlageentscheidungen müsse der Verantwortliche nämlich davon ausgehen, dass die darin enthaltenen Informationen auch die Anlageentscheidung beeinflussen.[888]

---

881 *Oechsler*, in: Staudinger, § 826 Rn. 296.
882 *Möllers*, in: Ad-hoc-Publizität, § 69 Rn. 8.
883 *Möllers*, in: Ad-hoc-Publizität, § 69 Rn. 8.
884 BGH, II ZR 402/02 vom 19.07.2004, NJW 2004, 2971, 2973; BGH, II ZR 217/03 vom 19.07.2004, NJW 2004, 2668, 2670.
885 *Möllers*, in: Ad-hoc-Publizität, § 69 Rn. 11.
886 BGH, II ZR 402/02 vom 19.07.2004, NJW 2004, 2971, 2973.
887 BGH, II ZR 402/02 vom 19.07.2004, NJW 2004, 2971, 2973.
888 BGH, II ZR 402/02 vom 19.07.2004, NJW 2004, 2971, 2973.

Auch eine Einschränkung der persönlichen Haftung durch § 15 Abs. 6 WpHG n.F., der die Haftung des Emittenten regelt, wurde vom II. Senat abgelehnt. Nach § 15 Abs.6 WpHG ist der Emittent nur gem. §§ 37 b, c WpHG schadensersatzpflichtig. Hierdurch soll klargestellt werden, dass § 15 Abs. 1–4 WpHG keine Schutzgesetze i.S.d. § 823 Abs. 2 BGB darstellen. Nach § 15 Abs. 6 S. 1 WpHG bleibt die Haftung nach anderen Rechtsgrundlagen aber unberührt. Da also schon die Haftung des Emittenten gem. § 826 BGB nicht ausgeschlossen ist, soll dies noch weniger für die Leitungsorgane gelten.[889]

b) Stand der Literatur

aa) Ansicht von *Oechsler:* Business Judgement Rule als Erheblichkeitsschwelle

Oechsler hat zu Beginn des Jahres 2015 die Rechtsprechung der letzten Jahre auf dem Gebiet der Organaußenhaftung nach § 826 BGB wegen Kapitalmarktinformationsverletzungen analysiert.[890] Bei den von ihm untersuchten Urteilen war die persönliche Haftung der Leitungsorgane oftmals mit der Begründung verneint worden, dass die rückwirkende Betrachtungsweise der Gerichte zwar zu dem Ergebnis führte, dass eine unrichtige Entscheidung getroffen worden war, dies jedoch nicht für die Annahme einer sittenwidrigen Schädigung ausreiche. Er schließt daraus, dass die Verwerflichkeit, die im Rahmen der sittenwidrigen Schädigung von der Rechtsprechung verlangt wird, nunmehr als eine Art Erheblichkeitsschwelle fungiert.[891] Vom Schutzzweck her soll dies gerechtfertigt sein, da der Gedanke der Business Judgement Rule die Haftung für derartige Rückschaufehler ausschließe.[892] Die Anleger, die von der Risikobereitschaft der Geschäftsleiter profitieren, sollen nämlich aus Gerechtigkeitsgründen nicht einen Schadensersatzanspruch geltend machen können, wenn diese Risikobereitschaft, von der sie grundsätzlich profitieren, zu einem Schaden führt. Als Vorbild für die Erheblichkeitsschwelle im Rahmen von § 826 BGB sieht *Oechsler* die in § 3 Abs. 1 UWG genannte spürbare Beeinträchtigung, die erforderlich für eine Haftung nach dem UWG ist.[893] Diese Erheblichkeitsschwelle soll „trotz ihrer sprachlichen Wendung"[894] nicht bei der Frage des Sittenverstoßes ansetzen, sondern bei der Frage der Beweislast. Liegt ein erheblicher Sittenverstoß vor, wird auch der Schädigungsvorsatz vermutet; ansonsten muss der Geschädigte beides nachweisen.

---

889 BGH, II ZR 402/02 vom 19.07.2004, NJW 2004, 2971, 2973.
890 *Oechsler,* WM 2015, 853, 853 ff.
891 *Oechsler,* WM 2015, 853, 855.
892 *Oechsler,* WM 2015, 853, 856.
893 *Oechsler,* WM 2015, 853, 856 f.
894 *Oechsler,* WM 2015, 853, 857.

bb) Einführung einer Spezialregelung

Die Frage einer Spezialregelung für die Organaußenhaftung wegen fehlerhaften Kapitalmarktinformationen wird seit über einer Dekade immer wieder diskutiert. Der 64. Deutsche Juristentag, der sich 2002 mit diesem Thema befasste, empfahl in seinem Schlussbericht eine diesbezügliche Spezialregelung.[895] Daraufhin legte das Bundesfinanzministerium einen Entwurf für ein Kapitalmarktinformationshaftungsgesetz (KapInfHaG)[896] vor, der infolge der heftigen Kritik aber zurückgezogen wurde.

Fleischer, der dies bereits als Gutachter des 64. DJT empfohlen hatte, spricht sich auf dem Gebiet der Kapitalmarktinformationshaftung weiterhin für eine gesetzliche Spezialregelung hinsichtlich der Organaußenhaftung aus.[897] Diese soll die Durchgangsfunktion der deliktsrechtlichen Generalklauseln entbehrlich machen und auf die Besonderheiten des Kapitalmarkts zugeschnitten sein.[898] Er schlägt vor, Schadensersatzansprüche allerdings erst bei einem grob fahrlässigen Fehlverhalten zu gewähren, da § 23 Abs. 1 WpPG dies ebenfalls so vorsehe. Hiergegen soll weder das Argument der Überabschreckung der Leitungsorgane sprechen, noch die sich aus einer Außenhaftung ergebenden Folgeprobleme wie die divergierenden Haftungsmaßstäbe oder die Ungleichbehandlung von Eigen- und Fremdkapitalgebern.

Nach Ansicht von *Bachmann* dagegen besteht auf dem Bereich der Kapitalmarktinformationshaftung kein Bedarf für eine Neuregelung.[899] Er begründet dies damit, dass die Rechtsprechung die Anforderungen für eine persönliche Außenhaftung nach § 826 BGB so niedrig ansetzt, dass die Schwelle zur groben Fahrlässigkeit berührt wird und daher kein drängendes Bedürfnis für eine spezialgesetzliche Neuregelung besteht. Hierfür soll auch sprechen, dass das Vereinigte Königreich, das oftmals als Vorbild dient, sich gegen eine derartige Regelung entschieden hat. Reformbedarf sieht *Bachmann* einzig im Bereich der Innenhaftung, bei der er sich für eine Begrenzung der Haftung auf grobe Fahrlässigkeit sowie eine summenmäßige Begrenzung ausspricht.

c) Stellungnahme

Grundlage für eine persönliche Außenhaftung der Leitungsorgane nach § 826 BGB, die die gesellschaftsrechtliche Haftungskonzentration durchbricht, ist letztlich die vorsätzliche sittenwidrige Schädigung. Wird einem anderen vorsätzlich ein Schaden zugefügt, muss der Schädiger hierfür persönlich haften. Ein anderes Ergebnis ist mit dem deutschen zivilrechtlichen Haftungskonzept nicht zu vereinbaren. Dementsprechend besteht auch Einigkeit darüber, dass eine vorsätzlich unrichtig publizierte Kapitalmarktinformation, die den Anlegern zugänglich gemacht wird, zu einer persönlichen Haftung des Verantwortlichen führen muss, sofern die Kausalität

---

895   Verhandlungen des 64. DJT, Band II/1, P88 f. (Beschlüsse Nr. 1.11 und 1.12).
896   Siehe oben Fn. 163; vgl. hierzu *Möllers*, JZ 2005, 75, 79 ff.
897   Ebenso *Hopt*, WM 2013, 101, 101 ff.; *Hannich*, WM 2013, 449, 449 ff.
898   *Fleischer*, in: Assmann/Schütze, § 6 Rn. 10.
899   *Bachmann*, Reform Organhaftung, S. E116 f.

zwischen Publikation und dem daraus folgenden Anlegerschaden zu bejahen ist. Da im Falle von Kapitalmarktinformationen der kausale Zusammenhang zwischen Fehlinformation und Fehlinvestition sehr eng ist, ist es gerechtfertigt, aus dem Vorsatz bezüglich der Fehlinformation auch auf den Vorsatz bezüglich der Schädigung zu schließen und hier jedenfalls eine diesbezügliche Vermutung zuzulassen.

Oechsler ist zuzustimmen, dass nicht jede Publikation, die sich im Nachhinein als unrichtig herausgestellt hat, automatisch zu einer Haftung führen kann. Zur Vermeidung von Rückschaufehlern bei der Beurteilung der Frage, ob eine vorsätzliche sittenwidrige Schädigung vorliegt, muss allerdings nicht unbedingt eine „Erheblichkeitsschwelle" mit dem Vorbild der Business Judgement Rule eingeführt werden. Da es letztlich um die Frage geht, ob ein vorsätzliches Handeln bezüglich der unrichtigen Information vorliegt, kann auch schon bei der Frage der Unrichtigkeit der Information angesetzt werden. Im Falle von Veröffentlichungen, die einer unüberschaubaren Anzahl von Entscheidungsmöglichkeiten entspringen, kann auch schon nicht von einer unrichtigen Veröffentlichung ausgegangen werden. Um ein Beispiel zu bilden: Wird in einer ad-hoc-Veröffentlichung die Möglichkeit des Verlustes eines wichtigen Kunden verschwiegen, muss nicht unbedingt eine unrichtige Information vorliegen, auch wenn rückblickend vorhersehbar war, dass dieser Verlust eintreten würde. Nur dann, wenn keine Chance bestand, den Kunden zu behalten, kann von einer Falschinformation und somit einer vorsätzlichen sittenwidrigen Schädigung gesprochen werden. Statt auf der Ebene des Verschuldens anzusetzen, sollte also vielmehr bereits bei der Pflichtverletzung eine solche verneint werden.

Schwieriger erscheint es dagegen, die Erwägungen der Business Judgement Rule über den Weg des § 826 BGB ins Außenverhältnis zu projizieren. Da die Business Judgement Rule grundsätzlich nur im Rahmen von § 93 AktG gegenüber der Gesellschaft gilt und auch nur im Rahmen von Publikumsgesellschaften, in denen die Anleger ihr Risiko im Wege der Portfoliobildung reduzieren können, gerechtfertigt ist, erscheint es nicht angemessen, sie im allgemeinen, gegenüber jedermann wirkenden Deliktsrecht zu berücksichtigen. Um typische Rückschaufehler zu vermeiden, ist es dogmatisch sinnvoller, direkt bei der Unrichtigkeit der Information anzusetzen.

Eine Spezialregelung wie das oben erwähnte und von *Fleischer* vorgeschlagene KapInHaG ist dagegen abzulehnen. Für eine Neuregelung, die nur die derzeitigen Anforderungen der Kapitalmarkthaftung nach § 826 BGB aufgreifen würde, besteht weder aus dem Gesichtspunkt des Anlegerschutzes, noch dem der Präventivwirkung ein Bedarf. Insbesondere eine Beschränkung der Haftung im Außenverhältnis auf grobe Fahrlässigkeit oder eine Haftungshöchstsumme ist nach der hier vertretenen Auffassung dogmatisch schwer zu rechtfertigen, da Ansatzpunkt für die Durchbrechung der Haftungskonzentration die vorsätzliche sittenwidrige Schädigung ist.

VII. Haftung als Teilnehmer gem. § 830 Abs. 2 BGB

In diesem letzten Unterabschnitt soll noch die Haftung der Leitungsorgane als Teilnehmer gem. § 830 Abs. 2 BGB näher untersucht werden. Relevant wird die Anstifter- und Gehilfenhaftung immer dann, wenn Adressat einer Haftungsnorm eindeutig nur die Gesellschaft und nicht die Leitungsorgane sind. Zumindest nach der Dornbracht-Entscheidung des Oberlandesgericht Düsseldorf können die Leitungsorgane nämlich Anstifter oder Gehilfen der Gesellschaft sein und dafür persönlich über § 830 Abs. 2 BGB in Anspruch genommen werden. Im Fall der Dornbracht-Entscheidung ging es um eine Haftung gem. § 33 Abs. 3 GWB für einen Wettbewerbsverstoß durch Abschluss einer Fachhandelsvereinbarung, die den Online-Fachhandel schädigen sollte. Da § 33 GWB das Unternehmen selbst adressiert, sind die Leitungsorgane grundsätzlich nicht passivlegitimiert, sondern nur die Gesellschaft. Nach Ansicht des Oberlandesgerichts Düsseldorf kam eine Haftung des Geschäftsführers der mitverklagten GmbH aber dennoch in Betracht, da er den Abschluss der Fachhandelsvereinbarung veranlasst hatte und die kritisierte Vereinbarung in mehreren Presseartikeln befürwortet hatte.[900]

In diesem Abschnitt wird zunächst erläutert, wie die Teilnehmerhaftung nach § 830 Abs. 2 BGB die fehlende Adressateneigenschaft bei Sonderdelikten ersetzen kann und die Leitungsorgane als Teilnehmer ein Delikt der Gesellschaft fördern oder hierzu anstiften können (1.). Im Anschluss wird dargestellt, wieso eine Haftung des Leitungsorgans als Teilnehmer nach § 830 Abs. 2 BGB nicht in Betracht kommt, wenn die unerlaubte Handlung der Gesellschaft durch dieses Leitungsorgan selbst begangen wurde (2.–3.). Weiterhin wird diskutiert, ob durch dieses Haftungsmodell das unmittelbar handelnde Leitungsorgan privilegiert wird (4.), bevor diese Grundsätze auf die Dornbracht-Entscheidung angewendet werden (5.).

1. Haftung als Teilnehmer nach § 830 Abs. 2 BGB als Ersatz für die fehlende Adressateneigenschaft

Da § 830 BGB anders als die strafrechtlichen Vorschriften zur Teilnahme keine Haftungsmilderung für Anstifter und Gehilfen vorsehen, ist die Abgrenzung zur Täterschaft im Normalfall kaum relevant. Von Relevanz wird die Frage der Täter- oder Teilnehmereigenschaft erst dann, wenn es um ein Sonderdelikt geht, das nur von bestimmten Personen verwirklicht werden kann. Im Strafrecht besteht bei Sonderdelikten in der Regel die Täterqualifikation in einer besonderen Pflichtenstellung wie etwa die Vermögensbetreuungspflicht bei der Untreue.[901] Personen ohne diese besondere Pflichtenstellung können die Voraussetzungen der Mittäterschaft oder mittelbaren Täterschaft dementsprechend nicht verwirklichen. In Betracht kommt aber eine Teilnahme am Sonderdelikt eines anderen. Diese Grundsätze sind ins Deliktsrecht übertragbar.[902] Ein Verstoß gegen kartellrechtliche Vorschriften setzt etwa voraus, dass der Täter auch die von der Verbotsnorm

---

900 Siehe oben unter 3. Teil. B. II. 4. d) (Dornbracht-Entscheidung des OLG Düsseldorf).
901 *Von Heintschel-Heinegg*, in: BeckOK StGB, Deliktstypen, Rn. 36 (mit weiteren Beispielen).
902 BGH, IX ZR 279/03 vom 26.10.2004, NJW-RR 2005, 556, 557; *Eden*, WuW 2014, 792, 797; *Hefendehl*, in: Spindler/Stilz AktG, § 399 Rn. 16; *Wagner*, in: MüKo BGB, § 830 Rn. 15.

vorausgesetzte Unternehmenseigenschaft verwirklichen muss.[903] Die Geschäftsleiter in der Kapitalgesellschaft sind damit keine tauglichen Täter, da sie Organe
bzw. Organmitglieder und nicht Unternehmen sind. Dies ist die Gesellschaft selbst.
Die Geschäftsleiter können aber als Teilnehmer ein Delikt der juristischen Person
fördern oder hierzu anstiften. Für die Voraussetzungen wird dabei an die strafrechtlichen Teilnehmerbegriffe angeknüpft. Erforderlich für die Anstiftung ist demnach,
dass das Organmitglied einen anderen vorsätzlich zu der von ihm begangenen
unerlaubten Handlung bestimmt hat, also den Tatentschluss hervorgerufen hat.[904]
Eine Beihilfe setzt eine Handlung des Organs voraus, die die Haupttat des Unternehmens ermöglicht oder ihren rechtsgutsverletzenden Erfolg vergrößert.[905]

2. Keine Teilnahme an der Haupttat durch dieselbe Handlung im natürlichen Sinne

Nicht möglich ist es dagegen, eine Haftung der Leitungsorgane als Teilnehmer
zu konstruieren, wenn die in Frage stehende unerlaubte Handlung durch das Leitungsorgan selbst begangen wurde. Da die juristische Person durch ihre Organe
handelt, ist es nicht möglich, dieselbe Handlung im natürlichen Sinne sowohl als
Täter-, als auch als Teilnehmerhandlung zu qualifizieren.[906] Diskutiert wird
diese Problematik im Zusammenhang mit der Haftung für fehlerhafte Ad-hoc-
Mitteilungen.[907] Da die Publizitätspflicht nach § 15 WpHG nur den Emittenten
(das Unternehmen) trifft, ist Normadressat der §§ 37b, c WpHG ausschließlich das
Unternehmen selbst. Gibt ein Leitungsorgan eine fehlerhafte Ad-hoc-Mitteilung
ab, haftet daher nach außen nur die Gesellschaft. Die überwiegende Lehre zur
Emittentenhaftung sieht §§ 37 b, c WpHG als eine gesetzliche Vertrauenshaftung,
die nur den Vertragspartner treffen kann.[908] Hierfür spreche, dass die Publizitäts-
verpflichtungen des Kapitalmarktrechts die börsennotierte Gesellschaft treffen und

---

903 Etwa § 33 GWB, vgl. zur Passivlegitimation von § 33 GWB *Eden*, WuW 2014, 792,
     794; *Emmerich*, in: Immenga/Mestmäcker GWB, § 33 Rn. 42–43.
904 *Eberl-Borges*, in: Staudinger, § 830 Rn. 28.
905 *Joecks*, in: MüKo StGB, § 27 Rn. 6.
906 So auch *Eden*, Managerhaftung, S. 182 (m.w.N.); *ders.*, WuW 2014, 792, 797; *Eberl-
     Borges*, in: Staudinger, § 830 Rn. 50; *Fleischer*, AG 2008, 265, 271 (unter Hinweis auf
     die gesetzgeberische Wertentscheidung gegen eine Außenhaftung der Vorstands-
     mitglieder).
907 Vgl. *Casper*, BKR 2005, 83, 83 ff. (mit rechtsvergleichenden Hinweisen); *Dühn*,
     Schadensersatzhaftung, S. 119/120; *Fleischer*, AG 2008, 265, 271 f.; *Maier-Reimer/
     Webering*, WM 2002, 1857, 1864; *Möllers/Leisch*, in: Ad-hoc-Publizität, § 14 Rn. 140;
     Rössner/Bolkart, ZIP 2002, 1471, 1476; *Zimmer/Grotheer*, in: Schwark/Zimmer
     KapMKom, §§ 37b, c WpHG, Rn. 130.
908 *Casper*, BKR 2005, 83, 86 (m.w.N.), aber unter Hinweis auf die Möglichkeit einer
     Haftung der Leitungsorgane nach § 830 Abs. 2 BGB; *Longino*, DStR 2008, 2068,
     2071; *Zimmer/Grotheer*, in: Schwark/Zimmer KapMKom, §§ 37b, c WpHG, Rn. 130.

dass das Haftungsgefüge deutlich zwischen einer Innen- und Außenhaftung der Organmitglieder unterscheide.[909] Eine Haftung der Leitungsorgane als Anstifter oder Gehilfe wird an dieser Stelle unter Hinweis auf die Haftungskonzentration und auch die fehlende Möglichkeit der Aufspaltung einer natürlichen Handlung in zwei juristische Handlungen zu Recht abgelehnt.[910] Hiergegen lassen sich nämlich mehrere grundsätzliche Erwägungen einwenden:

Zunächst dürfte bereits aus dogmatischen Gründen einiges dagegen sprechen, dieselbe Handlung sowohl als Täterhandlung, als auch als Teilnehmerbeitrag einzuordnen. Da für die Abgrenzung von Täterschaft und Teilnahme auf die strafrechtliche Beteiligungslehre zurückgegriffen wird, muss es sich bei den Handlungen von Täter und Teilnehmer um zwei Handlungen im natürlichen Sinne handeln.[911] Das Strafrecht geht nämlich wegen der fehlenden Strafbarkeit von juristischen Personen grundsätzlich von zwei verschiedenen natürlichen Personen aus. Statt des Unternehmens wird über § 14 StGB der gesetzliche Vertreter, hier also das Leitungsorgan avisiert, um Strafbarkeitslücken zu vermeiden. Insofern dürfte die strafrechtliche Beteiligungslehre von vornherein schon gar nicht auf das Verhältnis von Gesellschaft und Leitungsorgan ausgelegt sein. Anderenfalls würden sich noch zahlreiche weitere Probleme ergeben. Der Teilnehmervorsatz setzt grundsätzlich eine vorsätzliche rechtswidrige Haupttat eines anderen voraus, was ebenfalls zwei verschiedene natürliche Personen voraussetzt. Auch in objektiver Hinsicht ergeben sich Probleme: Für das Hervorrufen des Tatentschlusses bei der Anstiftung ist denklogisch eine andere natürliche Person erforderlich, da anderenfalls jeder Tatentschluss eines Leitungsorgans gleichzeitig auch eine Anstiftung enthalten würde.[912]

Beachtlich ist aber vor allem, dass das Recht der unerlaubten Handlungen von seiner Gesamtkonzeption her nicht von einem Täter-Teilnehmer-Verhältnis zwischen Gesellschaft und dem für die Gesellschaft handelnden Organ ausgeht. Hiergegen spricht bereits die Systematik der §§ 31, 89 BGB, da diese eine Aufspaltung des Organhandelns in zwei juristische Handlungen nicht vorsehen. Vielmehr gehen die §§ 31, 89 BGB davon aus, dass die juristische Person selbst zwar delikts-, aber nicht handlungsfähig ist und ihr daher die Handlungen des Organs zugerechnet werden müssen. Die Rechtsfolge von § 31 BGB ist entweder ein Schuldbeitritt oder nur eine Haftung der Gesellschaft. Es bestehen erhebliche Bedenken, der Gesellschaft das Handeln des Organs über § 31 BGB zuzurechnen, gleichzeitig aber auf dieselbe Handlung als Beitrag des Organs als Teilnehmer abzustellen.[913] Auch § 830 BGB

---

909   *Fuchs/Dühn*, BKR 2002, 1063, 1070.

910   So *Casper*, BKR 2005, 83, 86; vgl. auch die Nachweise in Fn. 906; a.A. *Schwark*, EWiR 2001, 1049, 1050; *Rieckers*, BB 2002, 1213, 1220/1221; *Rottkemper*, Außenhaftung, S. 187–188.

911   So auch *Dühn*, Schadensersatzhaftung, S. 119; *Hellgardt*, Kapitalmarktdeliktsrecht, S. 444 f.

912   So auch *Zimmer/Grotheer*, in: Schwark/Zimmer KapMKom, §§ 37b, c WpHG, Rn. 130.

913   So auch *Möllers/Leisch*, in: Ad-hoc-Publizität, § 14 Rn. 140.

selbst ist nicht auf das Verhältnis zwischen Gesellschaft und Organ zugeschnitten, da der Tatbestand die Handlungen mehrerer Beteiligter oder von Täter und Teilnehmer voraussetzt. Ein Organ, das für die Gesellschaft handelt, agiert nicht als Gehilfe der Gesellschaft, sondern führt für die Gesellschaft dessen eigene Handlung durch.[914] Eine Teilnehmerhaftung des Organs setzt also in jedem Fall zwei verschiedene Handlungen im natürlichen Sinne voraus.

3. Keine Teilnahme an der Haupttat durch zwei Handlungen derselben natürlichen Person

Die Frage, ob Geschäftsleiter durch dieselbe Handlung Täter- und Teilnehmertat verwirklichen können, wird in der Literatur im Zusammenhang mit der Haftung für fehlerhafte Ad-hoc-Mitteilungen durchaus diskutiert. Etwas weniger Beachtung hat bislang die Frage gefunden, ob Geschäftsleiter Teilnehmer an einer Haupttat des Unternehmens sein können, wenn sie neben der Handlung, die dem Unternehmen über § 31 BGB zugerechnet wird, noch ein weiteres Mal tätig werden. Hiergegen sprechen zum einen die bereits unter 2. genannten Argumente, nämlich dass eine Anstiftung eine andere natürliche Person voraussetzt, und dass §§ 830, 31 BGB nicht vom Verhältnis zwischen Gesellschaft und Organ ausgehen. Gegen eine Teilnahme, selbst wenn zwei verschiedene Handlungen des Organwalters vorliegen, spricht zusätzlich die normative Rechtfertigung für die solidarische Haftung von Mittätern und Teilnehmern. Ebenso wie im Strafrecht besteht der Legitimationsgrund für die Haftung von Teilnehmen und Mittätern darin, dass bei arbeitsteiligem Vorgehen eine erhöhte Gefährlichkeit für das geschützte Rechtsgut entsteht.[915] Im Strafrecht wird hierbei darauf abgestellt, dass der Teilnehmer, der sich mit dem Täter solidarisiert, einen besonderen Unrechtsgehalt verwirklicht. Zudem wird auch die gemeinsame Organisation als Grund für die Zurechnung der Strafbarkeit genannt.[916] Es ist zumindest sehr zweifelhaft, dass diese Erwägungen im Verhältnis der Gesellschaft, die durch das Organ agiert, und dem Organwalter einschlägig sind. Der Organwalter wird bei Ausführung der Haupttat schließlich selbst tätig und verursacht diese selbst. Auch vermag sich der Organwalter nicht mit sich selbst zu solidarisieren. Schließlich kann bei einer natürlichen Person auch keine gemeinsame Organisation vorliegen. Daher ist letztlich eine Anwendung von § 830 Abs. 2 BGB für den Fall, dass ein und dieselbe natürliche Person (Organ für die Gesellschaft / Organwalter) Täter- und Teilnehmerhandlung verwirklicht, abzulehnen. Dies gilt auch dann, wenn mehrere Handlungen im natürlichen Sinne vorliegen.

---

914 So auch *Dühn*, Schadensersatzhaftung, S. 119; *Fleischer*, AG 2008, 265, 271.
915 *Wagner*, in: MüKo BGB, § 830 Rn. 6; zum Strafgrund der Teilnahme vgl. ausführlich *Kühl*, Strafrecht AT, S. 803 f.
916 Zum Ganzen *Kühl*, Strafrecht AT, S. 803 f.

4. Privilegierung des unmittelbar handelnden Leitungsorgans?

Festzuhalten bleibt daher, dass die Haftung nach § 830 Abs. 2 BGB die Handlung einer weiteren natürlichen Person voraussetzt. Hieran anschließend stellt sich die Frage, ob hierdurch eine Privilegierung des unmittelbar handelnden Leitungsorgans ausgelöst wird. Nach einer von *Eden* vertretenen Auffassung[917] würde es zu Wertungswidersprüchen führen, wenn beim unmittelbar handelnden Leitungsorgan eine persönliche Haftung gem. § 830 Abs. 2 BGB aus dogmatischen Gründen ausscheidet, dagegen derjenige, der andere Mitarbeiter nur anweist, persönlich in Anspruch genommen werden kann. In diesem Fall würde nämlich in der Tat die intensivere Beteiligungsform der unmittelbaren Begehungsweise gegenüber der Teilnahme privilegiert. Nach *Eden* lässt sich dieser Wertungswiderspruch vermeiden, wenn eine Haftung des nicht unmittelbar handelnden Leitungsorgans nach § 830 Abs. 2 BGB nur dann zugelassen wird, wenn auch das unmittelbar handelnde Leitungsorgan persönlich nach §§ 823, 826 BGB gehaftet hätte. Richtig hieran ist sicher, dass der unmittelbar Handelnde nicht weniger haften darf als ein bloßer Teilnehmer. Weiterhin ist an dieser Stelle zu berücksichtigen, dass im Bereich der Ad-hoc-Haftung eindeutig eine persönliche Haftung der Leitungsorgane als Teilnehmer gem. §§ 37b, c WpHG i.V.m. § 830 Abs. 2 BGB abgelehnt wird, wenn das Leitungsorgan selbst unmittelbar gehandelt hat. Eine unterschiedliche Behandlung der Organhaftung nach § 830 BGB wegen Verletzungen aus dem Bereich der Emittentenhaftung und anderen Rechtsgebieten ist zu vermeiden, da anderenfalls eine Zersplitterung des Deliktsrechts in einzelne Teilbereiche drohen würde. Insofern kommt eine Eigenhaftung des unmittelbar handelnden Leitungsorgans nach § 830 Abs. 2 BGB auch in anderen Bereichen als der Ad-hoc-Haftung nicht in Betracht. Der von *Eden* angesprochene Wertungswiderspruch kann aber auch auf andere Weise unter Rückgriff auf das allgemeine Deliktsrecht gelöst werden. Ein Leitungsorgan, das seine Mitarbeiter anweist, eine unerlaubte Handlung zu begehen, ist von vornherein schwerlich als Teilnehmer einzustufen, sondern eher als Mittäter oder mittelbarer Täter. Insoweit wird die These bestätigt, dass § 830 BGB nicht auf das Verhältnis von Gesellschaft und für die Gesellschaft handelndem Organ zugeschnitten ist. Die persönliche Haftung der Leitungsorgane ist vielmehr über die restlichen Vorschriften des Deliktsrechts, insbesondere §§ 823, 826 BGB zu beurteilen. Greifen diese nicht ein und wird in Spezialvorschriften wie den §§ 37b, c WpHG nur das Unternehmen adressiert, haftet das Leitungsorgan Dritten gegenüber nicht persönlich. Ein Wertungswiderspruch tritt dann nicht auf, da dies für das Handeln von Leitungsorganen insgesamt gilt.

5. Anwendung auf die Dornbracht-Entscheidung

In der Dornbracht-Entscheidung wurde eine persönliche Haftung des Geschäftsführers gem. §§ 33 GWB, 830 Abs. 2 BGB (Beihilfe) bejaht und dabei für die

---

917   *Eden*, WuW 2014, 792, 796 ff.

Beihilfehandlung darauf abgestellt, dass der Geschäftsführer seine Mitarbeiter dazu veranlasst hatte, die Fachhandelsvereinbarung abzuschließen. Dem Urteil ist im Ergebnis und in der Begründung nicht gänzlich zuzustimmen.

Die Entscheidung des Oberlandesgerichts lässt die Frage der Rechtsfolge der fehlenden Unternehmenseigenschaft des Handelnden ausdrücklich offen, da der Geschäftsführer nicht derjenige war, der die Fachhandelsvereinbarung mit den Großhändlern geschlossen hat.[918] Nach der hier vertretenen Ansicht kann eine Haftung des handelnden Geschäftsführers als Täter nach § 33 GWB nicht angenommen werden, da dem Geschäftsführer die Unternehmenseigenschaft fehlt.

Das Oberlandesgericht hat einen Anspruch gegen den Geschäftsführer gem. §§ 33 GWB, 830 Abs. 2 BGB (Beihilfe) bejaht und dabei für die Beihilfehandlung darauf abgestellt, dass der Geschäftsführer seine Mitarbeiter dazu veranlasst hatte, die Fachhandelsvereinbarung abzuschließen. Insofern könnte hier eine unerlaubte Handlung einer anderen natürlichen Person vorliegen, zu der der Geschäftsführer Beihilfe leisten könnte. Es ist allerdings bereits fraglich, ob in der Anweisung des Geschäftsführers an seine Mitarbeiter nicht bereits die unerlaubte Handlung, eventuell in mittelbarer Täterschaft, zu sehen ist. Selbst wenn der eigentliche Vertragsschluss durch untergeordnete Mitarbeiter ausgeführt wird, fällt es dennoch schwer, die unerlaubte Handlung nicht beim Geschäftsführer zu verorten. Dies wird im Urteil des Oberlandesgerichts Düsseldorf auch deutlich, da bei der unerlaubten Handlung der Gesellschaft darauf abgestellt wird, dass die Fachhandelsvereinbarung vertreten durch die Geschäftsführer geschlossen wurde und dies der Gesellschaft über §§ 30, 31 BGB zugerechnet werden kann.[919] Unabhängig von diesen Erwägungen ist nach der hier vertretenen Auffassung § 830 Abs. 2 BGB in jedem Fall nicht auf das für die Gesellschaft handelnde Organ anwendbar,[920] sodass eine Haftung des Geschäftsführers als Teilnehmer auch deswegen ausscheidet. § 830 Abs. 2 BGB ist nämlich nicht auf das Verhältnis von Gesellschaft und für die Gesellschaft handelndem Organ zugeschnitten. Beim unmittelbar handelnden Organ wird dies schon dadurch deutlich, dass dann dieselbe Handlung Täter- und Teilnehmerhandlung sein müsste. Um das unmittelbar handelnde Leitungsorgan nicht zu privilegieren, kann dann aber auch nicht derjenige haften, der anderen nur Anweisungen erteilt.

---

918 OLG Düsseldorf, VI U (Kart) 11/13 vom 13.11.2013, BeckRS 2013, 21406 (unter Klage gegen den Beklagten zu 2), I. 1.) = NZKart 2014, 68.

919 OLG Düsseldorf, siehe Fn. 918, unter Klage gegen die Beklagte zu 1), I. 1.

920 Siehe oben 5. Teil. B. VII. 4. . Auch für das GWB ergibt sich aus den Gesetzesmaterialien nichts anderes. Die Gesetzesbegründung zu § 37 GWB a.F. enthält lediglich den Hinweis, dass Ansprüche aus unerlaubter Handlung vorliegen, auf die die allgemeinen Vorschriften anzuwenden sind, wie z.B. die Verantwortlichkeit von Mittätern nach § 830 BGB (BTDrS 2/1158, S. 44). Auch eine persönliche Haftung der Leitungsorgane über allgemeines Deliktsrecht oder § 37 GWB a.F. wird nicht ausgeschlossen (BTDrS 2/1158, S. 45). Zu einer Anwendung von § 830 Abs. 2 BGB auf die Leitungsorgane äußern sich die Gesetzgebungsmaterialien nicht.

Im Urteil des Oberlandesgerichts Düsseldorf wurde neben dem Abschluss der Fachhandelsvereinbarung zusätzlich noch darauf abgestellt, dass der Geschäftsführer persönlich in mehreren Presseartikeln den Inhalt der Fachhandelsvereinbarung befürwortet hatte. Diese könnten die unerlaubte Handlung der Gesellschaft gefördert haben und könnten daher Gehilfenhandlung zur Haupttat des Unternehmens sein. Eine Beihilfe ist regelmäßig zu bejahen, wenn eine Handlung die Haupttat in ihrer konkreten Gestalt ermöglicht hat oder ihren rechtsgutsverletzenden Erfolg vergrößert.[921] Die Presseartikel, in denen der beklagte Geschäftsführer die Fachhandelsvereinbarung persönlich befürwortet hat, sollten gezielt den Online-Fachhandel behindern und waren dazu geeignet, den Internethandel noch weiter zu schädigen. Hierin ist eine Vergrößerung des rechtsgutsverletzenden Erfolges von § 33 GWB zu sehen. Der Geschäftsführer handelte auch vorsätzlich, da ein Rechtsirrtum hier richtigerweise nicht berücksichtigt werden konnte. Nach der hier vertretenen Auffassung ist eine Teilnahmehandlung, die durch denselben Organwalter ausgeführt wird, der auch die Haupttat verwirklicht hat, allerdings aus dogmatischen Gründen abzulehnen.[922] Eine Teilnahme setzt nämlich auch im Zivilrecht eine Haupttat einer anderen natürlichen Person voraus, da ohne eine solche der Haftungsgrund der Teilnahme, nämlich die Solidarisierung mit dem Haupttäter, nicht eingreift.

Eine persönliche Haftung des Geschäftsführers nach allgemeinem Deliktsrecht ist ebenfalls abzulehnen.[923] In Betracht kommt zunächst eine Haftung nach § 823 Abs. 1 BGB wegen Eingriffs in den eingerichteten und ausgeübten Gewerbebetrieb der Online-Fachhändler. Voraussetzung hierfür ist zunächst ein betriebsbezogener Eingriff, also ein zielgerichteter Eingriff gegen den Betrieb selbst und nicht nur hiervon abtrennbare Rechte oder Rechtsgüter.[924] Da der in Anspruch genommene Geschäftsführer persönliche Presseinterviews gegeben hatte, in denen er die Fachhandelsvereinbarung befürwortete und dies Teil einer „Offensive gegen den Online-Fachhandel" sein sollte, lässt sich ein solcher betriebsbezogener Eingriff bejahen. Am ehesten vergleichbar ist dieses Vorgehen mit der Fallgruppe der Boykott-Aufrufe. Wie bei den Boykott-Aufrufen ist dann allerdings zu beachten, dass bei Verstößen gegen wettbewerbsrechtliche Vorschriften das GWB und die spezialrechtlichen Regelungen des Wettbewerbsrechts gegenüber einem Eingriff in das Recht am Gewerbebetrieb vorrangig sind. Der Charakter des Rechts am Gewerbebetrieb als subsidiärer Auffangtatbestand führt dazu, dass bei spezialgesetzlichen Vorschriften wie § 33 GWB kein Rückgriff auf § 823 Abs. 1 BGB möglich ist.[925] Für den nach

---

921 *Joecks*, in: MüKo StGB, § 27 Rn. 6.
922 Siehe oben ausführlich unter 5. Teil. B. VII. 3.
923 A.A. *Eden*, WuW 2014, 792, 800 (bejaht eine persönliche Haftung jedenfalls für den hypothetischen Fall, dass der Geschäftsführer unmittelbar gehandelt hätte nach § 823 Abs. 1 BGB und § 826 BGB).
924 *Wagner*, in: MüKo BGB, § 823 Rn. 257.
925 Zur Subsidiarität von § 823 Abs. 1 BGB hinsichtlich einer Verletzung des Rechts am eingerichteten und ausgeübten Gewerbebetrieb BGH, VI ZR 130/83 vom 29.01.1985, NJW 1985, 1620, 1621 (m.w.N.); *Förster*, in: BeckOK BGB, § 823 Rn. 243.

allgemeinem Deliktsrecht zu beurteilenden Boykott bleibt vor diesem Hintergrund nur noch Raum für Boykottaufrufe im außerwettbewerblichen Bereich, die aus politischen, religiösen, sozialen oder sittlichen Gründen ausgeschlossen werden.[926] Ein solcher Fall soll etwa vorliegen bei Boykottaufrufen durch Presseorgane, soweit sie keine geschäftsähnliche Handlung i.S.d. § 2 Abs. 1 Nr. 1 UWG sind oder von Verbraucher-, Tier- oder Umweltschützern organisierte „Käuferstreiks".[927] Da der Geschäftsführer mit der „Offensive gegen den Online-Fachhandel" jedoch gerade ein wettbewerbsrechtliches Ziel verfolgte, liegt ein solcher Fall hier nicht vor.

Weiterhin kommt eine Haftung des Geschäftsführers nach § 823 Abs. 1 BGB wegen einer Organisationspflichtverletzung in Betracht. Die Pflichten des Geschäftsführers gem. § 43 Abs. 2 GmbHG bestehen grundsätzlich nur gegenüber der Gesellschaft und vermögen keine Haftung gegenüber Dritten begründen. Eine persönliche Außenhaftung ist nur in Einzelfällen zu bejahen. Nach der Rechtsprechung des I. Senats, die nach der hier vertretenen Auffassung auch auf andere Bereiche als den gewerblichen Rechtsschutz übertragen werden kann, ist eine persönliche Außenhaftung wegen Organisationsverletzungen u.a. dann zu bejahen, wenn das Leitungsorgan ein auf Rechtsverletzungen angelegtes Geschäftsmodell „selbst ins Werk gesetzt" hat. Ein auf Rechtsverletzungen angelegtes Geschäftsmodell, das der Geschäftsführer selbst ins Werk gesetzt hat, wurde bejaht beim gezielten Werben für eine Software, die, wie dem Vorstandsmitglied bewusst war, für das rechtswidrige Verbreiten und Empfangen von Pay-TV-Programmen genutzt werden konnte.[928] Es stellt sich daher die Frage, ob in einer Anweisung, einen Vertrag abzuschließen, der gegen wettbewerbsrechtliche Vorschriften verstößt, oder die Presseinterviews hierzu ein vergleichbares, „auf Rechtsverletzungen angelegtes ins Werk setzen" darstellt. Hierfür spricht, dass in beiden Fällen vorsätzlich hinsichtlich des Geschäftsmodells gehandelt wurde. Anders als etwa im Baustoff-Fall handelten das Vorstandsmitglied bzw. der Geschäftsführer absichtlich hinsichtlich der vorgeworfenen unerlaubten Handlung. Im Cybersky-Fall beabsichtigte das Vorstandsmitglied, dass Pay-TV-Programme von den Nutzern verbreitet und empfangen werden sollten. Im Fall des Oberlandesgerichtes Düsseldorf bezweckte der Geschäftsführer gerade den Abschluss der Fachhandelsvereinbarung und die damit verbundenen Auswirkungen auf den Online-Fachhandel. Gegen eine Vergleichbarkeit spricht allerdings, dass das

---

Zum Vorrang von § 33 GWB hinsichtlich § 823 Abs. 1 BGB hinsichtlich einer Verletzung des Rechts am eingerichteten und ausgeübten Gewerbebetrieb BGH, I ZR 152/59 vom 22.12.1961, NJW 1962, 1103, 1105; *Rehbinder*, in: Loewenheim/ Meessen/Riesenkampff, § 33 Rn. 77. Andere abschließende spezialgesetzliche Vorschriften sind etwa § 97 UrhG, § 139 PatG, § 42 GeschmMG, §§ 9, 14, 15 MarkenG (*Förster*, in: BeckOK BGB, § 823 Rn. 161). Zum Verhältnis von § 21 GWB (Boykottaufrufe) zu §§ 823, 826 BGB siehe *Markert*, in: Immenga/Mestmäcker GWB, § 21 Rn. 50.

926 *Wagner*, in: MüKo BGB, § 823 Rn. 280; a.A. *Eden*, Managerhaftung, S. 204.
927 *Markert*, in: Immenga/Mestmäcker GWB, § 21 Rn. 50.
928 BGH, I ZR 57/07 vom 15.01.2009, GRUR 2009, 841, 21 f. (Cybersky).

Vorstandsmitglied im Cybersky-Fall auch vorsätzlich hinsichtlich der beabsichtigten Rechtsverletzung handelte, da in diesem Fall die Rechtswidrigkeit der vertriebenen Software Teil des Konzeptes war und hiermit geworben wurde. Das Vorstandsmitglied wies interessierte Anwender im Rahmen des Programms auf die Möglichkeit einer rechtsmissbräuchlichen Nutzung hin. In dem dem Oberlandesgericht Düsseldorf vorliegenden Fall dagegen lässt sich aus der Tatsache, dass der beklagte Geschäftsführer Presseinterviews zu dem Thema gab, eher schließen, dass ihm die Rechtswidrigkeit seines Handelns nicht bewusst war. Aus diesem Grund ist ein „auf Rechtsverletzungen angelegtes ins Werk setzen" in der Dornbracht-Entscheidung zu verneinen.

Es verbleibt die Frage, ob der Geschäftsführer persönlich wegen einer vorsätzlichen sittenwidrigen Schädigung nach § 826 BGB in Anspruch genommen werden kann. Eine der oben genannten Fallgruppen (bewusste Falschinformation, bewusste Gläubigergefährdung, Existenzvernichtung) greift nicht ein, weshalb auf die allgemeine Formel des Verstoßes gegen das Anstandsgefühl aller billig und gerecht Denkenden[929] zurückgegriffen werden muss. *Eden* vertritt hierzu, dass sich beim beklagten Geschäftsführer eine besonders verwerfliche Gesinnung in einem Gewinnstreben unter Missachtung der zum Schutze der Integrität des Wettbewerbs geltenden Normen des Kartellrechts und unter der Inkaufnahme der Schädigung Dritter manifestiert.[930] Er räumt allerdings selbst ein, dass diese verwerfliche Gesinnung bei vertikalen Absprachen wie der vorliegenden deutlich weniger zu Tage tritt als bei Horizontalabsprachen.[931] Er meint dennoch, dass in dem Kartellverstoß zugleich eine sittenwidrige Schädigung liege, da sich der Zuwiderhandelnde über das geltende Recht hinweg setzt, indem der wirksame Wettbewerb beschränkt wird. Dem ist allerdings entgegenzuhalten, dass in jedem Kartellverstoß ein solcher Regelbruch liegt und dies allein nicht die Schwelle des § 826 BGB auszulösen vermag. Ansonsten würde die gesetzgeberische Wertung des § 33 GWB, der das Unternehmen und nicht die Geschäftsleiter adressiert, umgangen.[932] Schließlich ist es eine Entscheidung des Gesetzgebers, im GWB grundsätzlich das Unternehmen als Anspruchsgegner zu adressieren. Die hierdurch implizierte gesellschaftsrechtliche Risikozuweisung darf nicht unter Rückgriff auf offene Tatbestände wie die vorsätzliche sittenwidrige Schädigung nach § 826 BGB unterlaufen werden. In der Gesetzesbegründung wird zwar eine Haftung der Leitungsorgane ausdrücklich nicht ausgeschlossen. Das heißt aber nicht, dass hiermit das § 826 BGB als Auffangtatbestand für alle Fälle, in denen § 33 GWB nicht eingreift, gelten soll. Vielmehr ist hieraus zu folgern, dass sich der Gesetzgeber der Möglichkeit der persönlichen

---

929 So zuerst RG, VI 443/00 vom 11.04.1901, RGZ 48, 114, 124; *Wagner*, in: MüKo BGB, § 826 Rn. 8 (m.w.N.).

930 *Eden*, WuW 2014, 792, 801; *ders.*, Managerhaftung, S. 213 f., 223.

931 *Eden*, WuW 2014, 792, 801.

932 So auch *Eberl-Borges*, in: Staudinger, § 830 Rn. 59; *Fleischer*, AG 2008, 265, 271; *Hack/dos Santos Goncalves*, DB 2014, 2581, 2582; *Maier-Raimer/Webering*, WM 2002, 1857, 1864; *Wagner*, in: MüKo BGB, § 830 Rn. 26.

Haftung der Leitungsorgane durchaus bewusst war, diese aber im GWB mit Absicht nicht angeordnet hat.

C. Zwischenergebnis

Die Untersuchung der Kriterien, die eine persönliche Außenhaftung begründen könnten, hat zusammengefasst folgende Ergebnisse gezeigt:

1. Die essentielle Bedeutung eines bestimmten Rechtsguts wie Leib oder Leben ist nicht ausreichend, um eine persönliche Außenhaftung zu begründen, ohne dass die übrigen allgemeinen Voraussetzungen von § 823 Abs. 1 BGB gegeben sind.
2. Eine unmittelbare Verletzungshandlung durch das Leitungsorgan, die ohne Zwischenschritte zu einer Verletzung an einem absolut geschützten Rechtsgut führt, rechtfertigt die Durchbrechung der Haftungskonzentration. Eine persönliche Außenhaftung ist danach zu bejahen bei unmittelbaren Eigentums- oder Körperverletzungen, die das Leitungsorgan selbst verursacht hat. Eine persönliche Außenhaftung ist dagegen zu verneinen im Fall Kirch gegen Deutsche Bank AG und Breuer (wobei in diesem Fall zwar eine unmittelbare Verletzungshandlung gegeben war, die nach der hier vertretenen Auffassung aber nicht rechtswidrig war).
3. Eine gesellschaftsrechtliche Modifikation von § 823 Abs. 1 BGB dahingehend, dass für vorsätzliches Handeln, nicht aber für Fahrlässigkeit gehaftet werden soll, ist nicht erforderlich. Nach der hier vertretenen Auffassung führt die gleichrangige Aufzählung von Vorsatz und Fahrlässigkeit im Rahmen von § 823 Abs. 1 BGB dazu, dass zwischen den beiden Verschuldensgraden an dieser Stelle nicht differenziert werden kann.
4. Im Bereich der Unternehmensorganisation werden von der Rechtsprechung „besondere Umstände" gefordert, in denen eine persönliche Außenhaftung aufgrund einer Garantenstellung der Leitungsorgane zu bejahen ist. Nach der hier vertretenen Lösung sind diese besonderen Umstände zu bejahen, wenn die folgenden drei Kriterien in besonderem Maße gegeben sind: Erstens muss eine besondere Gefahrennähe vorliegen, die aber einen abgegrenzten Bereich betrifft und daher durch den Geschäftsleiter kontrollierbar ist. Zweitens muss der Rechtsverkehr hierauf aufbauend dem Geschäftsleiter auch ein Vertrauen entgegenbringen. Drittens muss die persönliche Haftung dem Geschäftsleiter auch zumutbar sein, wobei wirtschaftliche Gesichtspunkte eine Rolle spielen. Eine trennscharfe Abgrenzung ist letztlich aber nicht zu entwickeln, es bleibt dabei, dass es sich hierbei um ein flexibles System handelt, in dem die Beurteilung im Einzelfall wichtig ist. Für die Abgrenzung der zweiten und dritten Fallgruppe gilt es, die Herleitung der Verkehrssicherungspflicht im Auge zu behalten. Ergibt sich die Handlungs- oder Überwachungspflicht aus allgemeinen Gesichtspunkten, etwa einer besonderen Gefahrennähe, greift die zweite Fallgruppe ein, sodass eine Außenhaftung zu bejahen ist. Ergeben sich die Pflichten dagegen einzig aus der Organstellung oder dem Anstellungsvertrag, bleibt es

bei dem Grundsatz der Haftungskonzentration. Eine persönliche Außenhaftung ist in diesen Fällen zu verneinen. Bei Anwendung dieser Grundsätze ist eine persönliche Außenhaftung in den oben dargestellten Fällen (Sporthosenfall, Haustürfall, Baustoffentscheidung, Kindertee-Rechtsprechung) zu verneinen.

5. Um eine Außenhaftung gem. § 823 Abs. 2 BGB zu rechtfertigen, sind folgende Anforderungen an ein Schutzgesetz zu stellen: Das Schutzgesetz muss eine besonders massive Rechtsverletzung betreffen, die im Regelfall bei Verletzung eines Strafgesetzes zu bejahen sein wird. Dies ist insbesondere der Fall, wenn dort das Leitungsorgan direkt und nicht über den Umweg des § 14 StGB angesprochen wird. Die von der Rechtsprechung vertretene Subsidiaritätslehre bezüglich nicht strafbewehrter Rechtsnormen ist abzulehnen. Um sicherzustellen, dass sich die Haftung dennoch in das bestehende haftungsrechtliche System einfügt, ist vor allem zu fordern, dass die Voraussetzungen von § 823 Abs. 1 BGB und § 826 BGB nicht umgangen werden. Hierfür sollte die Rechtsverletzung in der Nähe einer der beiden Tatbestände liegen. Als Schutzgesetze kommen danach vor allem eigenhändig verwirklichte Straftatbestände sowie Straftatbestände, die die Leitungsorgane direkt avisieren, in Betracht (§§ 399, 400 AktG, § 15a InsO als Schutzgesetz zu Gunsten der vertraglichen Alt- und Neugläubiger). Im Falle von mittelbar verwirklichten Straftatbeständen ist eine Einzelfallentscheidung vorzunehmen und eine zivilrechtliche Außenhaftung nur dann zu bejahen, wenn eine Garantenstellung auch nach den unter 4. genannten Kriterien zu bejahen ist. Nicht strafbewehrte Vorschriften kommen nur im Einzelfall als Schutzgesetze in Betracht, wenn diese offensichtlich als Schutzgesetz zu Lasten der Leitungsorgane konzipiert sind (wie im Falle von § 1 GSB).

6. Eine vorsätzliche sittenwidrige Schädigung i.S.d. § 826 BGB ist grundsätzlich geeignet, eine persönliche Außenhaftung zu rechtfertigen. Rechtfertigung und Ansatzpunkt für die persönliche Haftung ist dabei der Vorsatz bezüglich der sittenwidrigen Schädigung. Insbesondere im Bereich der Kapitalmarktinformationshaftung ist eine Außenhaftung daher zu bejahen, wenn vorsätzlich unrichtige Informationen veröffentlicht werden. Es ist auch gerechtfertigt, aus der unrichtigen Veröffentlichung eine Vermutung sowohl für den Vorsatz bezüglich der Unrichtigkeit, als auch bezüglich der Schädigung herzuleiten. Voraussetzung hierfür ist allerdings die Unrichtigkeit der Veröffentlichung, bei deren Beurteilung streng darauf zu achten ist, Rückschaufehler zu vermeiden.

7. Ein persönliche Haftung der Leitungsorgane gem. § 830 Abs. 2 BGB als Teilnehmer an einem Sonderdelikt der Gesellschaft ist abzulehnen, da § 830 BGB nicht auf das Verhältnis Gesellschaft – Organ zugeschnitten ist. Dies gilt sowohl, wenn das Sonderdelikt durch ein für die Gesellschaft handelndes Leitungsorgan selbst verwirklicht wurde, als auch, wenn das Leitungsorgan das Sonderdelikt verwirklicht und die Tat später weiter fördert.

6. Teil. Rechtsfolge und Grenzen der deliktischen Außenhaftung

Bejaht man die persönliche Haftung eines Leitungsorgans wegen einer unerlaubten Handlung, die anlässlich der organschaftlichen Tätigkeit stattgefunden hat, wird zumeist die Haftung des Unternehmensträgers gem. §§ 823 ff., 31 BGB daneben treten. In diesem sechsten Teil soll nunmehr auf die Rechtsfolge der nebeneinander tretenden Haftung von Unternehmen und Leitungsorgan eingegangen werden. Neben einer solidarischen Haftung als Gesamtschuldner soll dabei die Möglichkeit einer Alleinhaftung der Gesellschaft erörtert werden und wie im Falle eines Gesamtschuld der Innenausgleich gestaltet werden kann (A.). Zudem soll in diesem Abschnitt auf den Einfluss von vertraglichen Vereinbarungen und insbesondere dem Einfluss von D&O-Versicherungen auf die deliktische Haftung der Organe eingegangen werden (B.). Abschließend wird die Frage diskutiert, ob eine interne Ressortaufteilung eine nach außen wirkende Haftungsbeschränkung bewirken kann (C.).

A. Rechtsfolge der deliktischen Außenhaftung von Leitungsorganen

Abschließend soll nunmehr die Rechtsfolge der persönlichen Außenhaftung von Leitungsorganen erörtert werden. Steht fest, dass das Leitungsorgan gem. §§ 823 ff. BGB für eine in Ausführung der Tätigkeit als Leitungsorgan begangene deliktische Handlung persönlich haftet, gilt grundsätzlich die Rechtsfolge von § 31 BGB.[933] Hierauf soll im Folgenden eingegangen werden. Stehen dem Geschädigten wegen eines identischen Schadensereignisses Schadensersatzansprüche gegen zwei verschiedene Personen zu, ist es erforderlich, diese in Beziehung zueinander zu setzen. Das BGB kennt hierfür mehrere Mechanismen, die zunächst dargestellt werden sollen (I.). Traditionell wird von Rechtsprechung und herrschender Lehre vertreten, dass die persönliche Haftung der Leitungsorgane zu einer Gesamtschuld von Gesellschaft und Organ führt (II.). *Bachmann* hat im Zuge seines Gutachtens für den 70. Deutschen Juristentag vorgeschlagen, § 31 BGB anders auszulegen. Er empfiehlt, § 31 BGB im Sinne einer befreienden Schuldübernahme auszulegen und nicht im Sinne eines Schuldbeitritts, weshalb auf diese Möglichkeit ebenfalls eingegangen werden soll. Abschließend wird die Haftung mehrerer Leitungsorgane im Verhältnis zur Gesellschaft und untereinander diskutiert (III.).

---

933   Zu den Tatbestandsvoraussetzungen von § 31 BGB siehe oben 2. Teil. B. II. 3.

I. Haftungssystem des BGB bei Schadensersatzansprüchen gegen mehrere Schädiger aufgrund eines identischen Schadensereignisses

Das BGB kennt verschiedene Mechanismen zur Regelung von Ansprüchen gegen mehrere Schuldner aufgrund eines identischen Ereignisses bzw. setzt diese voraus:

In den §§ 421 ff. BGB ist die Gesamtschuld für den Fall geregelt, dass mehrere eine Leistung gleichrangig schulden, der Gläubiger aber nur einmal zur Forderung berechtigt ist (§ 421 S. 1 HS 1 BGB). Die Gesamtschuldner können untereinander Freistellung bzw. nach Befriedigung des Gläubigers Ausgleich in anteiliger Höhe verlangen.

Weiterhin sieht das BGB an mehreren Stellen eine Legalzession vor, etwa im Fall der Zahlung durch den Bürgen in § 774 BGB oder den Hypothekenbesteller in § 1143 BGB. Wird der Sicherheitengeber in Anspruch genommen und zahlt auf die gesicherte Forderung, geht diese von Gesetzes wegen auf den Sicherheitengeber über.

Z.T. sieht das Haftungssystem des BGB eine Reihenfolge der Inanspruchnahme der Schuldner vor, etwa im Falle des bereits erwähnten Bürgschaftsvertrags in § 771 BGB (Einrede der Vorausklage) oder § 839 Abs. 1 S. 2 BGB (Haftung im Fall der fahrlässigen Amtspflichtverletzung).

§ 255 BGB regelt ausdrücklich den Fall, dass beim Verlust einer Sache oder eines Rechts der Schädiger ein Zurückbehaltungsrecht bezüglich der Abtretung etwaiger Ersatzansprüche des Geschädigten gegen einen Dritten hat. Die Rechtsprechung wendet § 255 BGB analog auf konkurrierende Schadensersatzpflichten an, in denen im Innenverhältnis ein Schuldner allein den Schaden tragen soll, etwa im Falle der Insolvenzverschleppungshaftung gem. § 823 Abs. 2 BGB i.V.m. § 15a InsO.[934]

Nach dem Grundsatz der Naturalrestitution in § 249 Abs. 1 BGB ist der Geschädigte so zu stellen, als wäre der zum Ersatz verpflichtende Umstand nicht eingetreten. Es sind also alle Nachteile auszugleichen, die der Geschädigte verglichen mit dem hypothetischen schadensfreien Verlauf erlitten hat.[935] Nach dem Wortlaut von § 249 Abs. 1 BGB müssen aber auch die durch das schädigende Ereignis entstandenen Vorteile berücksichtigt werden. Den Motiven des Gesetzgebers vom BGB ist zu entnehmen, dass eine Entscheidung über den Ausgleich von Vorteilen Rechtsprechung und Wissenschaft überlassen werden sollte.[936] Ob ein Vorteilsausgleich stattfindet, ist daher letztlich eine Wertungsentscheidung.[937]

---

934 Leitungsorgane, die den Neugläubigern Schadensersatz wegen Insolvenzverschleppungshaftung leisten, sind hierzu nur Zug um Zug gegen Abtretung von deren Insolvenzforderungen gegen die Gesellschaft gem. §§ 255, 273 Abs. 1 BGB analog verpflichtet, vgl. BGH, II ZR 234/05 vom 05.02.2007, NJW-RR 2007, 759 (Leitsatz 2).

935 *Schiemann*, in: Staudinger, § 249 Rn. 132.

936 *Mugdan*, Materialien I, S. 10 [164].

937 *Schiemann*, in: Staudinger, § 249 Rn. 132.

§ 31 BGB selbst gibt keine konkrete Rechtsfolge vor, was die gemeinschaftliche Haftung von Gesellschaft und Leitungsorgan angeht. Dennoch wird von der herrschenden Meinung einzig die Gesamtschuld als das passende Instrument zur Vermeidung einer doppelten Inanspruchnahme angesehen. Der Vorteilsausgleich ist nämlich in jedem Fall nur vorzunehmen, wenn die gesetzlich geregelten Mechanismen (Gesamtschuld, Legalzession, § 255 BGB) nicht eingreifen und daher nachrangig.[938] Die Legalzession und auch § 255 BGB führen dazu, dass der zuerst in Anspruch Genommene vollständig Regress nehmen kann und letztlich damit der andere den Schaden trägt, was keine flexible Lösung hinsichtlich des Ausgleichs zwischen Gesellschaft und Organ zulässt. Dementsprechend sollen im Folgenden die verbleibenden Möglichkeiten, nämlich die der Gesamtschuld und die einer alleinigen Haftung der Gesellschaft, diskutiert werden.

II. Gesamtschuldnerische Haftung von Gesellschaft und Leitungsorgan

Für eine gesamtschuldnerische Haftung von Gesellschaft und Leitungsorgan sind zwei Begründungsansätze denkbar. Zum einen könnte sich eine solche aus § 840 Abs. 1 BGB ergeben, der die Haftung mehrerer für eine unerlaubte Handlung regelt und als Rechtsfolge eine Gesamtschuld anordnet (1.). Alternativ ist eine Gesamtschuld auch zu bejahen, wenn die Voraussetzungen von § 421 BGB vorliegen (2.). Da für die Voraussetzungen von § 421 BGB u.U. auch die Haftungsverhältnisse zwischen Gesellschaft und Leitungsorgan im Innenverhältnis relevant sind, wird im Anschluss zunächst die Haftung von Gesellschaft und Leitungsorgan im Außen- und Innenverhältnis geklärt (3.–4.), bevor auf die Frage der Gleichstufigkeit der Haftung eingegangen wird (5.).

1. Keine analoge oder direkte Anwendung von § 840 Abs. 1 BGB

Traditionell wird die Auffassung vertreten, dass die deliktische Haftung der Gesellschaft neben die des Leitungsorgans tritt und beide gesamtschuldnerisch haften.[939] Z.T. wird hierfür § 840 Abs. 1 BGB direkt,[940] z.T. analog angewendet.[941] Für eine direkte oder analoge Anwendung spricht, dass bei Anwendung der Organtheorie nach der von der Rechtsprechung praktizierten Lösung sowohl eine deliktische Handlung des Organs, als auch der Gesellschaft vorliegt und damit „mehrere nebeneinander" für den entstandenen Schaden verantwortlich sind. Hiergegen kann

---

938   Ist dies nämlich der Fall, lässt die Vorteilsausgleichung den Schadensersatzanspruch bereits entfallen, sodass eine Zession nicht mehr möglich ist. Vgl. auch *Schiemann*, in: Staudinger, § 249 Rn. 132.

939   *Derleder/Fauser*, BB 2006, 949, 949; *Ellenberger*, in: Palandt, § 31 Rn. 13; *Schöpflin*, in: BeckOK BGB, § 31 Rn. 27, *Selb*, Mehrheiten, S. 231.

940   *Derleder/Fauser*, BB 2006, 949, 952.

941   *Selb*, Mehrheiten, S. 231.

allerdings eingewendet werden, dass nicht von einer gemeinschaftlichen Verantwortlichkeit gesprochen werden kann, wenn letztlich nur eine Handlung im natürlichen Sinne vorliegt und der Gesellschaft zugerechnet wird. Ähnlich wie § 830 BGB, der die Haftung von Tätern und Teilnehmern regelt, ist auch § 840 BGB nicht auf das Verhältnis von Gesellschaft und Organ zugeschnitten.[942] § 840 Abs. 1 BGB geht schon dem Wortlaut nach davon aus, dass „mehrere", also verschiedene natürliche Personen, gegeben sind. Auch aus § 840 Abs. 2 BGB, der den Innenausgleich zwischen Geschäftsherrn und Verrichtungsgehilfen regelt, folgt nichts anderes. § 840 Abs. 2 BGB stellt zwar klar, dass die Anordnung der gesamtschuldnerischen Haftung nach § 840 Abs. 1 BGB auch für das Verhältnis von Geschäftsherrn und Verrichtungsgehilfen gilt, da er auf § 831 BGB verweist. § 831 BGB ist allerdings nicht ohne Weiteres mit der Haftung der Gesellschaft nach § 31 BGB gleichzusetzen, da die Haftung des Geschäftsherrn ein eigenes Verschulden bei der Auswahl oder Überwachung voraussetzt, während § 31 BGB auch das Verschulden vom Organ herleitet. Insofern ist die Anwendung von § 840 BGB an dieser Stelle, ob direkt oder analog, insgesamt abzulehnen.

2. Voraussetzungen von § 421 BGB

Unabhängig von der direkten oder analogen Anwendung von § 840 Abs. 1 BGB ist zwischen Leitungsorgan und Gesellschaft ein Gesamtschuldverhältnis zu bejahen, wenn die Voraussetzungen des § 421 BGB erfüllt sind. Dies soll im Folgenden untersucht werden.

a) Geschriebene Voraussetzungen von § 421 BGB

Nach der gesetzlichen Begriffsbestimmung des § 421 BGB setzt das Entstehen einer Gesamtschuld voraus, dass es für eine Leistung mehrere Schuldner gibt, die alle in voller Höhe für die Schuld haften, und der Gläubiger die Leistung nur einmal fordern kann. Legt man § 31 BGB mit der herrschenden Meinung so aus, dass er als Rechtsfolge einen Schuldbeitritt der Gesellschaft vorsieht, sind diese Voraussetzungen erfüllt. Dann kann nämlich der Gläubiger Gesellschaft und Leitungsorgan in voller Höhe in Anspruch nehmen, die Leistung aber nur einmal fordern.

aa) Rechtsfolge von § 31 BGB: Schuldbeitritt oder befreiende Schuldübernahme?

Hinsichtlich der Rechtsfolge von § 31 BGB wird allerdings diskutiert, diesen im Sinne einer befreienden Schuldübernahme und nicht im Sinne eines Schuldbeitritts auszulegen.

---

942   Zu § 830 BGB siehe oben 5. Teil. B. VII.

bb) Aktuelle Vorschläge aus der Literatur

Die traditionelle Lesart von § 31 BGB führt wegen der Schuldnerverdoppelung zu einer Privilegierung des Geschädigten, der nunmehr wählen kann, welchen Schuldner er in Anspruch nehmen will. Diese Rechtsfolge wird von *Bachmann* als schwer verständliche Privilegierung kritisiert, da nicht klar sei, warum der Verbandsgläubiger besser gestellt werden soll als der einer natürlichen Person.[943] Er schlägt vor, § 31 BGB so auszulegen, dass bei Vorliegen der Voraussetzungen grundsätzlich nur der Verband haftet. Alternativ sei eine Umformulierung von § 31 BGB nach dem Vorbild von § 331 ZGB-DDR[944] oder des Art. 34 GG möglich. Ergebnis soll jedenfalls sein, dass bei einer Haftung der juristischen Person über § 31 BGB nur diese haftet.[945] Auch *Arnold* spricht sich für eine Alleinhaftung der Gesellschaft aus, wenn die Haftung des Organs „auf einer allein die Organisation treffenden Verkehrssicherungspflicht (z.B. aus Eigentum)"[946] beruht.

cc) Stellungnahme

Gegen diese Auslegung von § 31 BGB ließe sich zunächst einwenden, dass § 331 ZGB-DDR und Art. 34 GG ihre Rechtfertigung in dem fehlenden Insolvenzrisiko des Staates bzw. des volkseigenen Betriebs finden und dies nicht auf private Unternehmen übertragbar ist. *Bachmann* weist aber zu Recht darauf hin, dass die Insolvenzgefahr der Gesellschaft kein Grund sein kann, das Organmitglied zum Ausfallgaranten zu erheben.[947] Aus Gläubigersicht mag eine Eigenhaftung des Organs zwar erforderlich sein, wenn eine Insolvenz der Gesellschaft droht oder eingetreten ist. Lediglich das normale Insolvenzrisiko kann aber keine Begründung für die Eigenhaftung der Organe sein, da dieses auch bei einer natürlichen Person besteht und nicht ersichtlich ist, wieso der Gläubiger im Falle einer Gesellschaft als Schuldner besser gestellt werden soll.[948]

Gegen eine befreiende Schuldübernahme als Rechtsfolge von § 31 BGB spricht jedoch eine andere Erwägung. Wie die unter I. dargestellten Grundsätze gezeigt haben, sieht das BGB bereits eine Vielzahl von Mechanismen für den Fall vor, dass

---

943   *Bachmann*, Reform Organhaftung, S. E120; unter Verweis auf *Schirmer*, Körperschaftsdelikt.

944   § 331 ZGB-DDR lautete: „Verursacht ein Mitarbeiter eines Betriebes in Erfüllung ihm obliegender betrieblicher Aufgaben einen Schaden, hat der Betrieb den Schaden zu ersetzen. Eine Ersatzpflicht des Mitarbeiters gegenüber dem Betrieb nach arbeitsrechtlichen oder anderen Vorschriften wird dadurch nicht berührt." Siehe zu § 331 ZGB-DDR 4. Teil. B.

945   Dies soll auch für die Außenhaftung von Arbeitnehmern gelten, bei der sich ähnliche Probleme ergeben, vgl. hierzu 4. Teil. B.

946   *Arnold*, in: MüKo BGB, § 31 Rn. 46.

947   *Bachmann*, Reform Organhaftung, S. E120 unter Verweis auf *Schirmer*, Körperschaftsdelikt.

948   Siehe hierzu ausführlicher 2. Teil. D. I. 3.

der Geschädigte sich wegen desselben Ereignisses an mehrere Schädiger wenden kann. Das Vorhandensein dieser Regeln zeigt, dass nach allgemeinen Grundsätzen des Schadensrechts ein Anspruch regelmäßig nicht dadurch ausgeschlossen wird, dass der Geschädigte sich wegen des entstandenen Nachteils auch an einen Dritten werden kann. Auch eine subsidiäre Haftung benötigt nach der hier vertretenen Auffassung eine ausdrückliche gesetzliche Anordnung wie in § 771 BGB, da Ansprüche gegen einen Dritten den ursprünglichen Anspruch grundsätzlich unberührt lassen.

Letztlich ist auch noch zu berücksichtigen, dass das Leitungsorgan nach dem hier vertretenen Haftungsmodell[949] nicht für von der Gesellschaft abgeleitete Pflichten haftet. Vielmehr kommt eine persönliche Haftung nur in Betracht, wenn das Leitungsorgan eine eigene deliktische Handlung begangen hat oder eine eigene Verkehrspflicht verletzt hat. Konsequenz hieraus muss dann aber auch sein, dass das Organ für diese unerlaubte Handlung unmittelbar und gleichrangig neben der Gesellschaft haftet. Für eine fehlende oder nachrangige Haftung fehlt es an einer Rechtfertigung, wenn das Organ eine eigene unerlaubte Handlung begangen hat.

Die von der herrschenden Ansicht vertretene Lesart von § 31 BGB, die zu einem Schuldbeitritt der Gesellschaft führt, fügt sich in das vorhandene Haftungssystem des BGB ein und ist daher zu bevorzugen. Die Kapitalgesellschaft und das Leitungsorgan haften deshalb gleichrangig für das begangene Delikt.

3. Ungeschriebene Voraussetzung von § 421 BGB: Gleichstufigkeit der Haftung trotz vorrangiger Haftung der Gesellschaft im Innenverhältnis?

Nach überwiegender Auffassung setzt § 421 BGB als ungeschriebene Voraussetzung eine Gleichstufigkeit der Haftung zwischen den Schuldnern voraus.[950] Diese Gleichstufigkeit fehlt, wenn einer der Schuldner der Leistung näher steht und primär verpflichtet ist,[951] etwa der Hauptschuldner im Verhältnis zum Bürgen oder die Personengesellschaft im Verhältnis zu den Gesellschaftern. In der Literatur wird z.T. vertreten, dass auch eine vorrangige Haftung eines Gesamtschuldners im Innenverhältnis einer Gesamtschuld entgegensteht, da es dann am Kriterium der gleichstufigen Haftung fehlt.[952] Ist der Regress im Innenverhältnis bereits im Sinne eines vollständigen Rückgriffs ausgestaltet, soll § 426 BGB prinzipiell nicht passen.[953] Als Beispiel hierfür wird die selbstschuldnerische Bürgschaft genannt. Bei der herkömmlichen Bürgschaft fehlt es bereits an den Grundvoraussetzungen der

---

949   Siehe oben 5. Teil. B. IV. 3.
950   *Bydlinski*, in: MüKo BGB, § 421 Rn. 12 ff. (m.w.N.); a.A. *Looschelders*, in: Staudinger, § 421 Rn. 33.
951   *Looschelders*, in: Staudinger, § 421 Rn. 27.
952   *Bydlinski*, in: MüKo BGB, § 421 Rn. 12; a.A. *Looschelders*, in: Staudinger, § 421 Rn. 28.
953   *Bydlinski*, in: MüKo BGB, § 421 Rn. 12.

Gesamtschuld, da der Gläubiger nicht nach seinem Belieben den Schuldner wählen kann, vgl. § 771 BGB. Aber auch bei der selbstschuldnerischen Bürgschaft wird eine gleichstufige Haftung und somit eine Gesamtschuld abgelehnt, da gesetzlich vorgesehen ist, dass der Bürge vollständig Regress beim Hauptschuldner nehmen kann. Für die Annahme einer Gesamtschuld soll nämlich Voraussetzung sein, dass im Innenverhältnis zwischen den Schuldnern grundsätzlich ein wechselseitiger Regress möglich ist.[954] Wenn es letztlich einen Primärleistungspflichtigen gebe, stehe dies einer Gesamtschuld entgegen.

Daher soll im nächsten Schritt zunächst geklärt werden, wie die Haftung im Außen- und Innenverhältnis zwischen Gesellschaft und Leitungsorgan ausgestaltet ist, bevor auf diese Fragestellung genauer eingegangen wird.

4. Haftung im Außenverhältnis

Die Haftung im Außenverhältnis folgt bei Anwendung von § 421 BGB den Regeln der Gesamtschuld. Der Gläubiger kann nach seinem Belieben die Leistung von der Gesellschaft oder vom Organ in voller Höhe fordern.

5. Haftung im Innenverhältnis

Etwas komplizierter als die Haftung im Außenverhältnis gestaltet sich der Innenausgleich zwischen Gesellschaft und Organ. Nach § 426 Abs. 1 BGB sind die Gesamtschuldner grundsätzlich untereinander zu gleichen Anteilen verpflichtet („Kopfteilsregelung"). Daneben tritt nach Befriedigung des Gläubigers durch einen Schuldner der übergegangene Anspruch nach § 426 Abs. 2 BGB.

a) Innenausgleich bei Pflichtverletzung des Organs gegenüber der Gesellschaft: Grundsatz der Alleinhaftung des Organs

Die Haftung nach Kopfteilen kommt aber nur zur Anwendung, „soweit nicht ein anderes bestimmt ist" (§ 426 Abs. 1 S. 1 HS 2 BGB). Eine solche Bestimmung kann sich aus § 93 Abs. 2 S. 1 AktG oder § 43 Abs. 2 GmbHG ergeben, wenn die unerlaubte Handlung zugleich eine Pflichtverletzung gegenüber der Gesellschaft begründet. Die interne Haftungsaufteilung richtet sich dann nach den Regelungen des Anstellungsvertrags oder Individualabreden, was die Organstellung betrifft.

b) Innenausgleich ohne Pflichtverletzung des Organs gegenüber der Gesellschaft

Wurde intern keine Regelung getroffen und liegt keine Pflichtverletzung nach §§ 93 Abs. 2 AktG, 43 Abs. 2 GmbHG vor, stellt sich die Frage, ob der zuerst in Anspruch Genommene nach Zahlung Regress nach § 426 BGB beim anderen Gesamtschuldner nehmen kann. Eine unerlaubte Handlung im Außenverhältnis wird zwar eine Pflichtverletzung im Innenverhältnis nahe legen. Es sind aber durchaus Fälle

---

954 *Looschelders*, in: Staudinger, § 421 Rn. 28.

denkbar, in denen eine Handlung im Außenverhältnis eine unerlaubte Handlung begründet, im Innenverhältnis aber keine Pflichtverletzung vorliegt. Die Pflichten im Innenverhältnis sind nämlich nicht deckungsgleich mit denen im Außenverhältnis. Auch bei Handlungen auf Beschluss der Hauptversammlung hin ist denkbar, dass eine unerlaubte Handlung im Außenverhältnis nicht zu einer Pflichtverletzung im Innenverhältnis führt.[955]

Liegt im Innenverhältnis keine Pflichtverletzung vor, sind folgende Möglichkeiten einer Haftungsverteilung denkbar: Es könnte allein das Leitungsorgan haften, wofür die Wertung des § 840 Abs. 2 BGB sprechen könnte. Denkbar ist auch ein einzelfallabhängiger gequotelter Innenausgleich. Schließlich ist auch eine Alleinhaftung der Gesellschaft denkbar.

aa) Alleinhaftung des Organs nach § 840 Abs. 2 BGB analog

Eine Haftung nach Kopfteilen kommt nicht in Betracht, wenn eine andere gesetzliche Bestimmung i.S.d. § 426 Abs. 1 S. 1 HS 2 BGB der paritätischen Verteilung vorgeht. Z.T. wird angenommen, eine von § 426 Abs. 1 BGB abweichende Bestimmung finde sich in §§ 840 Abs. 2, 3 BGB, nach denen insbesondere im Verhältnis des Geschäftsherrn zum Verrichtungsgehilfen der Verrichtungsgehilfe alleine haften soll.[956] Hierfür müsste das Verhältnis des Geschäftsherrn zum Verrichtungsgehilfen vergleichbar sein mit dem Verhältnis der Gesellschaft zum Leitungsorgan. Dies würde im Innenverhältnis zu einer alleinigen Haftung des Leitungsorgans führen.

§ 840 BGB ist nach der hier vertretenen Auffassung allerdings insgesamt nicht auf das Verhältnis von Gesellschaft zum Leitungsorgan zugeschnitten. Gerade gegen die Anwendung von § 840 Abs. 2 BGB spricht, dass dieser eine eigene Verantwortlichkeit der beiden Ausgleichspflichtigen voraussetzt („Ist (...) auch (...) der andere verantwortlich"). Beide Ausgleichspflichtigen müssen also schuldhaft gehandelt haben. § 840 Abs. 2 BGB beruht auf dem Rechtsgedanken, dass derjenige, der selbst pflichtwidrig gehandelt hat, sich im Innenverhältnis nicht darauf berufen kann, bei Erfüllung der eigenen Pflichten nicht überwacht worden zu sein.[957] Zumindest auf die GmbH mit nur einem Geschäftsführer ist dieser Rechtsgedanke nicht anwendbar, da der Geschäftsführer hier sowohl die Pflichten der Gesellschaft übernimmt, als auch die Aufsicht und Überwachung. Aber auch im Falle einer Gesellschaft mit mehreren Organmitgliedern

---

955 *Dreher*, in: FS Konzen, S. 85, 94.

956 Vgl. hierzu *Haas*, Geschäftsführerhaftung, S. 305 ff. (der zur Anwendbarkeit von § 840 Abs. 2 BGB nicht eindeutig Position bezieht, eine Vorteilsausgleichung zu Lasten der Gesellschaft aber ablehnt); *Hadding*, in: Soergel, § 31 Rn. 28; *Schiemann*, in: Erman, § 840 Rn. 12 (will zumindest für Fälle des Organisationsverschuldens und insbesondere die Baustoffentscheidung „das Modell des § 840 Abs. 2 BGB" anwenden); *Stöber*, Handbuch Vereinsrecht, Rn. 614 (der auf die Haftung des Vereinsvorstands § 840 Abs. 2 BGB anwenden will).

957 BGH, KZR 15/12 vom 18.11.2014, DER KONZERN 2015, 34 („Calcium-Karbid-Kartell II", Rn. 57, m.w.N.); *Wagner*, in: MüKo BGB, § 840 Rn. 17.

ist der Rechtsgedanke des § 840 Abs. 2 BGB nicht auf das Verhältnis von Gesellschaft und Leitungsorgan zugeschnitten, da die Haftung der Gesellschaft über § 31 BGB anders als die des Geschäftsherrn nach § 831 BGB nicht auf ein eigenes Verschulden abstellt.

Eine Anwendung von § 840 Abs. 2 BGB im Verhältnis von Gesellschaft zum Leitungsorgan scheidet daher aus.

bb) Einzelfallabhängige Aufteilung der Haftung

Eine zweite Lösung könnte sein, den Innenausgleich immer einzelfallabhängig zu regeln. *Hadding* schlägt vor, bei einer persönlichen verschuldensunabhängigen Haftung des Organs, etwa nach § 904 S. 2 BGB, den Schaden vollständig den Unternehmensträger tragen zu lassen.[958] *Weick* geht in eine ähnliche Richtung, will aber bei einer verschuldensunabhängigen Haftung des Organs als Rechtsfolge eine Haftung nach Kopfteilen.[959] Alternativ könnte sich der Innenausgleich ähnlich wie bei Arbeitnehmern auch nach dem Grad des Verschuldens bei Begehung der unerlaubten Handlung richten.[960] Diese Lösung könnte dogmatisch als andere Regelung i.S.d. § 426 Abs. 1 S. 1 BGB oder u.U. mit einer entsprechenden Anwendung von § 254 BGB begründet werden.[961] Vorteil dieser Lösung wäre, dass leitende Angestellte und Leitungsorgane sowohl bei der Innen-, als auch bei der Außenhaftung gleich behandelt würden. Dagegen spricht allerdings, dass im Gesellschaftsrecht der Innenausgleich über die §§ 43 GmbHG, 93 AktG bereits als andere Regelung i.S.d. § 426 Abs. 1 S.1 BGB geregelt ist und es an einer der im Arbeitsrecht vergleichbaren Regelungslücke fehlt. Hinzu kommt, dass die Haftung von leitenden Angestellten und Leitungsorganen nach dem hier vertretenen Modell nicht zwingendermaßen gleich laufen muss, solange Wertungswidersprüche vermieden werden.

cc) Alleinhaftung der Gesellschaft

Schließlich könnte im Innenverhältnis auch allein die Gesellschaft haften, wenn keine Pflichtverletzung vorliegt. Nach dieser von *Derleder/Fauser*[962] und *Zöllner/Noack*[963] vertretenen Lösung soll dem Leitungsorgan schon vor Inanspruchnahme ein Freistellungsanspruch und nach Inanspruchnahme durch den Gläubiger ein Aufwendungsersatzanspruch gegen die Gesellschaft nach dem Rechtsgedanken der §§ 257, 670, 675 BGB, 110 HGB zustehen.[964] Die Ausgleichsansprüche nach

---

958   *Hadding*, in: Soergel, § 31 Rn. 28 (zum Verein).
959   *Weick*, in: Staudinger, § 31 Rn. 49 (zum Verein).
960   Zum Freistellungsanspruch des Arbeitnehmers siehe oben 4. Teil. B. I. 4.
961   Zur Anwendung des hinter § 254 BGB stehenden Rechtsgedankens unter mehreren Schädigern siehe *Wagner*, in: MüKo BGB, § 840 Rn. 21/22.
962   *Derleder/Fauser*, BB 2006, 949, 953.
963   *Zöllner/Noack*, in: Baumbach/Hueck GmbHG, § 43 Rn. 108.
964   *Derleder/Fauser*, BB 2006, 949, 953; *Dreher*, in: FS Konzen, S. 85, 94 f.; *Zöllner/Noack*, in: Baumbach/Hueck GmbHG, § 43 Rn. 108; zur Rechtslage in den Vereinigten Staaten siehe *Schlechtriem*, in: Kreuzer, Haftung, S. 73.

§§ 426 Abs. 1, Abs. 2 BGB bzw. die Haftung nach Kopfteilen wird durch diese anderweitige Bestimmung dann modifiziert. Der Aufwendungsersatzanspruch steht in Anspruchskonkurrenz zu den Ansprüchen aus § 426 BGB.

dd) Stellungnahme: Alleinhaftung des Unternehmens

Im Ergebnis ist eine Alleinhaftung des Unternehmens im Innenverhältnis zu bevorzugen.

Bei der Entscheidung über den Innenausgleich sind neben gesellschaftsrechtlichen Erwägungen insbesondere die Grundsätze des allgemeinen zivilrechtlichen Haftungssystems zu berücksichtigen. Insbesondere ist hier der zivilrechtliche Grundsatz der Kanalisierung der Haftung auf den Interessenträger zu nennen.[965] Vor allem der Anspruch auf Aufwendungsersatz aus § 670 BGB wird als Beispiel eines übergreifenden Prinzips der Risikozurechnung angesehen.[966] Wird ein Beauftragter gem. § 662 BGB oder ein Geschäftsführer ohne Auftrag gem. § 677 BGB für den Auftraggeber bzw. Geschäftsherrn unentgeltlich tätig, greift die Regelung des § 670 BGB. Danach kann der Handelnde von denjenigem, in dessen Interesse das Geschäft vorgenommen worden ist, die Kosten der Ausführung des zu besorgenden Geschäfts ersetzt verlangen. Der Anspruch aus § 670 BGB beruht auf dem Rechtsgedanken, dass die Vermögensmasse, die von den Handlungen des Geschäftsführers profitiert, auch die entstehenden Unkosten tragen soll.[967] Derjenige, der in fremdem Interesse handelt, soll also einen Ersatzanspruch für freiwillig eingegangene Vermögensopfer haben.[968]

Hiergegen könnte eingewendet werden, dass die Schadensersatzhaftung des beauftragten Leitungsorgans aufgrund einer begangenen unerlaubten Handlung keine Aufwendung i.S.d. § 670 BGB darstellt. Hier bietet sich eine Lösung parallel zu der Problematik der risikotypischen Begleitschäden an. Nach verbreiteter Auffassung ist § 670 BGB auf risikotypische Begleitschäden einer Geschäftsausführung anwendbar, auch wenn unfreiwillig erlittene Vermögenseinbußen grundsätzlich keine Aufwendungen darstellen.[969] Hier wird argumentiert, dass der erlittene Schaden zwar nicht freiwillig erfolgte, aber die freiwillige Übernahme der Geschäftsführung gleichzeitig auch die risikotypischen Begleitschäden umfasst. Auch bei Leitungsorganen einer Gesellschaft könnte die freiwillige Übernahme der Geschäftsführung gleichzeitig auch die Haftung für anlässlich der Geschäftsführung begangene unerlaubte Handlungen umfassen, sodass diesbezüglich eine ersatzfähige Aufwendung vorliegt.[970]

---

965   Siehe hierzu oben 4. Teil. A.
966   *Bönner*, Unternehmerisches Ermessen, S. 188.
967   *Fischer*, in: BeckOK BGB, § 670 Rn. 1.
968   *Bergmann*, in: Ebenroth/Boujong/Joost/Strohn, § 110 Rn. 1.
969   *Schulze*, in: Hk-BGB, § 670 Rn. 9.
970   Vgl. hierzu ausführlicher *Schall*, JZ 2015, 455, 457 ff.

Gegen eine alleinige Haftung der Gesellschaft im Innenverhältnis könnte sprechen, dass die Organe von Kapitalgesellschaften gerade zur Beherrschung der Schwierigkeiten und Risiken der Leitung des Unternehmens bestellt werden.[971] Dem kann allerdings entgegnet werden, dass die Leitungsorgane im Unterschied zu den Aktionären nicht Inhaber des Unternehmens sind und die aus den unternehmerischen Risiken erwachsenden Haftungsfälle grundsätzlich nicht tragen sollten.[972] Im Zusammenhang mit der Haftung des Insolvenzverwalters wird ein ähnliches Problem diskutiert. Auch dort wird gefragt, ob der Insolvenzverwalter bei einer persönlichen deliktischen Haftung nach Inanspruchnahme Aufwendungsersatz von der Insolvenzmasse verlangen kann. Als Anspruchsgrundlage wird an dieser Stelle § 110 HGB diskutiert, der § 670 BGB konkretisiert und erweitert.[973] Gegen einen Aufwendungsersatzanspruch wird vorgetragen, dass mit der Bestellung als Insolvenzverwalter die Organisationsgefahr übernommen werde und § 110 HGB daher nicht anzuwenden sei.[974] Beim Vergleich der Haftung des Insolvenzverwalters und der Haftung von Leitungsorganen ist allerdings zu berücksichtigen, dass der Insolvenzverwalter als amtlich bestellter Verwalter die Verwaltungs- und Verfügungsbefugnisse über das Schuldnervermögen innehat und der Rechtsverkehr dementsprechend auch höhere Sicherheiterwartungen an ihn stellt. Die persönliche Haftung des Insolvenzverwalters für Organisationsfehler rechtfertigt sich zudem auch aus der dogmatischen Ausgestaltung der Insolvenzmasse als Sondervermögen. Das Argument, dass der Insolvenzverwalter mit seiner Bestellung auch die Organisationsgefahr übernimmt, ist daher auf das Verhältnis zwischen Kapitalgesellschaft und Leitungsorgan nicht übertragbar.

c) Zwischenergebnis

Der Innenausgleich zwischen Gesellschaft und Leitungsorgan nach Inanspruchnahme von einem von beiden ist nach der hier vertretenen Auffassung wie folgt vorzunehmen:

Liegt in der unerlaubten Handlung des Leitungsorgans zugleich eine Pflichtverletzung gegenüber der Gesellschaft, begründet dies einen Ersatzanspruch der Gesellschaft aus §§ 43 Abs. 2 GmbHG, 92 Abs. 2 AktG sowie aus § 426 Abs. 1, 2 BGB. Im Innenverhältnis haftet dann allein das Leitungsorgan.

Liegt in der unerlaubten Handlung des Leitungsorgans keine Pflichtverletzung gegenüber der Gesellschaft und sieht der Anstellungsvertrag keine Regelung vor, haftet im Innenverhältnis allein die Gesellschaft. Wird das Organ im Außenverhältnis in Anspruch genommen, hat es einen Aufwendungsersatzanspruch gem. § 670 BGB sowie §§ 426 Abs. 1, 2 BGB. Vor Inanspruchnahme kann das Organ Freistellung gem. §§ 670, 257 BGB analog von der Gesellschaft verlangen.

---

971   BGH, II ZR 252/82 vom 05.12.1989, NJW 1984, 789, 790.
972   In diese Richtung aktuell auch *Schall*, JZ 2015, 455, 458.
973   *Roth*, in: Baumbach/Hopt, § 110 Rn. 1.
974   *Bönner*, Unternehmerisches Ermessen, S. 188.

6. Gleichstufigkeit trotz vorrangiger Haftung der Gesellschaft im Innenverhältnis

Das erarbeitete Konzept steht einer gleichstufigen Haftung nicht entgegen. Nach der hier vertretenen Auffassung hängt der Innenausgleich nämlich von weiteren Faktoren wie einer Pflichtverletzung im Innenverhältnis ab. „Primärleistungspflichtiger" ist also weder die Gesellschaft noch das Leitungsorgan. Die Gesellschaft haftet nach diesem Konzept zwar vorrangig, sofern dem Leitungsorgan im Innenverhältnis keine Pflichtverletzung vorzuwerfen ist, dies bedeutet aber nicht, dass der Regress grundsätzlich von vornherein ausgeschlossen ist. Begeht das Leitungsorgan persönlich eine unerlaubte Handlung, bei der nicht auf Pflichten aus dem Innenverhältnis abgestellt wird, ist die Gesellschaft auch nicht zwingend als der Leistung näher stehend anzusehen. Es handelt sich hierbei um ein anderes Verhältnis als das zwischen Hauptschuldner und Bürgen, da das Leitungsorgan nicht nur für die Liquidität der Gesellschaft einsteht. Auch liegt nicht wie im Verhältnis von Personengesellschaft zu den Gesellschaftern eine nur akzessorische Haftung vor. Möglich ist nämlich auch, dass ausschließlich die Gesellschaft gem. §§ 823 ff., 31 BGB haftet, wenn Pflichten der Gesellschaft verletzt werden. Die Voraussetzung der Gleichstufigkeit ist daher zu bejahen.

III. Haftung mehrerer Leitungsorgane

Weiterhin soll nunmehr darauf eingegangen werden, wie die Haftung mehrerer Leitungsorgane im Verhältnis zur Gesellschaft (1.) und untereinander (2.) zu regeln ist.

1. Im Verhältnis zur Gesellschaft

Sind mehrere Leitungsorgane für eine Schädigung verantwortlich, haften sie gegenüber der Gesellschaft gem. §§ 43 Abs. 2 GmbHG, 93 Abs. 2 AktG als Gesamtschuldner. Der Gesellschaft steht es dementsprechend frei, welches Leitungsorgan sie in Anspruch nehmen will. Jedes Leitungsorgan kann auch in voller Höhe in Anspruch genommen werden. Die Leistung eines Leitungsorgans hat befreiende Wirkung für die Übrigen, § 422 Abs. 1 BGB.

2. Innenausgleich untereinander: Anwendung von § 840 Abs. 2 BGB zwischen mehreren Leitungsorganen?

Der Innenausgleich zwischen mehreren Leitungsorganen richtet sich grundsätzlich nach § 426 Abs. 1 BGB. Danach sind die Leitungsorgane untereinander zu gleichen Anteilen verpflichtet, soweit nicht ein anderes bestimmt ist. Von der Haftung nach Kopfteilen gem. § 426 Abs. 1 BGB kann durch Satzung, Anstellungsvertrag oder gemäß § 254 BGB abgewichen werden.[975] Eine andere Bestimmung könnte

---

975   So auch *Paefgen*, in: Ulmer/Habersack/Löbbe GmbHG, § 43 Rn. 200.

sich zudem aus einer analogen Anwendung von § 840 Abs. 2 BGB ergeben. Wenn unter den Leitungsorganen eine Pflichtenaufteilung stattgefunden hat und neben die eigentliche Verletzungshandlung eine Verletzung der Aufsichts- oder Überwachungspflicht tritt, könnte nach dem Rechtsgedanken von § 840 Abs. 2 BGB nur der unmittelbare Schädiger im Innenverhältnis haften.[976]

Nach der Gegenansicht ist eine alleinige Belastung des unmittelbar handelnden Leitungsorgans im Verhältnis zum aufsichtspflichtigen Organ nicht in jedem Fall gerechtfertigt. Nach *Altmeppen* ist eine alleinige Belastung des unmittelbar handelnden Leitungsorgans nicht gerechtfertigt, wenn sich die Pflichtverletzung des überwachungspflichtigen Organs als teilnahmeähnliches Verhalten darstellt.[977] Auch *Habersack* lehnt eine Anwendung von § 840 Abs. 2 BGB zumindest im Verhältnis zu den überwachungspflichtigen Aufsichtsratsmitgliedern ab.[978] Gemeinsamer Gedanke der Vertreter dieser Gegenansicht scheint letztlich zu sein, dass das Maß der Verursachungsbeiträge sich nicht pauschal danach beurteilen lässt, ob eine eigene, unmittelbare Verursachung vorliegt oder „nur" eine Verletzung der Aufsichts- oder Überwachungspflicht. Eine pauschale Alleinbelastung des unmittelbaren Täters ist nach dieser Ansicht abzulehnen.

Im Ergebnis ist eine Einzelfallabwägung der Verursachungsbeiträge zu bevorzugen. Gegen eine Alleinhaftung des unmittelbar Handelnden spricht zunächst, dass nach dem Grundsatz der Gesamtverantwortung die Leitungsorgane letztlich eine umfassende Verantwortlichkeit für die Belange der Gesellschaft trifft und eine Ressortaufteilung nicht von jeder Verantwortung entbindet.[979] Der Rechtsgedanke des § 840 Abs. 2 BGB, nach dem derjenige, der unmittelbar handelt, den größeren Verursachungsbeitrag leistet, kann hierbei zur Bewertung der Verursachungsbeiträge herangezogen werden. Anders als im Verhältnis zwischen Gesellschaft und Organ liegt zwischen mehreren Organen nämlich eine vergleichbare Lage zu § 831 BGB und dem Verhältnis zwischen Geschäftsherrn zum Verrichtungsgehilfen vor. In jedem Fall sind aber noch weitere Faktoren zu berücksichtigen und die Umstände des Einzelfalls zu berücksichtigen, sodass eine Alleinhaftung des unmittelbar handelnden Leitungsorgans selten der Fall sein wird.

Liegen mehrere Verursachungsbeiträge vor, bilden unmittelbar handelndes Leitungsorgan und aufsichtspflichtiges Leitungsorgan eine Haftungseinheit im Verhältnis zu den anderen unmittelbaren Verursachern.

IV. Verjährung

Abschließend wird nunmehr noch die Verjährung der deliktischen Außenhaftung von Gesellschaft und Leitungsorgan (1.) sowie die Verjährung der Ausgleichs- und Freistellungsansprüche im Innenverhältnis (2.) erläutert.

---

976 So *Paefgen*, in: Ulmer/Habersack/Löbbe GmbHG, § 43 Rn. 200 (m.w.N.).
977 *Altmeppen*, in: Handbuch Managerhaftung, S. 222.
978 *Habersack*, in: MüKo AktG, § 116 Rn. 73.
979 Siehe hierzu ausführlicher 6. Teil. C.

1. Im Außenverhältnis

Die deliktische Außenhaftung der Leitungsorgane und der Gesellschaft richtet sich nach den §§ 199 Abs. 2, 3 BGB. Danach verjähren Schadensersatzansprüche, die auf der Verletzung des Lebens, des Körpers, der Gesundheit oder der Freiheit beruhen, kenntnisunabhängig in 30 Jahren von der Begehung der unerlaubten Handlung, der Pflichtverletzung oder dem sonstigen, den Schaden auslösenden Ereignis an. Sonstige Schadensersatzansprüche verjähren kenntnisunabhängig in zehn Jahren ab Entstehung sowie in 30 Jahren von der Begehung der Handlung, der Pflichtverletzung, oder dem sonstigen, das Schaden auslösende Ereignis an. Maßgeblich ist die früher endende Frist.

2. Im Innenverhältnis

Im Innenverhältnis sind die Ansprüche der Gesellschaft gegen die Leitungsorgane (a)), Ansprüche der Leitungsorgane gegen die Gesellschaft sowie die Ausgleichsansprüche mehrerer Leitungsorgane untereinander (b)) auseinanderzuhalten.

a) Ansprüche der Gesellschaft gegen die Leitungsorgane

Im Innenverhältnis kommen Ansprüche der Gesellschaft gegen das Leitungsorgan gem. §§ 426 Abs. 1, 426 Abs. 2 i.V.m. 823 ff. BGB sowie gem. § 93 Abs. 2 AktG, 43 Abs. 2 GmbHG in Betracht.

Die Verjährung richtet sich bei § 426 Abs. 1 BGB wegen der originären Entstehung nach der Regelverjährung der §§ 195, 199 Abs. 1 BGB. Der Anspruch verjährt danach in drei Jahren ab Kenntnis oder Kennenmüssen von den anspruchsbegründenden Umständen, d.h., ab Entstehung der Gesamtschuld[980] und Kenntnis hiervon. Hinsichtlich der Kenntnis für die Gesellschaft wird auf den gesetzlichen Vertreter abgestellt (§ 166 Abs. 1 BGB), sodass die Kenntnis eines Leitungsorgans hierfür ausreicht. Die Gesamtschuld entsteht mit der Begehung der unerlaubten Handlung.

Bei den Ansprüchen gem. §§ 426 Abs. 2, 823 ff. BGB ergeben sich gegenüber der Außenhaftung keine Besonderheiten.

Die Verjährung der Ansprüche gem. §§ 93 Abs. 2 AktG, 43 Abs. 2 GmbHG richtet sich nach den §§ 43 Abs. 4 GmbHG, 93 Abs. 6 AktG (fünf bzw. zehn oder fünf Jahre), beginnend mit der Entstehung des Anspruchs gem. § 199 Abs. 3 BGB.

b) Ansprüche der Leitungsorgane gegen die Gesellschaft sowie untereinander

Ansprüche der Leitungsorgane gegen die Gesellschaft sowie untereinander gem. § 426 Abs. 1 BGB verjähren nach der Regelverjährung der §§ 195, 199 Abs. 1 BGB. Bei den Ansprüchen gem. §§ 426 Abs. 2, 823 ff. BGB ergeben sich gegenüber der Außenhaftung keine Besonderheiten. Der Ausgleichsanspruch gem. § 670 BGB

---

980   BGH, VII ZR 167/08 vom 18.06.2009, NJW 2010, 60 (Leitsatz Nr. 1).

sowie eventuelle Freistellungsansprüche verjähren nach der Regelverjährung der §§ 195, 199 Abs. 1 BGB.

V. Zwischenergebnis

1. Steht fest, dass das Leitungsorgan persönlich gem. §§ 823 ff. BGB wegen einer in Ausübung seiner organschaftlichen Pflichten begangene unerlaubte Handlung haftet, ist hierfür auch die Gesellschaft gem. § 31 BGB verantwortlich. Leitungsorgan und Gesellschaft haften dann gem. § 421 BGB als Gesamtschuldner, sodass der Gläubiger nach seinem Belieben von jedem Schuldner ganz oder zu einem Teil Leistung fordern kann. Leitungsorgan und Gesellschaft haften auch gleichrangig. Eine alleinige Haftung der Gesellschaft als Rechtsfolge von § 31 BGB ist mit dem hier vertretenen Konzept der persönlichen Haftung bei der Verletzung von Verkehrssicherungspflichten nicht vereinbar.

2. Im Innenverhältnis hat die Gesellschaft gegen das Leitungsorgan einen Ersatzanspruch aus §§ 43 Abs. 2 GmbHG, 93 Abs. 2 AktG, wenn in der unerlaubten Handlung zugleich eine Verletzung interner Pflichten vorliegt. Dieser Ersatzanspruch modifiziert den Grundsatz der Haftung nach Kopfteilen gem. § 426 Abs. 1 BGB und steht dazu in Anspruchskonkurrenz. Liegt in der unerlaubten Handlung des Leitungsorgans keine Pflichtverletzung gegenüber der Gesellschaft vor und sieht der Anstellungsvertrag keine Regelung vor, haftet im Innenverhältnis allein die Gesellschaft. Wird das Organ im Außenverhältnis in Anspruch genommen, hat es einen Aufwendungsersatzanspruch gem. §§ 426 Abs. 1, 2 BGB sowie § 670 BGB analog. Vor Inanspruchnahme kann das Organ Freistellung gem. § 426 Abs.1 BGB sowie §§ 670, 257 BGB analog von der Gesellschaft verlangen. Diese vorrangige Haftung der Gesellschaft im Innenverhältnis steht der Gleichstufigkeit, die für die Annahme einer Gesamtschuld verlangt wird, nicht entgegen, da der wechselseitige Regress nicht prinzipiell ausgeschlossen ist, sondern von weiteren Faktoren abhängt.

3. Sind mehrere Leitungsorgane für eine Schädigung verantwortlich, haften sie gegenüber der Gesellschaft gem. §§ 43 Abs. 2 GmbHG, 93 Abs. 2 AktG als Gesamtschuldner. Der Innenausgleich zwischen mehreren Leitungsorganen richtet sich grundsätzlich nach § 426 Abs. 1, 2 BGB. Der Rechtsgedanke des § 840 Abs. 2 BGB kann hierbei Anwendung finden, auch wenn dennoch eine Einzelabwägung vorgenommen werden muss.

4. Die Verjährung richtet sich im Außenverhältnis bei Inanspruchnahme von Gesellschaft oder Leitungsorgan nach den §§ 199 Abs. 2, 3 BGB. Im Innenverhältnis gilt für § 426 Abs. 1 die Besonderheit, dass sich die Verjährung nach der Regelverjährung der §§ 195, 199 Abs. 1 BGB richtet. Die Verjährung des Anspruchs aus §§ 43 Abs. 2 GmbHG, 93 Abs. 2 AktG richtet sich nach den spezialgesetzlichen Verjährungsvorschriften.

B. Beeinflussung der deliktischen Organaußenhaftung durch vertragliche Vereinbarungen

Im nächsten Schritt wird nunmehr untersucht, inwieweit vertragliche Ansprüche gegen die Gesellschaft sich auf die Organaußenhaftung auswirken (I.) und ob der Abschluss einer D&O-Versicherung Einfluss auf die deliktische Organaußenhaftung hat (II.).

I. Einfluss vertraglicher Ansprüche gegen die Gesellschaft auf die Organaußenhaftung

Um den Einfluss vertraglicher Ansprüche gegen die Gesellschaft auf die Organaußenhaftung zu untersuchen, wird zunächst das Verhältnis vertraglicher und deliktischer Ansprüche allgemein kurz dargestellt (1.), bevor auf die Einbeziehung von Organmitgliedern in vertragliche Haftungsbeschränkungen eingegangen wird (2.).

1. Verhältnis vertraglicher und deliktischer Ansprüche gegen denselben Anspruchsgegner

Das Verhältnis zwischen vertraglichen und deliktischen Ansprüchen gegen denselben Anspruchsgegner folgt den Regeln der Anspruchskonkurrenz.[981] Der Geschädigte kann dementsprechend sowohl wegen einer vertraglichen Pflichtverletzung, als auch wegen einer gleichzeitig verwirklichten unerlaubten Handlung Schadensersatz verlangen. Jeder Anspruch ist eigenständig nach seinen Voraussetzungen, seinem Inhalt und seiner Durchsetzbarkeit zu beurteilen.[982] Hierbei sind Besonderheiten vertraglicher und deliktischer Ansprüche wie § 278 BGB oder § 844 BGB anwendbar und Unterschiede im Grundsatz hinzunehmen.[983] Wechselwirkungen bedürfen dagegen einer besonderen Rechtfertigung.[984] Ein solcher Fall soll nach Ansicht der Rechtsprechung gegeben sein, wenn das Ausweichen auf einen Anspruch aus unerlaubter Handlung wegen desselben Sachverhalts dazu führt, dass vertragliche Haftungsregeln in ihrem Zweck ausgehöhlt werden.[985] Einschränkungen für den vertraglichen Anspruch sollen in so einem Fall auf den deliktischen Anspruch „abfärben".[986] Auch wenn gesetzliche Einschränkungen der Vertragshaftung einen Sachverhalt ersichtlich erschöpfend regeln, soll dies auf die Haftung aus unerlaubter

---

981   BGH, I b ZR 150/63 vom 23.03.1966, NJW 1967, 42, 42; *Deutsch*, Haftungsrecht, S. 57.

982   BGH, X ZR 142/03 vom 19.10.2004, NJW-RR 2005, 172, 172.

983   *Deutsch*, Haftungsrecht, S. 57: Sprau, in: Palandt, Einf v § 823 Rn. 9.

984   *Sprau*, in: Palandt, Einf v § 823 Rn. 9.

985   BGH, X ZR 142/03 vom 19.10.2004, NJW-RR 2005, 172; *Sprau*, in: Palandt, Einf v § 823 Rn. 10.

986   BGH, VII ZR 270/83 vom 07.11.1985, BGHZ 1996, 221.

Handlung zurückwirken.[987] Insbesondere die Voraussetzungen des Kauf- und Werkvertragsrechts wie das Fristsetzungserfordernis dürfen nach Ansicht der Rechtsprechung nicht über den Umweg des Deliktsrechts umgangen werden.[988] Weiterhin sollen bei der Verletzung von Organpflichten die Verjährungsvorschriften aus dem Gesellschaftsrecht angewendet werden, wenn die deliktische Haftung letztlich auf eine Verletzung von Organpflichten zurückgeht.[989]

2. Einbeziehung von Organmitgliedern in gesetzliche und vertragliche Haftungsbeschränkungen zwischen der Gesellschaft und Dritten

Grundsätzlich sind nur unmittelbare Rechtsbeziehungen zwischen den Parteien geeignet, Vertragsansprüche zu modifizieren oder, wie gerade gezeigt, auch deliktische Ansprüche einzuschränken.[990] Die Rechtsprechung hat dennoch in mehreren Fällen in Anspruch genommenen Schädigern gestattet, sich auf vertragliche Haftungsprivilegierungen zu berufen, die mit einem Dritten vereinbart waren.[991] Für die ausdrückliche Einbeziehung von Dritten in eine Haftungsfreizeichnung werden verschiedene dogmatische Konstruktionen diskutiert:

1. Teilweise wird vertreten, eine Drittbegünstigung sei über ein pactum de non petendo zu erreichen.[992]
2. Weiterhin wird vorgeschlagen, die Einbeziehung des Leitungsorgans in eine vertragliche Haftungsbeschränkung über eine Stellvertretung zu konstruieren. Hierzu wird die Gesellschaft als Vertreter des Leitungsorgans tätig, in dessen Namen vertraglich eine Einbeziehung in die Haftungsbeschränkung vereinbart wird.[993]
3. Schließlich wird auch noch eine analoge Anwendung von § 328 BGB vorgeschlagen, wodurch der Schädiger partiell in das Rechtsverhältnis einbezogen werden soll.[994]

Insbesondere die Erstreckung vertraglicher Haftungsprivilegierungen auf den Arbeitnehmer des Begünstigten wurde bereits mehrfach bejaht.[995] Dies wird damit begründet, dass ansonsten die Haftungsprivilegierung des Arbeitgebers wegen

---

987 BGH, I b ZR 150/63 vom 23.03.1966, NJW 1967, 42, 42.
988 BGH, VII ZR 270/83 vom 07.11.1985, BGHZ 1996, 221 (zum Werkvertrag).
989 *Schürnbrand*, Organschaft, S. 346 ff.
990 Vgl. *Blaurock*, ZHR 1982, 238, 239.
991 BGH, VII ZR 134/60 vom 07.12.1961, NJW 1962, 388; BGH, I ZR 123/93 vom 06.07.1995, NJW 1995, 2991; *Blaurock*, ZHR 1982, 238, 239.
992 RG, VI 267/29 vom 27.01.1930, RGZ 127, 126, 129; *Stoll*, in: Beiträge zum Kongress für Rechtsvergleichung Teheran 1974, S. 2.
993 *Hootz*, Grenzen der Freizeichnung, S. 66.
994 *Blaurock*, ZHR 1982, 238, 239, 251.
995 BGH, VII ZR 134/60 vom 07.12.1961, NJW 1962, 388, 389; BGH, I ZR 123/93 vom 06.07.1995, NJW 1995, 2991, 2992 (m.w.N. aus Rechtsprechung und Literatur).

des arbeitsvertraglichen Freistellungsanspruches des Arbeitnehmers leerlaufen würde.[996] Hintergrund soll weiterhin auch die Schutzbedürftigkeit des Arbeitnehmers und die korrespondierende Fürsorgepflicht des Arbeitgebers sein.[997] In der bekannten Wachmann-Entscheidung[998] aus dem Jahre 1961 hatte ein Bewachungsunternehmen seine Haftung für Schäden, die bei der Bewachung von Heizungsvorrichtungen entstehen können, ausgeschlossen. Einer der Wachmänner verursachte fahrlässig einen Schaden am Eigentum der Klägerin, indem er einen Ofen, auf dem nasse Kleidungsstücke aufgehängt worden waren, nicht richtig beaufsichtigte. In dem darauffolgenden Prozess entschied der VII. Senat, die Klausel im Vertrag sei so auszulegen, dass sie sich auch auf Ansprüche aus unerlaubter Handlung gegen die Angestellten des Bewachungsunternehmens erstrecke.

Diese Erwägungen aus dem Arbeitsrecht lassen sich nicht ohne weiteres auf das Verhältnis zwischen Gesellschaft und Organ übertragen.

Hierfür spricht zwar, dass bei der Auslegung vertraglicher Haftungsprivilegierungen zu Gunsten der Gesellschaft zu berücksichtigen ist, dass die Gesellschaft ausschließlich durch ihre Organe agiert und die Haftungsprivilegierung zu Gunsten der Gesellschaft dementsprechend aus Sicht des Vertragspartners gerade das Verhalten der Organe betrifft. Weiterhin spricht für eine vergleichbare Lage, dass das Organ nach einer Inanspruchnahme aufgrund vertraglicher Vereinbarungen sowie aufgrund des Innenausgleichs[999] Regress bei der Gesellschaft nehmen kann. *Rottkemper*, der sich 1996 mit der deliktischen Außenhaftung von Leitungsorganen befasste, vertritt die Auffassung, dass eine vertragliche Haftungsprivilegierung zu Gunsten der Gesellschaft unter Umständen auch deliktische Ansprüche gegen die Leitungsorgane umfassen kann. Dem sollen lediglich die allgemeinen Vorschriften der §§ 276 Abs. 2, 134, 138, 242 BGB Grenzen setzen. Im Bereich der Allgemeinen Geschäftsbedingungen solle vor allem der Ausschluss der Haftungsbeschränkung für grobes Verschulden beachtlich sein.[1000]

Hiergegen ist allerdings einzuwenden, dass zwischen Gesellschaft und Leitungsorgan keine dem Arbeitsrecht entsprechende Fürsorgepflicht besteht und die Organe weder weisungsgebunden noch ebenso schutzbedürftig wie Arbeitnehmer sind.[1001] Hinzu kommt, dass eine so weite Auslegung der Haftungsprivilegierung vom Geschädigten wegen seiner nachteiligen Wirkung für ihn nicht gewollt sein wird und einer konkludenten Einbeziehung in jedem Fall entgegensteht. Eine Ausweitung der vertraglichen Haftungsprivilegierung auf die Leitungsorgane – ganz

---

996   BGH, I ZR 123/93 vom 06.07.1995, NJW 1995, 2991, 2992.
997   BGH, I ZR 123/93 vom 06.07.1995, NJW 1995, 2991, 2992.
998   BGH, VII ZR 134/60 vom 07.12.1961, NJW 1962, 388, nicht zu verwechseln mit der oben zitierten Entscheidung aus dem 3. Teil. B. II. 2. b) cc) (Wachmann-Entscheidung von 1987).
999   Siehe 6. Teil. A. II. 5.
1000 *Rottkemper*, Außenhaftung, S. 446 f.
1001 So auch *Rottkemper*, Außenhaftung, S. 44.

gleich, ob in Allgemeinen Geschäftsbedingungen oder individualvertraglich – kann daher nach alledem nicht konkludent vereinbart werden.

II. Auswirkungen von D&O-Versicherungen auf die Haftung von Leitungsorganen

Unternehmen schließen für ihre Geschäftsführer oder Vorstände oftmals eine sogenannte Directors & Officers-Versicherung ab, die sowohl Ansprüche Dritter, als auch des Unternehmens selbst gegen die Leitungsorgane absichern soll. Nach der Rechtsprechung des Bundesgerichtshofs ist das Bestehen von Versicherungsschutz prinzipiell ohne Einfluss auf die Frage der Anspruchsentstehung (Trennungsprinzip).[1002] Versicherungsschutz wirkt danach nicht anspruchsbegründend, sondern setzt gerade das Bestehen eines Anspruchs gegen den Versicherten voraus (1.). Entgegen dieses Grundprinzips lässt die Rechtsprechung allerdings Wechselwirkungen haftungsbegründender und haftungsbegrenzender Art zu (2.). Im Folgenden soll im Anschluss an eine kurze Darstellung des Trennungsprinzips und den von der Rechtsprechung vertretenen Wechselwirkungen die Frage diskutiert werden, inwiefern eine Berufshaftpflichtversicherung wie die D&O-Versicherung Einfluss auf außervertragliche Ansprüche Dritter gegen die Leitungsorgane haben kann (3.).

1. Trennungsprinzip

Bereits das Reichsgericht hat die rechtlichen Beziehungen zwischen Geschädigtem und Versicherungsnehmer (Deckungsverhältnis) sowie zwischen Versicherung und Versicherungsnehmer (Haftungsverhältnis) prozessual getrennt voneinander betrachtet.[1003] Danach ist im Haftpflichtprozess über die Frage des Bestehens des Anspruchs von Geschädigtem gegen den Versicherungsnehmer zu entscheiden und im Deckungsprozess über die Frage der versicherungsrechtlichen Deckungspflicht zwischen Versicherungsnehmer und Versicherung.[1004] Auch nach dem heutigen § 100 VVG ist der Versicherer verpflichtet, den Versicherungsnehmer von Ansprüchen freizustellen, die von einem Dritten geltend gemacht werden. Die Frage der Haftung des Schädigers ist grundsätzlich also unabhängig von der Frage des Versicherungsschutzes zu beurteilen.[1005] Eine anspruchsbegründende Wirkung kommt dem Versicherungsschutz danach nicht zu. § 115 Abs. 1 Nr. 1 VVG und § 108 Abs. 2 VVG sehen zwar eine Legalzession bzw. eine Abtretung des Schadensersatzanspruchs vor, dies setzt aber gerade einen bestehenden Anspruch gegen den Schädiger voraus und begründet diesen keinesfalls.

1002 BGH, VI ZR 296/08 vom 27.10.2009, NJW 2010, 537, 539.
1003 RG, I/870/80 vom 22.01.1880, RGZ 3, 21, 25.
1004 *Makowsky*, Versicherungsschutz, S. 133.
1005 Ganz h.M., etwa *Sprau*, in: Palandt, Einf v § 823 Rn. 19 (m.w.N.).

2. Durchbrechung des Trennungsprinzips im Rahmen deliktischer Haftung, insbesondere: Beachtlichkeit von Versicherungsschutz bei der Beurteilung von Verkehrspflichten

Nach Ansicht der Rechtsprechung hat das Bestehen von Versicherungsschutz entgegen des Trennungsprinzips dennoch an mehreren Stellen Einfluss auf die Anspruchsentstehung oder den Anspruchsumfang. Zu nennen sind hier insbesondere die Haftung gem. § 829 BGB[1006] sowie der Umfang des Schmerzensgeldes gem. § 253 Abs. 2 BGB[1007]. Weitere Fallgruppen, in denen ein bestehender Versicherungsschutz auf die Anspruchsentstehung Einfluss hat, sind die Annahme eines stillschweigenden Haftungsausschlusses[1008] sowie bei den Haftungsprivilegierungen gem. §§ 1664, 1357 BGB[1009].

Eine für das Thema dieser Arbeit besonders relevante Fallgruppe der Durchbrechung des Trennungsprinzips könnte die Beachtlichkeit von Versicherungsschutz als relevanter Faktor bei der Beurteilung von Verkehrspflichten sein. Die Entstehung von Verkehrspflichten richtet sich vor allem nach der tatsächlichen und rechtlichen Möglichkeit der Gefahrbeherrschung.[1010] Ein wichtiger Faktor ist hierbei die rechtliche Zumutbarkeit des wirtschaftlichen Aufwands, der zur Schadensvermeidung betrieben wird.[1011] In Literatur und Rechtsprechung wird z.T. erwogen, die Existenz von Versicherungsschutz an dieser Stelle als Erwägung im Rahmen der Verkehrspflichten einfließen zu lassen.

1006 Nach § 829 BGB haftet der Schädiger, soweit die Billigkeit nach den Umständen eine Schadloshaltung erfordert. Nach Ansicht der Rechtsprechung ist im Rahmen von § 829 BGB ein bestehender Versicherungsschutz in die dort vorzunehmende Billigkeitserwägung einzustellen (BGH, VI ZR 135/56 vom 15.01.1957, NJW 1957, 674 (Leitsatz Nr. 3)).

1007 Bei der Billigkeitsentscheidung hinsichtlich der Höhe des Schmerzensgeldanspruchs berücksichtigt die Rechtsprechung das Bestehen einer Haftpflichtverletzung (RG, V 51/43 vom 19.01.1944, DR 1944, 290, 291; BGH, Großer Zivilsenat 1/55 vom 06.07.1955, NJW 1955, 1675, 1677).

1008 Nach Ansicht der Rechtsprechung kann es für einen stillschweigenden Haftungsausschluss sprechen, wenn der Geschädigte versichert ist, der Schädiger selbst dagegen nicht die Möglichkeit hat, sich durch eine Haftpflichtversicherung abzusichern (BGH, VI ZR 52/78 vom 18.12.1978, NJW 1980, 1682, 1683; BGH, VIII ZR 264/76 vom 10.01.1979, NJW 1979, 644, 644).

1009 Der Bundesgerichtshof hat in älteren Entscheidungen darauf verwiesen, dass etwa die Haftungsprivilegierung unter Ehegatten dann nicht anwendbar sei, wenn sie dem Haftpflichtversicherer zu Gute käme (BGH, IV ZR 772/68 vom 11.03.1970, NJW 1970, 1271 (Leitsatz)).

1010 Siehe oben 5. Teil. B. IV. 2.

1011 *Wagner*, in: MüKo BGB, § 823 Rn. 316.

a) Tiefgaragenfall von 1972 und Reaktionen der Literatur

Im sogenannten Tiefgaragenfall des Bundesgerichtshofs wurde bereits 1972 die Frage des Versicherungsschutzes im Rahmen der Einhaltung der im Verkehr erforderlichen Sorgfalt erwähnt.[1012] In diesem Fall wurde ein Pkw der Marke Jaguar in einer Tiefgarage abgestellt und während der Parkdauer beschädigt. Nach Ansicht des VIII. Senats hatte der Inhaber der Tiefgarage die im Verkehr erforderliche Sorgfalt eingehalten, da er dem Parkkunden einen Versicherungsschutz (gegen Beschädigungen bis zu 15.000 DM) verschafft hatte.[1013]

Von Bar, der sich 1981 mit dem Trennungsprinzip beschäftigte, schließt hieraus, der Einfluss von Versicherungsschutz werde zumindest nach Ansicht des VIII. Senats im Rahmen der Verkehrssicherungspflichten relevant und spricht sich für eine ausdrückliche Beachtung von Versicherungsschutz bei der Beurteilung deliktischer Haftung aus.[1014] Nach Auffassung *von Bars* sollte ein bestehender Versicherungsschutz nicht nur bei Billigkeitsentscheidungen, sondern auch im Rahmen von Rechtswidrigkeit und Schuld Berücksichtigung finden.[1015] Hiergegen haben sich insbesondere *Larenz/Canaris* ausgesprochen, die die Frage des Versicherungsschutzes im Rahmen der Deliktshaftung unter Hinblick auf das Trennungsprinzip als einen Fremdkörper ansehen. Mit Ausnahme der Gefährdungshaftung spreche hiergegen insbesondere die Voraussetzung der schuldhaften Pflichtverletzung, in deren Tatbestand aus Gründen der Logik nicht der bestehende Versicherungsschutz geprüft werden könne. Der Betroffene versichere sich schließlich gerade gegen die Folgen der Pflichtverletzung, sodass der Versicherungsschutz nicht schon im Tatbestand geprüft werden könne.[1016]

b) Stellungnahme

Für die Forderung *von Bars* spricht vor allem, dass die Existenz von Versicherungsschutz in der gerichtlichen Praxis eine bedeutende Rolle spielen dürfte und sicherlich als Legitimation für eine Ausweitung der Gefährdungshaftung und der Verkehrspflichten gedient hat. Der Überlegung, dass aufgrund des Bestehens von Versicherungsschutz ein Kollektiv den Schaden trägt und dies den Schädiger weniger belastet, als wenn er den Schaden allein tragen würde, wird sich kaum ein

---

1012 BGH, VIII ZR 62/70 vom 15.11.1971, NJW 1972, 150, vgl. hierzu *von Bar*, AcP 1981, 289, 320; *Makowsky*, Versicherungsschutz, S. 287.

1013 Die Fallkonstellation ist nicht unmittelbar vergleichbar mit der Lage eines durch eine D&O-Versicherung abgesicherten Leitungsorgans, da im Tiefgaragenfall dem Parkkunden selbst ein Versicherungsschutz verschafft wurde. Der Fall wird wegen der allgemeinen Frage der Auswirkungen von Versicherungsschutz auf Verkehrssicherungspflichten dargestellt und diskutiert.

1014 *Von Bar*, AcP 1981, 289, 320 („Der Verkehrssicherungspflicht sei wegen der Erfüllung der Versicherungspflicht – und nur deswegen – genüge getan.").

1015 *Von Bar*, AcP 1981, 289, 324 f.

1016 *Larenz/Canaris*, Schuldrecht BT, Band II/2, S. 416 f. („Münchhausen-Trick").

Richter verwehren können. Es erscheint fast schon scheinheilig, vom Richter zu erwarten, dass er diese Erwägungen in seine Entscheidung mit einfließen lässt, dies in der Urteilsbegründung aber keinesfalls erwähnen darf.

Nicht zu überzeugen vermag dagegen das Argument *von Bars*, dass ein bestehender Versicherungsschutz im Rahmen von Rechtswidrigkeit und Schuld Berücksichtigung finden könne, da dies auch bei Billigkeitserwägungen der Fall sei. Hiergegen spricht, dass §§ 829, 253 Abs. 2 BGB die Zumutbarkeit der Haftung ausdrücklich erwähnen und ersichtlich als Ausnahmeregel konzipiert sind. Würde man die wirtschaftliche Zumutbarkeit bereits im Grundtatbestand von § 823 ff. BGB berücksichtigen, würde das Merkmal der wirtschaftlichen Zumutbarkeit zudem doppelt Berücksichtigung finden.

Eine anspruchsbegründende Wirkung kann der Versicherungsschutz im Rahmen der Verkehrspflichten aber auch aus einem anderen Grund nicht haben: Bei der Entscheidung, ob eine Verkehrspflicht besteht, ist zwar auf die wirtschaftliche Zumutbarkeit für den Schädiger einzugehen. Dies bezieht sich aber auf die Vermeidung der Rechtsgutsverletzung und nicht auf die Frage, ob das Risiko der Rechtsgutsverletzung versicherbar ist. Bei Prüfung der Verkehrspflicht kann mit einbezogen werden, ob Sicherungsmaßnahmen dem Schädiger wirtschaftlich zumutbar waren, nicht aber, ob es dem Schädiger zuzumuten war, sich gegen den Schaden zu versichern.[1017] Die Ebene der Rechtsgutsverletzung ist von der Frage der Versicherbarkeit des Schadens in dogmatischer Hinsicht streng zu trennen. Die Rechtsgutsverletzung ist schließlich Teil des anspruchsbegründenden Tatbestands, die Versicherbarkeit des Schadens eine Anschlussfrage der Haftung.

Eine anspruchsbegründende oder -erweiternde Wirkung über das Scharnier der Verkehrspflichten ist daher insoweit abzulehnen.

3. Einfluss von D&O-Versicherungen auf die Außenhaftung von Leitungsorganen

a) Beachtlichkeit von Versicherungsschutz bei der Beurteilung von Verkehrspflichten

Nach der Auffassung *von Bars* kommt es in Betracht, im Rahmen der Frage, ob eine Verkehrssicherungspflicht besteht, auch zu berücksichtigen, dass der Schädiger versichert ist und ihm eine Haftung daher wirtschaftlich zumutbar ist.[1018] Insofern könnte bei einer deliktischen Außenhaftung der Leitungsorgane nach § 823 Abs. 1 BGB eine bestehende D&O-Versicherung im Rahmen der Verkehrspflichten zu berücksichtigen

---

1017 So auch *Larenz/Canaris*, Schuldrecht BT, Band II/2, S. 416 f. (die statt zwischen Rechtsgutsverletzung und Schaden wie hier zwischen Tatbestand und Folgen differenzieren); *Makowsky*, Versicherungsschutz, S. 292 (der den Einfluss von Versicherungsschutz auf einer sekundären Ebene berücksichtigen will, bei der die Unzumutbarkeit der Haftung geprüft wird).

1018 *Von Bar*, AcP 1981, 289, 289.

sein. Hierfür spricht, dass eine persönliche Haftung dem Leitungsorgan eher zumutbar ist, wenn eine Versicherung besteht. Nach der hier vertretenen Auffassung ist die Frage des bestehenden Versicherungsschutzes allerdings nicht anspruchsbegründend oder –ausweitend zu berücksichtigen, da es bei dem Kriterium der wirtschaftlichen Zumutbarkeit nicht um die Haftung an sich geht, sondern um die Frage, ob Sicherungsmaßnahmen dem Schädiger wirtschaftlich zumutbar gewesen wären. Hinzu kommt, dass bei D&O-Versicherungen in der Regel bereits der Selbstbehalt so hoch sein wird, dass der Einfluss der Versicherung auf die wirtschaftliche Zumutbarkeit zumindest abgemildert ist.

b) Einfluss des deep pocket-Phänomens

Neben dieser rein dogmatischen Erwägung ist weiterhin auf einer rechtstatsächlichen Ebene zu berücksichtigen, dass ein bestehender Versicherungsschutz eventuell Einfluss auf die Geltendmachung von Schadensersatzansprüchen hat. Nach dem sogenannten *deep pockets*-Phänomen verschafft ein bestehender Versicherungsschutz einen unmittelbaren Anreiz, den Schädiger bzw. seine Versicherung zu verklagen, da bei der Versicherung die Haftungsmasse am größten ist und eine Klage daher aussichtsreich erscheint.[1019] Wegen der fehlenden Möglichkeit, bezüglich des gesamten Fragekomplexes belastbare empirische Daten zu erheben, kann hinsichtlich des tatsächlichen Einflusses dieses Phänomens nur gemutmaßt werden. In der Literatur wird jedoch immer wieder geargwöhnt, dass das Vorhandensein einer hochdotierten D&O-Versicherung zur Erhebung von Ansprüchen motiviert.[1020]

Zum Teil wird vertreten, die Geschädigten einer deliktischen Handlung würden eher gegen die Versicherung als gegen den Schädiger persönlich vorgehen, da es sich hierbei um eine „freundliche Inanspruchnahme"[1021] handele. Da die Geschädigten in der Erwartung klagen würden, nicht gegen den Manager persönlich, sondern „nur" gegen die Versicherung vorzugehen, bestärke dies den Reflex tatsächlich Geschädigter, Schadensersatzansprüche auch durchzusetzen. Zum einen würden dem weniger „Skrupel" entgegenstehen, da nicht der Manager persönlich belastet werde. Zum anderen wird vermutet, dass von Seiten der Geschädigten die Erwartungshaltung besteht, der in Anspruch genommene Schädiger würde bei einer Klage gegen seine Versicherung im Prozess eher kooperieren.[1022]

Weiterhin wird die These aufgestellt, dass ein bestehender Versicherungsschutz sich nicht auf die Anspruchsbegründung auswirkt, sondern auf die Höhe von Schadensersatzansprüchen.[1023] Nach dieser Ansicht soll sich das Bestehen einer D&O-Versicherung nicht auf die Inanspruchnahme an sich auswirken, sondern nur auf die Anspruchshöhe Einfluss haben.

1019 Zum Begriff „deep pockets" vgl. *Langheid*, in: MüKo VVG, § 19 Rn. 80.
1020 Z.B. *v. Schenck*, NZG 2015, 494, 495; *Thümmel*, Persönliche Haftung, S. 25.
1021 *Thümmel*, Persönliche Haftung, S. 25.
1022 *Thümmel*, Persönliche Haftung, S. 25.
1023 *Sieg*, Handbuch Managerhaftung, S. 432 ff.

c) Stellungnahme

Eine eindeutige Aussage zum Einfluss des deep pockets – Phänomens ist nur schwer möglich. Es spricht aber viel dafür, dass sich dieses Phänomen vor allem im Bereich der Außenhaftung auswirkt. Im Bereich der Innenhaftung dürfte die Verpflichtung des Aufsichtsrates, Ansprüche gegen den Vorstand wegen Pflichtverletzungen durchzusetzen, dazu führen, dass eine prozessuale Geltendmachung unabhängig von der Bonität der Vorstandsmitglieder bzw. ihrer Versicherung stattfindet.[1024] Zum einen ist der Aufsichtsrat nämlich verpflichtet, eine umfangreiche und sorgfältige Risikoanalyse hinsichtlich der Erfolgsaussichten einer Klage gegen Vorstandsmitglieder durchzuführen. Zum anderen ist der Aufsichtsrat bei jeglicher Inanspruchnahme der Gesellschaft wegen Pflichtverletzungen von Vorstandsmitgliedern verpflichtet, Regressansprüche gegen den Vorstand zu prüfen und geltend zu machen. Er wird dem im Zweifel schon allein zu dem Zwecke nachkommen, um eine eigene Haftung gem. §§ 93, 116 AktG abzuwenden.[1025]

Auf die hier thematisierte Außenhaftung könnte eine bestehende D&O-Versicherung schon eher Einfluss haben. Eine solche Versicherung hat zwar keine Auswirkung auf die Verkehrspflichten der Geschäftsleiter, da die Zumutbarkeit der persönlichen Haftung bei der Anspruchsbegründung keine Rolle spielt. In tatsächlicher Hinsicht ist aber zweifellos davon auszugehen, dass die „Theorie der tiefen Taschen" einen nicht zu unterschätzenden Einfluss hat. Zum einen hat die Realisierbarkeit einer Forderung in jedem Streitfall eine Auswirkung auf die Frage der Geltendmachung. Eine D&O-Versicherung hat für den geschädigten Dritten den Vorteil, dass sowohl ihr Bestehen als auch die Haftungshöchstsummen oftmals publiziert werden.[1026] Anders als hinsichtlich des Privatvermögens kann also u.U. genau abgeschätzt werden, in welcher Höhe eine Forderung realisiert werden kann. Zum anderen dürfte der Haftungsumfang der meisten D&O-Versicherungen das Privatvermögen der Leitungsorgane übersteigen, sodass auch höhere Summen eingeklagt werden.

Der Einfluss der „freundlichen Inanspruchnahme" ist dagegen im Bereich der Organhaftung im Zweifel kein Faktor, der sich in besonderem Maße auf die Geltendmachung von Ansprüchen auswirkt. Hierfür spricht, dass die Geltendmachung von Schadensersatzansprüchen neben den unmittelbaren finanziellen Einbußen auch zu anderen nachteiligen Auswirkungen für den Geschäftsleiter führt. Neben

---

1024 So auch *Lange*, in: Veith/Gräfe/Gebert Versicherungsprozess, § 21 Rn. 41.

1025 Zur ARAG/Garmenbeck-Rechtsprechung siehe zuletzt *Faßbender*, NZG 2015, 501, 501 ff.

1026 Oftmals sind die Haftungshöchstsummen schon über Presseberichte bekannt. Die Publikation kann aber auch in Form eines Hauptversammlungsbeschlusses bestehen. Zu den Zuständigkeiten hinsichtlich des Abschlusses einer D&O-Versicherung, insbesondere wann ein Beschluss der Hauptversammlung notwendig ist, vgl. *Spindler*, in: MüKo AktG, § 93 Rn. 218.

einer höheren Versicherungspolice und der Sorge um den guten Ruf sind auch Auswirkungen auf Bonus-Zahlungen denkbar. Aufgrund dieser Nachteile wird der Geschädigte nicht von einer Kooperation durch den Geschäftsleiter ausgehen können.

Gegen einen Einfluss der D&O-Versicherung auf die Außenhaftung spricht weiterhin nicht, dass Leitungsorgane oftmals ein großes Privatvermögen haben und dementsprechend auch unabhängig von einer Versicherung solvent sind, was z.T. von Seiten der Literatur vorgetragen wird.[1027] Da die Vergütung von Leitungsorganen zumeist mit dem Haftungsrisiko, dem sie ausgesetzt sind, korrespondiert, besteht im Falle einer hohen Vergütung grundsätzlich auch ein hohes Haftungsrisiko. Dementsprechend reicht dann auch ein hohes Privatvermögen nicht aus, die Haftungsrisiken vollständig auszugleichen.

Als letzter Umstand ist zu berücksichtigen, dass nicht nur die Geschädigten, sondern auch die Richter bei ihrer Entscheidung von bestehendem Versicherungsschutz beeinflusst werden. In den Fällen, in denen eine Versicherung besteht, wird der Richter eher geneigt sein, einer Klage stattzugeben.[1028] Eine Besonderheit auf dem Gebiet der Organhaftung ist hierdurch aber nicht zu konstatieren. Immerhin wird es in vielen Prozessen so sein, dass eine oder mehrere Prozessparteien in finanzieller Hinsicht vom Unterliegen stärker betroffen sind als der Gegner. Klagt etwa eine Bank als Darlehensgeber ausbleibende Darlehensraten ein, belastet eine Verurteilung den privaten Darlehensnehmer im Zweifelsfall mehr als die klagende Bank. Dennoch wird vom Richter an dieser Stelle erwartet, über den Anspruch unabhängig von diesen Erwägungen zu entscheiden.

III. Zwischenergebnis

Vertraglich vereinbarte Haftungsbeschränkungen mit der Gesellschaft haben grundsätzlich keine Auswirkung auf die deliktische Haftung der Leitungsorgane. Hierfür ist eine ausdrückliche Einbeziehung der Organe in die Haftungsbeschränkung erforderlich.

Das Bestehen von Versicherungsschutz, insbesondere einer D&O-Versicherung, hat nach der hier vertretenen Auffassung keine Auswirkungen auf die Verkehrspflichten der Leitungsorgane. In rein tatsächlicher Hinsicht ist der Einfluss bestehenden Versicherungsschutzes auf die Geltendmachung eines Anspruchs nicht auszuschließen, jedoch gilt dies für den Bereich der Organhaftung ebenso wie in allen anderen Rechtsgebieten.

1027 Etwa *Lange*, in: Veith/Gräfe/Gebert Versicherungsprozess, § 21 Rn. 41
1028 *Sieg*, Handbuch Managerhaftung, S. 432, weist darauf hin, dass empirische Erfahrungen gezeigt haben, dass die Justiz in diesen Fällen eher zur Stattgebung einer Klage neigt.

C. Beschränkung der Haftung durch Ressortaufteilung?

Die Haftung der Leitungsorgane im Innenverhältnis untereinander wurde in Abschnitt A. III. bereits angesprochen. Danach richtet sich die Haftung unter mehreren Leitungsorganen unter anderem nach der internen Aufgabenverteilung. Auf diesen Punkt soll nunmehr genauer eingegangen werden. Aus der internen Ressortaufteilung zwischen mehreren Organmitgliedern könnte sich eine Möglichkeit der Einschränkung der deliktischen Haftung ergeben. Denkbar ist, abweichend vom Grundsatz der Gesamtverantwortung (I.) eine Verteilung der Zuständigkeiten unter mehreren Vorstandsmitgliedern oder mehreren Geschäftsführern vorzunehmen, die nach z.T. vertretener Meinung zu einer Beschränkung der Haftung auch gegenüber Dritten führt (II.).

I. Grundsatz der Gesamtverantwortung

Der Grundsatz der Gesamtverantwortung wird zwar weder im Aktien- noch im GmbH-Gesetz ausdrücklich geregelt, ist aber allgemein anerkannt.[1029] In der GmbH ergibt sich die Gesamtverantwortung der Geschäftsführer aus § 35 GmbHG, der vorsieht, dass diese die Gesellschaft gemeinschaftlich vertreten. Hieraus wird gefolgert, dass die Geschäftsführer auch im Innenverhältnis gemeinschaftlich verantwortlich und zuständig sind.[1030] Auch in der Aktiengesellschaft trägt grundsätzlich jedes Vorstandsmitglied gem. § 93 AktG die Pflicht für die Geschäftsleitung im Ganzen, woraus eine umfassende Verantwortung für die Belange der Gesellschaft folgt („Allzuständigkeit").[1031] Auch über seinen engeren Aufgabenbereich hinaus muss prinzipiell jedes Vorstandsmitglied durch „umrisshafte Begleitung an der Gesamtleitung mitwirken".[1032]

II. Haftungsbeschränkung durch Ressortaufteilung?

Hiervon abweichend könnte aus einer internen Ressortaufteilung eine Beschränkung der Haftung geregelt werden. Hierzu soll zunächst eine Entscheidung des VI. Senat von 1996 dargestellt werden, bevor die Reaktionen der Literatur hierauf dargestellt und erörtert werden (1.) und eine Stellungnahme abgegeben wird (2.).

1029 *Fleischer*, in: Spindler/Stilz AktG, § 77 Rn. 44 (für die Aktiengesellschaft); *Haas/Ziemons*, in: BeckOK GmbHG, § 43 Rn. 210 (für die GmbH).
1030 *Haas/Ziemons*, in: BeckOK GmbHG, § 43 Rn. 210.
1031 *Fleischer*, in: Spindler/Stilz AktG, § 77 Rn. 44.
1032 *Fleischer*, in: Spindler/Stilz AktG, § 77 Rn. 44.

1. Ansicht des VI. Senats und Reaktionen in der Literatur

a) Entscheidung des VI. Senats von 1996

Der VI. Senat nahm 1996 Stellung zu der Frage, ob die deliktische Verantwortlichkeit von GmbH-Geschäftsführern durch interne Zuständigkeitsvereinbarungen eingeschränkt werden kann.[1033] Die beklagten Geschäftsführer wurden von der Einzugstelle, die für Arbeitnehmerbeiträge zur Sozialversicherung zuständig ist, in Anspruch genommen. Anlässlich dessen führte der VI. Senat aus, dass eine interne Zuständigkeitsregelung „zwar nicht zu einer Aufhebung, wohl aber zu einer Beschränkung der straf- und haftungsrechtlichen Verantwortlichkeit"[1034] führen kann. Durch eine derartige Aufteilung würde die Verantwortlichkeit des nicht betroffenen Geschäftsführers nach innen und außen beschränkt. Dennoch sollen dem nicht betroffenen Geschäftsführer in jedem Fall kraft seiner Allzuständigkeit gewisse Überwachungspflichten obliegen. Diese müssen ihn zum Eingreifen veranlassen, wenn Anhaltspunkte dafür bestehen, dass die Erfüllung der der Gesellschaft obliegenden Aufgaben durch den zuständigen Geschäftsführer nicht mehr gewährleistet ist. Hierzu sollen auch das Entrichten von Steuern und das Abführen von Sozialversicherungsbeiträgen gehören.

b) Reaktionen in der Literatur

Die vorherrschende Auffassung in der Literatur folgt der Linie des VI. Senats. Nach Ansicht von *Schöpflin* lässt sich eine Beschränkung der Haftung von Vorstandsmitgliedern gegenüber Dritten „bis zu einem gewissen Grade" erreichen.[1035] Danach soll bei einer Ressortverteilung jedes Vorstandsmitglied grundsätzlich nur für sein Ressort verantwortlich sein. Auch nach Auffassung von *Heermann* kann aus der Ressortverteilung eine Beschränkung der Haftung der Vorstandsmitglieder im Außenverhältnis hergeleitet werden.[1036] Ausnahmen hierzu sollen nur gelten, sofern nach dem Gesetz Pflichten zwingend und unabhängig von der Ressortverteilung jedem Vorstandsmitglied obliegen, wie etwa die Insolvenzantragspflicht. *Stöber* hingegen vertritt die Auffassung, dass durch eine Aufgabenverteilung die Verantwortlichkeit lediglich im Innenverhältnis beschränkt wird. Eine Außenwirkung soll nach *Stöber* nur dann eintreten, wenn die Ressortverteilung schriftlich genau festgehalten wird, auch dies soll die Ressortleiter aber nicht von ihrer Pflicht zur Überwachung entbinden.[1037]

1033 BGH, VI ZR 319/95 vom 15.10.1996, NJW 1997, 130.
1034 BGH, VI ZR 319/95 vom 15.10.1996, NJW 1997, 130, 132.
1035 *Schöpflin*, in: BeckOK BGB, § 31 Rn. 28 (m.w.N.).
1036 *Heermann*, in: FS Röhricht, S. 1191, 1197.
1037 *Stöber*, Handbuch Vereinsrecht, Rn. 466/467.

2. Stellungnahme

Der Entscheidung des VI. Senats ist inhaltlich mit Einschränkungen zuzustimmen. Auch wenn vom Gesetz eine Allzuständigkeit der Leitungsorgane vorgesehen ist, müssen in größeren Unternehmen interne Zuständigkeitsregelungen getroffen werden können. Mit der Unternehmensgröße wächst nämlich die Komplexität und Überschaubarkeit der Unternehmensführung. Schon aus betriebswirtschaftlichen Gründen ist es daher erforderlich, die Geschäftsführung so zu organisieren, dass nicht jedes Leitungsorgan jedes Detail im Blick haben muss.[1038] Durch diese Ressortverteilung kann allerdings nicht ohne weiteres eine Haftungsbeschränkung gegenüber Dritten erreicht werden.[1039] Zum einen bewirkt die Ressortverteilung schon nach h.M. auch im Innenverhältnis nur eine Umwandlung der jeweiligen Pflichten in eine Überwachungspflicht.[1040] Dies muss dann umso mehr auch für das Außenverhältnis gelten. Zum anderen bewirkt die Allzuständigkeit und gemeinsame Verantwortlichkeit, dass jeder Geschäftsleiter auch hinsichtlich der anderen Ressorts eine Überwachungspflicht trifft.[1041] Eine Aufgabenverteilung unter mehreren Leitungsorganen bewirkt daher eine Umwandlung der jeweiligen Pflichten: Hinsichtlich des eigenen Ressorts bleibt es bei der Pflicht der Geschäftsleitung. Hinsichtlich der Ressorts der anderen Leitungsorgane bewirkt die Verteilung – zumindest im Außenverhältnis – eine Umwandlung der Pflicht der Geschäftsleitung in eine Pflicht zur Überwachung, Kontrolle und Aufsicht. Aus der Allzuständigkeit folgt danach bei einer Ressortverteilung eine Pflicht zum Eingreifen, wenn Anhaltspunkte bestehen, dass die Erfüllung der dem anderen Leitungsorgan obliegenden Aufgaben nicht mehr gewährleistet ist. Je wichtiger der Aufgabenbereich, umso so höher sind dabei die Anforderungen an die Überwachungs- und Aufsichtspflichten zu stellen. Insbesondere im strafrechtlich relevanten Bereich kann die konkrete Aufgabe zwar delegiert werden, die Anforderungen an die Überwachung und Aufsicht sind aber so hoch anzusetzen, dass bereits der Erfolgseintritt ausreicht, um eine Haftung auszulösen (etwa die Nichtabführung von Steuern und Sozialversicherungsbeiträgen oder die Insolvenzantragspflicht).

III. Zwischenergebnis

Eine Beschränkung der Haftung durch eine interne Ressortverteilung ist dementsprechend abzulehnen. Zumindest im Außenverhältnis ist eine abweichende Regelung vom Grundsatz der Gesamtverantwortung abzulehnen. Eine interne Zuständigkeitsverteilung führt nach der hier vertretenen Ansicht zu einer Umwandlung der Pflichten (Aufsicht, Überwachung, Kontrolle). Im strafrechtlich relevanten Bereich sind die Anforderungen an die Aufsichtspflichten so hoch anzusetzen, dass

---

1038   *Leuering/Rubner*, NJW-Spezial 2015, 335, 335 (zur Innenhaftung).
1039   So auch *Stöber*, Handbuch Vereinsrecht, Rn. 466/467.
1040   So etwa *Leuering/Rubner*, NJW-Spezial 2015, 335, 335.
1041   *Leuering/Rubner*, NJW-Spezial 2015, 335, 335.

der Erfolgseintritt ausreicht, um eine Haftung der Leitungsorgane auszulösen. Ansonsten führt die Ressortverteilung dazu, dass das Aufsicht führende Organ haftet, wenn es seine Aufsichtspflichten vorsätzlich oder fahrlässig verletzt hat.

D. Zwischenergebnis

Als Zwischenergebnis kann hinsichtlich der Rechtsfolge der gemeinsamen Haftung von Leitungsorgan und Gesellschaft folgendes festgehalten werden:

Leitungsorgan und Gesellschaft haften gem. § 421 BGB als gleichrangige Gesamtschuldner.

Im Innenverhältnis richtet sich der Ausgleich grundsätzlich nach § 426 BGB, wobei eine Modifizierung im Sinne einer anderweitigen Bestimmung nach § 426 Abs. 1 BGB durch Ersatzansprüche nach §§ 43 Abs. 2 GmbHG, 93 Abs. 2 AktG möglich ist. Diese Modifizierung gilt entsprechend für Ansprüche nach § 426 Abs. 2 BGB. Liegt im Innenverhältnis keine Pflichtverletzung vor, haftet im Innenverhältnis allein die Gesellschaft.

Hinsichtlich der Beeinflussung der deliktischen Haftung durch vertragliche Vereinbarungen ist folgendes zu beachten:

Im Grundsatz haben vertragliche Vereinbarungen keine Auswirkungen auf die deliktische Haftung. Wechselwirkungen zwischen Vertrags- und Deliktsrecht bedürfen dagegen einer besonderen Begründung. Insbesondere ist hierbei zu beachten, dass vertragliche Haftungsregelungen nicht durch den Umweg des Deliktsrechts umgangen werden.

Haftungsprivilegierungen, die zwischen Gläubiger und Gesellschaft vereinbart werden, gelten grundsätzlich nicht auch zu Gunsten der Leitungsorgane. Eine solche Haftungsbeschränkung zu Gunsten Dritter ist dogmatisch zwar möglich und zulässig, erfordert aber eine ausdrückliche Einbeziehung der Leitungsorgane.

Eine D&O-Versicherung, die zu Gunsten der Leitungsorgane abgeschlossen wird, hat nur in tatsächlicher Hinsicht Auswirkungen auf die persönliche deliktische Haftung. In rechtlicher Hinsicht ist ein bestehender Versicherungsschutz weder im Rahmen der Verkehrspflichten noch an anderer Stelle zu berücksichtigen. In tatsächlicher Hinsicht ist davon auszugehen, dass eine bestehende D&O-Versicherung im Bereich der deliktischen Außenhaftung die Geltendmachung von Ansprüchen fördert. Dies gilt insbesondere, wenn der Geschädigte Kenntnis von dem bestehenden Versicherungsschutz und der Haftungshöchstsumme hat.

Zusammengefasst haften die Leitungsorgane im Außenverhältnis also grundsätzlich persönlich unbeschränkt und als gleichrangige Gesamtschuldner neben der Gesellschaft für deliktische Handlungen. Dies gilt auch dann, wenn zu Gunsten der Gesellschaft vertraglich eine Haftungsbeschränkung vereinbart wird. Hinzu kommt, dass ein bestehender Versicherungsschutz der Leitungsorgane nach dem bisherigen Kenntnisstand hinsichtlich der Geltendmachung von Ansprüchen eine fördernde Wirkung hat.

Vor dem Hintergrund dieses Ergebnisses stellt sich die Frage, ob eine so weitreichende unbeschränkte persönliche Haftung der Leitungsorgane rechtspolitisch

gewollt ist. Das Kammergericht Berlin hat sich bereits zu einer eventuellen Ausweitung der deliktischen Haftung geäußert und diesbezüglich klargestellt, dass
eine solche ein Tätigwerden des Gesetzgebers erfordert.[1042] Hinsichtlich der bestehenden Rechtslage ist dagegen zu berücksichtigen, dass die Frage der persönlichen
Zumutbarkeit der Haftung von Schuldnern im Allgemeinen bereits geregelt ist.
Neben den Vorschriften zum Pfändungsschutz nach den. §§ 850c ff. ZPO ist auch
die Möglichkeit der Restschuldbefreiung nach Abschluss des Insolvenzverfahrens
nach den §§ 287 ff. InsO vorgesehen. Hierdurch wird bereits ausreichend vermieden,
einzelne Schuldner mit wirtschaftlich unzumutbaren Haftungsfolgen zu belasten.
Hinzu kommen die allgemeinen Grenzen der §§ 138, 242 BGB.[1043] Ein Eingreifen des
Gesetzgebers, etwa durch Haftungshöchstsummen oder bestimmte Schuldformen,
ist nach der hier vertretenen Auffassung also nicht erforderlich.

1042   BGH, I ZR 242/12 vom 18.06.2014, BGHZ 201, 344 = BeckRS 2014, 14705 (Rn. 29) =
       GRUR 2014, 883.
1043   Vgl. hierzu näher oben 2. Teil. A.

7. Teil. Zusammenfassung der wesentlichen Ergebnisse, Fazit und Übertragbarkeit des erarbeiteten Haftungsmodells

In diesem siebten Teil werden die wesentlichen Ergebnisse zusammengefasst (A.), bevor ein Fazit gezogen wird und erörtert wird, auf welche Personengruppen das erarbeitete Haftungsmodell übertragbar ist (B.).

A. Zusammenfassung der wesentlichen Ergebnisse

Die wesentlichen Ergebnisse der vorstehenden Untersuchung lassen sich in folgenden Thesen zusammenfassen:

1. Der Grundsatz der unbeschränkten Haftung für unternehmerisches Handeln, der sich aus den Grundrechten und insbesondere Art. 14 GG ergibt, gilt uneingeschränkt auch für Leitungsorgane in der Kapitalgesellschaft. Seine Grenze findet dieser Grundsatz in den Vorschriften zur Sittenwidrigkeit gem. § 138 BGB, den Pfändungsfreigrenzen gem. §§ 850c ff. ZPO sowie der Möglichkeit der Restschuldbefreiung nach Abschluss des Insolvenzverfahrens nach den §§ 287 ff. InsO.

2. Die vorstehende Untersuchung hat gezeigt, dass die Haftungskonzentration auf die Gesellschaft grundsätzlich dazu führt, dass die Gläubiger der Gesellschaft deren Insolvenzrisiko (mit-)tragen. Zusätzlich bringt das System der Haftungskonzentration auch in tatsächlicher Hinsicht Nachteile für die Gläubiger mit sich, insbesondere aufgrund der Zuständigkeit des Aufsichtsrats für die Verfolgung der Innenhaftungsansprüche. Beides beruht allerdings auf einer Wertung des Gesetzgebers und wird durch die Vorteile der Haftungskonzentration, nämlich die Gläubigergleichbehandlung und die Risikodiversifizierung, ausgeglichen. Eine Ausnahme hierzu ist der Bereich der Kapitalmarktinformationshaftung im Vorfeld der Insolvenz, weshalb hier am ehesten eine Außenhaftung gerechtfertigt ist. Solange dagegen die Finanzierung der Gesellschaft und deren unternehmerisches Risiko tangiert sind, ist eine deliktische Außenhaftung der Leitungsorgane abzulehnen und vielmehr die Durchgriffshaftung der Gesellschafter einschlägig.

3. Die Analyse der Rechtsprechung hat ergeben, dass Leitungsorgane in der Praxis insbesondere in folgenden Fallgruppen persönlich deliktisch gegenüber Dritten haften:
   - Im Fall von Wettbewerbsverletzungen bejaht der I. Senat eine Außenhaftung der Leitungsorgane, wenn diese durch positives Tun an einer Wettbewerbsverletzung beteiligt waren oder sich aus allgemeinen Grundsätzen

des Deliktsrechts eine Garantenstellung ergibt. Betriebsinterne Organisationspflichten begründen nach Ansicht des I. Senats keine solche Garantenstellung.

– Der VI. Senat bejaht eine Außenhaftung der Leitungsorgane für unzureichende Unternehmensorganisation, wenn eine Verletzung absolut geschützter
Rechtsgüter vorliegt. Liegt nur ein Vermögensschaden vor, soll dagegen eine
Pflicht erforderlich sein, die über die Pflichten aus §§ 43 GmbHG, 93 AktG
hinausgehend das Leitungsorgan aus besonderen Gründen persönlich trifft.

– In der Praxis bedeutsam ist die Haftung wegen Insolvenzverschleppung. Neben
der Haftung wegen Zahlungen nach Insolvenzreife gem. §§ 64 S. 1, 3 GmbHG
sowie §§ 93 Abs. 3 Nr. 6, Abs. 2 S. 3 AktG kommt im deliktischen Bereich die
Haftung gem. § 823 Abs. 2 BGB i.V.m. § 15a InsO in Betracht. Danach haften
die Leitungsorgane persönlich, wenn sie nicht spätestens drei Wochen nach
Eintritt der Zahlungsunfähigkeit oder Überschuldung einen Antrag auf Eröffnung des Insolvenzverfahrens zu stellen.

– Eine Haftung wegen fehlerhafter Kapitalmarktinformation gem. § 826 BGB
kommt in Betracht, wenn das Leitungsorgan sein überlegenes Wissen gegenüber dem Anleger nutzt, um diesen zu einer Anlage zu bewegen und hierdurch
zu schädigen. Es reicht allerdings aus, dass das Leitungsorgan den Schaden
dabei billigend in Kauf nimmt. Dies wird im Bereich der Kapitalmarktinformationshaftung bereits dann vermutet, wenn eine fehlerhafte Information
veröffentlicht wird.

– Umstritten, aber bislang nicht obergerichtlich geklärt, sind die Fragen der
deliktischen Haftung von Leitungsorganen im Bereich der Produkthaftung
sowie als Teilnehmer gem. § 830 Abs. 2 BGB.

4. Ein Vergleich der Haftung von Leitungsorganen mit der Haftung von Arbeitnehmern, Beamten und Treuhändern hat folgende Ergebnisse ergeben:

– Wegen der wesentlichen Unterschiede zwischen Leitungsorganen und Arbeitnehmern ist für Leitungsorgane ein eigenes Haftungskonzept zu entwickeln,
das sich nicht an der Arbeitnehmerhaftung orientiert. Widersprüche zwischen
der Haftung von Leitungsorganen und der von leitenden Arbeitnehmern sollten aber vermieden werden.

– Das Verweisungsprivileg des § 839 Abs. 1 S. 2 BGB aus dem Beamtenrecht ist
nicht auf die Haftung von Leitungsorganen zu übertragen. Die Einrede der
nur nachrangigen persönlichen Haftung neben der Gesellschaft würde im
Hauptanwendungsfall der Inanspruchnahme der Leitungsorgane, nämlich
der Unternehmensinsolvenz, kaum jemals zum Zuge kommen.

– Die Verwalter fremden Vermögens haften zumeist aufgrund eines Spezialtatbestands gegenüber dem verwalteten Vermögen. Die persönliche Außenhaftung dagegen ist nicht spezialgesetzlich geregelt. Hieraus folgt zwar keine
Haftungsbeschränkung gegenüber Dritten. Dennoch sind bei der Frage der
Verkehrspflichten die gesellschaftsrechtlichen Haftungsgrundsätze insofern
zu berücksichtigen, als dass für eine persönliche Haftung besondere Umstände

hinzutreten müssen, die über die internen Pflichten gegenüber der Gesellschaft hinausgehen.

5. Gegenstand der Untersuchung waren weiterhin die Kriterien, die eine Durchbrechung der Haftungskonzentration rechtfertigen. Die Ausführungen haben folgende Ergebnisse ergeben:
   – Um eine Durchbrechung der Haftungskonzentration im Fall von § 823 Abs. 1 BGB zu rechtfertigen, müssen die Tatbestandsvoraussetzungen bei dem Leitungsorgan persönlich erfüllt sein. Faktoren, die die Durchbrechung der Haftungskonzentration rechtfertigen, sind danach entweder eine unmittelbare Verletzungshandlung oder im Falle einer mittelbaren Verletzungshandlung oder Unterlassen eine Garantenstellung, die sich aus allgemeinen Grundsätzen ergibt. Interne Pflichten aus der Organstellung oder dem Anstellungsvertrag sind grundsätzlich nicht geeignet, eine solche Garantenstellung zu begründen. Die essentielle Bedeutung eines bestimmten Rechtsguts wie Leib oder Leben oder der Grad des Verschuldens führen nicht zu einer Durchbrechung der Haftungskonzentration.
   – Eine Außenhaftung gem. § 823 Abs. 2 BGB kommt in Betracht, wenn das Schutzgesetz i.S. d. § 823 Abs. 2 BGB vor einer besonders massiven Rechtsverletzung schützen soll, was im Regelfall bei Strafgesetzen der Fall sein wird. Ein weiterer Faktor, der für eine Außenhaftung spricht, ist die direkte Adressierung des Leitungsorgans im Schutzgesetz. Im Gegensatz hierzu steht eine Haftung über die Überleitungsnorm des § 14 StGB. Um sicherzustellen, dass sich die Haftung der Organe in das bestehende haftungsrechtliche System einfügt, ist, anders als von der Rechtsprechung praktiziert, zu fordern, dass die Voraussetzungen von § 823 Abs. 1 BGB und § 826 BGB nicht umgangen werden. Hierfür sollte die Rechtsverletzung in der Nähe einer der beiden Tatbestände liegen. Insbesondere im Fall von mittelbar verwirklichten Tatbeständen ist eine zivilrechtliche Außenhaftung über § 823 Abs. 2 BGB nur dann zu bejahen, wenn eine Garantenstellung auch nach den zu § 823 Abs. 1 BGB genannten Kriterien zu bejahen ist.
   – Eine Außenhaftung gem. § 826 BGB kommt grundsätzlich in Betracht, soweit eine vorsätzliche sittenwidrige Schädigung durch das Leitungsorgan selbst vorliegt. Im Bereich der Kapitalmarktinformationshaftung ist eine solche zu vermuten, sobald unrichtige Informationen veröffentlicht werden.
   – Eine persönliche Haftung der Leitungsorgane gem. § 830 Abs. 2 BGB als Teilnehmer an einem Sonderdelikt der Gesellschaft ist abzulehnen.

6. Hinsichtlich der Rechtsfolge der gemeinsamen Haftung von Leitungsorgane und Gesellschaft hat die vorstehende Untersuchung ergeben, dass Leitungsorgan und Gesellschaft gem. § 421 BGB als gleichrangige Gesamtschuldner haften. Im Innenverhältnis richtet sich der Ausgleich grundsätzlich nach § 426 Abs. 1, 2 BGB, wobei eine Modifizierung durch Ersatzansprüche nach §§ 43 Abs. 2 GmbHG, 93 Abs. 2 AktG möglich ist. Liegt im Innenverhältnis keine Pflichtverletzung vor, haftet im Innenverhältnis allein die Gesellschaft.

7. Vertragliche Haftungsprivilegierungen zwischen Gläubiger und Gesellschaft gelten grundsätzlich nicht auch zu Gunsten der Leitungsorgane. Hierfür ist eine ausdrückliche Einbeziehung erforderlich.

8. Das Bestehen von Versicherungsschutz, insbesondere einer D&O-Versicherung, hat nach der hier vertretenen Auffassung keine Auswirkungen auf die Verkehrspflichten der Leitungsorgane und somit auch keine Auswirkung auf die Organaußenhaftung. Ein bestehender Versicherungsschutz kann allerdings in tatsächlicher Hinsicht eine fördernde Wirkung auf die Geltendmachung von Ansprüchen haben.

B. Abschließendes Fazit und Frage des gesetzgeberischen Handlungsbedarfs

I. Abschließendes Fazit

Abschließendes Fazit dieser Arbeit ist zunächst, dass das Thema der Geschäftsleiterhaftung trotz umfangreicher Behandlung in Rechtsprechung und Literatur in keiner Weise an Brisanz verloren hat. Dies resultiert insbesondere daraus, dass im Bereich der deliktischen Organaußenhaftung die Vorschriften des allgemeinen Deliktsrechts Anwendung finden, diese aber in Einklang mit den Besonderheiten der Kapitalgesellschaft gebracht werden müssen. Hierbei sind die Vorteile einer Verbesserung des Gläubigerschutzes, aber auch das Interesse an der Aufrechterhaltung des gesellschaftsrechtlichen Trennungsprinzips zu berücksichtigen.

Ausgangspunkt dieser Arbeit war die Frage der Entstehung und Begründung von Verkehrssicherungspflichten und insbesondere der internen Organisationspflichten und ihrer Wirkung nach außen. Nach der hier vertretenen Auffassung entsteht aus internen Organisationspflichten keine Verkehrssicherungspflicht gegenüber Dritten. Wünschenswert wäre, wenn sich der II. und VI. Senat sich in dieser Hinsicht, insbesondere, was eine Haftung nach § 823 Abs. 1 BGB und Organisationspflichtverletzungen angeht, am Konzept des I. Senats orientieren könnten, da dieses den hier erarbeiteten Linien folgt. Hiervon ausgehend hat sich für die übrigen Haftungstatbestände (§§ 823 Abs. 2, 826, 831 BGB) des allgemeinen Deliktsrechts ergeben, dass eine persönliche Außenhaftung insbesondere im Bereich der Kapitalmarktinformationshaftung sowie im Vorfeld der Insolvenz in Betracht kommt. Beides steht allerdings in Einklang mit grundsätzlichen Erwägungen zur Haftungskonzentration.

Ein weiteres Fazit dieser Arbeit ist, dass die Vorschriften des allgemeinen Deliktsrechts, soweit sie die Haftung mehrerer betreffen (§§ 830, 840 BGB), nicht auf das Verhältnis zwischen Gesellschaft und dem für sie handelnden Organ zugeschnitten sind.

Eine Haftung der Leitungsorgane als Teilnehmer an einer Haupttat der Gesellschaft gem. § 830 Abs. 2 BGB kommt danach nicht in Betracht. Dies hat im Falle von Anspruchsgrundlagen, die das Unternehmen als Anspruchsgegner adressieren, weitreichende Auswirkungen auf die Außenhaftung. In diesen Fällen scheidet nach der hier vertretenen Auffassung eine Haftung der Leitungsorgane nämlich aus. Die entstehende Eingrenzung der deliktischen Außenhaftung ist aber gerechtfertigt, da ansonsten die Entscheidung des Gesetzgebers, als Anspruchsgegner in bestimmten Fällen das Unternehmen zu adressieren, umgangen würde.

Auch § 840 BGB, der die Rechtsfolgen mehrerer deliktischer Beteiligter regelt, ist nicht auf das Verhältnis zwischen Gesellschaft und Leitungsorgan anzuwenden. Dies wirkt sich auf der Rechtsfolgenseite allerdings nicht aus. Ein Gesamtschuldverhältnis zwischen Gesellschaft und Leitungsorgan besteht nämlich dennoch, da die Voraussetzungen des § 421 BGB ebenfalls gegeben sind.

II. Klarstellung durch den Gesetzgeber entbehrlich

Die drei Generalklauseln (§§ 823 Abs. 1, 2, 826 BGB) und die §§ 830, 840 BGB sind sowohl für eine haftungsfreundliche, als auch für eine haftungsfeindliche Auslegung offen. Dies betrifft nicht nur die Frage der Verkehrssicherungspflichten, sondern auch die von der Rechtsprechung bislang nicht höchstrichterlich geklärte Frage der Teilnehmerhaftung gem. § 830 Abs. 2 BGB. Eine Klarstellung durch den Gesetzgeber oder eine Gesetzesänderung erscheinen jedoch nicht erforderlich. Eine Ausweitung der Haftung im Bereich der fehlerhaften Organisation würde zwar in jedem Fall eine gesetzliche Grundlage erfordern, da die bestehenden Regeln für eine Erweiterung der Haftung nicht geeignet sind. Es ist aber gerade keine Ausweitung, sondern eher eine Eingrenzung der Haftung zu fordern, sodass die bestehende Rechtslage beibehalten werden kann. Nicht nur eine summenmäßige Haftungsbegrenzung zu Gunsten der Leitungsorgane, sondern auch eine Einführung von Spezialtatbeständen zur Organaußenhaftung ist daher abzulehnen. Auch die Entwicklung der strafrechtlichen Judikatur gibt keinen Anlass zu Änderungen. Diese hat in den vergangenen Jahren die Garantenpflichten der Leitungsorgane gem. § 13 StGB zwar ausgeweitet. Eine Neuregelung ist aber dennoch nicht erforderlich, da einer zur strafrechtlichen Verantwortlichkeit parallel laufenden zivilrechtlichen Haftung über eine einschränkende Auslegung der Voraussetzungen von § 823 Abs. 2 BGB entgegengewirkt werden kann.

Literaturverzeichnis

Achterberg, Norbert: Allgemeines Verwaltungsrecht, Ein Lehrbuch, Heidelberg, 1982.

Altmeppen, Holger / Wilhelm, Jan: Quotenschaden, Individualschaden und Klagebefugnis bei der Verschleppung des Insolvenzverfahrens über das Vermögen der GmbH, NJW 1999, 673–681.

Assmann, Heinz-Dieter / Schütze, Rolf A. (Hrsg.): Handbuch des Kapitalanlagerechts, 4. Auflage, München, 2015.
zit.: *Bearbeiter*, in: Assmann/Schütze, § Rn.

Bachmann, Georg: Reform der Organhaftung? Materielles Haftungsrecht und seine Durchsetzung in privaten und öffentlichen Unternehmen, NJW-Beil. 2014, 43–46.

–: Gutachten E zum 70. Deutschen Juristentag: Reform der Organhaftung? – Materielles Haftungsrecht und seine Durchsetzung in privaten und öffentlichen Unternehmen, in: Verhandlungen des 70. Deutschen Juristentages, München, 2014.
zit.: *Bachmann*, Reform Organhaftung, S.

–: Organhaftung in der Eigenverwaltung, ZIP 2015, 101–110.

Bamberger, Heinz Georg / Roth, Herbert (Hrsg.): Beck'scher Online-Kommentar BGB, München.

– zu §§ 21, 31 BGB: 40. Edition, Stand 01.05.2016.

– zu § 823 BGB: 40. Edition, Stand 01.08.2016.

– zu §§ 670, 2197 BGB: 40. Edition, Stand 01.08.2016.
zit.: *Bearbeiter*, in: BeckOK BGB, § Rn.

Bar, Christian von: Verkehrspflichten: Richterliche Gefahrsteuerungsgebote im deutschen Deliktsrecht, Köln, 1980.
zit.: *von Bar*, Verkehrspflichten, S.

–: Das „Trennungsprinzip" und die Geschichte des Wandels der Haftpflichtversicherung, AcP 1981, 289327.

–: Zur Struktur der Deliktshaftung von juristischen Personen, ihren Organen und ihren Verrichtungsgehilfen, in: Wege zum japanischen Recht, Festschrift für Zentaro Kitagawa zum 60. Geburtstag am 5. April 1992, Hans G. Leser, Tamotsu Isomura (Hrsg.), Berlin, 1992.
zit.: *von Bar*, in: FS Kitagawa, S.

Baumbach, Adolf / Hueck, Alfred: Beck'sche Kurzkommentare GmbHG, Gesetz betreffend die Gesellschaften mit beschränkter Haftung, 20. Auflage, München, 2013.
zit.: *Bearbeiter*, in: Baumbach/Hueck GmbHG, § Rn.

Baumert, Georg: Die Haftung des Arbeitnehmers gegenüber Dritten, Multitudo legum – ius unum, in: Festschrift für Wilhelm Wengler zu seinem 65. Geburtstag,

Band II, Kollisionsrecht und Rechtsvergleichung, Josef Tittel u.a. (Hrsg.), Berlin 1973, S. 139–149.
zit.: *Baumert*, in: FS Wengler, S.

Baur, Fritz: Die Eigenhaftung des Konkursverwalters bei Fortführung des gemeinschuldnerischen Betriebs, in: Gedächtnisschrift für Rudolf Bruns, Johannes Baltzer, Gottfried Baumgärtei, Egbert Peters, Helmut Pieper (Hrsg.), München, 1980, S. 241–251.
zit.: *Baur*, in: Gedächtnisschrift Bruns, S.

–: Der Testamentsvollstrecker als Unternehmer, in: Vom Deutschen zum Europäischen Recht, Festschrift für Hans Dölle, Band I, Deutsches Privat- und Zivilprozessrecht, Rechtsvergleichung, Ernst von Caemmerer, Arthur Nikisch, Konrad Zweigert (Hrsg.), Tübingen, 1963, S. 249–271.
zit.: *Baur*, in: FS Dölle, S.

Behrens, Peter: EU führt Strafbarkeit juristischer Personen ein, EuZW 2011, 161–161.

Beise, Marc / Schäfer, Ulrich: Wie Eucken reagieren würde, Süddeutsche Zeitung vom 16./17. November 2013, S. 24.

Benedettelli, Massimo V.: Responsibility of Corporate and Supervisory Bodies within the European "Market of Company Laws": Issues of Conflicts of Jurisdiction and Conflicts of Laws, in: Koordination des Grundrechtsschutzes, Gemeineuropäisches Zivilprozessrecht, Verantwortlichkeit der Gesellschafts- und Aufsichtsorgane, 3. Europäischer Juristentag, 2005, S. 481–502.
zit.: *Benedettelli*, in: 3. Europäischer Juristentag, S.

Bentzien, Wolf-Rainer: Gibt es eine zivilrechtliche Haftung für genetische Schäden?, VersR 1972, 1095–1099.

Beuthien, Volker: Gibt es eine organschaftliche Vertretung?, NJW 1999, 1142–1146.

–: Gibt es im Gesellschaftsrecht eine gesetzliche Stellvertretung?, in: Festschrift für Claus-Wilhelm Canaris zum 70. Geburtstag, Andreas Heldrich, Jürgen Prolss, Ingo Koller u.a. (Hrsg.), Band II, München, 2007, S. S. 41–48.
zit.: *Beuthien*, in: FS Canaris, S.

–: Zur Funktion und Verantwortung juristischer Personen im Privatrecht, JZ 2011, 124–130.

Biletzki, Gregor C.: Die deliktische Haftung des GmbH-Geschäftsführers für fehlerhafte Buchführung, ZIP 1997, 9–13.

–: Das Prinzip der gesellschaftspolaren Haftungsorientierung – ein die Außenhaftung des GmbH-GF beschränkender Grundsatz?, NZG 1999, 286–291.

Bitter, Georg: Rechtsträgerschaft für fremde Rechnung, Außenrecht der Verwaltungstreuhand, Tübingen, 2006.
zit.: *Bitter*, Rechtsträgerschaft für fremde Rechnung, S.

Blaurock, Uwe: Haftungsfreizeichnung zugunsten Dritter, Die Ausdehnung vertraglicher Haftungsregelungen auf Dritte, ZHR 1982, 238–258.

Bonefeld, Michael / Wachter, Thomas: Der Fachanwalt für Erbrecht, 3. Auflage, Bonn, 2014.
  zit.: *Bearbeiter*, in: Bonefeld/Wachter, S.

Bönner, Maximilian: Unternehmerisches Ermessen und Haftung des Insolvenzverwalters im Vergleich mit anderen gesetzlich geregelten Vermögens-Verwaltern, Münster, 2009.
  zit.: *Bönner*, Unternehmerisches Ermessen, S.

Brandner, Hans Erich: Haftung des Gesellschafter/Geschäftsführers einer GmbH aus culpa in contrahendo?, in: Festschrift für Winfried Werner zum 65. Geburtstag am 17. Oktober 1984, Handelsrecht und Wirtschaftsrecht in der Bankpraxis, Walther Hadding, Ulrich Immenga, Hans-Joachim Mertens, Klemens Pleyer, Uwe H. Schneider (Hrsg.), Berlin, 1984, S. 53–65.
  zit.: *Brandner*, in: FS Werner, S.

Braun, Eberhard (Hrsg.): Insolvenzordnung (InsO) Kommentar, 6. Auflage, München, 2014.
  zit.: *Bearbeiter*, in: Braun InsO, § Rn.

Brox, Hans / Rüthers, Bernd / Henssler, Martin: Arbeitsrecht, 18. Auflage, Stuttgart, 2011.
  zit.: *Brox/Rüthers/Henssler*, Arbeitsrecht, Rn.

Brüggemeier, Gert: Organisationshaftung – Deliktsrechtliche Aspekte innerorganisatorischer Funktionsdiffferenzierung, AcP 1991, 33–68.

–: Prinzipien des Haftungsrechts – Eine systematische Darstellung auf rechtsvergleichender Grundlage, Baden-Baden, 1999.
  zit.: *Brüggemeier*, Prinzipien, S.

–: Haftungsrecht, Struktur, Prinzipien, Schutzbereich, Ein Beitrag zur Europäisierung des Privatrechts, Heidelberg, 2006.
  zit.: *Brüggemeier*, Haftungsrecht, S.

Bruns, Alexander: Haftungsbeschränkung und Mindesthaftung, Tübingen, 2003.
  zit.: *Bruns*, Haftungsbeschränkung, S.

Burgard, Jens: Haftung des Erben für Delikte des Testamentsvollstreckers, Münster, 1993.
  zit.: *Burgard*, Haftung des Erben, S.

–: Die Haftung des Erben für Delikte des Testamentsvollstreckers, FamRZ 2000, 1269–1273.

Buxbaum, Richard M.: The Duty of Care and the Business Judgement Rule in American Law. Recent Developments and Current Problems, in: Die Haftung der Leitungsorgane von Kapitalgesellschaften, Verhandlungen der Fachgruppe für vergleichendes Handels- und Wirtschaftsrecht anläßlich der Tagung der Gesellschaft für Rechtsvergleichung in Würzburg vom 13.-16.9.1989, Karl Kreuzer (Hrsg.), Baden-Baden, 1991, 79–102.
  zit.: *Buxbaum*, in: Kreuzer, Haftung, S.

Caemmerer, Ernst von: Die absoluten Rechte in § 823 Abs. 1 BGB, in: Referate und Diskussionen zum Thema Grundprobleme der Haftung in § 823 Abs. 1 BGB, Karlsruher Forum 1961, Ernst Klingmüller (Hrsg.), Karlsruhe, 1961, S. 19–27.
zit.: *Von Caemmerer*, Karlsruher Forum 1961, S.

Cahn, Andreas: Die Haftung des GmbH-Geschäftsführers für die Zahlung von Arbeitnehmerbeiträgen zur Sozialversicherung – Besprechung der Entscheidung BGH WM 1997, 577 –, ZGR 1998, 367–385.

Canaris, Claus-Wilhelm: Schutzgesetze – Verkehrspflichten – Schutzpflichten, in: Festschrift für Karl Larenz zum 80. Geburtstag, Canaris, Claus-Wilhelm, Uwe Diederichsen (Hrsg.), München, 1983, S. 27–110, abgedruckt in: Gesammelte Schriften, Hans Christoph Grigoleit, Jörg Neuner (Hrsg.), Berlin, 2012.
zit.: *Canaris*, in: FS Larenz, S. (Seitenzahlen beziehen sich auf die Original-Festschrift)

Casper, Matthias: Persönliche Außenhaftung bei fehlerhafter Information des Kapitalmarkts?, BKR 2005, 83–90.

Clauß, Karl: Haftungsbeschränkung zwischen Gemeinschaftsangehörigen im Arbeits-, Dienst- und Familienrecht, NJW 1959, 1408–1410.

Cozian, Maurice / Viandier, Alain / Deboissy, Florence: Droit des sociétés, 27. Auflage, Paris, 2014.
zit.: *Cozian/Viandier/Deboissy*, Droit des sociétés, S.

Dabin, Léon: Das Problem der Société de personnes à responsabilité limitée und die Sicherung der Gesellschaftsgläubiger, in: Die Haftung des Gesellschafters in der GmbH, Verhandlungen der Fachgruppe für vergleichendes Handels- und Wirtschaftsrecht anläßlich der Tagung für Rechtsvergleichung in Berlin vom 27. bis 30. September 1967, Hans Dölle (Begr.), Ernst von Caemmerer (Hrsg.), Frankfurt am Main, 1968, S. 91–143.
zit.: *Dabin*, in: Dölle/von Caemmerer, Haftung, S.

Daragan, Hanspeter: Trusts und gespaltenes Eigentum, ZEV 2007, 204–208.

Däubler, Wolfgang: Die Auswirkungen der Schuldrechtsmodernisierung auf das Arbeitsrecht, NZA 2001, 1329–1337.

Derleder, Peter / Fauser, Florian N.: Der Regress bei gesamtschuldnerischer Haftung juristischer Personen und ihrer Organe und sein Auswirkungen auf die Organtätigkeit – Praxisfolgen des Kirch-Urteils, BB 2006, 949–955.

Deutsch, Erwin: Allgemeines Haftungsrecht, 2. Auflage, Köln, 1996.
zit.: *Deutsch*, Haftungsrecht, S.

–: Gefahr, Gefährdung, Gefahrerhöhung, in: Festschrift für Karl Larenz zum 70., Geburtstag, Gotthard Paulus, Uwe Diederichsen, Claus-Wilhelm Canaris (Hrsg.), München, 1973, S. 895–904.
zit.: *Deutsch*, in: FS Larenz, S.

Dietz-Vellmer, Fabian: Organhaftungsansprüche in der Aktiengesellschaft: Anforderungen an Verzicht oder Vergleich durch die Gesellschaft, NZG 2011, 248–254.

Dreher, Meinrad: Schutz Dritter nach § 15 HGB bei Geschäftsunfähigkeit eines Geschäftsführers oder Vorstandsmitglieds?, DB 1991, 533–538.

–: Zur Frage der Haftung eines GmbH-Geschäftsführers wegen Schutzgesetzverletzung, DB 1991, 2586–2587.

–: Die persönliche Verantwortlichkeit von Geschäftsleitern nach außen und die innergesellschaftliche Aufgabenteilung, ZGR 1992, 22–63.

–: Die kartellrechtliche Bußgeldverantwortlichkeit von Vorstandsmitgliedern, Vorstandshandeln zwischen aktienrechtlichem Legalitätsprinzip und kartellrechtlicher Unsicherheit, in: Festschrift für Horst Konzen zum siebzigsten Geburtstag, Barbara Dauner-Lieb, Peter Hommelhoff, Matthias Jacobs u.a. (Hrsg.), Tübingen, 2006, S. 85–107.
zit.: *Dreher*, in: FS Konzen, S.

Drury, Robert R.: The Liability of Directors for Corporate Acts in English Law, in: Die Haftung der Leitungsorgane von Kapitalgesellschaften, Verhandlungen der Fachgruppe für vergleichendes Handels- und Wirtschaftsrecht anläßlich der Tagung der Gesellschaft für Rechtsvergleichung in Würzburg vom 13.-16.9.1989, Karl Kreuzer (Hrsg.), Baden-Baden, 1991, 103–149.
zit.: *Drury*, in: Haftung, Kreuzer, S.

Dubarry, Julien / Flume, Johannes W.: "Asset Partitoning" beyond corporate law – Eine Studie zur Handlungsform des Einzelunternehmers mit beschränkter Haftung, ZEuP 2012, 128–148.

Dühn, Matthias: Schadensersatzhaftung börsennotierter Aktiengesellschaften für fehlerhafte Kapitalmarktinformation de lege lata und de lege ferenda, Frankfurt am Main, 2003.
zit.: *Dühn*, Schadensersatzhaftung, S.

Dupichot, Jacques: La responsabilité des dirigeants de société en droit français: principes directeurs, in: Die Haftung der Leitungsorgane von Kapitalgesellschaften, Verhandlungen der Fachgruppe für vergleichendes Handels- und Wirtschaftsrecht anläßlich der Tagung der Gesellschaft für Rechtsvergleichung in Würzburg vom 13.-16.9.1989, Karl Kreuzer (Hrsg.), Baden-Baden, 1991, 151–189.
Zit.: *Dupichot*, in: Kreuzer, Haftung, S.

Easterbrook, Frank H. / Fischel, Daniel: Limited Liability and the Corporation, 52 University of Chicago Law Review 89 (1985), 1–23.

–: The Economic Structure of Corporate Law, Cambridge (Massachusetts), 1996.
zit.: *Easterbrook/Fischel*, Corporate Law, S.

Ebenroth, Carsten Thomas / Boujong, Karlheinz / Joost, Detlev / Strohn, Lutz: Handelsgesetzbuch, Band 1, §§ 1–342e, 3. Auflage, München, 2014.
zit.: *Bearbeiter*, in: Ebenroth/Boujong/Joost/Strohn, § Rn.

Eckardt, Diederich: Deliktische Haftpflicht im Konkurs, KTS 1997, 411–451.

–: Persönliche Organ- und Gehilfenhaftung für Verkehrspflichtverletzungen im Unternehmen, Jahrbuch Junger Zivilrechtswissenschaftler / für die Gesellschaft Junger Zivilrechtswissenschaftler e.V. (Hrsg.), Stuttgart, 1996, S. 61–75.
zit.: *Eckardt*, in: Jahrbuch Zivilrechtswissenschaftler 1996, S.

Eden, Eicke: Haften Geschäftsführer persönlich gegenüber Kartellgeschädigten auf Schadensersatz?, WuW 2014, 792–803.

–: Persönliche Schadensersatzhaftung von Managern gegenüber Kartellgeschädigten, Baden-Baden, 2013.
zit.: *Eden*, Managerhaftung, S.

Ehrenberg, Ulrich: Haftungsrisiko des Insolvenzverwalters, Hamburg, 2009.
zit.: *Ehrenberg*, Haftungsrisiko, S.

Ehrenberg, Victor: Beschränkte Haftung des Schuldners nach See- und Handelsrecht, Saarbrücken, 2007 (Repr. d. Ausg. v. 1880).
zit.: *Ehrenberg*, See- und Handelsrecht, S.

Engelkamp, Paul / Sell, Friedrich L.: Einführung in die Volkswirtschaftslehre, 6. Auflage, Berlin, 2013.
zit.: *Engelkamp/Sell*, Volkswirtschaftslehre, S.

Epping, Volker / Hillgruber, Christian: Beck'scher Online-Kommentar GG, 29. Edition, Stand 01.03.2015, München.
zit.: *Bearbeiter*, in: BeckOK GG, Art. Rn.

Eucken, Walter: Grundsätze der Wirtschaftspolitik, 5. Auflage, Tübingen, 1975.
zit.: *Eucken*, Wirtschaftspolitik, S.

Faßbender, Paul-Otto: 18 Jahre ARAG Garmenbeck – und alle Fragen offen?, NZG 2015, 501–508.

Feld, Lars P. / Wieland, Volker / Buch, Claudia / Schmidt, Christoph M.: Eine Agenda für die Koalition, DIE ZEIT Nr. 48, 21.11.2013, S. 29.

Fleischer, Holger: Grundfragen der ökonomischen Theorie im Gesellschafts- und Kapitalmarktrecht, ZGR 2001, 1–32.

–: Empfiehlt es sich, im Interesse des Anlegerschutzes und zur Förderung des Finanzplatzes Deutschland das Kapitalmarkt- und Börsenrecht neu zu regeln?, Kapitalmarktrechtliches Teilgutachten, Gutachten F für den 64. Deutschen Juristentag, in: Verhandlungen des vierundsechzigsten Deutschen Juristentages, Band I, München, 2002.
zit.: *Fleischer*, in: Verhandlungen des 64. DJT, Band I, S.

–: Vorstandsverantwortlichkeit und Fehlverhalten von Unternehmensangehörigen – Von der Einzelüberwachung zur Errichtung einer Compliance-Organisation, AG 2003, 291–300.

–: Erweiterte Außenhaftung der Organmitglieder im Europäischen Gesellschafts- und Kapitalmarktrecht, Insolvenzverschleppung, fehlerhafte Kapitalmarktinformation, Tätigkeitsverbote, ZGR 2004, 437–479.

–: Aktuelle Entwicklungen der Managerhaftung, NJW 2009, 2337–2343.

–: Comparing Manager Liability in Germany and France: Alternative Approaches to Common Problems, RTDF 4/2013–1/2014, 7–14.

–: Ruinöse Managerhaftung: Reaktionsmöglichkeiten de lege lata und de lege ferenda, ZIP 2014, 1305–1316.

–: Reform der Organhaftung im Spiegel der Rechtsvergleichung, BB 2014, 1970.

–: Reformperspektiven der Organhaftung: Empfiehlt sich eine stärkere Kodifizierung von Richterrecht?, DB 2014, 1971–1975.

–: Handbuch des Vorstandsrechts (Hrsg.), München, 2006.
    zit. *Bearbeiter*, in: Handbuch Vorstandsrecht, § Rn.

Fleischer, Holger / Goette, Wulf: Münchener Kommentar zum Gesetz betreffend die Gesellschaften mit beschränkter Haftung (GmbHG), München.

    – Band 1, §§ 1–34, 2. Auflage 2015.

    – Band 2, §§ 35–52, 2. Auflage, 2016.

    – Band 3, §§ 53–85, 2. Auflage, 2016.
    zit.: *Bearbeiter*, in: MüKo GmbHG, § Rn.

Flume, Werner: Allgemeiner Teil des Bürgerlichen Rechts.

    – Erster Band, Erster Teil, Die Personengesellschaft, Berlin, 1977.

    – Erster Band, Zweiter Teil, Die juristische Person, Berlin, 1983.
    zit.: *Flume*, Allgemeiner Teil, Band, S.

Freitag, Robert: Insolvenzverschleppungshaftung als ausschließliche Außenhaftung, NZG 2014, 447–452.

Freitag, Robert / Korch, Stefan: Persönliche Geschäftsleiterhaftung aus culpa in contrahendo – Plädoyer für die Schaffung einer neuen Fallgruppe der Organ-Außenhaftung im Rahmen des § 311 Abs. 3 S. 1 BGB bei Verletzung gläubigerschützender Aufklärungspflichten –, GmbHR 2013, 1184–1190.

Frey, Erich: Die Beschränkung der Schadensersatzpflicht des Arbeitnehmers, AuR 1953, 7–9.

–: Urteilsanmerkung zu BAG, 2 AZR 402/55 vom 19.03.1959, AuR 1960, 25–30.

Fuchs, Andreas / Dühn, Matthias: Deliktische Schadensersatzhaftung für falsche Ad-hoc-Mitteilungen, Zugleich Besprechung des Urteils des OLG München, BKR 2002, 1096 – in diesem Heft, BKR 2002, 1063–1071.

Gärtner, Olaf: BB-Rechtsprechungsreport zur Organhaftung 2012, BB 2013, 2242–2246.

Gierke, Otto: Das Wesen der menschlichen Verbände. Rede bei Antritt des Rektorats, gehalten in der Aula der Königlichen Friedrich-Wilhelms-Universität, 15.10.1902, Berlin, 1902.
zit.: *Gierke*, Verbände, S.

Goette, Wulf / Habersack, Mathias (für die Rechtslage in Österreich unter Mitwirkung von Kalss, Susanne): Münchener Kommentar zum Aktiengesetz, München.
– Band 1, §§ 1–75, 4. Auflage 2016.
– Band 2, §§ 76–117, MitbestG, DrittelbG, 4. Auflage, 2014.
– Band 6, §§ 329–410, WpÜG, Österreichisches Übernahmerecht, 3. Auflage 2011.
zit.: *Bearbeiter*, in: MüKo AktG, § Rn.

Götting, Horst-Peter: Die persönliche Haftung des GmbH-Geschäftsführers für Schutzrechtsverletzungen und Wettbewerbsverstöße, GRUR 1994, 6–12.

Gottschalk, Eva-Maria: Die Haftung von Geschäftsführern und Mitarbeitern der GmbH gegenüber Dritten für Produktfehler, GmbHR 2015, 815.

Gottwald, Peter / Adolphsen, Jens: Insolvenzrechts-Handbuch, 5. Auflage, München, 2015.
zit.: *Bearbeiter*, in: Gottwald, Insolvenzrechts-Handbuch, § Rn.

Groß, Wolfgang: Kapitalmarktrecht, Kommentar zum Börsengesetz, zur Börsenzulassungs-Verordnung und zum Wertpapierprospektgesetz, 6. Auflage, München, 2016.
zit.: *Bearbeiter*, in: Kapitalmarktrecht, § Rn.

Grunewald, Barbara: Die Haftung von Organmitgliedern nach Deliktsrecht, ZHR 1993, 451–463.

Haas, Ulrich: Geschäftsführerhaftung und Gläubigerschutz, München, 1997.
zit.: *Haas*, Geschäftsführerhaftung, S.

Habersack, Mathias: Anmerkung zu BGH, II ZR 78/09 vom 20.09.2010 (DOBERLUG), JZ 2010, 1191–1192.

Hack, Sebastian / dos Santos Goncalves, David-Julien: Schadenersatzhaftung von Geschäftsführern bei Kartellverstößen, DB 2014, 2581–2582.

Halpern, Paul / Trebilcock, Michael / Trunbull, Stuart: An Economic Analysis of Limited Liability in Corporation Law, 30 University of Toronto Law Journal 117 (1980), 117–150.

Hanau, Peter: Die Entscheidungsfreiheit des Richters im Recht der Arbeitnehmerhaftung, in: Festschrift für Heinz Hübner zum siebzigsten Geburtstag am 7. November 1984, Gottfried Baumgärtel, Ernst Klingmüller u.a. (Hrsg.), Berlin, 1984, S. 467–485.
zit.: *Hanau*, in: FS Hübner, S.

Hannich, Fabian: Quo vadis, Kapitalmarktinformationshaftung? Folgt aufgrund des IKB-Urteils nun doch die Implementierung des KapInHaG?, WM 2013, 449–456.

Hansmann, Henry / Kraakman, Reinier: Organizational Law as Asset Partitioning, 44 European Economic Review (2000), 807–817.

–: The Essential Role of Organizational Law, 110 Yale Law Journal 387 (2000/2001), 390–440.

Häsemeyer, Ludwig: Insolvenzrecht, 4. Auflage, Köln, 2007.
zit.: *Häsemeyer*, Insolvenzrecht, S.

Heermann, Peter W.: Beschränkung der persönlichen Haftung durch Ressortaufteilung, in: Festschrift für Volker Röhricht zum 64. Geburtstag, Georg Crezelius, Heribert Hirte u.a. (Hrsg.), Köln, 2005.
zit.: *Heermann*, in: FS Röhricht, S.

Heintschel-Heinegg, Bernd von (Hrsg.): Beck'scher Online-Kommentar StGB, Lexikon des Strafrechts, Deliktstypen und ihre spezifischen Eigenheiten, Edition 31, München, 01.06.2016.
zit.: *Bearbeiter*, in: BeckOK StGB, Deliktstypen, Rn.

Hellgardt, Alexander: Kapitalmarktdeliktsrecht, Haftung von Emittenten, Bietern, Organwaltern und Marktintermediären – Grundlagen, Systematik, Einzelfragen –, Tübingen, 2008.
zit.: *Hellgardt*, Kapitalmarktdeliktsrecht, S.

–: Die deliktische Außenhaftung von Gesellschaftsorganen für unternehmensbezogene Pflichtverletzungen, WM 2006, 1514–1522.

Henckel, Wolfram / Gerhardt, Walter: Jaeger Insolvenzordnung, Großkommentar, Begründet zur Konkursordnung von Professor Dr. Ernst Jaeger, Zweiter Band, §§ 56–102, Berlin, 2007.
zit.: *Bearbeiter*, in: Jaeger InsO, § Rn.

Henssler, Martin: Treuhandgeschäft – Dogmatik und Wirklichkeit, AcP 1996, S. 37–87.

Henssler, Martin / Strohn, Lutz: Gesellschaftsrecht BGB GBH PartGG GmbHG AktG UmwG GenG IntGesR, 3. Auflage, München, 2016.
zit.: *Bearbeiter*, in: Henssler/Strohn [Gesetz], § Rn.

Hirte, Heribert / Mülbert, Peter O. / Roth, Markus / Hopt, Klaus J. / Wiedemann, Herbert (Hrsg.): Aktiengesetz Großkommentar, 4. Auflage, Berlin, 2008.
zit.: *Bearbeiter*, in: GK AktG, § Rn.

Hohmut, Markus: Wettbewerbsrechtliche vs. Compliance-Haftung der GmbH und ihrer Geschäftsführer – Eine Gegenüberstellung anhand der BGH-Entscheidung vom 18.06.2014 – I ZR 242/12 –, GmbHR 2014, 1249–1253.

Hölters, Wolfgang: Aktiengesetz Kommentar, 2. Auflage, München, 2014.
zit.: *Bearbeiter*, in: Hölters AktG § Rn.

Hootz, Christian: Grenzen der Freizeichnung des Spediteurs § 41 ADSp, Hamburg, 1954.
zit.: *Hootz*, Grenzen der Freizeichnung, S.

Hopt, Klaus J.: Nichtvertragliche Haftung außerhalb von Schadens- und Bereicherungsausgleich – Zur Theorie und Dogmatik des Berufsrechts –, AcP 1983, 610–719.

–: Die Haftung für Kapitalmarktinformationen – Rechtsvergleichende, rechtsdogmatische und rechtspolitische Überlegungen – WM 2013, 101–144.

Hromadka, Wolfgang / Maschmann, Frank: Arbeitsrecht, Band 1, Individualarbeitsrecht, 6. Auflage, Berlin, 2015.
zit.: *Hromadka/Maschmann*, Arbeitsrecht I, S.

Huber, Ulrich: Zivilrechtliche Fahrlässigkeit, in: Festschrift für Ernst Rudolf Huber, Ernst Forsthoff, Werner Weber, Franz Wieacker (Hrsg.), Göttingen, 1973.
zit.: *Huber*, in: FS Huber S. 253–289.

Hucke, Anja: Managerversicherungen: Ein Ausweg aus den Haftungsrisiken?, DB 1996, 2267–2270.

Hüffer, Uwe (Begr.) / Koch, Jens: Beck'sche Kurz-Kommentare, Band 53, Aktiengesetz, 12. Auflage, München, 2016.
zit.: *Bearbeiter*, in: Hüffer AktG § Rn.

Hühner, Sebastian: Haftet der Geschäftsführer persönlich? – Zur Außenhaftung von Organen bei Wettbewerbsverstößen und Verletzungen gewerblicher Schutzrechte, GRUR-Prax 2013, 459–462.

Immenga, Ulrich: Die personalistische Kapitalgesellschaft, Eine rechtsvergleichende Untersuchung nach deutschem GmbH-Recht und dem Recht der Corporations in den Vereinigten Staaten, Bad Homburg v.d.H., 1970.
zit.: *Immenga*, Kapitalgesellschaft, S.

Immenga, Ulrich / Mestmäcker, Ernst-Joachim / Körber, Torsten (Hrsg.): Wettbewerbsrecht, Band 2. GWB, Kommentar zum Deutschen Kartellrecht, Teil 1, 5. Auflage, München, 2014.
zit.: *Bearbeiter*, in: Immenga/Mestmäcker GWB, § Rn.

Joecks, Wolfgang / Schmitz, Roland (Hrsg.): Münchener Kommentar zum Strafgesetzbuch, München.

– Band 1, §§ 1–27, 2. Auflage, 2011

– Band 5, §§ 263–358, 2. Auflage, 2014.

– Band 7, Nebenstrafrecht II, Strafvorschriften aus: MarkenG UrhG UWG AO SchwarzArbG AÜG BetrVG AktG AWG BauFordSiG BörsG DepotG GenG GewO GmbHG HGB InsO KWG WpHG TKG TMG, 2. Auflage, 2015.
zit.: *Bearbeiter*, in: MüKo StGB, § Rn.

Johannsen, Herbert / Kregel, Wilhelm / Krüger-Nieland, Gerda / Piper, Henning / Steffen, Erich: Das Bürgerliche Gesetzbuch mit besonderer Berücksichtigung der Rechtsprechung des Reichsgerichts und des Bundesgerichtshofes, Kommentar herausgegeben von Mitgliedern des Bundesgerichtshofes, Band I, §§ 1–240, 12. Auflage, Berlin, 1982.
zit.: *Bearbeiter*, in: RGRK, § Rn.

Jungmann, Carsten: Die Business Judgement Rule – ein Institut des allgemeinen Verbandrechts? – Zur Geltung von § 93 Abs. 1 Satz 2 AktG außerhalb des Aktienrechts – in: Festschrift für Karsten Schmidt zum 70. Geburtstag, Georg Bitter, Marcus Lutter u.a. (Hrsg.), Köln, 2009.
zit.: *Jungmann*, in: FS K. Schmidt, S.

Kämmerer, Jörn Axel: Der Staatsbankrott aus völkerrechtlicher Sicht, ZaöRV 2005, 651–676.

Kelsen, Hans: Reine Rechtslehre, 2. Auflage, Wien, 1960.
zit.: *Kelsen*, Rechtslehre, S.

Kern, Bernd-Rüdiger: Die Haftpflicht des beamteten Arztes aus § 839 BGB, VersR 1981, S. 316–318.
zit.: *Kern*, VersR 1981, S.

Kersting, Christian: Combating the Financial Crisis: European and German Corporate and Securities Laws and the Case for Abolishing Sovereign Debtor's Privileges, 48 Texas International Law Journal 2013, 269–324.

Kirchhof, Hans-Peter / Eidenmüller, Horst / Stürner, Rolf: Münchener Kommentar zur Insolvenzordnung, München.

- Band 1, §§ 1–79, Insolvenzrechtliche Vergütungsverordnung (InsVV), 3. Auflage, 2013.
- Band 2, §§ 80–216, 3. Auflage, 2013.
- Band 3, §§ 217–359, Art. 103a-110 EGInsO, Konzerninsolvenzrecht, Insolvenzsteuerrecht, 3. Auflage, 2014.
zit.: *Bearbeiter*, in: MüKo InsO, § Rn.

Klein, Franz / Orlopp, Gerd: Klein Abgabenordnung – einschließlich Steuerstrafrecht – 13. Auflage, München, 2016.
zit.: *Bearbeiter*, in: Klein AO, § Rn.

Kleindiek, Detlev: Deliktshaftung und juristische Person, Zugleich zur Eigenhaftung von Unternehmensleitern, Tübingen, 1997.
zit.: *Kleindiek*, Deliktshaftung, S.

Kluth, David: Anmerkung zu OLG Düsseldorf, I-21 U 38/14 vom 16.09.2014, NZI 2015, 521–522.

Kornblum, Udo: Bundesweite Rechtstatsachen zum Unternehmens- und Gesellschaftsrecht (Stand 1.1.2015), GmbHR 2015, 687–696.

Körner, Marita: Infomatec und die Haftung von Vorstandsmitgliedern für falsche ad hoc-Mitteilungen, NJW 2004, 3386–3388.

Kornhauser, Lewis A.: An Economic Analysis of the Choice Between Enterprise and Personal Liability for Accidents, 70 California Law Review (1982), 1345–1392.

Kraakmann, Reinier H.: Corporate Liability Strategies and the Costs of Legal Control, 93 The Yale Law Journal 5 (1984), 857–898.

Krieger, Gerd / Schneider, Uwe H. (Hrsg.): Handbuch Managerhaftung, Vorstand, Geschäftsführer, Aufsichtsrat, Pflichten und Haftungsfolgen, Typische Risikobereiche, 2. Auflage, Köln, 2010.
zit.: *Bearbeiter*, in: Handbuch Managerhaftung, S.

Kübler, Bruno M. / Prütting, Hans / Bork, Reinhard (Hrsg.): InsO – Kommentar zur Insolvenzordnung.
– Band I, 66. Lfg., 2015.
– Band III, 66. Lfg., 2015.
zit.: *Bearbeiter*, in: Kübler/Prütting/Bork InsO, § Rn.

Kübler, Friedrich: Effizienzorientierung im Gesellschaftsrecht?, ZHR-Heft Nr. 74, Effizienz als Regelungsziel im Handels- und Wirtschaftsrecht, 2008, 90–99.

Kühl, Kristian: Strafrecht Allgemeiner Teil, 7. Auflage, München, 2012.
zit.: *Kühl*, Strafrecht AT, S.

Kurita, Tetsuo: Die Haftung der Organe der Aktiengesellschaft nach japanischem Recht (Diskussionsbeitrag), in: Die Haftung der Leitungsorgane von Kapitalgesellschaften, Verhandlungen der Fachgruppe für vergleichendes Handels- und Wirtschaftsrecht anläßlich der Tagung der Gesellschaft für Rechtsvergleichung in Würzburg vom 13.-16.9.1989, Karl Kreuzer (Hrsg.), Baden-Baden, 1991, 205–208.
zit.: *Kurita*, in: Kreuzer, Haftung, S.

Laband, Paul: Beiträge zur Dogmatik der Handelsgesellschaft, ZHR 1885, 469–532.

Lackhoff, Klaus / Schulz, Martin: Das Unternehmen als Gefahrenquelle? Compliance-Risiken für Unternehmensleiter und Mitarbeiter, CCZ 2010, 81–88.

Lammel, Siegbert: Die Haftung des Treuhänders aus Verwaltungsgeschäften, Zur Dogmatik des „Verwaltungshandelns" im Privatrecht, Frankfurt am Main, 1972.
zit.: *Lammel*, Haftung des Treuhänders, S.

Langevoort, Donald C.: Selling Hope, Selling Risk: Some Lessons for Law from Behavioral Economics about Stockbrokers and Sophisticated Customers, 84 California Law Review 3 (1996), 627–701.

Langheid, Theo / Wandt, Manfred (Hrsg.): Münchener Kommentar zum Versicherungsvertragsgesetz, Band 1, Systematische Darstellungen, Erläuterungen zum EGVVG, §§ 1–99 VVG, 2. Auflage, München, 2016.
zit.: *Bearbeiter*, in: MüKo VVG, § Rn.

Larenz, Carl: Rechtswidrigkeit und Handlungsbegriff im Zivilrecht, in: Vom deutschen zum europäischen Zivilrecht, Festschrift für Hans Dölle, Band I, Deutsches Privat- und Zivilprozessrecht, Rechtsvergleichung, Ernst von Caemmerer, Arthur Nikisch, Konrad Zweigert (Hrsg.), Tübingen, 1963, 169–200.
zit.: *Larenz*, in: FS Dölle, S.

Larenz, Karl (Begr.) / Canaris, Claus-Wilhelm: Lehrbuch des Schuldrechts, Zweiter Band, Besonderer Teil, 2. Halbband, 13. Auflage, München, 1994.
zit.: *Larenz/Canaris*, Schuldrecht BT, Band II/2, S.

Laufhütte, Heinrich Wilhelm / Rissing- van San, Ruth / Tiedemann, Klaus: Strafgesetzbuch. Leipziger Kommentar, Band 1, Einleitung, §§ 1–31, 12. Auflage, Berlin, 2007.
zit.: *Bearbeiter*, in: Leipziger Kommentar, § Rn.

Laufs, Adolf / Uhlenbruck, Wilhelm (Begr.) / Laufs, Adolf / Kern, Bernd-Rüdiger (Hrsg.): Handbuch des Arztrechts, 4. Auflage, München, 2010.
zit.: *Bearbeiter*, in: Handbuch Arztrecht, § Rn.

Laws, Jutta: Die Haftung des Insolvenzverwalters nach der Insolvenzordnung, Hamburg, 2011.
zit.: *Laws*, Insolvenzverwalterhaftung, S.

Le Cannu, Paul / Dondero, Bruno: Droit des sociétés, 6. Auflage, Paris, 2014.
zit.: *Le Cannu/Dondero*, Droit des sociétés, S.

Lehmann, Karl: Das Recht der Aktiengesellschaften, Band 1, 1898, Köln, 1964 (Repr. d. Ausg. v. 1898)
zit.: *Lehmann*, Aktiengesellschaften, S.

Lehmann, Michael: Das Privileg der beschränkten Haftung und der Durchgriff im Gesellschafts- und Konzernrecht, Eine juristische und ökonomische Analyse, ZGR 1986, 345–370.

Lettl, Tobias: Wettbewerbsrecht, 3. Auflage, München, 2016.
zit.: *Lettl*, Wettbewerbsrecht, S.

Leuering, Dieter / Rubner, Daniel: Ressortbildung und Verantwortlichkeit des Geschäftsleiters, NJW-Spezial 2015, 335–336.

Lieb, Manfred / Jacobs, Matthias: Arbeitsrecht, 9. Auflage, Heidelberg, 2006.
zit.: *Lieb/Jacobs*, Arbeitsrecht, Rn.

Loewenheim, Ulrich / Meessen, Karl. M. / Riesenkampff, Alexander (Hrsg.): Kartellrecht Kommentar, 3. Auflage, München, 2016.
zit.: *Bearbeiter*, in: Loewenheim/Meessen/Riesenkampff, § Rn.

Longino, Marco: Haftung des Emittenten für fehlerhafte Informationen, DStR 2008, 2068–2075.

Looschelders, Dirk: Schuldrecht Besonderer Teil, 11. Auflage, München, 2016.
zit.: *Looschelders*, Schuldrecht BT, Rn.

Loritz, Karl-Georg / Wagner, Klaus-R.: Haftung von Vorständen und Aufsichtsräten, DStR 2012, 2189–2195.

Lüke, Wolfgang: Die persönliche Haftung des Konkursverwalters – Dargestellt am Beispiel der Haftung gegenüber neuen Massegläubigern, München, 1986.
zit.: *Lüke*, Haftung Konkursverwalter, S.

Lutter, Marcus: Zur persönlichen Haftung des Geschäftsführers aus deliktischen Schäden im Unternehmen, ZHR 1993, 464–482.

Lutter, Marcus / Hommelhoff, Peter (Hrsg.): GmbH-Gesetz, 19. Auflage, Köln, 2016.
zit.: *Bearbeiter*, in: Lutter/Hommelhoff GmbHG, § Rn.

Maier-Reimer, Georg: Schutzgesetze – Verhaltensnormen, Sanktionen und ihr Adressat, NJW 2007, 3157–3162.

Maier-Reimer, Georg / Webering, Anabel: Ad hoc-Publizität und Schadensersatzhaftung – Die neuen Haftungsvorschriften des Wertpapierhandelsgesetzes – WM 2002, 1857–1864.

Makowsky, Mark: Der Einfluss von Versicherungsschutz auf die außervertragliche Haftung, Ein Plädoyer für die Ablösung des Trennungsprinzips durch das Prioritätsprinzip, Karlsruhe, 2013.
zit.: *Makowsky*, Versicherungsschutz, S.

Maunz, Theodor / Dürig, Günter (Begr.) / Herzog, Roman / Scholz, Rupert / Herdegen, Matthias / Klein, Hans H. u.a. (Hrsg.): Grundgesetz Kommentar, Band I, 77. Lieferung, München, 2016 (Stand: Mai 2016)
zit.: *Bearbeiter*, in: Maunz/Dürig GG, Art. Rn.

Medicus, Dieter: Zur deliktischen Eigenhaftung von Organpersonen, in: Festschrift für Werner Lorenz zum siebzigsten Geburtstag, Bernhard Pfister, Michael R. Will (Hrsg.), Tübingen, 1991.
zit.: *Medicus*, in: FS Lorenz, S.

–: Deliktische Außenhaftung der Vorstandsmitglieder und Geschäftsführer, ZGR 1998, 570–585.

–: Die Außenhaftung des Führungspersonals juristischer Personen im Zusammenhang mit Produktmängeln, GmbHR 2002, 809–821.

Mertens, Hans-Joachim: Die Geschäftsführungshaftung in der GmbH und das ITT-Urteil, in: Festschrift für Robert Fischer, Marcus Lutter, Walter Stimpel, Herbert Wiedemann (Hrsg.), Berlin, 1979, S. 461–475.
zit.: *Mertens*, in: FS Fischer, S.

Mertens, Hans-Joachim / Mertens, Georg: Urteilsanmerkung zu BGH, VI ZR 335/88 vom 05.12.1989, JZ 1990, 488–490.

Messerschmidt, Burkhard / Voit, Wolfgang (Hrsg): Privates Baurecht, Kommentar zu §§ 631 ff. BGB, Kurzkommentierung zur VOB/B, zur HOAI und zum Bauforderungssicherungsgesetz, 2. Auflage, München, 2012.
zit.: *Bearbeiter*, in: Privates Baurecht, § Rn.

Mestmäcker, Ernst-Joachim: Verwaltung, Konzerngewalt und Rechte der Aktionäre, Eine Rechtsvergleichende Untersuchung nach deutschem Aktienrecht und dem Recht der corporations in den Vereinigten Staaten, Karlsruhe, 1958.
zit.: *Mestmäcker*, Konzerngewalt, S.

Meyer, Justus: Haftungsbeschränkung im Recht der Handelsgesellschaften, Berlin, 2000.
zit.: *Meyer*, Haftungsbeschränkung, S.

Michalski, Lutz / Blaufuß, Henning: Kommentar zum Gesetz betreffend die Gesellschaften mit beschränkter Haftung (GmbH-Gesetz), Band 2, §§35–85 GmbHG, §§ 1–4 EGGmbHG, 2. Auflage, München, 2010.

Möllers, Thomas M.J.: Konkrete Kausalität, Preiskausalität und uferlose Haftungsausdehnung – COMRoad I – VIII, NZG 2008, 413–416.

Möllers, Thomas M.J.: Der Weg zu einer Haftung für Kapitalmarktinformationen, JZ 2005, 75–83.

Möllers, Thomas M.J. / Rotter, Klaus (Hrsg.): Ad-hoc-Publizität, Handbuch der Rechte und Pflichten von börsennotierten Unternehmen und Kapitalanlegern, München, 2003.
zit.: *Bearbeiter*, in: Ad-hoc-Publizität, § Rn.

Möslein, Florian: Europäisierung der Haftungsbeschränkung, NZG 2011, 174–175.

Mourik, M.J.A. van: Die Haftung der Geschäftsführer einer niederländischen Gesellschaft mit beschränkter Haftung, in: Die Haftung der Leitungsorgane von Kapitalgesellschaften, Verhandlungen der Fachgruppe für vergleichendes Handels- und Wirtschaftsrecht anläßlich der Tagung der Gesellschaft für Rechtsvergleichung in Würzburg vom 13.-16.9.1989, Karl Kreuzer (Hrsg.), Baden-Baden, 1991, 191–204.
zit.: *van Mourik*, in: Kreuzer, Haftung, S.

Mugdan, Benno: Die gesamten Materialen zum Bürgerlichen Gesetzbuch für das Deutsche Reich, Berlin, 1899 (verfügbar unter http://digital.ub.uni-duesseldorf. de/ihd/content/titleinfo/5986654) (zuletzt aufgerufen am 31.08.2015).
zit.: *Mugdan*, Materialien [Band] , S.

Müller, Gerda: Produkthaftung im Schatten der ZPO-Reform, VersR 2004, 1073–1116.

Muscheler, Karlheinz: Die Haftungsordnung der Testamentsvollstreckung, Tübingen, 1994.
zit.: *Muscheler*, Haftungsordnung Testamentsvollstreckung, S.

Nerlich, Jörg / Römermann, Volker: Insolvenzordnung Kommentar, 30. Ergänzungslieferung, München, 2016 (Stand: Juli 2016).
zit.: *Bearbeiter*, in: Nerlich/Römermann InsO, § Rn.

Oechsler, Jürgen: Die Vermeidung von Rückschaufehlern (Hindsight bias) bei der Außenhaftung, WM 2015, 853–857.

Oppenländer, Frank / Trölitzsch, Thomas (Hrsg.): Praxishandbuch der GmbH-Geschäftsführung, 2. Auflage, München, 2011.
zit.: *Bearbeiter*, in: Oppenländer/Trölitzsch GmbH-Geschäftsführung, § Rn.

Otto, Hansjörg / Schwarze, Roland / Krause, Rüdiger: Die Haftung des Arbeitnehmers, 4. Auflage, Berlin, 2014.
zit.: *Bearbeiter*, in: Otto/Schwarze, Haftung. S.

Palandt, Otto: Palandt Bürgerliches Gesetzbuch, 75. Auflage, München, 2016.
zit.: *Bearbeiter*, in: Palandt, § Rn.

Pape, Gerhard / Graeber, Thorsten: Handbuch der Insolvenzverwalterhaftung, Münster, 2009.
  zit.: *Bearbeiter*, in: Handbuch Insolvenzverwalterhaftung, S.

Pauker, Werner: Unternehmen – Risiko – Haftung, Die Funktion der Geschäftsleiterhaftung vor dem Hintergrund der Steuerung und Verteilung unternehmerischer Risiken, Baden-Baden, 2008.
  zit.: *Pauker*, Unternehmen, S.

Pérochon, Françoise / Bonhomme, Régine: Entreprises en difficulté, Instruments de crédit et de paiement, 6. Auflage, Paris, 2010.
  zit.: *Pérochon/Bonhomme*, Entreprises en difficulté, S.

Pickel, Michael: Die Haftung des Testamentsvollstreckers und seine Versicherung, Köln, 1986.
  zit.: *Pickel*, Haftung Testamentsvollstecker, S.

Poertzgen, Christoph: Urteilsanmerkung zu BGH, II ZR 78/09 vom 20.09.2010 (DOBERLUG), NZI 2010, 916–917.

Preis, Ulrich: Die Arbeitnehmerhaftung nach dem 56. Juristentag, AuR 1986, 360–371.

Raiser, Thomas: Der Begriff der juristischen Person. Eine Neubesinnung, AcP 1999, 104–144.

–: Die Haftungsbeschränkung ist kein Wesensmerkmal der juristischen Person, Festschrift für Marcus Lutter zum 70. Geburtstag, Uwe S. Schneider, Peter Hommelhoff, Karsten Schmidt (Hrsg.), Köln, 2000, 637–650.
  zit.: *Raiser*, in: FS Lutter, S.

Rehbinder, Eckard: Konzernaußenrecht und allgemeines Privatrecht. Eine rechtsvergleichende Untersuchung nach deutschem und amerikanischem Recht, Bad Homburg, 1969.
  zit.: *Rehbinder*, Konzernaußenrecht, S.

Rieble, Volker: Zivilrechtliche Haftung der Compliance-Agenten, CCZ 2010, 1–4.

Rittner, Fritz (Begr.) / Dreher, Meinrad / Kulka, Michael: Wettbewerbs- und Kartellrecht, Eine systematische Darstellung des deutschen und europäischen Rechts, 8. Auflage, Heidelberg, 2014.
  zit.: *Rittner/Dreher/Kulka*, Wettbewerbs- und Kartellrecht, S.

Rogge, Ingo: Verkehrssicherungspflichten der Arbeitnehmer auf Baustellen – OLG Düsseldorf, BauR 1993, 617, JuS 1995, 581–585.

Rössner, Michael-Christian / Bolkart, Johannes: Schadensersatz bei Verstoß gegen Ad-hoc-Publizitätspflichten nach dem 4. Finanzmarktförderungsgesetz, ZIP 2002, 1471–1477.

Roth, Günther: Zur „economic analysis" der beschränkten Haftung, ZGR 1986, 371–382.

Roth, Günther / Altmeppen, Holger: Gesetz betreffend die Gesellschaften mit beschränkter Haftung (GmbHG), 8. Auflage 2015.
  zit.: *Bearbeiter*, in: Roth/Altmeppen, § Rn.

Rottkemper, Michael: Deliktische Außenhaftung der Leitungsorganmitglieder rechtsfähiger Körperschaften, Frankfurt am Main, 2013.
zit.: *Rottkemper, Außenhaftung, S.*

Rowedder, Heinz: Zur Außenhaftung des GmbH-Geschäftsführers, „Versuch eines Systematisierung", in. Festschrift für Johannes Semler zum 70. Geburtstag am 28. April 1993, Unternehmen und Unternehmensführung im Recht, Marcus Bierich, Peter Hommelhoff u.a. (Hrsg.), Berlin, 1993.
zit.: *Rowedder*, in: FS Semler, S.

Rüffler, Friedrich: Organaußenhaftung für Anlegerschäden, JB 2011, 69–90.

Säcker, Franz Jürgen / Rixecker, Roland: Münchener Kommentar zum Bürgerlichen Gesetzbuch, München.
– Band 1, Allgemeiner Teil, §§ 1–240, PostG, AGG, 7. Auflage, 2015.
– Band 2, Schuldrecht, Allgemeiner Teil, §§ 241–432, 7. Auflage, 2016.
– Band 5, Schuldrecht, Besonderer Teil, §§ 705–853, 6. Auflage, 2013.
– Band 8, Familienrecht II, §§ 1589–1921, SGB VIII, 6. Auflage, 2012.
– Band 9, Erbrecht, §§ 1922–2385, §§ 27–35 BeurkG, 6. Auflage, 2013.
zit.: *Bearbeiter*, in: MüKo BGB, § Rn.

Sandmann, Bernd: Die Haftung von Arbeitnehmern, Geschäftsführern und leitenden Angestellten, zugleich ein Beitrag zu den Grundprinzipien der Haftung und Haftungsprivilegierung, Tübingen, 2001.
zit.: *Sandmann*, Haftung, S.

Savigny, Friedrich Carl von: System des heutigen römischen Rechts, Zweiter Band, Berlin, 1840.
zit.: *Savigny*, System des römischen Rechts II, S.

Schäfer, Carsten: Effektivere Vorstandshaftung für Fehlinformation des Kapitalmarkts?, NZG 2005, 985–992.

Schall, Alexander: Organhaftung und Freistellungsanspruch aus § 670 BGB, JZ 2015, 455–459.

Schenck, Kersten von: Handlungsbedarf bei der D&O-Versicherung, NZG 2015, 494–501.

Schirmer, Jan-Erik: Abschied von der „Baustoff-Rechtsprechung" des VI. Zivilsenats?, NJW 2012, 3398–3400.
–: Das Körperschaftsdelikt, Berlin, 2014.
zit.: *Schirmer*, Körperschaftsdelikt.

Schlechtriem, Peter: Schadensersatzhaftung der Leitungsorgane von Kapitalgesellschaften, in: Die Haftung der Leitungsorgane von Kapitalgesellschaften, Verhandlungen der Fachgruppe für vergleichendes Handels- und Wirtschaftsrecht anläßlich der Tagung der Gesellschaft für Rechtsvergleichung in Würzburg vom 13.-16.9.1989, Karl Kreuzer (Hrsg.), Baden-Baden, 1991, 9–78.
zit.: *Schlechtriem*, in: Kreuzer, Haftung, S.

–: Organisationsverschulden als zentrale Zurechnungskategorie, in: Festschrift für Wolfgang Heiermann zum 60. Geburtstag, Jürgen Doerry, Hans-Georg Watzke (Hrsg.), Wiesbaden, 1995, 281–292.
zit.: *Schlechtriem*, in: FS Heiermann, S.

Schmidt, Andreas (Hrsg.): Hamburger Kommentar zum Insolvenzrecht, InsO, EUIns-VO, InsVV, VbrInsVV, Insolvenzstrafrecht, 5. Aufl., Köln, 2015.
zit.: *Bearbeiter*, in: HambKo InsO, § Rn.

Schmidt, Karsten: Zur Stellung der oHG im System der Handelsgesellschafen, Eine Untersuchung des gesellschaftsrechtlichen Grundsatzes der unbeschränkten Haftung, Bonn, 1972.
zit.: *K. Schmidt*, OHG, S.

–: Haftung und Zurechnung im Unternehmensbereich – Grundlagen im Zivil- und Versicherungsrecht – Karlsruher Forum 1993, Haftung und Zurechnung im Unternehmensbereich, Versicherungsrecht, Juristische Rundschau für die Individualversicherung, Sonderheft, 1993, S. 4–15.
zit.: *K. Schmidt*, in: Karlsruher Forum 1993, S.

–: Keine Begrenzung der Haftung des GmbH-Geschäftsführers bei Verletzung der Konkursantragspflicht, Urteilsanmerkung zu BGH, II ZR 292/91 vom 20.09.1993, NJW 1993, 29312935.

–: Ersatzpflicht bei „verbotenen Zahlungen" aus insolventen Gesellschaften: Ist der haftungsrechtliche Kampfhund zähmbar?, Urteilsanmerkung zu BGH, II ZR 231/13 vom 18.11.2014, NZG 2015, 129–134.

–: Gesellschaftsrecht, 4. Auflage, Köln, 2002.
zit.: *K. Schmidt*, Gesellschaftsrecht, S.

Schmitt, Joachim / Hörtnagl, Robert / Stratz, Rolf-Christian: Umwandlungsgesetz, Umwandlungssteuergesetz, 7. Auflage, München, 2016.
zit.: *Bearbeiter*, in: Schmitt/Hörtnagl/Stratz UmwG, § Rn.

Scholz, Franz (Hrsg.): Scholz Kommentar zum GmbH-Gesetz mit Anhang, Konzernrecht, Köln.
– Band II, §§ 35–52, 11. Auflage, 2013.
– Band III, §§ 53–85, 11. Auflage, 2015.
zit.: *Bearbeiter*, in: Scholz GmbHG, § Rn.

Scholz, Rupert: Strafbarkeit juristischer Personen?, ZRP 2000, 435–440.

Schön, Wolfgang: Der Anspruch auf Haftungsbeschränkung im Europäischen Gesellschaftsrecht, in: Festschrift Hommelhoff, Bernd Erle, Detlef Kleindiek, Gerd Krieger u.a. (Hrsg.), Köln, 2012, S. 1037–1057.
zit.: *Schön*, in: FS Hommelhoff, S.

Schöpflin, Martin: Die Durchgriffshaftung im deutschen und im englischen Recht, in: Von der Sache zum Recht, Festschrift für Volker Beuthien zum 75. Geburtstag,

Martin Schöpflin, Frank Meik, Heinz-Otto Weber, Jürgen Bandte (Hrsg.), München, 2009, S. 245–265.
   zit.: *Schöpflin*, in: FS Beuthien, S.

Schramm, Edward: Untreue durch den Insolvenzverwalter, NStZ 2000, 398–402.

Schulze, Reiner (Hrsg.) u.a.: Bürgerliches Gesetzbuch Handkommentar, 8. Auflage, Baden-Baden, 2014.
   zit.: *Bearbeiter*, in: Hk-BGB, § Rn.

Schüppen, Matthias / Schaub, Bernhard: Münchener Anwaltshandbuch Aktienrecht, 2. Auflage, München, 2010.
   zit.: *Bearbeiter*, in: Schüppen/Schaub, MAH Aktienrecht, § Rn.

Schürnbrand, Jan: Organschaft im Recht der privaten Verbände, Tübingen, 2007.
   zit.: *Schürnbrand*, Organschaft, S.

Schwark, Eberhard / Zimmer, Daniel (Hrsg.): Schwark/Zimmer Kapitalmarktrechtskommentar, Börsengesetz mit Börsenzulassungsverordnung, Wertpapierprospektgesetz, Verkaufsprospekt mit Vermögensanlagen-Verkaufsprospektverordnung, Wertpapierhandelsgesetz, Wertpapiererwerbs- und Übernahmegesetz, 4. Auflage, München, 2010.
   zit.: *Bearbeiter*, in: Schwark/Zimmer KapMKom, § Rn.

Selb, Walter: Mehrheiten von Gläubigern und Schuldnern, in: Handbuch des Schuldrechts in Einzeldarstellungen, Band 5, Joachim Gernhuber (Hrsg.), Tübingen, 1984.
   zit.: *Selb*, Mehrheiten, S.

Semler, Johannes / Peltzer, Martin: Arbeitshandbuch für Vorstandsmitglieder, München, 2005.
   zit.: *Bearbeiter*, in: Semler/Peltzer Arbeitshandbuch, § Rn.

Soergel, Hans Theodor (Begr.): Bürgerliches Gesetzbuch mit Einführungsgesetz und Nebengesetzen, Stuttgart.
   – Band 1, Allgemeiner Teil 1, §§ 1–103, 13. Auflage, 2000.
   – Band 12, Schuldrecht 10, §§ 823–853, ProdHG, UmweltHG, 13. Auflage, 2005
   – Band 22, Erbrecht 2, §§ 2064–2273, §§ 1–35 BeurkG, 13. Auflage, 2003.
   zit.: *Bearbeiter*, in: Soergel, § Rn.

Spickhoff, Andreas: Gesetzesverstoß und Haftung, Köln, 1998.
   zit.: *Spickhoff*, Gesetzverstoß und Haftung, S.

Spindler, Gerald: Unternehmensorganisationspflichten – Zivilrechtliche und öffentlich-rechtliche Regelungskonzepte, Köln, 2001.
   zit.: *Spindler*, Unternehmensorganisationspflichten, S.

–: Urteilsanmerkung zu BGH, XI ZR 384/03 vom 24.01.2006, NJW 2006, 830, 842 (Kirch gegen Deutsche Bank AG und Breuer), JZ 2006, 741–744.

–: Reformbedarf in der Organhaftung? Von übertriebenen Erwartungen und ernüchternder Realität, BB 2013, 1.

Staudinger, Julius von (Begr.): J. von Staudingers Kommentar zum Bürgerlichen Gesetzbuch mit Einführungsgesetz und Nebengesetzen.

– Buch 1, Allgemeiner Teil, §§ 90–240 (Allgemeiner Teil 2), 2005.

– Buch 2, Recht der Schuldverhältnisse, §§ 535–555f (Mietrecht 1), 2014.

– Buch 2, Recht der Schuldverhältnisse, §§ 562–580a (Mietrecht 3), 2014.

– Buch 2, Recht der Schuldverhältnisse, §§ 823 E-I, 824, 825 (Unerlaubte Handlungen 1 – Teilband 2), 2009.

– Buch 2, Recht der Schuldverhältnisse, §§ 830–838 (Unerlaubte Handlungen 3), 2012.

– Buch 4, Familienrecht, §§ 1773–1895 (Vormundschaftsrecht), 2014.

– Buch 5, Erbrecht, §§ 2064–2228 (Testament 1), 2013.

zit.: *Bearbeiter*, in: Staudinger, § Rn.

Steffek, Felix: Der subjektive Haftungstatbestand der Gesellschafterhaftung im Recht der GmbH – zugleich ein Beitrag zum Haftungsdurchgriff, JZ 2001, 77–85.

Steffen, Erich: Aus der Diskussion, Karlsruher Forum 1993, Haftung und Zurechnung im Unternehmensbereich, Versicherungsrecht, Juristische Rundschau für die Individualversicherung, Sonderheft, 1993, S. 27–28.

zit.: *Steffen*, in: Karlsruher Forum 1993, S.

Stein, Ursula: GmbH-Geschäftsführer: Goldesel für leere Sozialkassen? – Die Haftungsfalle des § 266a StGB, DStR 1998, 1055–1063.

Stöber, Kurt (Begr.) / Otto, Dirk-Ulrich: Handbuch zum Vereinsrecht, 11. Auflage, Köln, 2016.

zit.: *Stöber*, Handbuch Vereinsrecht, Rn.

Stoll, Hans: Unrechtstypen bei Verletzung absoluter Rechte, AcP 1963, S. 203–236.

–: Die Gültigkeit haftungsausschließender oder haftungsbeschränkender Klauseln nach deutschem Recht, in: Deutsche zivil- und kollisionsrechtliche Beiträge zum IX. Internationalen Kongress für Rechtsvergleichung in Teheran 1974, Tübingen, 1974.

zit.: *Stoll*, in: Beiträge zum Kongress für Rechtsvergleichung Teheran 1974, S.

Teichmann, Arndt: Gestaltungsfreiheit in Gesellschaftsverträgen, München, 1970.

zit.: *Teichmann*, Gestaltungsfreiheit, S.

Terbille, Michael / Höra, Knut: Münchener Anwaltshandbuch Versicherungsrecht, 3. Auflage, München, 2013.

zit.: *Bearbeiter*, in: Mü AnwaltsHB VersicherungsR, § Rn.

Thümmel, Roderich C.: Persönliche Haftung von Managern und Aufsichtsräten, Haftungsrisiken bei Managementfehlern, Risikobegrenzung und D & O- Versicherung, 4. Auflage, Stuttgart, 2008.

zit.: *Thümmel*, Persönliche Haftung, S.

Tremml, Bernd / Karger, Michaal / Luber, Michael: Der Amtshaftungsprozess, Amtshaftung, Notarhaftung Europarecht, 4. Auflage, München, 2013.

zit.: *Tremml/Karger/Luber*, Amtshaftungsprozess, S.

Uhlenbruck, Wilhelm / Hirte, Heribert / Vallender, Heinz (Hrsg.): Insolvenzordnung Kommentar, 14. Auflage, München, 2015.
zit.: *Bearbeiter*, in: Uhlenbruck InsO, § Rn.

Ulmer, Peter: Nochmals: Begründung von Rechten für Dritte in der Satzung einer GmbH?, in: Festschrift für Herbert Wiedemann zum 70. Geburtstag, Rolf Wank, Heribert Hirte, Kaspar Frey, Holger Fleischer, Gregor Thüsing (Hrsg.), München, 2002, 1297–1321.
zit.: *Ulmer*, in: FS Wiedemann, S.

–: Urteilsanmerkung zu BGH, II ZR 292/91 vom 01.03.1993, ZIP 1993, 769–772.

Ulmer, Peter / Habersack, Mathias / Löbbe, Marc (in der Nachfolge von Martin Winter) (Hrsg.): Gesetz betreffend die Gesellschaften mit beschränkter Haftung (GmbHG) Großkommentar, Tübingen.
 – Band I, Einleitung, §§ 1 bis 28, 2. Auflage, 2013.
 – Band II, §§ 29 bis 52, 2. Auflage, 2014.
zit.: *Bearbeiter*, in: Ulmer/Habersack/Löbbe GmbHG, § Rn.

Veith, Jürgen / Gräfe, Jürgen / Gebert, Yvonne (Hrsg.): Der Versicherungsprozess, 3. Auflage, München, 2016.
zit.: *Bearbeiter*, in: Veith/Gräfe Versicherungsprozess, § Rn.

Verse, Dirk A.: Organwalterhaftung und Gesetzesverstoß, Überlegungen zur Außenhaftung der Organwalter bei Verletzung von Schutzgesetzen (§ 823 Abs. 2 BGB), ZHR 2006, 398–421.

Vetter, Eberhard: Spagat zwischen Freiheit und Verantwortung: Reform der Organhaftung? Materielles Haftungsrecht und seine Durchsetzung im privaten und öffentlichen Unternehmen, AnwBl 2014, 582–587.

Vetter, Jochen: Grundlinien der GmbH-Gesellschafterhaftung, ZGR 2005, 788–831.

Vinckel, François: La capacité des sociétés et le droit au procés équitable, Bull. Joly 2002, n°2, 192 (Nr. 42).

Vries, Geesa de: Der „Faute détachable" als Vorbild für die deutsche deliktische Organaußenhaftung? Zur Außenhaftung von Leitungsorganen in Frankreich, RiW 2014, 105–111.

Wagner, Gerhard: Organhaftung im Interesse der Verhaltenssteuerung – Skizze eines Haftungsregimes, ZHR 2014, 227–281.

Wellhöfer, Werner / Peltzer, Martin / Müller, Welf: Die Haftung von Vorstand, Aufsichtsrat, Wirtschaftsprüfer, mit GmbH-Geschäftsführer, München, 2008.
zit.: *Bearbeiter*, in: Wellhöfer/Peltzer/Müller, Haftung, § Rn.

Westermann, Harm Peter: Vertragsfreiheit und Typengesetzlichkeit im Recht der Personengesellschaften, Berlin, 1970.
zit.: *Westermann*, Vertragsfreiheit, S.

Westermann, Harm Peter / Grunewald, Barbara / Maier-Reimer, Georg (Hrsg.): Erman Bürgerliches Gesetzbuch, Handkommentar mit AGG, EGBGB (Auszug),

ErbbauRG, LPartG, ProdHaftG, UKlG, VBVG, VersAusglG und WEG, Band II, 14. Auflage, Köln, 2014.
zit.: *Bearbeiter*, in: Erman, § Rn.

Westermann, Harm Peter / Lutter, Stefan: Die Verantwortlichkeit von Geschäftsführern einer GmbH gegenüber Dritten, DZWir 1995, 184–192.

Wiedemann, Herbert: Haftungsbeschränkung und Kapitaleinsatz in der GmbH – Unter Berücksichtigung des amerikanischen, deutschen und französischen Gesellschaftsrechts – in: Die Haftung des Gesellschafters in der GmbH, Verhandlungen der Fachgruppe für vergleichendes Handels- und Wirtschaftsrecht anläßlich der Tagung für Rechtsvergleichung in Berlin vom 27. bis 30. September 1967, Hans Dölle (Begr.), Ernst von Caemmerer (Hrsg.), Frankfurt am Main, 1968, S. 5–61.
zit.: *Wiedemann*, in: Dölle/von Caemmerer, Haftung, S.

–: Gesellschaftsrecht, Band I, Grundlagen, München, 1980.
zit.: *Wiedemann*, Gesellschaftsrecht I, S.

–: Urteilsanmerkung zu BGH, II ZR 292/91 vom 01.03.1993, EWiR 1993, § 64 GmbHG1/93, 583, 584.

Wilsing, Hans-Ulrich: BGH: Der Geschäftsführer einer Komplementär-GmbH haftet der KG nach allgemeinen Organhaftungsgrundsätzen, BB 2013, 2257–2261.

Wimmer, Richard: Die Haftung des GmbH-Geschäftsführers, Insbesondere im Fall der Zahlungsunfähigkeit und Überschuldung, NJW 1996, 2546–2551.

Wolff, Hans Julius: Organschaft und juristische Person, 2, Theorie der Vertretung, Berlin, 1934 (berichtigter Neudruck, 1968).
zit.: *Wolff*, Organschaft II, S.

Wolff, Reinmar: Empfängt Baugeld, wer kein Baugeld empfängt?, NJW 2014, 1712–1714.

Wüst, Günther: Das Problem des Wirtschaftens mit beschränkter Haftung, JZ 1992, 710–715.

Ziemons, Hildegard / Jaeger, Carsten (Hrsg.): Beck'scher Online-Kommentar GmbHG, 27. Edition, München, Stand 01.06.2016.
zit.: *Bearbeiter*, in: BeckOK GmbHG, § Rn.

Zimmermann, Walter: Die Testamentsvollstreckung – Handbuch für die gerichtliche, anwaltliche und notarielle Praxis, 4. Auflage, Berlin, 2014.
zit.: *Zimmermann*, Testamentsvollstreckung, S.

Zöllner, Wolfgang / Noack, Ulrich: Kölner Kommentar zum Aktiengesetz, Band 2/1, §§ 76–94 AktG, 3. Auflage, Köln, 2009.
zit.: *Bearbeiter*, in: KöKo AktG, § Rn.

Rechtsprechungsverzeichnis (Auswahl)

Rechtsprechungsverzeichnis Bundesgerichtshof (BGH)				
Datum	Aktenzeichen	Fundstelle	Schlagwort	S.
07.12.1961	VII ZR 1961	NJW 1962, 388	Wachmann	310, 311
26.09.1985	I ZR 86/83	GRUR 1986, 248	Sporthosen	93
16.06.1987	IX ZR 74/86	NJW 1987, 2510	Wachmann	97
17.09.1987	IX ZR 156/86	NJW-RR 1988, 89	Verkehrssicherungs-pflicht des Insolvenz-verwalters	172, 172, 173, 178
03.12.1987	VI ZR 268/85	BGHZ 100, 19	Baustoff I	99
25.04.1989	VI ZR 146/88	NJW-RR 1989, 918	Baustellenleiter	141, 142
05.12.1989	VI ZR 335/88	BGHZ 109, 297	Baustoff II	19, 34, 88, 98, 140
06.07.1990	2 StR 549/89	BGHSt 37, 106	Lederspray	105
12.11.1991	VI ZR 7/91	BGHZ 116, 60	Milupa-Kindertee	102
13.04.1994	II ZR 16/93	NJW 1994, 1801	§ 130 OWiG	60, 66, 107, 214, 230, 233, 253, 256
12.03.1996	VI ZR 90/95	NJW 1996, 1535	Lamborghini	34, 88
21.04.1997	II ZR 175/95	NJW 1997, 1926	ARAG-Garmenbeck	16, 46
27.09.1999	II ZR 371/98	NJW 1999, 3483	GbR mbH	24
01.04.2003	XI ZR 385/02	NJW-RR 2003, 923	Verjährung	63
24.01.2006	XI ZR 384/03	NJW 2006, 830	Kirch gegen Deutsche Bank AG und Breuer	17, 89
16.07.2007	II ZR 3/04	NZG 2007, 667	Trihotel	120
15.01.2009	I ZR 57/07	GRUR 2009, 841	Cybersky	96, 280
17.07.2009	5 StR 394/08	BGHSt 54, 44	BSR	111, 113
10.07.2012	VI ZR 341/10	NZI 2012, 941	Garantenstellung des Geschäftsführers gem. § 13 StGB	16, 20, 61, 101

Rechtsprechungsverzeichnis Bundesgerichtshof (BGH)				
18.06.2014	I ZR 242/12	BeckRS 2014, 14705	Haftung des GF für Wettbewerbsverstöße	17, 92, 96, 212
27.11.2014	I ZR 124/11	BeckRS 2014, 22154	Videospiel-Konsolen II	17, 96

	Rechtsprechungsverzeichnis andere Gerichte (Reichsgericht, Oberlandesgerichte)				
Gericht	Datum	Aktenzeichen	Fundstelle	Schlagwort	S.
OLG Düsseldorf	13.11.2013	VI U (Kart) 11/13	BeckRS 2013, 21406	§ 830 Abs. 2 BGB (Dornbracht)	122, 277
OLG Schleswig	29.06.2011	3 U 89/10	BeckRS 2011, 24219	Haftung des Geschäftsführers aufgrund Verletzung von Organisationspflichten	16, 96
OLG Stuttgart	29.04.2008	5 W 9/08	NJW 2008, 2514	Gullydeckel	16, 19, 99
RG	19.09.1921	VI 191/21	RGZ 102, 372	Milzbrandfall	142, 219

Milton Keynes UK
Ingram Content Group UK Ltd.
UKHW021454201024
449927UK00020B/240